普通高等学校管理类精品教材

项目评估理论与方法

（第三版）

Theories and Methods of Project Evaluation

何俊德 编著

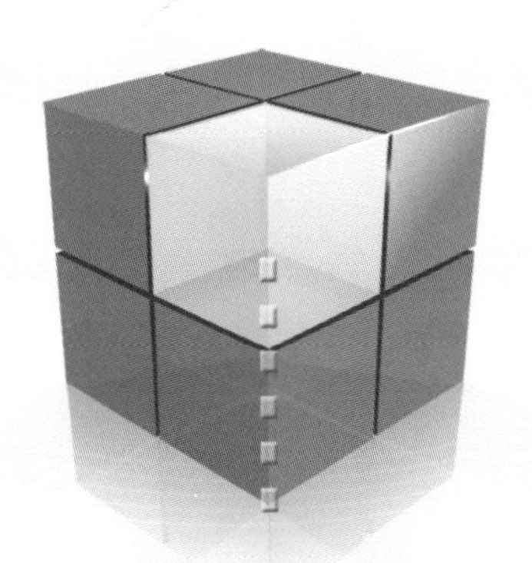

华中科技大学出版社
http://www.hustp.com
中国·武汉

内容提要

本书吸收借鉴国内外投资项目经济分析与技术经济学的有关原理和方法，结合作者多年工作实践及近几年来国内大中型投资项目论证与评估的经验，系统地阐述了项目评估的原理、内容和方法。

全书共分十四章。介绍了项目评估的基本概念，阐述了可行性研究、项目评估及投资项目的市场分析；叙述了投资项目建设条件的评估、项目技术评价及经济规模、资金的时间价值与资金等值以及投资估算与资金筹措；介绍了项目基本要素分析、项目基本指标及评估方法；对财务评价与国民经济评价、不确定性分析和改扩建项目的经济评价、中外合资项目、风险投资项目均作了阐述；此外，附录中还介绍了可行性研究的具体内容和某大型项目财务分析案例，并附有教材辅助习题。

本书还包含了基本案例分析，附有多种形式的习题，具有实用性、可操作性和现实性的特点。可作为高等院校金融学、审计、技术经济、管理工程、理财等专业的教材或教学参考书，也可作为规划咨询、设计研究、工程投资、基建管理、政府管理等领域有关工作人员从事投资决策、技术方案选择、项目评估等工作的参考书。

图书在版编目(CIP)数据

项目评估理论与方法/何俊德编著.—3版.—武汉：华中科技大学出版社，2015.1(2024.8重印)
ISBN 978-7-5680-0610-1

Ⅰ.①项… Ⅱ.②何… Ⅲ.①项目评价 Ⅳ.①F224.5

中国版本图书馆CIP数据核字(2015)第022883号

项目评估理论与方法(第三版) 何俊德 编著

策划编辑：陈培斌
责任编辑：陈培斌
封面设计：刘 卉
责任校对：刘 竣
责任监印：周治超
出版发行：华中科技大学出版社(中国·武汉) 电话：(027)81321913
武汉市东湖新技术开发区华工科技园 邮编：430223
录 排：武汉正风天下文化发展有限公司
印 刷：武汉科源印刷设计有限公司
开 本：787mm×1092mm 1/16
印 张：19.25 插页：1
字 数：490千字
版 次：2006年8月第2版 2024年8月第3版第9次印刷
定 价：48.00元

前　言

随着我国经济体制改革的不断深入，在经济建设领域，对投资项目进行评价具有举足轻重的作用；尤其是1994年后新会计制度的实施、税务制度的改革，以及2006年国家发展和改革委员会、建设部发布的《建设项目经济评价方法与参数(第三版)》，对项目可行性研究及其评估提出了新的要求。为适应对外开放、对内搞活经济的原则和目标，经过长期的探索和实践，我国投资管理部门及有关专家学者在项目评估的理论与运用方面，走出了成功的一步，并基本做到与国际方面的标准及要求接轨，从而为制定行之有效的投资管理政策奠定了基础。这也是结合中国国情，学习国外先进经验，洋为中用的具体体现。

项目评估学正是在这一背景下，得到了进一步发展和充实，从而使得技术经济学的实践和应用得到加强。新的理论与方法在我国许多大中型项目实施过程中经受了实践的考验，证明是行之有效的。

以前出版的有关项目评估方面的书籍，各有特色和侧重点。本书作者于20世纪80年代中期即从事投资项目论证、评估与教学工作，积累了数百个工程项目的可行性研究与评估经验，多方面地总结许多专家学者的理论研究成果，在此基础上编写了这本书，拟作为高校教材以及工程实践方面的参考书。本书的内容突出以下特点。

第一，注重理论与方法的系统性。以技术经济学的基本理论为依据，遵循国家投资管理政策及规范的要求，对投资项目评估的理论与方法作系统的介绍，力求简洁、通俗、明确，使初学者能既知其然，又知其所以然，而具有一定基础的专业人员学习后知识得以系统化。

第二，强调教材内容的实用性、可操作性及现实性。项目评估具有较强的实用性，对未来的工程师或专家来说，学习项目评估理论的目的就是为了应用。为了强化可操作性，本书列举了成系列的基本案例，内容覆盖面较广；对一些重要的理论，注意配合工程或金融市场方面的案例加以说明，力求丰富多彩，容易理解。在现实性方面，主要关注当前经济形势，配合我国企业股份制改造及资产评估方面的要求，结合案例进行阐述。这些不仅有利于读者巩固相关的理论知识，也能有效培养实践能力。

项目评估学在我国已处于发展阶段，政策性较强，编者尚需不断学习、提高。由于水平有限，错误之处在所难免，恳请读者和有关专家批评指正。

何俊德
2015年1月

目录

第一章　项目评估的基本概念

第一节　项目评估的含义

一、导言

投资管理体制改革是我国国民经济和社会发展的一项重要战略任务，其基本要点是使投资项目决策走向民主化、科学化。所谓投资项目决策的民主化、科学化，是指在科学理论指导下，应用科学的方法，遵循科学的程序，由掌握科学技术的专家、学者同具有广博实践经验、熟知客观环境的领导人员紧密配合，运用集体的智慧，在项目可行性研究的基础上评选并确定能够实现经济效益、社会效益相统一的最佳建设项目。

学习项目评估学的目的，主要是要掌握它的理论与方法，正确地评估项目，作出合乎科学原则的投资决策，使有限的资源得以最佳配置，从而提高投资项目的成功率和经济效益，促进投资体制改革，实现决策民主化、科学化。

二、项目的概念

项目是人们广泛使用而又较熟悉的一个概念。一般地说，项目通常是指国民经济领域中的投资项目，但实际上它的内涵要丰富得多。按照世界银行的解释，项目可定义为：在规定的期限内完成某项开发目标（或一组目标）而规划的投资、政策及机构等活动的综合体。它在强调项目时空性的前提下，要求满足以下五个或其中的某几个要素：

（1）对土建工程及设备的投资；

（2）提供有关的工程技术和设计方案、文件、施工监督及改进操作和维修等服务；

（3）加强项目实施机构的建设，包括对人员的培训；

（4）改进有关价格、补贴和成本回收等方面的政策；

（5）拟订项目实施的计划。

以上几个方面的条件适合于国民经济中的生产领域、流通领域、科学文化教育领域，以及国防军事领域的各种计划、方案、目标的要求。

按照我国的投资计划管理体制，项目可分为两大类，即基本建设项目和更新改造项目（设备更新和技术改造项目）。由此，项目可具体表述为兴建一个工厂、矿区或一个农场（包括在上述原有的基础上进行）；也可以表述为计划建造某种公共工程，包括道路、桥梁、港口、车站、机场、学校、医院、图书馆等一系列经济基础设施；还可抽象地表述为政府为达到某种目标而拟订的一个方案，诸如经济增长、改善就业、促进工业化、计划生育或地区间的经济联合、企业兼并等方案。可见“项目”的含义十分广泛。

三、项目评估的含义

投资项目是在技术上、经济上和组织上独立的投资单位,对其评估是一项严谨而技术性很强的系统性工作。评估的主要任务是根据其内在规律确定项目的价值、质量及可行性。这种规律性通常反映在市场供求预测、建设方案和生产建设条件以及财务与经济评价等方面。它要求在可行性研究的基础上从企业、国家或全社会的角度对拟建项目的计划和方案进行全面的技术经济论证与评价。这种论证和评价力求客观准确地将与项目执行有关的资源、技术、市场、财务、经济、社会等方面的基本数据资料与实况进行真实完整的汇集、评价,以便决策层作出实事求是的、科学而正确的决策。因此,项目评估可定义为:一种对投资项目进行科学的审查和评估的理论与方法,它强调从长远和客观的角度对可行性研究进行论证并作出最后的决策。根据以上表述,我们可以从两点进一步理解项目评估的含义:一是参照给定的目标,对投资项目净效益进行审定,权衡项目的利弊得失,寻找可替代方案;二是为了达到给定的目标,在对项目可行性研究进行论证的过程中,通过对其净效益的计算分析,确定最佳方案并得出最终结论。

四、项目评估的作用

我国在投资领域开展项目评估工作虽只有很短的历史,但其意义已远远超出了项目评价自身的效果。项目评估的作用体现在:它是政府、金融机构或建设单位等投资主体进行项目投资决策的重要基础与依据;是保证重点基建项目及大中型企业技术改造项目投资决策成功的关键措施;是提高投资项目经济效益的重要手段;也是控制经济规模、落实宏观调控的措施之一;还是促进投资体制改革走向决策科学化、民主化管理的有力举措。

第二节　西方国家项目评估的形成与发展

要对项目评估有比较系统的了解,首先应回顾其形成与发展的历程,这对于把握其未来的发展趋势,进一步完善其理论与方法也具有重要意义。

一、项目评估的简史

项目评估学作为应用经济学的一门分支,是顺应时代需要而产生、发展的,其历史并不算久远。西方国家在20世纪30年代经济大萧条以前的百余年间,曾经历过一段自由放任的经济学理论时期,当时的思潮支配着资本主义国家的经济政策。私人投资项目占有较高比重,资本家投资决策的特点是寻求企业的最大利润,评估的方法是通过测算项目的财务成本和收益来考虑其盈利能力。因此,这种强调以成本效益分析为核心的方法称为财务分析方法,是项目财务评价的雏形。但由于这种方法的使用具有一定的局限性,尤其对属于政府投资行为的项目,诸如公共工程、福利性项目的效益评价存在偏差,具体反映在不能正确评价公共工程对整个社会的经济效益。例如,对外部效果,即项目对社会作出了贡献,或社会为项目付出了代价,而项目本身并未受益或支付费用的这类效果,若不考虑其损益,将可能导致评估结论的失真。因此,这时项目的评估还主要关注微观效益评价。

一个世纪过去了，项目评估在理论和实践上均未取得任何重要进展。主要是由于西方资本主义国家居于支配地位的经济思想和政府政策主张的完全自由竞争，政府的主要任务是维护法律和社会秩序，很少有自己的投资，因此不太可能产生财务效益与社会效益之间的矛盾，项目评估在当时的经济基础水平条件下停滞不前。

随着资本主义的发展，经营技术诸如统计、会计和管理不断取得重大改进，投资项目的评估方法逐渐切合实际并系统化。西方传统的经济学也为这个以前曾被忽略的研究领域提供了理论基础和分析工具，如福利经济学的研究与发展，为项目评估提供了基本概念、原理、福利标准和一般性的理论准则。到了 20 世纪 30 年代前后，由于西方国家经济危机频繁出现，同时随着资本主义自由放任体系的崩溃，凯恩斯的"政府干预学说"应运而生。他主张政府从宏观经济出发，积极地干预国民经济，以取得和保持充分就业效果。凯恩斯的理论反映了经济不景气年代的现实，他的学说对项目评估的发展具有关键性的影响。1950 年，美国联邦机构向河域委员会的成本效益小组公布了一份名为《内河流域项目经济分析建议》的蓝皮书，引用了福利经济学的一些原理，如资源配置、生产和消费水平、社会效用、社会福利等原理，具有某种权威性，从而初步统一了项目评估的程序和准则。

二、项目评估发展中的几个时期及重要的学术流派

随着项目评估理论与方法的初步形成，成本-效益分析法应用到水利工程以外的其他公共项目领域成为可能，如公路、桥梁、机场、港口及国防工程等项目。在第二次世界大战期间，美国经济学家适时地把成本-效益估算的逻辑和程序应用于军事项目，取得了某些成效。在战后期间，西方各国为国民经济重建和恢复而纳入计划的公共服务和投资项目日益增多，政府干预社会经济的行为和作用逐渐增强，使得项目评估理论和方法不断得以发展。1958 年，荷兰计量经济学家丁伯根首先提出在国民经济分析中使用影子价格的主张，较 100 多年前杜比提出的现代成本-效益分析方法有了更充实的内容。西方国家有关学者通常把 1936—1960 年这一时期称为项目评估发展的第一时期。它的标志是成本-效益分析法在美国的水利和公共工程领域得到初步发展和认可。

1960—1970 年，是项目评估理论与方法发展的第二个时期。这一时期的特点是成本-效益分析方法的精细化，其应用范围开始从公共工程向工业、农业和其他经济部门推广，由美国向欧洲和发展中国家推广。

上述两个时期的项目评估工作有一个共同的特点，即都是采用传统的成本-效益分析方法，而这种分析方法的基本概念、原理、标准、目标都以福利经济学为基础。因为来源于古典学派的福利经济学关于完全竞争模式、社会效用理论、边际分析以及帕累托的福利改善政策等理论，已被众多的经济学家采用，也自然成为成本-效益分析法的奠基石。

20 世纪 70 年代至今，是项目评估理论与方法发展的第三个时期。自 1968 年起，项目评估的理论不断有新的方法、观点出现，打破了传统成本-效益分析法对这个领域的支配，在国际上尤其是学术界激起了方法上的激烈论战。其中影响最广泛的方法有 L-M 方法、UNIDO 方法、S-T-V 方法和阿拉伯方法（又称手册法）。这些方法之间的区别主要集中在国民经济评价中对投入、产出物采取什么价格、汇率及评价指标上，其核心是如何确定影子价格问题。英国牛津大学福利经济学教授李特尔和数学教授米尔利斯联合在经济合作和发展组织（OECD）刊物上出版的《工业项目分析手册》中，提出了项目评估中确定影子价格的新见解，主张以国际市

场价格为基础而少用国内价格来评定各种投入、产出物价格，并且进一步将货物划分为贸易货物及非贸易货物，将所有的价格都推算到边际价格，从而避免国内价格的失真。1974 年作者又对原著进行修订，出版了《项目评价与规划手册》，进一步阐述了影子价格的计算方法及其他问题。学术界称之为 L-M 方法，又叫口岸价格法。L-M 方法的最大贡献是使影子价格的计算简单化，特别是在外贸发达的国家，只需对少数几种不能外贸交易的货物进行国内价格修正就可以了。

随后，联合国工业发展组织(UNIDO)于 1971 年发表的《项目评估准则》也提出了新方法(UNIDO 方法)。该方法主张以国内市场价格作为投入、产出物的计算基准。它同样将货物分为非贸易货物与贸易货物。前者的价格可以直接同国内价格政策相联系；对于后者，在贸易较发达的国家，则须将货物按边际价格计算出外汇值，再用影子汇率换算成国内价格。这样做有可能与政府的汇率政策相冲突，因此不太容易为政府所接受。UNIDO 方法在确定影子价格时，还采用调整汇率的方法来考虑三个主要影响因素，即储蓄因素、收入的分配、产品的优质需要。该方法还分五个阶段来分析项目的社会效益，其具体内容本书不作详述，可参考有关文献。

1975 年，世界银行的经济学家林恩·斯夸尔和世界银行政策业务局局长赫尔曼·G. 范德塔克合著的《项目经济分析》一书提出了 S-V-T 方法。该方法在某种程度上综合了 L-M 方法与 UNIDO 方法的优点，其主要观点与 L-M 方法更为接近。与 L-M 方法不同的是，它在计算项目收益过程中，注重考虑项目在一个国家内收入分配的影响。该方法还提出了进行社会效益评价的理论；对影子价格的本质进行了自成体系的解释，所推荐的计算方法与应用更为系统和协调一致；方法还对经济分析中的加权数值作了深入的推导和估算。斯夸尔及范德塔克的观点为 L-M 方法与 UNIDO 方法提供了一个协调的方式，把项目评估的理论更推进了一步。

几年之后(1980 年)，联合国工业发展组织与阿拉伯国家工业发展中心(IDCAS)出版了《工业项目评价手册》，手册中所代表的观点，学术界称之为阿拉伯方法。该方法强调以实际市场价格计算项目投入、产出物的价格。也就是说，凡利用国内市场的投入、产出物按国内实际市场价格计算，而利用国际市场的投入、产出物则按以调整汇率换算为国内价格的实际口岸价进行计算。

阿拉伯方法与前述三种方法的主要区别在于不使用影子价格。分析者认为，发展中国家将影子价格用在项目评估中，至少现阶段在概念或实践上都是不可能的，因为这些国家没有太多的大型工程项目，而且评估过于复杂。该方法强调评价指标以国民收入最大化为目标，同时考查一些附加指标，如就业效果、分配效果、净外汇效果、国际竞争性等。方法采用修正汇率，直接反映了国家外汇的稀缺性。

第三节　我国投资项目评估和决策的发展历程

我国的项目评估工作是在改革开放以后，为了适应经济发展和对外开放、对内搞活的需要，为了熟悉和吸取国际上在经济管理方面的先进经验，在世界银行的帮助下开展起来的。为了解我国投资项目决策的工作程序，有必要先知道项目决策所经历的过程。

一、我国投资项目决策工作发展的崎岖历程

项目评估是投资项目决策的前奏。所谓投资项目决策是指对固定资产投资规模、方向及行动方案作出选择与决定，并为上述行动拟订对策。投资项目决策是一项技术性、经济性、政策性很强的工作，必须严格按科学规律办事。由于历史上的种种原因，我国在建设项目投资决策的理论与实践中，经历了一段漫长而曲折的道路。

新中国成立初期，百废待兴，1951 年，为了使国民经济得到迅速恢复和发展，政务院财政经济委员会颁布了《基本建设工作程序暂行办法》，对建设项目管理提出了基本要求，即按照"先勘察、后设计，先设计、后施工"的原则进行经济建设。在 1950—1952 年三年恢复时期，投资项目虽然为数不多，但基本能按建设程序办事，尊重科学和知识，没有出现重大投资决策失误，国民经济发展较快。

1953 年，我国经济建设进入"一五"计划时期，国家集中力量进行了以 156 个重点建设项目为中心的限额以上大型项目 921 个、小型项目上万个，初步奠定了我国社会主义工业化的基础。那段时期较重视按基本建设程序办事，尊重经济建设的客观规律和内在联系，采用技术经济论证方法选择项目，重视项目前期工作，使"一五"期间投资效果达到预定的目标。

1958—1960 年，在极"左"思想影响下，必要的管理规章制度被当做绊脚石、陈规陋习遭到清除、破坏。不少项目在建设前期没有深入细致地进行调研，没有编制设计任务书，不搞技术经济分析，从勘察到生产全部当年完成，这给国民经济的发展带来难以估价的损失。1958—1962 年固定资产交付使用率只有 71.5%，固定资产投产率只有 10%左右。

为了扭转投资项目决策工作中的混乱状况，1960 年 11 月召开了全国基本建设工作会议。1962 年 5 月，国务院先后颁发了关于加强基本建设计划、设计、管理内容的三项决定；同年年底，中共中央、国务院发出《关于严格执行基本建设程序、严格执行经济合同的通知》；1963 年 3 月 28 日、11 月 30 日国家计委先后发出《关于认真编审基本建设任务书的通知》及《关于编制和审批设计任务书和设计文件的通知》。这些文件所作出的规定，重新落实和充实了项目决策管理工作的内容，恢复了"一五"时期的技术经济论证方法。上述文件在执行中，基本达到了预期的效果，使投资项目的成功率逐步好转，1963—1965 年，全民所有制基本建设固定资产交付使用率达到 87.20%，投产率达到 32.90%以上。

然而，1966 年开始的"文化大革命"，使开始步入正轨的投资项目决策工作又一次遭到冲击、破坏，导致基本建设在规模上不切实际地盲目扩大，"四边"（边勘测、边设计、边施工、边投产）工程普遍存在，仓促决策、仓促施工，损失浪费惊人。这一时期，投资决策失误造成的政治影响及经济损失与"大跃进"相比，形式更"左"，声势更大，持续时间更长，波及的范围更广，损失更惨重。若按正常年份的增长速度推算，1966—1977 年间，国民收入损失约 5000 亿元，教训十分深刻。

"文化大革命"结束之后，拨乱反正，国家走向安定团结，各项工作开始步入正轨。1978 年 4 月，国家建委、财政部、国家计委联合制定颁发了《关于基本建设程序的若干规定》及其他一系列文件，要求按"计划任务书—设计—施工—验收—交付使用"的基建程序进行项目建设，并且从八个方面作出具体规定。其主要内容是：①计划任务书；②建设地点的选择；③设计文件；④建设准备；⑤计划安排；⑥施工；⑦生产准备；⑧竣工验收，交付使用。

以上这种特点的建设程序，基本上是在 20 世纪 50 年代借鉴苏联建设项目管理办法的基础上,结合我国近30年基本建设工作的坎坷经历及实践总结而得,起到了一定的积极作用。基本建设项目全部建成投产个数逐年增加,由1980年的24 823个上升到1986年的45 107个,项目建成投产率亦相应由36.71%提高到56.62%。

二、项目评估在我国建设项目中的实践过程

党的十一届三中全会以后,我国执行改革开放的方针政策,与西方国家和国际经济贸易组织有了较多的经济、技术、贸易往来。随着生产发展和技术水平的提高,项目的复杂程度、生产社会化程度、生产力布局的制约因素等都远非过去所能比拟的。在社会化大生产条件下,项目建设规模越来越大,所采用的技术越来越复杂,项目配套建设工作的要求越来越高,对项目前期工作内容的广度和深度提出了更高的要求。

为了适应我国全面开创社会主义建设新局面的要求,改进建设项目的管理,做好建设前期工作的研究,避免和减少决策失误,提高建设投资的综合效益,1983年2月,国家计委颁发《关于建设项目进行可行性研究的试行管理办法》。文件要求项目的决策和实施必须严格遵守国家规定的基本程序;要求项目在建设前期工作中,一旦项目建议书获批准,都必须进行可行性研究。这使我国投资项目的决策工作迈出了新的一步。

在开展可行性研究的同时,项目评估的理论与方法也开始引入,而最先将其用于我国投资决策实践的是中国投资银行。世界银行要求向它借款的各中间金融机构在选择贷款项目时,必须先做细致的评估工作。中国投资银行在世界银行专家的指导下,在充分借鉴和学习国外关于项目评估理论与方法的基础上,于1981年下半年开始编写《工业贷款项目评估手册》,并于1984年9月正式颁布,作为投资银行系统开展项目评估的依据,率先开展对国内项目及使用世界银行贷款的工业项目进行评估。此举对促进我国进行投资项目的可行性研究及项目评估工作起到了积极的推动作用。随后,建设银行总行于1984年拟订了《中国人民建设银行工业项目评估试行办法》,规定基建贷款按照"先评估、后贷款,择优发放的原则"办理,使我国的投资项目决策工作开始走上制度化、法制化的道路。

1986年,国务院发布《关于控制固定资产投资规模的若干规定》,正式将项目评估作为项目建设前期的一个重要工作阶段。文件要求:建设项目必须先提出项目建议书,经批准后,可以开展前期工作,进行项目可行性研究;可行性研究报告必须达到规定的深度;编报大中型项目设计任务书时,必须附可行性研究报告,并经有资格的咨询公司评估,提出评估报告,再由国家计委审批。2006年国家发展和改革委员会、建设部联合发布《建设项目经济评价方法与参数(第三版)》,我国投资项目决策的各项工作环节,在实践中不断完善、发展,投资项目决策工作走向规范化。

练习题

1. 什么叫投资决策的民主化、科学化?

2. 西方国家项目评估的发展过程经历了哪几个时期?概述其划分的年代及各个时期的特点。

3. 简述项目评估学几个主要流派的特点和区别。

4. 什么叫项目评估?开展项目评估有哪些作用?简述我国项目评估的发展过程。

第二章　可行性研究与项目评估

第一节　可行性研究的含义与内容

一、关于可行性研究

从古至今，人们自觉或不自觉地对自己将要从事的活动进行可行性探索。但是，这种行为上升为一种系统的、科学的方法并自觉地为人们所运用，却是20世纪的事。20世纪30年代，美国在制定田纳西河流域开发与综合利用项目时，最早采用了这种方法，并取得了很好的经济效果，被称之为“投资项目可行性研究”。后来这种方法在世界各国不断推广与发展，影响十分深远。苏联及东欧国家将其称为技术经济论证，日本叫投资前研究，印度、巴基斯坦、阿拉伯的一些国家叫投资研究或费用分析。可行性研究最终目标是判断项目“可行”还是“不可行”，为投资决策提供可靠的依据。因此，可行性研究可定义为：在采取某一行动方案前，以科学的方法对方案实施的可行性及潜在效果进行分析、论证与评价。

近30年来，随着现代科学技术、科学管理和市场经济的高度发达及迅猛发展，投资项目在规模上越来越庞大，在难度上越来越复杂，从而使得项目的可行性研究也不断充实、完善并得以发展，逐步形成了一套系统的科学研究方法。一方面，它吸收了最新的科技成果用于大型项目的建设和工艺技术的研究；另一方面，它又运用最新的经济科学理论，如经济计量学、数量经济学、技术经济学、市场预测学、经济控制论、信息论、系统论及经济效果理论与方法等，对建设项目投产后经济效益进行科学的计算和预测。同时还把现代管理科学，如企业管理学、系统工程学、生产经营学、施工组织学等用于决策和管理，提高了项目的投资效果。目前，可行性研究在世界上许多国家得到推广和运用，其适用范围渗透到基本建设、技术改造、科学实验、经营管理、国防建设、生态平衡、技术经济政策、资源或区域开发等方面，并取得了良好的效果。

可行性研究的目的在于为项目评估提供基本资料，为投资决策部门和决策者对项目是否值得投资及如何进行投资的决策提供科学的依据。可行性研究是一项政策性、技术性、综合性很强的工作，是项目前期工作中最关键的环节。

20世纪70年代末80年代初，是我国确定采用投资决策理论与方法的关键时期。国务院在1981年颁发《关于加强基本建设计划管理、控制基本建设规模的若干规定》的文件中明确规定：所有新建、扩建大中型项目以及所有利用外资进行基本建设的项目都要有可行性研究报告。党的十一届三中全会以来，我国对可行性研究的运用经历了从陌生到自觉执行的历程，并上升到充实、丰富其内容的程度，建立了一整套行之有效的规章、程序，从而将可行性研究工作纳入了制度化、法制化的轨道。

二、投资项目各个时期的划分

根据联合国工业发展组织《工业可行性研究编制手册》，工程项目从设想到建成投产划分为三个时期，即投资决策前时期、投资时期和生产时期，每个时期又分为若干阶段。投资决策前时期是项目评估考查的重点，相当于广义的可行性研究时期，它又可分为四个阶段，其中可行性研究属第三个阶段。整个投资时期的划分见图 2-1，其中曲线高度表示资金使用的相对数量。

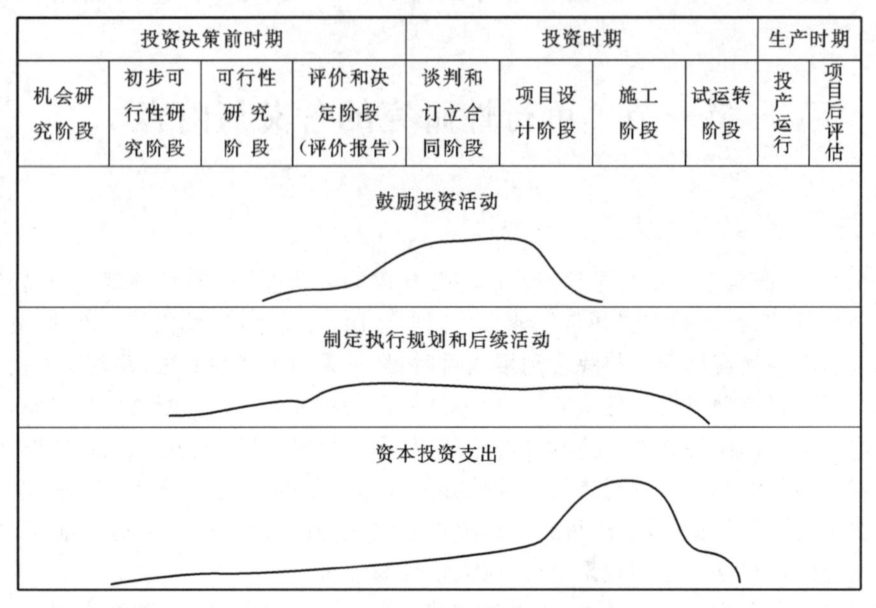

图 2-1　项目投资时期划分示意图

三、可行性研究的作用

可行性研究是项目前期工作中最具有决定性意义的工作环节，作用表现在以下几个方面：

(1) 是项目投资决策的依据；

(2) 是筹措资金及向银行、政府部门申请贷款的依据；

(3) 是同有关部门、企业签订协议或合同的依据；

(4) 是初步设计、施工准备的依据；

(5) 是向当地政府及环保部门申请建设施工的依据；

(6) 是项目建设基础资料的依据；

(7) 是项目企业组织管理工作的依据；

(8) 是编制实施项目计划的依据。

四、可行性研究的内容

国家计委 1983 年《关于建设项目进行可行性研究的试行管理办法》对可行性研究内容作出了详细、明确的规定。经过各部门多年长期执行运用，并在此基础上进一步规范化，效果显著。1992 年，国家计委、国务院经贸办、建设部联合颁发 1959 号文，对可行性研究内容作出补充规定，要求在基本建设的新建、改建、扩建工程项目及技术改造综合性工程项目中增列“节能篇(章)”。这样，可行性研究就有了更系统、更有深度和规范化的文件了。现将工业项目可行性研究报告主要内容列述如下：

(1) 总论；
(2) 需求预测；
(3) 产品方案及生产规模；
(4) 工艺技术方案；
(5) 资源、原材料、燃料及公用设施情况；
(6) 建厂条件和厂址方案；
(7) 公用工程和辅助设施方案(改扩建项目要说明对原有固定资产的利用情况)；
(8) 节约能源；
(9) 环境保护及安全、工业卫生；
(10) 企业组织、劳动定员和人员培训；
(11) 项目实施进度的建议；
(12) 投资估算和资金筹措；
(13) 财务评价、国民经济评价及社会效益评价；
(14) 结论。

关于可行性研究内容的详细构成，可参见本书附录 A。可行性研究是一项十分复杂的研究工作，有着严格的要求，工作量庞大。其中第 13 部分——财务评价、国民经济评价及社会效益评价是可行性研究内容的重点，也是对项目进行评估的主要内容。

第二节　项目评估的内容与评估程序

一、项目评估与可行性研究的区别

项目评估与可行性研究都是为投资决策服务的经济分析手段，从各自的内容、理论基础及要求来看，基本是一致的。既然如此，在进行了可行性研究之后，是否有必要再进行项目评估呢？要回答这个问题，就必须明确两者之间的区别。从总体来说，可行性研究与项目评估是项目前期工作中两个不同的环节、不同的概念，它们的具体区别有以下几点。

(1) 一为因，一为果的区别。项目评估是在对可行性研究进行调查、分析的基础上进行的论证工作，也是评估者从长远和客观角度对可行性研究的工作质量及准确性进行的评价分析，最后由决策者对项目是否可行作出结论。

(2) 项目评估与可行性研究的承当者不同。可行性研究是由有此资格的设计部门或咨询公司来完成，而项目评估则主要由出资者——银行、政府有关职能部门或上述部门委托的咨询公司组织进行。

(3) 当事人对项目所持的立场不同。可行性研究侧重于从部门、企业角度对项目进行分析，由建设方委托设计部门或咨询公司负责进行，承当者往往站在企业的角度考查问题；项目评估则是由银行或政府部门负责进行，或委托咨询公司作为评估主体。政府、银行、咨询公司站在投资者的角度考察问题，为资金的合理运用寻求最佳方案。

(4) 两者所起的作用不同。可行性研究是项目评估的基础，间接为项目决策提供参考。而项目评估除了直接作为投资决策的依据外，还是金融机构和其他投资者参与决策及是否决定投资、贷款的依据。

项目评估与可行性研究既有上述明确的区别,相互又有着密切的联系。没有项目的可行性研究,就没有项目评估;不经过项目评估,可行性研究则劳而无功。两者的理论基础、内容和要求都是一致的。项目评估是对可行性研究的再研究,被认为处于更高级的阶段。但并非说从事项目评估者比可行性研究者更高明,从工作责任权利而言,评估工作主要是一种职权行为,而从事可行性研究是一种责任行为。

二、项目评估的内容

项目评估的内容是根据评估的要求及评估的阶段来决定的(不同的行业评估内容也不完全一样)。比如,不同的部门对评估内容有不同的要求,政府部门与银行系统对评估内容的侧重点就有所不同。由政府组织或委托咨询公司进行的评估,强调站在国家的角度评估项目。而银行系统,如我国的投资银行、建设银行、工商银行也制定有相差不大的评估内容。但作为商业性质的银行由于其分工的差异,对项目评估的要求也有所不同,它们除了要考虑国家利益之外,还得考虑银行自身的利益,关心贷款的回收期及其财务效果。此外,如果项目所处的评估阶段不同,其所要求的评估内容与深度也不一样。前面已指出,项目投资决策前时期工作划分为四个阶段,项目所经历的每一阶段都要进行评估。如项目建议书阶段(相当于国外的机会研究阶段)进行的评估较简单,对投入产出的估算可以粗略些,允许有 20%～30%的误差,其评估结论仅为是否开展后续工作提供依据,实际上是一种投资机会的探讨,亦可称之为立项评估。可行性研究(或设计任务书)阶段进行的评估要求具体、准确,对项目决策负责,为决策者提供正式依据,称之为决策评估,其内容及其深度广度均有详细的、规范性的要求。此后是对项目设计阶段中的初步设计进行中间审查,是一种侧重于技术方面的评估,评估时要求汇集各方面的专家学者,在可行性研究的基础上,对初步设计文件进行审查,着重核查项目的主要工艺、设备和技术经济指标是否符合设计任务书审定的要求,为完善其设计文件提出建议,故称之为设计评估(审查)。再往后是对整个项目从立项到建成投产的各阶段作全面分析,称之为项目后评估。通过项目后评估可以总结投资项目建设中的成功经验,也可以发现投资决策和项目建设过程中存在的问题,吸取经验教训。关于其精神实质,国家计委 1990 年 54 号文提出专门的要求,对项目后评估的评估依据、内容、程序及管理作出了相应的规定。本书所述项目评估内容、理论、方法,主要是针对可行性研究阶段而进行的一系列工作。虽然国民经济各部门性质不尽相同,但项目评估所涉及的内容、程序可依据国家计委委托中国国际工程咨询公司编写的项目评估暂行办法(1987 年)执行,其他行业的项目评估也可参照工业、交通行业项目的评估内容执行。工业、交通行业项目的评估内容主要条款附列如下:

(1) 评估建设项目的必要性;

(2) 评估建设规模和产品方案;

(3) 工艺、技术、设备采选方案评价;

(4) 厂址(或线路)方案评估;

(5) 建筑工程的方案和指标评价;

(6) 评估外部协作条件和配套项目;

(7) 环境保护评价;

(8) 评估投资估算和资金来源;

(9) 财务评价;

（10）国民经济评价；

（11）不确定性评价；

（12）社会效益评价；

（13）项目总评价。

评估人员必须站在国家立场上，坚持实事求是的原则，认真进行调查研究，广泛听取各方面意见，使评估结论做到科学、可靠。

三、项目评估的程序

项目评估涉及各行业各专业的技术与经济方面的工作，需组织有关的专家学者广泛开展调研，全面收集整理资料，然后进行计算、评价分析、汇总主要评估论点，最后采用评估报告会的形式提出评估结论，以书面的方式完成项目评估报告。其评估程序可扼要地归纳为五个步骤，即制订评估计划、调查核实资料、审查分析项目、汇总评估论点、编写评估报告。

1. 制订评估计划

评估步骤的第一步是评估计划的编制与修订。评估机构根据国家部门下达的计划或建设单位委托的评估项目，进行工作安排，提出具体实施意见，编制评估工作实施计划。如果情况发生变化，实施计划就需要调整，但必须经过必要的审批手续再行修订。由于项目评估是在可行性研究的基础上进行的工作，因此要根据项目的大小及复杂程度组成评估小组，聘请有关专业人员参加，一般是5～8人，并要求由有副高级职称以上的专家任组长，重大项目还须按专题分小组进行。然后明确分工，制订评估工作计划，同时确定评估重点，安排好评估的工作步骤与时间进度。具体来说，可按以下三个环节进行：

（1）审查评估目的；

（2）审查主体内容；

（3）安排工作进度。

2. 调查核实资料

资料的调查收集是评估过程中工作量较大、较重要的一个阶段，直接影响到评估的质量。主要工作包括以下三个环节：

（1）查证资料；

（2）补正资料；

（3）整理资料。

3. 审查分析项目

项目的审查分析是评估的核心，也是评估中最重要、工作量最大、最复杂的工作步骤，按顺序大致分为以下三个环节：

（1）一般情况审查；

（2）基本情况审查；

（3）财务经济分析。

4. 汇总评估论点

在有关专家、学者参与之下，通过专题论证会，将各个评估要点、各项专题评估意见进行汇总，列出主要问题，特别是对不同意见要重点讨论，从技术经济的角度评价出最佳方案。

5. 编写评估报告

项目评估人员根据审查分析结果,对可行性研究报告推荐的方案经过上述分析论证,作出进一步的结论,以评估报告的方式加以肯定。评估报告必须包括论证会的主要意见和结论。

练习题

1. 什么叫可行性研究?可行性研究的作用主要有哪些?

2. 可行性研究的重点在哪一部分?为什么?

3. 阐述项目评估与可行性研究的区别及相互的关系。

4. 项目评估的主体是什么?评估的对象是什么?

5. 简述项目评估的步骤,并绘制成流程图。你认为项目评估的关键环节在何处?

6. 某城市计划在其河流上建一座公路桥,根据你掌握的知识,对该项目的评估应如何进行?

第三章　投资项目的市场分析

第一节　市场分析的概念与内容

一、市场及市场分析概述

市场是商品交换的场所和领域，也是商品生产发展的必然产物。根据不同的标准，市场可划分为不同的类型：按交易场所形式划分，有商场、店铺、交易所、交流会、集市、庙会等；按交易的地区范围划分，有国际市场、国内市场、城市市场、农村市场等；按交易的品种范围划分，有商品市场、资本市场、货币市场等。

在市场经济条件下，经济实体之间的竞争日趋激烈，争夺更加残酷。一些企业使用先进技术或新工艺生产出质量好、成本低的产品，能够在竞争中获胜，而另一些不具备一定条件的企业就被市场淘汰。市场机制表现得如此重要，因此对商品进行市场分析越来越被人们所重视。可以设想，倘若存在一个在各方面尽善尽美而唯独市场条件不佳的项目，那么，这种项目显然是没有人敢去投资建设的。这就迫使投资者、生产者面向市场，迎接挑战。在研究项目建设的必要性及可行性并对项目进行决策时，除了进行技术分析、经济分析外，还必须重视并且首先进行市场分析。

二、市场分析的内容与方法

市场分析是指对市场供求、规模、位置、性质、特点等调查资料所进行的经济分析，是分析了解产品变化趋势及未来销路问题的一种方法。市场分析是项目评估的首要环节，它不但是项目建设必要性的前提条件，也是确定项目生产规模的依据。

（一）市场分析的内容

市场分析包括市场调查与市场预测两部分。根据这两部分的要求，市场分析的基本内容可以概括为以下几个方面。

1. 市场需求的研究

所谓市场需求是指市场对某种产品在近期及远期的需求情况。这种需求研究既包括对国内市场与国际市场需求的研究，也包括对本行业、本企业产品需求的研究。市场学将市场需求划分为市场潜量与销售潜量两个概念。影响产品市场需求的主要因素有产品价格、相关产品或替代产品的价格、消费者的收入水平、消费者的习惯与嗜好、生产企业的促销手段等。

2. 市场供应的研究

市场供应的研究是指研究国内外近期和远期的产品供应能力，研究竞争对手的产品发展战略及销售政策对供应量发展趋势的影响。供应的变化将对市场产生很大的影响，因此必须了解国际经济形势和国外市场变化，了解我国的经济政策和商品经济制度及国内市场的情况，还要考虑竞争的影响。

3. 产品研究

产品研究是市场供求关系更深层次的研究,包括两项内容:一是研究产品的生命周期,了解产品适应市场的时限;二是研究产品的特性与功能,了解产品适应市场的能力。产品的生命周期是指新产品从研制成功投入市场开始,到被市场淘汰为止的时间间隔。

产品生命周期指出产品自身在随时间发展的过程中存在若干阶段,一般按照产品的销售额或利润在不同时间的变化特点,划分为萌芽期、成长期、成熟期、饱和期、衰退期(有些学者按四个阶段划分)。典型的产品生命周期可用图 3-1 中的曲线来表示。

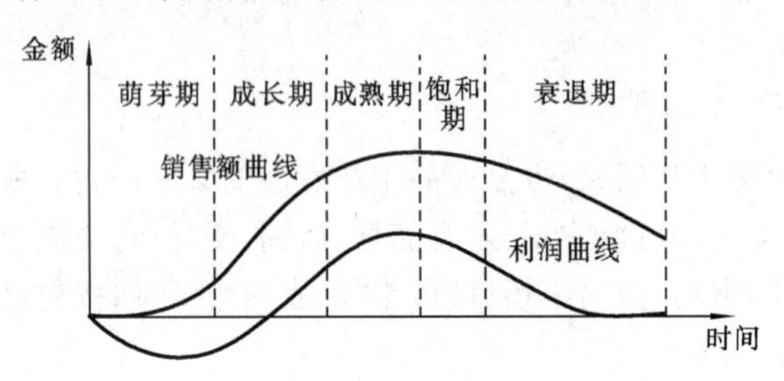

图 3-1 产品生命周期曲线图

产品在萌芽期,消费者对其知之甚少,产品质量低、价格高,企业的任务是不断地投入,进行宣传,打开销路;进入成长期,产品已引起消费者注意,需要量不断增长,其他企业纷纷生产该产品,出现各企业间的竞争,竞争各方努力扩大生产,尽量占领市场;进入成熟期,消费者已熟知产品,对产品的要求已提高到质量、品种、外形的档次上,销售增长率接近高峰,竞争白热化;进入饱和期,产品已遍布市场,此时竞争各方为击败对手,不断提高产品质量,翻新品种,降低价格,以求抢占市场份额,产品的销售具有决定性的意义;到了衰退期,新产品或替代产品进入市场,消费者对老产品的兴趣下降,生产厂家纷纷退出角逐,转移阵地。产品的生命周期在各个阶段的特点,可以通过表3-1扼要地表现出来。

表 3-1 产品生命周期各阶段的特点

特点 / 阶段 / 要素	萌芽期	成长期	成熟期	饱和期	衰退期
生产企业	很少	比较多	多	很多	锐减
竞争状况	不存在	有序竞争	竞争白热化	恶性竞争	竞争萧条
消费者	高消费、高收入及求新者	中等收入或知识阶层	大众	大众	低收入及不赶时髦者
商品普及率	0%～5%	5%～50%	50%～90%	达到极限	—
销售额	少,增速慢	高速增长	增速较快	销售达高峰,开始下降	迅速下降
利润额	亏损或微利	高速增长	利润达高峰,开始下降	迅速下降	微利或亏损

区分拟建项目产品处于生命周期的哪个阶段及今后的发展趋势如何至关重要,将直接影

响项目决策的成败。如果项目的产品目前看来似乎很畅销，但若处于行将衰退的阶段，则是没有投资意义的。从以上描述来看，对产品生命周期的划分虽然只是一种定性的判断，很难作出定量分析，但结合专家的经验，掌握产品生命周期处于哪一阶段并不困难。

研究产品功能与特性，对了解产品能否进入市场、产品对市场的适应能力，以及掌握产品在市场上的竞争力，也是十分重要的。由于社会不断发展，社会对产品功能的要求不断提高和变化，倘若建设项目的产品功能停留在现有水平上，这样的项目就不会有吸引力。

4. 价格研究

价格是市场行为的重要因素，市场经济越是发达，价格对市场的影响越是敏感。价格研究包括对现行的价格水平和未来发展趋势的分析。市场供求的变化会影响现行产品价格，产品价格的涨跌也会影响市场供求。产品市场价格与市场需求成正相关关系，与市场供给成负相关关系。

价格未来发展趋势的研究，要着重于生产技术发展或科学技术进步的影响。这些无形因素的作用会影响消费者对商品的选择，使价格或升或跌，使生产成本波动，导致产品销售价格变动；另一种结果是，原有产品被新产品取代，从市场退出，但这一现象不属价格研究的范畴。

5. 市场行为的研究

市场行为对产品未来的销售将产生很大影响。其研究内容包括市场购销动向、目前及未来消费水平、消费心理及消费行为的变化等。这些行为并不仅仅与经济原因相关，还与社会环境、政治局势、生活习惯、消费心理等因素相关，并且呈现一定的规律性。

（二）市场分析的方法

尽管市场活动千变万化，但仍有一定的规律可循，按其规律分析市场，是市场分析的基本方法。具体来说，主要是运用定性分析、定量分析方法，收集市场资料，对市场进行系统调查，然后作出市场需求预测。必要时，可进一步作市场趋势综合分析。市场分析的方法一般可分为四种类型，即探测性分析、描述性分析、因果性分析、预测性分析。

第二节　市场调查

一、市场调查的含义

市场调查是市场分析的基础，是对市场供求变化的各种影响因素及变化趋势进行的专门调查。其定义可概括为采用科学的方法，有目的、有系统地收集和分析产品的市场情报，并以此作为市场预测的前提和基础。市场调查包括两方面的含义：一是指以市场为对象的调查研究活动或调查工作过程，这是一种经济性调查；二是指研究及阐述市场理论与方法的学科，它是一种理论性的研究。在现代经济活动中，通过市场形成的大量商品、劳务、金融和信息流构成社会经济联系网络，必须首先通过市场调查了解其结构和规律，使企业借助市场、适应市场、开拓市场，企业才能在国内外竞争中求得不断发展和巩固。

二、市场调查的作用与功能

市场调查是观察市场变化和动向的耳目，人们可以借此发现并监督市场。在调查中收集有关资料和数据,分析研究掌握市场变化规律,了解消费者对商品品种、质量、规格、性能、价格等方面的要求和意见。市场调查主要的作用体现在两个方面:一是为决策提供各种情报资料,作为编制产品生产计划及制订产品销售计划的重要依据;二是为企业研究开发新产品或了解新产品、新技术的动向提供情报。一般认为,市场调查有如下功能:

(1) 发现和寻求市场需要的新产品;

(2) 发掘新产品和寻找现有产品的新用途;

(3) 明确在什么地方有多大的市场;

(4) 发现顾客和竞争者的动向;

(5) 分析并判断市场的增长率;

(6) 对企业的市场战略进行检验;

(7) 便于经常对企业的市场与销售策略进行分析。

为了能及时地反映消费者需求的多样化和竞争者动向,20 世纪 70 年代初,西方国家的厂商已经普遍重视市场调查。如 1973 年美国市场营销协会(AMA)对 436 个工业公司进行调查,发现有 70%以上的公司进行了各种市场调研活动。1978 年,D. W. Twedt统计,在发达的资本主义国家开展市场调查的公司已达 90%以上。可见,市场调查的作用很早就被人们认可。

三、市场调查的内容

市场调查涉及的内容极其广泛,根据不同的要求,市场调查的具体内容和侧重点应有所不同。如果从可行性研究及项目评估的角度来看,市场调查的内容可划分为范围调查和对象调查两种类型。前者分为国内市场调查及国外市场调查;后者可归纳为四项内容,即供求调查、商品变动调查、竞争调查、周边环境调查。这种对象调查还可进一步细分为需求与供给调查、消费调查、品种与质量调查、科技进展调查、价格调查、竞争调查、市场环境调查等。而对象调查往往又是范围调查的基础,因而市场调查的内容主要偏重于对象调查。下面介绍对象调查。

1. 供求调查

供求调查分为需求调查与供给调查。市场商品需求是指消费者在一定时期、一定市场范围内具有货币支付能力而购买商品的需求量;市场商品供给指生产者在一定时期、一定市场范围内可以投放市场出售的商品量。调查者应考虑国内、国外市场的需求情况,调查同类或相关产品现有及潜在购买人数与购买数量,以及构成有效需求的因素,如消费者的类型、购买动机、购买习惯、购买能力、消费嗜好、居住地区等;调查同行业相同产品的供给量及资源情况,包括对国内市场提供商品总额及构成情况,以及外贸进口提供商品总额及构成情况。对于那些"非贸易货物",即既不可能出口也不需要进口的产品,可以只调查分析国内市场的需求与供应情况。

2. 商品变动调查

商品变动调查主要从动态角度来调查市场上各种商品供求变化、库存变化、价格变化。而价格变化是对市场影响最敏感的因素,要了解消费者最能接受的价格,分析产品的需求价格弹性及价格的变化将对市场商品供求带来的影响。

3. 竞争调查

产品进入成熟期,竞争加剧。要重视对投资项目在市场上的竞争能力及竞争对手数量的调查,包括对生产同类产品企业的生产技术水平、生产能力、经营特点的调查。此外,还要了解竞争对手产品的品种、价格、质量、技术服务、包装装潢、销售方式、交货方式等情报,作为企业

自身制定营销策略的基础。

4. 周边环境调查

调查的目的在于了解是否存在企业无法控制但影响市场的外界因素。涉及的内容有政治环境、经济环境、社会文化环境、技术环境。其中技术环境指国内外新技术、新工艺、新材料的发展趋势及发展速度，以及国内外新产品的技术现状、发展趋势、发展速度。

四、市场调查的程序

市场调查实际上就是一个按观察、了解、记录、整理、分析市场情况的顺序进行操作的过程。为了达到预期的目的，市场调查工作要有计划、有步骤地进行。其程序大致包括三个阶段和若干个环节。

1. 制订调查计划

这一阶段包括四个环节：

(1) 确定调查内容、目的、要求；

(2) 确定调查对象及范围；

(3) 选择调查渠道及调查方法；

(4) 编写调查计划，培训调查人员。

2. 进行实际调查

实际调查是将调查计划付诸实践的过程。在执行过程中可能会出现与原计划不那么协调的情况，因此，要求调查人员深入现场，细致调查，充分掌握第一手资料。这一阶段包括两个环节：

(1) 收集、记录、整理调查材料和资料；

(2) 设计调查表格、分析调查资料。

3. 编制调查报告

调查报告的格式一般包括导言、正文、附件，其中调查报告的正文有调查的目标、调查的对象、调查的内容、调查的方法。这一阶段包括两个环节：

(1) 对资料进行分类，综合分析，得出结论，提出建议；

(2) 提交市场调查报告。

调查报告的内容视调查目的的不同而异，一份规范化、符合要求的调查报告一般应包括下列一些内容：

① 现状与展望；

② 产品生产方法或生产工艺的调查；

③ 目前生产厂商情况(包括厂家地址及生产能力)；

④ 近年来的生产量及销售量；

⑤ 主要相关产品或系列产品的消费量；

⑥ 产品价格与销售额；

⑦ 产品进出口及国际市场情况；

⑧ 参考文献。

五、市场调查的方法

市场调查是了解市场、取得市场信息最基本的方法。这种方法分为直接调查与间接调查两类。直接调查是指调查者用走出去或请进来的形式,直接与产供销各方面接触,了解历史与现状,这样调查取得的数据可靠性较大;间接调查是指通过发信函、调查表,或从报纸、杂志、广告等途径取得市场资料,这种方法能节约人力、物力,但可信度低一些。

运用于市场调查的方法较多,常见的有询问调查法、观察调查法、实验调查法、随机抽样调查法、典型调查法、重点调查法、家访调查法。下面介绍其中几种较适于项目评估过程的调查方法。

1. 询问调查法

询问调查法又称访问法、调查表法,是市场调查的主要方法。该方法是指将所要调查的问题事先设计成调查提纲或表格,然后按照目标进行调查。这种方法由于手段多种多样,往往能达到预期的效果。询问调查法主要包括以下方法。

(1) 访问调查。由调查者依据调查提纲与被调查者通过面谈来进行调查,可采用个人面谈和小组面谈两种形式,当问题未解决时,可作多次面谈。

(2) 邮寄调查。将需要调查的问题以问卷的形式,通过邮寄书信或刊登在报纸上调查,再回收答卷进行统计。该方法有一定的效果,但周期可能较长。

(3) 电话调查。若急需获得资料,而且与被调查者交往较深,存在共同利益,使用这种方法较为快捷。

(4) 留置调查。将调查表当面交给被调查者,说明要求,由他们自己回答,调查人员再按规定时间收回调查表。

2. 观察调查法

这是调查者以旁观者身份从侧面观察被调查对象,进而取得有关资料的调查方法。采用这种方法进行调查时,由于被调查者不一定意识到自己在接受调查,不会产生顾虑和约束,调查者得到的资料具有一定的客观性。这种调查不仅可以由观察者本人进行观察,还可以借助计算机、计数器、照相机、录像机、录音机来进行观察。

3. 实验调查法

这是在一定时期内通过试销、试用、广告等形式,经过销售实验对比,进行商品市场销售情况调查的调查方法。实验调查法可以取得所需的市场信息资料。具体而言,主要有以下方法:

(1) 将新产品试销给消费者,请消费者经过一段时间的使用后对商品作出评价;

(2) 采用广告宣传的形式,了解各方面对产品的反映;

(3) 采用产品展销的形式观察产品是否受消费者欢迎;

(4) 将不同包装、不同款式的同一商品投放市场,观察受消费者欢迎的程度。

实验调查法的优点是客观、资料真实,缺点是耗时久、费用高,实施较困难。

4. 随机抽样调查法

随机抽样调查法是指在全部调查对象中,选择其中一部分样本进行调查,从而推算总体情况的一种调查方法。该方法主要适宜于不可能或不必要进行全面调查而需要获得总体资料的情况。抽样调查时,必须坚持预定的方针。随机抽样调查法包括概率抽样法与非概率抽样法两类。

1) 概率抽样法

概率抽样法分为以下三种情况。

(1) 简单随机抽样法。该方法是对调查对象的任一部分都不作任何有目的的选择,用纯粹偶然的方式去抽取个体,进而推算总体的一种方法。该方法只适合在市场总体小、内部各个

样本差异不大的情况下采用。

(2) 分层随机抽样法。该方法是将市场总体按某些特征划分为若干个层次，再从各个层次中随机地抽查样本，然后根据各层次调查的情况汇总推算出总体的状况。这种方法要求能明确划分各个层次，以保证样本具有代表性，并且各层次相互之间有差异，而层次内部的个体具有相同性。这种方法在总体繁杂、内部差异较大的情况下采用。

(3) 分群随机抽样法。该方法是将被调查的市场分为若干个群体，按随机抽样的方法对群体进行调查，然后根据对该群体调查的情况汇总推算出总体状况。分群随机抽样法要求各群体之间具有相同性，而每一群体内部的个体又具有差异性，这一特点正好与分层随机抽样法相反。

例如，某电器集团公司要调查彩色电视机销售情况。假设所生产的各种型号的电视机分别销往A、B、C、D、E五个地区，将每一地区销售的电视机视为一个群体，群体间各种型号的电视机在质量、性能方面都相同，甚至销售结构(各种型号产品所占的百分比)也相同。按照分群随机抽样法，只要调查某一群体内各种型号电视机的结构比、销售价格、返修率、消费者满意度等一些个性情况，而其他四个群体具有相同性，那么，经过汇总推算，就基本可以摸清该企业的产品销售经营状况。

2) 非概率抽样法

这种方法指概率抽样法范围以外的抽样方法，其原则是根据经验判断或地毯式地展开样本抽查，具有一定的针对性、偶然性。主要有配额抽样法、判断抽样法、滚动抽样法、偶然抽样法等方法。

第三节　市场预测

一、市场预测概述

人们常言“管理的关键在经营，经营的关键在决策，而决策的关键在于预测”，可见预测的重要性。市场预测在我国运用的历史不长，几乎与可行性研究同时被引入。市场预测以市场调查为基础，以其信息资料为依据，依靠定量分析或定性分析的方法，全面系统地对引起未来市场需求和需求结构的变化的诸因素进行分析研究，掌握未来市场发展方向及变化程度。其定义可概括为：运用科学的理论与方法，对未来市场商品需求量及发展趋势所进行的分析和预测。在项目可行性研究中，市场预测的结论是制定产品方案、确定项目建设规模的依据。如果预测的结果表明项目生产的产品没有市场或市场需求很小，则应及时中断可行性研究，节省人力、物力、财力、时间，避免造成决策失误。

二、市场预测的原则与内容

1. 市场预测的原则

1) 惯性原则(又称延续性原则)

世界上任何事物的发展都具有一定的惯性，人类经济活动就常常表现出较强的惯性。就产品的市场预测而言，其惯性与两个因素有关：一是产品的预设规模；二是产品的生命周期。利用惯性原则进行市场预测是以国民经济系统的稳定性为前提条件的。因此，产品的市场需求经常表现为按一定的规律发展、变化,并且在一定时期内以这种规律持续发展。这就为人们进行预测提供了理论依据。

2)相关原则

世界上许多事物的发展都不是孤立的,而且与其他事物的发展变化相联系,表现为相互依存、相互制约、相互促进的因果关系。相关分析通常作为回归预测的基础,对于所建立的预测模型,通过相关性检验,以确定其可信度。

3)类推原则(又称相似性原则)

许多事物在发展变化方面往往有相似之处,利用这种相似性,可以用先发展事物的表现过程类推到后发展的事物上去,从而对后发展事物的前景作出预测。

2. 市场预测的内容

市场预测有很多种类型,可以从预测内容、预测方法、预测范围、预测期限的长短等几个方面分类。

市场预测的主要内容有市场潜量预测、销售预测、资源预测、产品竞争能力预测、价格及成本预测等。

1)市场潜量预测

市场潜量,指市场潜在的需求量,即某一产品在市场上可能达到的最大销售量。影响市场潜量的因素较多,如社会购买力、经济发展水平、人口变化、文化水准等,但最重要的是社会购买力的变化。在进行市场潜量预测时,关键是预测社会购买力和分析社会购买力的动向。

2)销售预测

销售预测,是对今后一定时期的销售水平所进行的预测。市场的需求在某一时期通常有一个最高点,这就是前面提到的市场潜量,同时也会有一个最低点,这就是基础销售额。市场潜量与基础销售额之间的距离,称之为该产品的“需求敏感域”,对市场销售预测的要求,就是在需求敏感域之间选择最佳点,得出产品销售预测值。

3)资源预测

资源预测,即预测拟建项目在整个寿命期内各种原材料、辅助材料、能源等资源的可供性。由于资源的稀缺性,这种预测显得颇为重要。资源预测一般包括三个方面的内容:工业、日用品资源预测;农副产品资源预测;能源资源预测。可根据项目的性质,确定项目资源预测的内容。

4)产品竞争能力预测

产品竞争力的强弱,将影响拟建项目的经济效益,甚至决定项目的取舍。决定产品的竞争力有产品自身因素与企业因素,前者包括产品的质量、价格、花色、品种,后者包括企业的营销策略及企业商誉。因此,必须从以上因素中选择几项要素,作为影响产品竞争能力的因素进行分析预测。

5)价格及成本预测

预测企业生产的产品在今后一段时间的价格水平和成本水平。通过分析价格、成本、销售额与利润之间的相互关系,考查各种因素对企业盈亏因素的影响,以便评价最佳利润规划,制定目标利润,作出生产和销售决策。

三、市场预测的程序

市场预测的程序因预测的对象、目标不同而有所区别，但通常认为一个完整的市场预测程序一般经过以下四个阶段。

1. 确定预测目标

确定预测目标，首先明确预测对象，包括产品名称、用途、特点；然后确定预测的目的是预测销售量，还是预测销售利润或销售价格等；另外，预测的市场范围也要明确，是预测某一地区市场，还是预测国内市场或国际市场。总之，预测的目标要事先选定，有具体详细的内容。

2. 收集整理资料

资料是进行市场预测的依据，主要来自于市场调查。为保证信息的及时、准确，应尽可能利用先进的科技手段获得信息资料，如使用计算机检索及互联网。然后将收集的资料进行分析、筛选、整理，目的是去伪存真，保证预测结果的准确性。

3. 建模分析预测

根据预测目标和所得资料及产品自身所具备的条件，选择相适应的预测方法，建立预测模型。在此基础上，进行计算，得出预测对象发展变化的结论。对于重要对象的市场预测，应几种方法结合运用，相互验证预测的结果，以提高预测的质量。

4. 评价检验结果

预测毕竟是对未来市场供需情况的预计和推断，由于会出现选用的方法不适合、建模的偏差、数据的不足等问题，预测值往往与实际有出入，因此就需要分析产生预测误差的具体原因，提出改进的方法，这是预测的重点。另外，对那些一时无法经受实际检验的预测值，则存在可信度的问题，有必要作相关性分析，以判断预测结果是否值得相信。

市场预测过程是资料、方法、分析相结合的过程。资料是预测的基础和出发点，预测方法的运用是核心，分析判断则贯穿市场预测的全过程。上述三因素是关系到预测准确性的重要因素。

第四节　市场预测的基本方法

一、市场预测的分类

市场预测的方法繁多，国外曾有人统计，认为有 100 多种，但在实际中运用的预测方法只有很少的几种，如何提高预测的质量，还有待进一步发掘好的预测方法。

虽然市场预测的方法很多，但它们的分类却很明确，一般可分为三类，即定性预测、定量预测和综合预测。前两者是应用最普遍的方法，而综合预测实际是定性预测与定量预测相结合的方法。

1. 定性预测

定性预测是凭借主观题材和专家判断，对相互影响的因素进行分析预测的方法。这种方法在项目前期工作中应用广泛，特别是在对预测对象的数据资料掌握不多，或影响因素复杂，难以用数字描述的情况下，定性预测是一种行之有效的方法。

定性预测主要有专家预测法(经验判断预测法)、调查研究预测法(市场调查预测法)、类推法(历史类比法)。

定性预测的优点是:能适应经济形势的需要,较好地发挥人的主观能动作用,比较灵活且简便易行,节省人力物力,能较快地提出预测资料。缺点是:这种方法重视人的经验和判断力,容易受主观因素的影响;此外,由于数据的不足,对市场的发展变化难以作出量化的准确描述。

2. 定量预测

定量预测又叫统计预测,是在充分掌握材料的基础上,依据有关的历史数据,运用数学方法对未来的市场供应、需求、价格等发展变化趋势进行的预测。在定量预测中,一般运用计算绝对数、相对数、平均数、移动平均数、指数、概率等各种数学计算方法进行预测。这种方法适用于历史统计数据比较完备、准确,市场发展变化比较稳定,而且在其发展变化的过程中较少出现质的突变过程的情况。此外,它对于产品生命周期处在成长期或成熟期的市场需求及企业销售预测也很适宜。

定量预测分为两大类:一类称时间序列预测法,主要有移动平均法、指数平滑法、季节指数法、趋势预测法;另一类称因果关系分析法,主要有线性回归法、非线性回归法、经济计量模型法。

定量预测的优点是:偏重于市场发展在数量方面的分析,重视市场变化的程度,并能将其量化描述。这种预测受主观因素影响较小,能很好地利用现代化计算工具进行大量的数据处理,求出最佳数学模型,适应科学管理的要求。其缺点是:比较机械,不易灵活掌握,对信息质量要求较高,而且难以预测市场质的变化。

3. 综合预测

综合预测是从宏观的角度,对关系到市场全局的指标进行综合分析和科学预测的方法。

定性预测和定量预测各有其优缺点,而综合预测则是将两者结合起来,取长补短,能求得符合客观实际的数据的科学预测。这种方法适合于对国计民生有重大影响的市场商品分析预测,当上述两种方法中均不能确切反映所要预测的市场情况时也可采用综合预测。这种预测工作量较大,有一定的难度。综合预测通常用于社会商品购买力的预测、农产品的产销预测、重要工业品的需求预测。

二、市场预测的基本方法

(一) 专家预测法

专家预测法是一种传统的定性预测方法,至今在各类预测方法中仍占有重要地位。这种方法是依靠专家的知识、经验和分析判断能力,对预测对象的发展趋势和规律作出预测的一种方法。

专家预测法适用于那些数据不完备、不可靠或预测资料无法满足要求,但可通过收集专家意见来进行预测的项目。这不等于专家预测法不需要资料、数据,只是这种方法有它独到的信息要求。

专家预测法收集数据、信息的方式多种多样,常用的形式有以下几种。

1. 专家个别判断法

这是早期的专家预测方式,靠征求单个专家意见,然后再汇集各人意见进行分析预测。这

种方式能充分发挥专家个人的知识、经验和特长方面的优势。其优点是简单易行，专家不至于受外界干扰，没有心理压力，能最大限度地发挥个人的知识潜力。缺点是容易受专家个人经验及主观因素的影响，难免带片面性。

2. 专家会议法

通过召开专家会议的方式进行座谈交换意见，互相启发，集思广益，求同存异。由于专家们济济一堂，占有信息量大，考虑的因素更全面，有利于作出合乎客观实际的预测。缺点是与会者往往受权威专家的影响，有一些心理压力，不能真正表达个人意见，容易形成“一边倒”的局面，影响预测的质量。

3. 特尔菲法

由于上述方法存在某些局限性，后来有人设计了一种能消除其不足之处的综合性特殊预测方式。这就是20世纪40年代末由美国兰德公司首创，并于50年代以后在西方国家普遍运用的一种预测方式，称之为特尔菲法(Delphi method)。到70年代中期，在各类预测中这种方法使用的比重为20%左右。

特尔菲是古希腊的城市，是阿波罗神殿所在地，因神谕灵验而出名，称为特尔菲神谕。后来不少预言家都曾在此地发表演说，提出种种预言。从此，特尔菲就成为专家提出预言的代名词。

特尔菲法主要是用匿名函询的方式，依靠专家小组“背靠背”的集体判断，来代替“面对面”的会议，使专家的不同意见能够充分发表。经过客观分析和几次的征询与反馈，使各种意见逐步趋于一致，从而得出比较符合市场发展规律的预测结果。

特尔菲法有以下特点。

(1) 匿名反馈性。由于专家们接受的调查是匿名的函询调查，参加调查的专家互不接触，征询对象不会产生迷信权威的心理，也不需要为了顾全面子而固执己见，又会因为不受上下级关系的影响而心存顾虑。

(2) 集思广益性。在整个过程中，每一轮调查都将上一轮的意见与信息进行汇总和反馈，使所有专家能充分了解各方面的情况和他人意见，形成集体的智慧，有助于提高预测的准确性和可靠性。

(3) 收敛集中性。经多轮的函询与反馈，专家们在匿名的情况下相互参考意见，共同反思，正确的观点将逐步被多数专家接受，分散的观点趋于集中，最后达成共识。另外，为使预测的结果更科学，还可使用简单的数理统计方法，得出有统计规律的收敛预测结果。

特尔菲法预测的程序如下。

(1) 成立预测小组。小组的具体任务是确定调查主题、选择专家、设计预测程序、设计调查表、收集与反馈信息、综合处理资料、调查结果汇总、提交预测报告。

(2) 选专家。根据预测目标确定选择专家的范围。要注意选那些与预测主题的学科领域相关、见多识广的专家，还要注意选择适量相关部门、边缘学科、社会学等方面有一定知名度的专家。所邀请的专家人数通常以15～50人为宜。

(3) 设计调查表。调查表应根据所研究的内容灵活设计，要求简单明了、提问清楚，便于专家对预测事件有所了解。常见的调查表内容一般有：预测某事件实现的时间与概率，给出选择性预测、排序性预测、相对结构比重预测，并提出将询问的问题。

(4) 收集信息并反馈意见。将调查表寄发给专家，要求专家给出初步意见，并按规定的时间收回调查表。预测小组人员将专家的意见加以综合整理,归纳出几种各具特色的判断,然后写出文字说明。再以书面的形式寄发给各专家,请他们修改或完善第一次判断,作出第二次判断,并按期收回判断意见。若有必要,可如此反复进行多次,直到专家认为没有必要再修改自己的意见为止。

(5) 调查结果汇总处理,提出预测结果。国外学者的研究情况表明,专家的预测值通常符合或接近正态分布,可用数理统计的方法进行处理,如用算术平均值、中位数、上下四分位点等指标表示;对于某些情况复杂的预测,则要考虑事项总分比重及概率问题,才能达到预测的要求。下面介绍两种调查结果处理及表达的方式。

① 对评分、调查结果的处理方法。在征询专家意见时,有时要请专家对某些事项的重要性进行评分或排序。对此,可用总分比重法进行处理,即用各事项的得分在总分中所占比重衡量其相对重要程度。对于以评分方式回答的问题,各事项的总分比重可由下式求得:

$$A_j = \sum_{i=1}^{n} a_{ij} \Big/ \sum_{j=1}^{m} \sum_{i=1}^{n} a_{ij} \tag{3-1}$$

式中:A_j—— 第 j 个事项的总分比重;

a_{ij}—— 第 i 个专家对第 j 个事项的评分;

n—— 专家人数;

m—— 参加比较的事项数。

② 对主观概率的统计。有时需要专家对某个未来事件发生的概率作出主观判断,以便计算期望值。由于各专家对主观概率的估计有差距,通常用平均主观概率作为预测结果。表达式为

$$\overline{P}_j = \frac{1}{n} \sum_{i=1}^{n} P_{ij} \tag{3-2}$$

式中:$\overline{P}_j$—— 专家集体对第 j 个事项的平均主观概率;

P_{ij}—— 第 i 个专家对第 j 个事项估计的主观概率;

n—— 专家人数。

预测的期望值可以表示为

$$E = \sum_{j=1}^{m} M_j \overline{P}_j \tag{3-3}$$

式中:E—— 预测的期望值;

M_j—— 第 j 个事项的算术平均预测值,$M_j = \frac{1}{n} \sum_{i=1}^{n} y_{ij}$,$y_{ij}$ 为第 i 个专家对第 j 个事项的预测值。

特尔菲法原理简单,应用广泛,费用较低,通常能得到比较准确的结果。适合于那些统计数据缺乏,或者市场变化比较复杂,难以直接用定量的方法加以预测市场情况的项目。特尔菲法在我国项目评估中有很好的应用前景。

下面对特尔菲法的应用举例说明。

例 3-1 某投资基金经理人为了对上海证券交易所 2015 年年末 A 股综合指数作出估计,决定采用特尔菲法进行预测,并成立一预测小组。为此,选择各类股评家共 15 人,分为技术派、基本派、综合派三种类型,各类型 5 人。通过发放调查表,并经三次反馈,获得股评家的判断意见(见表 3-2。P_{ij}、$\overline{P}_j$ 分别表示某股评家对预测值的概率和统计某一组专家的平均概率)。

表 3-2　特尔菲法预测沪市综合指数案例表

专家成员		最高预测值	P_{ij}	$\overline{P}_j$	最适中预测值	P_{ij}	$\overline{P}_j$	最低预测值	P_{ij}	$\overline{P}_j$
技术派	A	3 430	0.15	0.178	3 350	0.65	0.680	3 280	0.20	0.142
	B	3 450	0.16		3 370	0.70		3 298	0.14	
	C	3 460	0.20		3 290	0.68		3 245	0.12	
	D	3 415	0.18		3 340	0.67		3 270	0.15	
	E	3 480	0.20		3 380	0.70		3 302	0.10	
基本派	A	3 440	0.14	0.162	3 330	0.66	0.676	3 270	0.20	0.162
	B	3 480	0.17		3 350	0.73		3 280	0.10	
	C	3 460	0.19		3 335	0.66		3 275	0.15	
	D	3 435	0.15		3 320	0.65		3 250	0.20	
	E	3 420	0.16		3 300	0.68		3 240	0.16	
综合派	A	3 450	0.15	0.172	3 350	0.67	0.678	3 260	0.18	0.150
	B	3 405	0.18		3 295	0.70		3 235	0.12	
	C	3 410	0.17		3 325	0.69		3 230	0.14	
	D	3 425	0.16		3 300	0.68		3 245	0.16	
	E	3 440	0.20		3 310	0.65		3 240	0.15	

【解】　本题的求解思路是先计算各派股评家预测三种情况的算术平均值，然后根据统计的各种情况按式(3-2)、式(3-3)计算平均主观概率(已填入表内)和期望值。

技术派认为的最高平均预测值

$$M_j=[(3\ 430+3\ 450+3\ 460+3\ 415+3\ 480)]\text{点}\div 5=3\ 447\text{点}$$

同样可算得最适中预测值及最低预测值为 3 346 点及 3 279 点。

技术派认为的期望预测值

$$E=(3\ 447\times 0.178+3\ 346\times 0.680+3\ 279\times 0.142)\text{点}=3\ 354.46\text{点}$$

同理，可计算得到基本派和综合派的期望预测值分别为 3 336.07 点和3 323.82点。

预测小组根据当前证券市场的发展状况，进一步征询意见，认为在三派股评家中，综合派的预测权重较高，为 0.4，基本派、技术派的预测权重分别定为 0.35、0.25，则综合预测值为

$$E=(3\ 354.46\times 0.25+3\ 336.07\times 0.35+3\ 323.82\times 0.40)\text{点}=3\ 335.77\text{点}$$

由此，预测得到 2015 年末上海 A 股收盘综合指数为 3 335.77 点。

(二) 时间序列预测法

时间序列预测法是以预测对象历史的时间序列数据为基础，运用一定的数学方法循其规律外推，从而预测市场未来发展变化趋势的一种方法。时间序列数据是指按间隔相等的时间顺序排列的一组对应经济变量的测定值。时间序列数据的变化受两类因素的影响：一类是对市场供求关系起主导作用的规律性因素；另一类是对市场供求起辅导性及临时性作用的偶然性因素。时间序列预测法假定市场供求关系只受规律性因素支配，通过对过去及现在市场供求变化关系的分析，预测未来的市场供求情况。

由于这种方法强调规律性因素的作用,因此其应用有一定的前提条件:第一,影响未来市场供求的各种因素仍与过去的因素相似;第二,市场供求的发展过程是逐渐变化的,而不是剧烈变化的过程。

时间序列数据的特征有四点,即趋势性、季节性、周期性、随机不规则性。人们通过数据处理,利用它前面的三个特征,设法消除第四个特征,找出预测对象的长期发展趋势和周期性变化规律,并建立相应的预测模型,达到预测的目的。时间序列预测适合于中短期预测,常见的方法有算术平均法、移动平均法(一次移动平均法、二次移动平均法、三次移动平均法、加权移动平均法)、指数平滑法(一次指数平滑法、二次指数平滑法、三次指数平滑法)、趋势预测法(直线趋势预测法、曲线趋势预测法)、季节指数法。下面介绍几种较重要的方法。

1. 移动平均法

移动平均法是时间序列预测法中最常见的一种分析方法。它的基本原理是:将时间序列中的观察值分为若干等时的间隔段,分段逐点推移平均,寻找规律,依次类推,每推进一个单位时间,就舍去对应于最前面一个单位时间的数据,再进行平均,直到全部数据处理完毕,最终得到一个由移动平均值组成的新的时间序列。

1) 一次移动平均法(简单移动平均法)

这种方法是根据移动平均法的原理,连续地求出各阶段的平均值,构成新的时间序列数据(见图 3-2)。

$$M_{t-1}^{(1)} = \frac{1}{n}(y_{t-1} + y_{t-2} + \cdots + y_{t-n})$$

$$M_t^{(1)} = M_{t-1}^{(1)} + \frac{1}{n}(y_t - y_{t-n}) \tag{3-4}$$

式中:y_t——预测对象第 t 周期的实际数据,共 m 个;

$M_t^{(1)}$——第 t 阶段的一次移动平均值;

n ——每次计算移动平均值的数据个数。

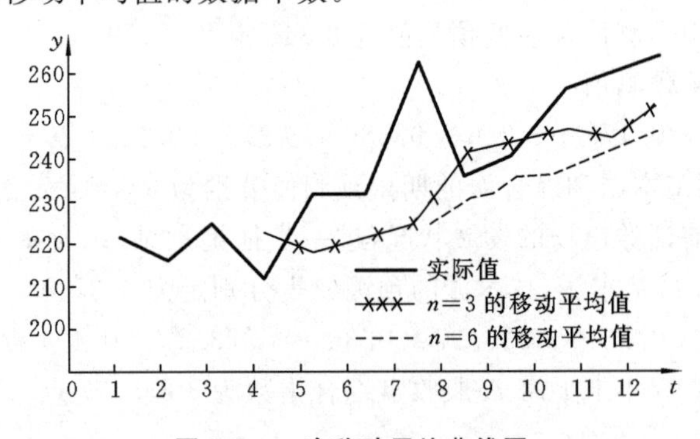

图 3-2 一次移动平均曲线图

n 取值的大小对平滑效果的影响很大。由式(3-4)可知,当 $n=1$ 时,$M_t^{(1)} = y_t$,移动平均序列值为原数据的序列值;当 $m=n$,即等于全部数据的个数时,移动平均值只有一个,为全部数据的算术平均值。显然,n 越小,平滑曲线灵敏度越高,抗随机干扰的性能越差;n 越大,平滑曲线灵敏度越低,抗随机干扰的性能越好,对出现新情况或偶然因素的影响越不敏感。因此,确定合适的 n 值,是采用移动平均法进行预测的关键,通常 n 的取值范围在 3~15。如何使 n 的选择做到合理,可用均方差 $D_{(n)}$ 来评价,$D_{(n)}$ 小的 n 较为合适。均方差的计算式如下:

$$D_{(n)}=\frac{1}{m-n}\sum_{t=n+1}^{m}(y_t-M_{t-1}^{(1)})^2 \tag{3-5}$$

式中：m—— 时间序列中观测值的个数；

n—— 每次计算移动平均值的数据个数。

采用上式计算应当注意的是，m 必须大于 n。

运用一次移动平均法进行预测的前提条件是：实际的时间序列数据没有明显的周期变动，并且近期移动平均没有明显的增长或下降趋势。可以直接用最近一个周期的一次移动平均值作为下一周期的预测值，即 $Y_{t+1}=M_t^{(1)}$。

例 3-2　已知某家用电器公司在连续16个月内的电视机销售量如表3-3所示，取 $n=3$ 和 $n=5$，分别计算一次平均移动值，并预测下个月电视机的销售量。

表 3-3　一次平均移动法预测案例表　　单位：百台

要素＼月序	1	2	3	4	5	6	7	8	9
月销售量 y_t	864	868	875	867	889	890	894	901	905
$M_t^{(1)}(n=3)$			869	870	877	882	891	895	900
$M_t^{(1)}(n=5)$					873	878	883	888	896

要素＼月序	10	11	12	13	14	15	16	17(预测月)
月销售量 y_t	915	919	920	927	931	929	930	
$M_t^{(1)}(n=3)$	907	913	918	922	926	929	930	$Y_{17}=930$
$M_t^{(1)}(n=5)$	901	907	912	917	922	925	927	$Y_{17}=927$

【解】　根据式(3-4)，计算结果见表3-3。若要求明确采用 n 取多少作为移动平均的预测结果更好，那么根据式(3-5)可作出判断：

当 $n=3$ 时，

$$\begin{aligned}D_{(3)}&=\frac{1}{16-3}\sum_{t=4}^{16}(y_t-M_{t-1}^{(1)})^2\\&=\frac{1}{16-3}[(867-869)^2+(889-870)^2+\cdots+(930-929)^2]\\&=112.92\end{aligned}$$

当 $n=5$ 时，

$$D_{(5)}=\frac{1}{16-5}\sum_{t=6}^{16}(y_t-M_{t-1}^{(1)})^2=228.21$$

$D_{(3)}<D_{(5)}$，故选用 $n=3$ 的一次移动平均来预测第17个月的销售量较合适，因近期移动平均值没有明显变化，可采用 $Y_{t+1}=M_t^{(1)}$ 作为预测值，$Y_{17}=930$ 百台。

运用一次移动平均法进行预测时，存在一明显缺陷：当实际数据随时间推移发生变化时，移动平均值的变化总是落后于实际数据的变化，有一滞后偏差，并且 n 取得越大，反应越是迟钝，滞后偏差越大。因此，这种方法在项目评估中运用价值不大，但它却是其他预测方法的基础。

2) 二次移动平均法

当历史数据呈线性增长或减少趋势时,可以采用二次移动平均法进行预测。二次移动平均法是在一次移动平均值的基础上再作一次移动平均。

计算公式为

$$M_t^{(2)} = \frac{1}{n}(M_t^{(1)} + M_{t-1}^{(1)} + \cdots + M_{t-n+1}^{(1)}) = M_{t-1}^{(2)} + \frac{1}{n}(M_t^{(1)} - M_{t-n}^{(1)}) \tag{3-6}$$

式中:$M_t^{(2)}$——第 t 周期的二次移动平均值。

二次移动平均法适宜于实际的时间序列数据有明显的周期变动,而且近期移动平均也呈线性增长或下降趋势,此时可以通过建立线性预测模型来预测。

线性预测模型的表达式为

$$Y_{t+T} = a_t + b_t T \tag{3-7}$$

式中:t——当前的周期序号;

T——由当前到预测周期的周期间隔数;

Y_{t+T}——第 $t+T$ 周期的预测值;

a_t——线性预测模型的截距;

b_t——线性预测模型的斜率,即每周期预测值的变化量。

上式的求解,必须解决 a_t、b_t,而两者的计算可利用移动平均过程中存在滞后偏差现象来处理。下面推导 a_t、b_t 的表达式。

由于 $M_t^{(1)}$ 序列的数据呈线性变化,相应的 $M_t^{(2)}$ 也应呈线性变化,并且 $M_t^{(2)}$ 滞后于 $M_t^{(1)}$。由公式

$$M_t^{(2)} = \frac{1}{n}(M_t^{(1)} + M_{t-1}^{(1)} + \cdots + M_{t-n+1}^{(1)})$$

可知,$M_t^{(2)}$ 相对于 $M_t^{(1)}$ 的滞后时间为

$$T_{滞后} = \frac{t-(t-n+1)}{2} = \frac{n-1}{2} \tag{3-8}$$

若 n 为奇数,$M_t^{(2)}$ 值正好在一次移动序列 n 个数据点的中间,b_t 为 $M_t^{(2)}$、$M_t^{(1)}$ 每单位时间的增量,则 $M_t^{(2)}$ 相对于 $M_t^{(1)}$ 的滞后值为

$$M_t^{(1)} - M_t^{(2)} = \frac{n-1}{2} \cdot b_t$$

则有

$$b_t = \frac{2}{n-1}(M_t^{(1)} - M_t^{(2)}) \tag{3-9}$$

因 a_t 为线性预测模型的截距,是预测趋势线的起始点,若将实际观察值 y_t 作为 a_t,则受偶然性因素的影响较大。若用一次移动平均值 $M_t^{(1)}$ 作 a_t,又存在滞后偏差。故设想:$M_t^{(1)}$ 近期数据呈线性变动,根据预测模型得出的预测值 Y_t 近期也有线性变动的趋势。$M_t^{(1)}$ 滞后于 Y_t,滞后时间为$\frac{n-1}{2}$个周期,滞后值为

$$Y_t - M_t^{(1)} = \frac{n-1}{2}b_t = M_t^{(1)} - M_t^{(2)}$$

因此有

$$Y_t = 2M_t^{(1)} - M_t^{(2)}$$

如果把第 t 周期作为预测方程的起始周期，Y_t 也就是方程的截距 a_t，即

$$a_t = 2M_t^{(1)} - M_t^{(2)} \tag{3-10}$$

例 3-3　根据例 3-2 中的数据，并假定最近几年的销售量呈线性变化，取 $n=3$，计算二次移动平均值，并预测电视机第 18 个月的销售量。

【解】　根据式(3-6)

$$M_t^{(2)} = \frac{1}{n}(M_t^{(1)} + M_{t-1}^{(1)} + \cdots + M_{t-n+1}^{(1)}) = M_{t-1}^{(2)} + \frac{1}{n}(M_t^{(1)} - M_{t-n}^{(1)})$$

因　$M_5^{(2)} = \frac{1}{3}(M_5^{(1)} + M_4^{(1)} + M_3^{(1)}) = \frac{1}{3}(869+870+877)$ 百台 $=872$ 百台

则　$M_6^{(2)} = M_5^{(2)} + \frac{1}{3}(M_6^{(1)} - M_3^{(1)}) = \left[872 + \frac{1}{3}\times(882-869)\right]$ 百台 $=876$ 百台

依次类推，可得出一个二次移动平均序列数值(见表 3-4)。依据该序列数值，可进一步求得预测值。已知当前的月序为 16，则有

$$a_{16} = 2M_{16}^{(1)} - M_{16}^{(2)} = 2\times 942 - 934 = 950$$

$$b_{16} = \frac{2}{n-1}(M_{16}^{(1)} - M_{16}^{(2)}) = \frac{2}{3-1}\times(942-934) = 8$$

表 3-4　二次移动平均法预测案例表　　单位:百台

要素＼月序	1	2	3	4	5	6	7	8	9
月销售量 y_t	864	868	875	867	889	890	894	901	905
$M_t^{(1)}(n=3)$			869	870	877	882	891	895	900
$M_t^{(2)}(n=3)$					872	876	883	889	895

要素＼月序	10	11	12	13	14	15	16	18(预测月)
月销售量 y_t	915	919	920	927	931	946	950	$Y_{18}=966$
$M_t^{(1)}(n=3)$	907	913	918	922	926	935	942	
$M_t^{(2)}(n=3)$	901	907	913	918	922	928	934	

可以得到线性预测模型：

$$Y_{16+T} = a_{16} + b_{16}T$$

由当前到预测月份 18 的间隔为 2，故 $T=2$。第 18 个月可能的销售量为

$$Y_{18} = a_{16} + b_{16}T = (950 + 8\times 2)\text{ 百台} = 966\text{ 百台}$$

当数据呈现出有曲率的变化趋势时，用二次移动平均法也是不能很好描述的，在这种情况下就要用三次移动平均法进行处理。三次移动平均法一般不采用算术移动平均的方法，而是采用三次指数加权移动平均的方法进行预测，指数加权移动平均法也就是指数平滑法。

2. 指数平滑法

指数平滑法又称指数修习法，是移动平均法的改进形式，该方法为美国人布朗所创。其基本思路是：在预测研究中越近期的数据越受到重视，时间序列数据中各数据的重要性由远及近呈指数规律递增。因此，对时间序列数据的处理采用加权平均法，解决了移动平均法中的两个

明显的缺点:一是要求有大量的历史数据储存,这在项目评估中往往是很难做到的;二是对每个观察值数据的重视程度一样,而最近的观察值往往包含着较多的未来情况信息,所以应相对地比前期观察值赋予更大的权数。采用指数平滑的方法来进行预测,消除了历史统计序列数据中的随机波动,找出了其中的主要发展趋势。

指数平滑法根据需要,可以分为一次指数平滑法、二次指数平滑法和三次指数平滑法。

1) 一次指数平滑法

当实际时间序列数据的变动是随机的变动,无明显的周期变化或上升、下降趋势时,可运用一次指数平滑法。该方法是利用本期的实际观察值和预测值,通过对它们的不同加权分配求得一个指数平滑值,作为下一期预测值的一种方法。

它的基本公式是

$$S_t^{(1)} = \alpha y_t + (1-\alpha) S_{t-1}^{(1)} \tag{3-11}$$

式中:$S_t^{(1)}$——第 t 周期的一次指数平滑值;

y_t——预测对象第 t 周期的实际数据;

$S_{t-1}^{(1)}$——第 $t-1$ 周期的一次指数平滑值,也是第 t 周期的预测值;

α——指数平滑系数,$0 \leqslant \alpha \leqslant 1$。

α 的含义为近期与远期数据的权重分配比例,α 值越大,则近期数据在 $S_t^{(1)}$ 中的权重越大。α 取值的大小是影响预测效果的重要因素,一般要根据实际时间序列数据的特点及预测者的经验确定。α 的取值可参照以下原则处理:

(1) 当时间序列数据的长期趋势比较稳定,其曲线走势趋于水平,应取小的 α 值(0.05~0.20);

(2) 当时间序列数据有缓慢的发展趋势,其曲线走势略有波动,应取较小的 α 值(0.20~0.30);

(3) 当时间序列数据有迅速明显的波动倾向,则应取较大的 α 值(0.30~0.70)。

α 的取值通常还采用式 $\alpha=\frac{2}{n+1}$ 求取。例如 $n=3$ 时,$\alpha=0.50$;$n=5$ 时,$\alpha=0.33$;…;$n=19$ 时,$\alpha=0.10$。只要合理确定 n,α 值也是合适的。

平滑计算公式(3-11)中 $S_t^{(1)}$ 的值取决于 $S_{t-1}^{(1)}$ 的值,$S_{t-1}^{(1)}$ 的值取决于 $S_{t-2}^{(1)}$ 的值,而 $S_{t-2}^{(1)}$ 的值取决于 $S_{t-3}^{(1)}$ 的值,依次类推,它们最终取决于一个初始值 $S_0^{(1)}$。实际预测时的 $S_0^{(1)}$ 值都是假设的。如果历史观察值较多,初始估计值 $S_0^{(1)}$ 的大小对预测结果的影响不太重要,因为它们被指数平滑过程不断地打折;如果历史观察值较少(少于 15 个),$S_0^{(1)}$ 的大小将会影响预测值。在这种情况下,可以用试算法、平均法等方法估算初始值(取前几个周期数据的平均值),使它符合于整个时间序列数据的趋势。

下面推导公式(3-11)的形成过程。

由于指数平滑法是在移动平均法基础上发展起来的,因此,其基本公式是由移动平均法的基本公式演变而来。根据式(3-4),可以用 $M_{t-1}^{(1)}$ 近似代替 y_{t-n},这样便得到

$$M_t^{(1)} = M_{t-1}^{(1)} + \frac{1}{n}(y_t - M_{t-1}^{(1)}) = M_{t-1}^{(1)} + \frac{y_t}{n} - \frac{M_{t-1}^{(1)}}{n} = \frac{1}{n}y_t + \left(1-\frac{1}{n}\right)M_{t-1}^{(1)}$$

令 $\alpha=\frac{1}{n}$,$S_t^{(1)}=M_t^{(1)}$,$S_{t-1}^{(1)}=M_{t-1}^{(1)}$,则上式可写成

$$S_t^{(1)}=\alpha y_t+(1-\alpha)S_{t-1}^{(1)}$$

这个公式解决了移动平均法的第一个缺点，即在指数平滑法中已不再需要将大量的历史资料储存起来，在计算新预测值时，只要有最近期的观察值、最近期的预测值及一个 α 值就够了。下面再进一步了解指数平滑法是如何处理移动平均法的第二个缺点的。

设时间序列数据是一个无穷序列：$y_t, y_{t-1}, y_{t-2}, \cdots$ 其加权平均值为

$$S_t^{(1)}=\beta_0 y_t+\beta_1 y_{t-1}+\beta_2 y_{t-2}+\cdots+\beta_i y_{t-i}+\cdots \tag{3-12}$$

式中：β_i——第 i 期权数，$0\leqslant\beta_i\leqslant1$ $(i=0,1,2,\cdots)$。

并且

$$\sum_{i=1}^{\infty}\beta_i=1$$

只有令

$$\beta_i=\alpha(1-\alpha)^i$$

才满足 $\sum\limits_{i=1}^{\infty}\beta_i=1$ 的条件。

因为

$$\begin{aligned}\sum_{i=1}^{\infty}\beta_i&=\alpha(1-\alpha)^0+\alpha(1-\alpha)^1+\alpha(1-\alpha)^2+\cdots\\&=\alpha[1+\alpha(1-\alpha)^1+\alpha(1-\alpha)^2+\cdots]\\&=\lim_{k\to\infty}\alpha\frac{1-(1-\alpha)^k}{1-(1-\alpha)}=\frac{\alpha}{1-(1-\alpha)}=1\end{aligned}$$

用 $\beta_i=\alpha(1-\alpha)^i(i=0,1,2,\cdots)$ 代入时间序列数据(3-12)，则有

$$\begin{aligned}S_t^{(1)}=&\alpha y_t+\alpha(1-\alpha)y_{t-1}+\alpha(1-\alpha)^2y_{t-2}+\\&\alpha(1-\alpha)^3y_{t-3}+\cdots+\alpha(1-\alpha)^tS_0^{(1)}\end{aligned}$$

从上式可以明显看出，本期的平滑值是本期的实际观察值与本期预测值(即前期对本期的平滑值)的一个加权平均数，实际上是用 $\alpha,\alpha(1-\alpha),\alpha(1-\alpha)^2,\cdots,\alpha(1-\alpha)^n$ 作权数，对时间序列中的数据加权移动平均，得到加权平均值，所以叫指数平滑。而且，所有历史观察值 y_t 的值都已包括在 $S_t^{(1)}$ 值内，y_t 经过加权后，时间越远的各实际观察值，其加权系数理应越小，因而对指数平滑值，亦即预测值的影响也就越小。这就解决了移动平均法的第二个缺点。

如果实际时间序列数据作有规律的周期变化，曲线呈现某种斜率，或求得的一次指数平滑值时间序列数据有明显的线性增长或下降趋势，则一次平滑后的情况与移动平均法的相类似，同样存在滞后偏差，必须在求二次指数平滑值的基础上建立预测模型。

2) 二次指数平滑法

二次指数平滑法是在一次指数平滑的基础上再进行一次指数平滑，然后结合长期趋势进行调整预测的方法。其计算公式为

$$S_t^{(2)}=\alpha S_t^{(1)}+(1-\alpha)S_{t-1}^{(2)} \tag{3-13}$$

在二次指数平滑处理的基础上可建立线性预测模型：

$$Y_{t+T}=a_t+b_tT \tag{3-14}$$

截距与斜率的计算公式分别为

$$a_t=2S_t^{(1)}-S_t^{(2)} \tag{3-15}$$

$$b_t=\frac{\alpha}{1-\alpha}(S_t^{(1)}-S_t^{(2)}) \tag{3-16}$$

式中：$S_t^{(2)}$——第 t 周期的二次指数平滑值；

Y_{t+T}——第 $t+T$ 周期的预测值。

下面推导公式(3-15)、(3-16)的形成过程。

线性方程 $Y_{t+T}=a_t+b_tT$ 中截距 a_t 的表达式，是在二次移动平均法推导过程基础上得到的。

将 $S_t^{(1)}=M_t^{(1)}$，$S_t^{(2)}=M_t^{(2)}$，代入式 $a_t=2M_t^{(1)}-M_t^{(2)}$，即得

$$a_t=2S_t^{(1)}-S_t^{(2)}$$

斜率 b_t 的推导稍有不同。已知二次移动平均处理后建立的线性预测模型的斜率为

$$b_t=\frac{2}{n-1}(M_t^{(1)}-M_t^{(2)})$$

又因 $\alpha=\frac{2}{n+1}$，则 $n=\frac{2-\alpha}{\alpha}$。

将 $n=\frac{2-\alpha}{\alpha}$，$S_t^{(1)}=M_t^{(1)}$，$S_t^{(2)}=M_t^{(2)}$ 代入 b_t 表达式中，即得

$$b_t=\frac{2}{\frac{2-\alpha}{\alpha}-1}(S_t^{(1)}-S_t^{(2)})=\frac{\alpha}{1-\alpha}(S_t^{(1)}-S_t^{(2)})$$

例 3-4 根据例 3-3 中的数据，设 $\alpha=0.4$，用指数平滑法建立线性预测模型，并预测电视机第 18 个月销售量。

【解】 已知指数平滑系数 $\alpha=0.4$，从式 $\alpha=\frac{2}{n+1}$ 可得 $n=4$，设初始值：

$$S_0^{(2)}=S_0^{(1)}=\frac{1}{4}(y_1+y_2+y_3+y_4)=868.5 \text{ 百台}$$

根据式(3-11)及式(3-13)计算：

$$S_1^{(1)}=\alpha y_1+(1-\alpha)S_0^{(1)}$$
$$=[0.4\times 864+(1-0.4)\times 868.5] \text{ 百台}=866.7 \text{ 百台}$$
$$S_1^{(2)}=\alpha S_1^{(1)}+(1-\alpha)S_0^{(2)}$$
$$=[0.4\times 866.7+(1-0.4)\times 868.5] \text{ 百台}=867.8 \text{ 百台}$$

照此，可得到 $S_1^{(1)}$，$S_2^{(1)}$，…，$S_{16}^{(1)}$，$S_1^{(2)}$，$S_2^{(2)}$，…，$S_{16}^{(2)}$ 的计算结果，见表 3-5。

表 3-5 案例计算结果表 单位：百台

要素＼月序	1	2	3	4	5	6	7	8	9
月销售量 y_t	864	868	875	867	889	890	894	901	905
$S_t^{(1)}$ (α=0.4)	866.7	867.4	870.4	869.1	877.0	882.2	886.9	892.6	897.5
$S_t^{(2)}$ (α=0.4)	867.8	867.9	868.9	869.0	872.2	876.2	880.5	885.3	890.2

要素＼月序	10	11	12	13	14	15	16	18(预测月)
月销售量 y_t	915	919	920	927	931	946	950	Y_{18}=963.1
$S_t^{(1)}$ (α=0.4)	904.5	910.3	914.2	919.3	924.0	932.8	939.7	
$S_t^{(2)}$ (α=0.4)	895.9	901.7	906.7	911.7	916.6	923.1	929.7	

预测模型的截距：

$$a_{16} = 2S_{16}^{(1)} - S_{16}^{(2)} = 2 \times 939.7 - 929.7 = 949.7$$

预测模型的斜率：

$$b_{16} = \frac{\alpha}{1-\alpha}(S_{16}^{(1)} - S_{16}^{(2)}) = \frac{0.4}{1-0.4} \times (939.7 - 929.7) = 6.7$$

从而可得线性预测模型：

$$Y_{16+T} = 949.7 + 6.7T$$

当 $T=18-16=2$ 时，第 18 个月预测销售量为 963.1 百台。

二次指数平滑预测模型仅适宜于预测对象的变动趋势呈线性的情况。如果预测对象的变动趋势是非线性的，则应在求三次指数平滑值的基础上建立非线性模型。关于这种方法可参见有关专著。

指数平滑法是一种比较简便而实用的预测方法，其使用条件是假定过去存在的各种因素影响今后仍将存在下去。如果市场在保持一个长期稳定变化趋势之后，突然上下波动，就不容易得出接近实际的预测结果。它对短期预测误差较小，正确程度较高，对中长期预测则有较大的误差。所以，指数平滑法适合于短期预测。

3. 趋势预测法

趋势预测法亦称趋势外推法，指根据过去的数据，按时间变化的趋势线，外推未来预测值的一种方法。如果时间序列数据大体呈等差级数，则其变化趋势可用直线方程表示；如果时间序列数据大体呈等比级数或呈现抛物线形趋势，则可用曲线方程表示。趋势预测适合于中长期预测。

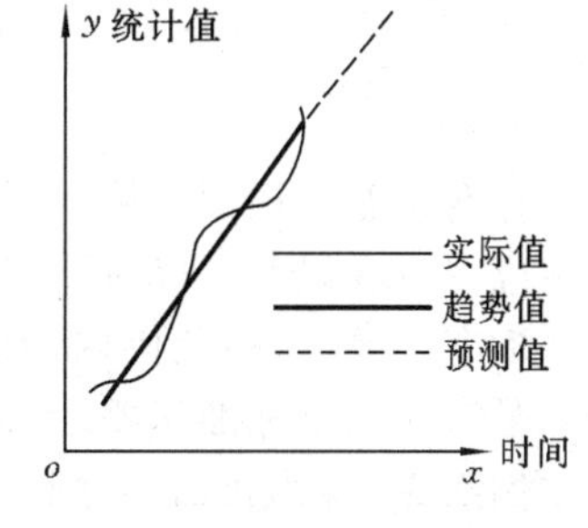

图 3-3　线性曲线趋势模型

1）直线趋势预测法

如果时间序列数据 $y_t(t=1,2,3,\cdots,m)$ 满足逐年增加量或减少量基本相近的条件，它的发展趋势也是沿着这个方向，就可以用直线型的数学模型来预测，见图 3-3。基本公式为

$$y = a + bx$$

式中：a、b ——待定系数，分别表示直线在 y 轴上的截距、直线斜率。

以历史统计数据 y 和各年代号 x 作为原始数据，确定直线方程后，用下式进行预测：

$$Y_T = a + bT$$

式中：Y_T——第 T 年的预测值；

T——预测年份的序号。

对方程中的 a、b 值，可用最小二乘法测定。其原则是使原数据对趋势线的偏差平方和为最小，求得拟合趋势线的数学模型。由此，可导出下列两个方程式：

$$\sum y_i = na + b\sum x_i \tag{3-17}$$

$$\sum x_i y_i = a\sum x_i + b\sum x_i^2 \tag{3-18}$$

式中：n——时间序列的项数。

$\sum$ 表示 $\sum_{i=1}^{n}$，以下均类同。

关于式(3-17)、式(3-18)的推导过程详见一元线性回归预测部分。

联立式(3-17)、式(3-18)方程组,可求出 a、b 两个参数值。

$$a=\frac{\sum y_i-b\sum x_i}{n} \tag{3-19}$$

$$b=\frac{n\sum x_iy_i-\sum x_i\sum y_i}{n\sum x_i^2-(\sum x_i)^2} \tag{3-20}$$

如果时间序列项数为奇数 $2n+1$,可以令第 $n+1$ 年的代号为0,上下各年分别用 $-n,\cdots,-3,-2,-1$ 与 $1,2,3,\cdots,n$ 代表,使 $\sum x_i=0$;如果时间序列项数为偶数 $2n$,中间一年不为0,上下各年分别用 $-n,\cdots,-3,-2,-1$ 与 $1,2,3,\cdots,n$ 代表,仍能使 $\sum x_i=0$。这样 a、b 的表达方式可简化为

$$a=\frac{\sum y_i}{n} \tag{3-21}$$

$$b=\frac{\sum x_iy_i}{\sum x_i^2} \tag{3-22}$$

应用直线方程预测所得值属于理论值,与各年实际数据不可能完全一致。为了估计预测值的准确程度,确定在给定条件下的预测值范围,必须计算预测值的标准误差。标准误差用 σ 表示,其计算公式为

$$\sigma=\sqrt{\frac{\sum(y_i-Y_T)^2}{n}} \tag{3-23}$$

标准误差是预测值精确程度的标志,σ 值越小,预测值越趋于实际值。

应用标准误差可以对预测值进行区间估计。根据大数定律,在大量观察下,预测值 Y_T 在一个标准误差($\pm\sigma$)范围内,其可信度为68.27%;在两个标准误差($\pm2\sigma$)范围内,其可信度为95.45%;在三个标准误差($\pm3\sigma$)的范围内,其可信度为99.70%。

例 3-5 某城市历年对生猪的收购情况见表 3-6,试预测 2015—2017 年该城市生猪的收购量。

表 3-6 案例数据表 单位:万头

年份	2005	2006	2007	2008	2009	2010	2011	2012	2013	2014
收购量	200	216	235	249	272	290	307	319	338	355

【解】 从表 3-6 可以看出,各年收购量的序列数据情况基本呈线性关系,可以用直线方程预测并计算,编制成表 3-7。

表 3-7 直线方程预测表 单位:万头

年份	2005	2006	2007	2008	2009	2010	2011	2012	2013	2014	合计
y_i	200	216	235	249	272	290	307	319	338	355	2781
x_i	−9	−7	−5	−3	−1	1	3	5	7	9	0
x_iy_i	−1 800	−1 512	−1 175	−747	−272	290	921	1 595	2 366	3 195	2 861
x_i^2	81	49	25	9	1	1	9	25	49	81	330
趋势值 Y_T	200.07	217.41	234.75	252.09	269.43	286.77	304.11	321.45	338.79	356.13	

将表 3-7 中有关数据代入式(3-21)、式(3-22)，得

$$a=\frac{2\ 781}{10}=278.10,\quad b=\frac{2\ 861}{330}=8.67$$

将其代入直线方程，得预测线性方程式：

$$Y_T=278.10+8.67T$$

当 T 对应于 x_i 时，可计算得到序列趋势值。当 T 为 11、13、15 时，可分别预测得到 2015 年、2016 年、2017 年生猪的收购量分别为 373.47 万头、390.81 万头、408.15 万头。

依据以上计算值，进一步分析预测结果的可信度：

$$\sigma=\sqrt{\frac{\sum(y_i-Y_T)^2}{n}}=\sqrt{\frac{45}{10}}\text{万头}=2.12\text{万头}$$

计算表明，当 2017 年该城市生猪实际收购量为(408.15±2.12)万头时，其可信度为 68.27%；当实际收购量为(408.15±2×2.12)万头时，其可信度为 95.45%；当实际收购量为(408.15±3×2.12)万头时，其可信度为 99.70%。

2) 曲线趋势预测法

许多事物的发展规律类似于生物的自然增殖过程，近乎于 S 形的曲线，呈两头慢、中间快的发展趋势，通常称之为龚珀兹曲线(Gompertz Curve)和逻辑曲线，如技术的发展与普及过程、新产品的销售与普及过程等。有的呈抛物线的发展趋势，如某些长盛不衰或被垄断的产品，其销售势头呈几何级数快速上升，待达到一定饱和点或垄断被打破，才趋于平稳或下降。事物发展的不同趋势，可用几种常见类型曲线方程式分别表示如下：

(1) 线性曲线模型　$y=a+bx$

(2) 二次抛物曲线模型　$y=a+bx+cx^2$

(3) 指数曲线模型　$y=ae^{bx}$　$(b>0)$

(4) 修正指数曲线模型　$y=k+ae^{bx}$　$(b>0)$

(5) 龚珀兹曲线模型　$y=e^{k+ab^x}$　$(0<b<1)$

(6) 逻辑曲线模型　$y=\dfrac{k}{1+ae^{-bx}}$

现选择变化趋势属于二次抛物曲线的情况予以介绍，其他模型的分析参见有关专著。

在 $y=a+bx+cx^2$ 式中，a、b、c 属于待定系数，x 表示各年代号。利用最小二乘法可导出三个标准方程式：

$$\sum y_i=na+b\sum x_i+c\sum x_i^2$$

$$\sum x_iy_i=a\sum x_i+b\sum x_i^2+c\sum x_i^3$$

$$\sum x_i^2y_i=a\sum x_i^2+b\sum x_i^3+c\sum x_i^4$$

为简化计算过程，同样可将时间序列中的中间年份设为 $x=0$，则 $\sum x_i=0$，$\sum x_i^3=0$，于是上述联立方程组即可简化为

$$\sum y_i=na+c\sum x_i^2 \tag{3-24}$$

$$\sum x_iy_i=b\sum x_i^2 \tag{3-25}$$

$$\sum x_i^2y_i=a\sum x_i^2+c\sum x_i^4 \tag{3-26}$$

解此联立方程组，可求得待定系数 a、b、c：

$$a=\frac{\sum y_i\sum x_i^4-\sum x_i^2\sum x_i^2y_i}{n\sum x_i^4-(\sum x_i^2)^2} \tag{3-27}$$

$$b=\frac{\sum x_iy_i}{\sum x_i^2} \tag{3-28}$$

$$c=\frac{n\sum x_i^2y_i-\sum y_i\sum x_i^2}{n\sum x_i^4-(\sum x_i^2)^2} \tag{3-29}$$

可得到曲线的预测式:

$$Y_T=a+bT+cT^2$$

例 3-6 某商店对家庭电脑的销售情况进行统计,发现近 9 个月的销售趋势呈现二次抛物线的图形,具体数据见表 3-8,试预测下一季度的销售情况。

表 3-8 电脑销售情况表 单位:万元

月序	1	2	3	4	5	6	7	8	9
销售额	30	37	47	58	68	75	80	85	88

【解】 根据表 3-8 的数据,求待定系数 a、b、c 的值,则应分别算出 x_iy_i、x_i^2、x_i^4、$x_i^2y_i$,然后求和,填入表 3-9 中。

表 3-9 电脑销售额二次抛物线预测表 单位:万元

月序	1	2	3	4	5	6	7	8	9	合 计
y_i	30	37	47	58	68	75	80	85	88	568
x_i	−4	−3	−2	−1	0	1	2	3	4	0
x_iy_i	−120	−111	−94	−58	0	75	160	255	352	459
x_i^2	16	9	4	1	0	1	4	9	16	60
x_i^4	256	81	16	1	0	1	16	81	256	708
$x_i^2y_i$	480	333	188	58	0	75	320	765	1 408	3 627
趋势值 Y_T	27.7	39.0	49.2	58.4	66.6	73.7	79.8	84.9	88.9	

根据表 3-9 的数据,可求得待定系数 a、b、c 的值分别为

$$a=\frac{\sum y_i\sum x_i^4-\sum x_i^2\sum x_i^2y_i}{n\sum x_i^4-(\sum x_i^2)^2}=\frac{568\times708-60\times3627}{9\times708-60\times60}=66.57$$

$$b=\frac{\sum x_iy_i}{\sum x_i^2}=\frac{459}{60}=7.65$$

$$c=\frac{n\sum x_i^2y_i-\sum y_i\sum x_i^2}{n\sum x_i^4-(\sum x_i^2)^2}=\frac{9\times3627-568\times60}{9\times708-60\times60}=-0.518$$

将其代入曲线方程,得预测抛物线模型:

$$Y_T=66.57+7.65T-0.518T^2$$

当 T 对应于 x_i 时,可计算得到序列趋势值 Y_T(见表 3-9)。当 T 为 5、6、7 时,可分别预测

得到的下一季度各月的销售额为 91.87 万元、93.82 万元、94.74 万元。

（三）回归预测法

1. 概念与工作程序

前面研究预测的变量或经济现象，都是与时间有关的变量。而有些实际问题往往涉及几个变量或几种经济现象，相互关联，并且与时间无直接关系。如居民货币收入与消费及储蓄之间、商品生产量与销售量及价格之间、公司业绩及成长性与其股票市场价格之间等，n 个变量间都存在直接或间接的联系。

变量之间的关系可以分为两大类：一类是确定性关系，即函数关系，如水温与蒸汽压、风速与阻力的关系等；另一类是非确定性关系，叫相关关系，大致分为相从变动及因果关系两种情况。常见的是因果关系，它的特点是原因在前，结果在后，并且原因与结果之间常常具有类似函数般的密切联系，从而为建立数学模型进行预测提供了方便。

根据自变量的个数，回归方程可以是一元回归（两个变量），也可以是多元回归（两个以上的变量）；根据研究问题的性质，回归方程可以是线性回归，也可以是非线性回归。非线性回归方程可以通过对数运算，化为线性回归方程进行处理。回归分析预测的工作程序如下：

（1）收集资料，筛选变量；

（2）画散点图；

（3）根据散点图配置相应的回归方程；

（4）运用最小二乘法，计算回归系数；

（5）计算相关系数 R，进行相关检验，判断方程的可靠性；

（6）求置信区间，用回归方程进行预测。

2. 一元线性回归预测法

如果所得数据表明变量之间的关系基本上是线性关系，那么就可以用一元线性回归方法对未来趋势作出预测。一元线性回归方程的一般式为

$$y = a + bx \tag{3-30}$$

式中：y——因变量（预测对象）；

x——自变量。

将 n 个样本观察点描绘在坐标散点图上，如果散布点至某拟合直线的距离（用残差 c_i 表示）的平方和最小，那么这条直线就是应用最小二乘法所拟合的直线。显然，残差 c_i 的平方和为

$$M = \sum_{i=1}^{n} c_i^2 = \sum_{i=1}^{n} (y_i - y)^2 = \sum_{i=1}^{n} (y_i - a - bx_i)^2$$

为求出上式的最小值，可根据极值原理，对 M 求 a、b 的偏导数，并令其等于零：

$$\frac{\partial M}{\partial a} = -2\sum_{i=1}^{n} (y_i - a - bx_i) = 0$$

$$\frac{\partial M}{\partial b} = -2\sum_{i=1}^{n} (y_i - a - bx_i)x_i = 0$$

展开并整理，得到

$$a = \frac{\sum y_i - b\sum x_i}{n} \tag{3-31}$$

$$b = \frac{n\sum x_i y_i - \sum x_i \sum y_i}{n\sum x_i^2 - (\sum x_i)^2} \tag{3-32}$$

对所取得的样本数 n,要求大于 15,否则预测的结果不理想。

以上过程与直线趋势预测的极相似,但一元线性回归分析中的变量不是时间序列数据,而是呈因果关系,两者概念不同。

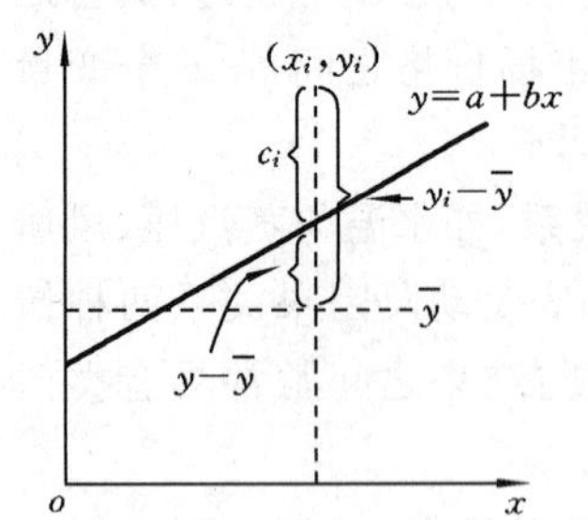

图 3-4 一元线性回归

自变量与因变量之间是否确实存在线性关系,这种相关程度如何,需作出分析。通常用相关系数 R 进行判断,R 值的推导过程如下所述。

由于所有的点不可能全部落在回归直线上,而是散布在直线的两边。根据图 3-4 可知 y_i 的平均值:

$$\overline{y} = \frac{1}{n}\sum_{i=1}^{n} y_i$$

而且,残差 $c_i = y_i - y$,残差平方和 $M = \sum_{i=1}^{n} c_i^2$ 是不能用回归方程解释的部分,而总离差平方和 $Q = \sum (y_i - \overline{y})^2$ 是能用回归方程解释的部分。回归方程拟合性越好,则自变量在观察期内对因变量的解释作用越强,其残差平方和就越小,将有

$$\sum (y_i - \overline{y})^2 = \sum (y - \overline{y})^2 + \sum c_i^2$$

式中:$\sum (y - \overline{y})^2$ 为回归离差平方和,其中 y 为理论值或趋势值。

设判定系数为 R^2,则

$$R^2 = \frac{\text{回归离差平方和}}{\text{总回归离差平方和}} = \frac{\sum (y - \overline{y})^2}{\sum (y_i - \overline{y})^2} = 1 - \frac{\sum c_i^2}{\sum (y_i - \overline{y})^2}$$

$$R = \sqrt{1 - \frac{\sum c_i^2}{\sum (y_i - \overline{y})^2}}$$

$$= \frac{n\sum x_i y_i - \sum x_i \sum y_i}{\sqrt{\left[n\sum x_i^2 - (\sum x_i)^2\right]\left[n\sum y_i^2 - (\sum y_i)^2\right]}} \tag{3-33}$$

或

$$R = \sqrt{1 - \frac{\sum (y_i - y)^2}{\sum (y_i - \overline{y})^2}} \tag{3-34}$$

$0 \leqslant |R| \leqslant 1$,$|R|$ 越接近 1,说明线性相关性越强,预测结果的可信度越高,其中,R 趋于 -1 时,表明两种变量之间有很强的负相关性。$|R|$ 越小,说明线性相关性越弱,预测结果越不可靠。

一元线性回归预测有两项内容,除了前面完成回归系数 a、b 的计算及建立回归预测模型外,另一项内容就是对规律化的数学模型进行置信区间的估计。为此,须先分析其显著性,只有当 $|R| > R_0$ 时,所预测的回归方程在统计范围内才具有显著性,用该方程预测才有意义。

R_0 为相关系数临界值,它是由样本数 n 和显著水平 f 两个参数决定的。f 表示用线性方程在某一区间描述自变量与因变量相关性不可靠的概率,或者用 $1-f$ 表示其置信度。关于相关系数临界值表可查阅附表二。

回归直线反映了两个变量之间一般数量关系的平均线，但根据这条线由已知的自变量推算出因变量的预测值，并不是精确的数值，而是一个估计值或理论值。即未来实际发生值可能落在回归线上，也可能不落在回归线上，与预测值不一致。对于任意的 $x=x_0$，无法确切地知道相应的 y_0 值，只能通过求置信区间判断在给定概率下 y_0 实际值的取值范围。已知样本数，置信度为 $1-f$ 的条件下，y_0 的置信区间为

$$Y_0 \pm t(f/2, n-2)S_{(y)} \tag{3-35}$$

式中：Y_0——与 x_0 相对应的根据线性回归方程计算的 y_0 预测值；

$t(f/2,n-2)$ ——标准统计值，即自由度为 $n-2$，置信度为 $1-f$ 时，t 分布的临界值，可从相关系数临界值表(附表三)查得；

$S_{(y)}$——修正后的因变量 y 标准差。

$S_{(y)}$ 可通过以下公式求出：

$$S_{(y)} = S_{y\cdot x}\sqrt{1+\frac{1}{n}+\frac{(x_0-\bar{x})^2}{\sum(x_i-\bar{x})^2}}$$

$$\bar{x} = \frac{1}{n}\sum x_i$$

式中：$S_{y\cdot x}$—— 标准误差，$S_{y\cdot x} = \sqrt{\dfrac{\sum(y_i-Y_i)^2}{n-k}}$；

Y_i——与 x_i 相对应的由回归方程计算的估计值；

k——变量的个数。

当观察数据较多(样本 30 个及以上)时，置信区间的计算式可简化为

$$Y_0 \pm t(f/2, n-2)S_{y\cdot x} \tag{3-36}$$

当观察数据较少(样本 30 个以下)时，置信区间的计算式为

$$Y_0 \pm t(f/2, n-2)S_{y\cdot x}\sqrt{1+\frac{1}{n}+\frac{(x_0-\bar{x})^2}{\sum(x_i-\bar{x})^2}} \tag{3-37}$$

运用上述公式确定的置信区间只是理论上的推断，当客观情况很复杂时，要结合各种因素进行综合分析。要注意预测的前提条件，即明确预测对象的环境条件没有重大变化，并且确认预测对象与所选自变量的关系成立。有时还要对影响市场发展变化趋势的各种情况进行判断，对模型作适当的修正，才能得出准确的结论。

例 3-7　某地区统计出居民用于家用电器的支出情况，在一定的范围内随家庭的收入呈正的相关性，有关的资料如表 3-10 所示。试预测当家庭收入达到 30 万元/年的时候，每个家庭每年平均在市场上购买家电的总费用。

表 3-10　家庭收入与家用电器消费关系表　　单位：万元

家庭年收入	9.50	11.00	12.50	14.00	15.50	17.00	18.50	20.00	21.50	23.00
家电年支出	0.50	1.30	2.40	3.40	4.60	5.00	7.50	7.70	9.80	10.90

【解】　将家庭年收入视为自变量 x，购买家用电器年支出费用作为因变量 y，绘制散点图(图形略)，观察到相互之间具有线性关系。配直线方程 $y=a+bx$，确定回归系数 a、b，将计算的中间结果填入表 3-11 中。

表 3-11 参数计算值表

序号	1	2	3	4	5	6	7	8	9	10	合计
x_i	9.5	11.0	1.25	1.40	1.55	1.70	1.85	2.00	2.15	2.30	16.25
y_i	0.05	0.13	0.24	0.34	0.46	0.50	0.75	0.77	0.98	1.09	5.31
x_iy_i	0.2	14.3	30.0	47.6	71.3	85	138.75	154.0	210.7	250.7	1 007.10
x_i^2	90.25	121	156.3	196	240.3	289	342.25	400	462.25	529	2 826.25
y_i^2	0.25	1.69	5.76	11.56	21.16	25	56.25	59.29	96.04	118.81	395.81
Y_i	0.07	1.23	2.40	3.57	4.73	5.90	7.06	8.23	9.40	10.56	—

将表中计算值代入式(3-31)、式(3-32),即可求出:

$$b=\frac{n\sum x_iy_i-\sum x_i\sum y_i}{n\sum x_i^2-(\sum x_i)^2}=\frac{1\ 442.25}{1\ 856.25}=0.777$$

$$a=\frac{\sum y_i-b\sum x_i}{n}=-7.31$$

由此可得预测方程:

$$Y=-7.31+0.777x$$

当家庭年收入为30万元时,代入上式,预测年添置的各种家用电器的支出将达到$Y=16$万元。

进行相关分析,计算相关系数:

$$R=\frac{n\sum x_iy_i-\sum x_i\sum y_i}{\sqrt{\left[n\sum x_i^2-(\sum x_i)^2\right]\left[n\sum y_i^2-(\sum y_i)^2\right]}}=\frac{1\ 442.25}{1\ 453.73}=0.992\ 1$$

因$n-2=8$,取$f=0.05$,由附表可查得相关系数临界值$R_0=0.632$。$R>R_0$,表明该案例中的预测模型具有显著性,能用于预测。

求置信区间。由于样本小于30个,适用式(3-37)。

$$S_{y\cdot x}=\sqrt{\frac{\sum(y_i-Y_i)^2}{n-k}}=\sqrt{\frac{1.893}{10-2}}=0.49$$

置信度取$1-f=0.95$,当$x_0=30$万元时,由回归方程计算得$y_0=16$万元,查得t分布表$t(0.95/2,\ 8)$等于2.31。

对于给定的$x=x_0$,可求得标准偏差:

$$S(y)=S_{y\cdot x}\sqrt{1+\frac{1}{n}+\frac{(x_0-\overline{x})^2}{\sum(x_i-\overline{x})^2}}=0.49\times1.052=0.52$$

最终,求得置信区间为$Y\pm2.31S(y)=14.80$万元~17.20万元,并且有95%的可能性。

3. 多元线性回归预测法

市场需求情况的变化有时受多种因素影响,人们常常遇到两个或两个以上因素都对产品需求量产生重要影响的情况。例如,某些耐用消费品(彩电、冰箱),其销售量不仅受居民货币收入水平的影响,而且还受社会保有量、价格等因素的影响。这种预测就必须考虑多种因素的共同作用,进行多元回归预测。

如果是二元回归预测，则同时考虑两个自变量对因变量的影响；如果是多元回归预测，则同时考虑多个自变量对因变量的影响。这类运算的原理与一元回归基本相同，但运算复杂，除二元回归预测外，三元以上的回归预测难以用手工计算，一般要借助于计算机完成。

多元线性回归方程的表达式为

$$y = a + b_1x_1 + b_2x_2 + \cdots + b_mx_m \tag{3-38}$$

式中：$x_1,x_2,\cdots,x_m$——互不相关的自变量；

$b_1,b_2,\cdots,b_m$——y 对 $x_1,x_2,\cdots,x_m$ 的偏回归系数，其含义是当其他自变量保持不变时，x_i 变化一个单位所引起的 y 的变化量；

a——含义同前。

这里只介绍二元线性回归预测，其基本式为

$$y = a + b_1x_1 + b_2x_2$$

利用最小二乘法可求得三个标准方程式：

$$\left.\begin{aligned} \sum y_i &= na + b_1\sum x_{1i} + b_2\sum x_{2i} \\ \sum x_{1i}y_i &= a\sum x_{1i} + b_1\sum x_{1i}^2 + b_2\sum x_{1i}x_{2i} \\ \sum x_{2i}y_i &= a\sum x_{2i} + b_1\sum x_{1i}x_{2i} + b_2\sum x_{2i}^2 \end{aligned}\right\} \tag{3-39}$$

求解以上联立方程，应先根据实际资料计算出 x_{1i}、x_{2i}、x_{1i}^2、x_{2i}^2、$x_{1i}x_{2i}$、y_i、$x_{1i}y_i$、$x_{2i}y_i$ 各项数值之和，并代入式(3-39)，可得出 a、b_1、b_2 三个回归系数。

还有一种方法，就是联立求解三元一次方程组(3-39)，可直接得出 a、b_1、b_2 的表达式，其中 $a=\overline{y}-b_1\overline{x}_1-b_2\overline{x}_2$。求解 b_1、b_2 的方法是将 a 代入式中，推导出来。因表达式较复杂，此处不予列示。

建立二元线性回归方程后，再进行相关分析，计算相关系数：

$$R = \sqrt{1 - \frac{\sum(y_i - y)^2}{\sum(y_i - \overline{y})^2}}$$

R 的判断原则与一元线性回归预测的判断原则相同。下一步是根据建立的二元线性回归方程进行预测。在最后计算置信区间时，应先计算标准误差：

$$S_{y\cdot x} = \sqrt{\frac{\sum(y_i - Y_i)^2}{n - (m+1)}}$$

式中：m——自变量的个数。

余下的计算步骤与一元线性回归方程的相似。

练习题

1. 什么是市场分析？叙述它的内容和方法。

2. 简要回答市场调查及市场预测的概念。市场调查的作用和内容有哪些？

3. 请将市场调查法的各种类型进行归纳划分，举例说明分群随机抽样法。

4. 解释市场预测的三个原则，简述市场预测的基本方法，请绘制或归纳一份市场预测方法的分类图。

5. 什么叫需求敏感域？请绘制一份简图表示。

6. 特尔菲法有哪些特点?简述该预测方法的程序。

7. 用时间序列法进行预测的假设前提是什么?它的特征有哪些?

8. 移动平均法中参数 n 的大小对预测结果有什么影响?如何考虑 n 的取值?

9. 简述指数平滑法的基本思路。它相对于移动平均法有何区别?指数平滑法适合于何种情况下的预测?平滑系数 α 对预测结果有何影响?选择 α 参数应采用怎样的原则?

10. 深圳证券交易所2014年6月3日至6月24日16个交易日的某基金指数见题表3-1。根据技术分析,若近期见顶的基金指数约在520点,依据表中数据,采用合适的方法预测应在未来第几个交易日见顶;此外,计算其5日移动平均值。(注:“/”右边表示月份,左边表示日期)

题表3-1 2014年6月份深圳证券交易所主要日期某基金指数表

日期	3/6	4/6	5/6	6/6	9/6	10/6	11/6	12/6
基金指数	370	378	389	392	397	406	407	422
日期	13/6	16/6	17/6	18/6	19/6	20/6	23/6	24/6
基金指数	405	429	440	443	460	468	481	497

11. 1996—1999年来国际市场黄金价格一直呈下跌趋势,国内黄金价格也具有相关性,1996年以来国家对黄金收购价见题表3-2,据此预测1999年11月的黄金收购价。(注:“/”右边表示年份,左边表示月份)

题表3-2 1996—1999年黄金收购价格变化表

月份	2/1996	5/1996	8/1996	11/1996	2/1997	5/1997	8/1997	11/1997
收购价/(元/克)	96.2	95.3	94.1	93.2	91.3	89.7	88.4	84.3
月份	2/1998	5/1998	8/1998	11/1998	2/1999	5/1999	8/1999	11/1999
收购价/(元/克)	81.2	80.5	79.15	81.9	78.1	76.3	70.7	?

12. 某城市2006—2013财政年度货币收入与已实现的购买力资料见题表3-3。当2014年度财政收入达到35.55亿元时,用线性回归法预测该年的购买力。(计算出全过程)

题表3-3 货币收入与已实现购买力关系表

年份	2006	2007	2008	2009	2010	2011	2012	2013	2014
货币收入/亿元	13.49	14.74	18.61	22.11	25.14	25.56	29.56	32.00	35.55
实现购买力/亿元	12.46	12.71	16.92	18.04	20.90	21.24	23.46	26.25	?

13. 某上市公司股票在以往12个交易日收盘价格如题表3-4所示。

题表3-4 某股票以往12个交易日收盘价

交易日	1	2	3	4	5	6
收盘价/元	6.95	7.08	7.00	6.94	7.12	7.18

续表

交易日	7	8	9	10	11	12
收盘价/元	7.09	7.26	7.33	7.45	7.52	7.65

当 $\alpha=0.4$ 时，建立线性预测模型，并预测第 13 个交易日该股票价格。

14. 某公司生产的某型号彩色电视机，由于技术进步和管理方面的原因，产量不断增加，成本逐月下降。假定产量与成本是最重要的因果关系，具体数据见题表 3-5。

题表 3-5　某型号彩电月产量与成本关系表

月产量/千台	20	20	22	23	22
成本/元	2 200	2 180	2 150	2 130	2 140
月产量/千台	24	25	26	28	30
成本/元	2 135	2 130	2 120	2 110	2 090

试预测月产量达到 33 千台时，产品成本为多少元？

15. 某省棉布的收购量(因变量)与棉花的收购量(第一自变量)及棉花进口量(第二自变量)呈相关关系，数据见题表 3-6。试运用二元线性回归法预测下一年的棉布收购量。

题表 3-6　棉花的收购量及进口量对应棉布的收购量关系表

年份	1	2	3	4	5	6	7	8
棉布收购量/万米	250	260	280	290	310	330	350	?
棉花收购量/万千克	70	75	79	83	88	94	100	110
棉花进口量/万千克	3	1	3	2	4	5	4	5

16. 某百货公司 2014 年各月电冰箱销售量如题表 3-7 所示。用二次指数平滑法建立非线性预测模型，并预测 2015 年 1、2 月的销售量(设 $\alpha=0.5$)。

题表 3-7　某百货公司电冰箱月销售量

月　份	1	2	3	4	5	6
销售量/台	150	155	162	160	177	189
月　份	7	8	9	10	11	12
销售量/台	199	218	215	240	250	270

第四章　项目建设条件的评估

项目建设条件分为广义和狭义两个方面:前者是指项目从施工建设到建成投产及生产经营整个过程的条件;后者专指项目的施工建设条件。本章从广义范围介绍项目建设条件。

要保证项目决策成功,达到预期的目标,应满足其建设条件的要求。由于这些条件范围广,情况较复杂,需根据项目的具体情况,分门别类,逐类评价。需总体考查的项目建设条件,既有项目自身系统的内部条件,也有与之协作配套的外部条件;不仅有可以控制的静态稳定条件,还有较难掌握的动态不确定性条件。评估的重点应是项目外部条件、动态不确定性条件。

本章关于项目建设条件评估涉及的内容有厂址(场地)条件,工程地质和水文地质条件,资源条件,原材料供应条件,燃料、动力条件,交通、运输条件,环境保护条件等。

第一节　厂址(场地)条件的评估

厂址选择是一项带有战略意义的具体工作,项目厂址的好坏,将对项目的生产建设条件及今后的经营产生重大影响。确定项目的具体厂址,一般要经历评选建设地区、坐落区域、项目厂址(场地)三个环节(有时将前两个环节合为一个环节)。厂址选择是一项政策性很强的综合性工作。从宏观上说,它是涉及生产力布局的一个关键环节,关系到投资在各地区的分配比例和区域的社会经济发展、经济结构、自然生态环境等一系列问题,对城乡经济、文化的发展具有深远影响;从微观上分析,它关系到项目建成后企业经济效益及职工生活环境等切身利益,是项目评估的重要环节。

一、厂址(场地)选择有关案例及经验教训

举世闻名的三峡水利枢纽工程,其大坝坝址的确定,可谓是经历了半个多世纪的考查论证,凝结着无数中外学者、专家的心血。早在 20 世纪 30 年代,当时的南京国民政府拟议以黄陵庙花岗岩地区为三峡坝址。40 年代中期,中美学者又在南津关至石牌间选了 5 个坝址方案,由于抗战及国民政府财力不济而被搁置。1952—1955 年,大规模的三峡地质勘测工作展开,我国有威望的地质专家几乎都参与了三峡工程的地质调研,选择了从三峡出口的南津关起,至上游 56 公里的庙河止,作为兴建三峡大坝的研究河段,仅钻探工作一项,总进尺就超过了 20 万米。当时在此河段选了 2 个坝区:一处为西陵峡出口的南津关河段石灰岩坝区,上起石牌,下迄南津关,全长 13 公里,这是参照原来 5 个坝址方案确定的;另一处为美人沱河段结晶岩坝区,上起美人沱,下至黄陵庙南沱,全长 25 公里,从中选择了 10 个坝址。

随后,对这 2 个候选区段进行了全面的、多学科的技术经济论证。评估后认为:南津关坝区地处峡谷河段,由于其石灰岩溶蚀分布广泛且较发育,地质条件复杂,缺陷较明显,将给日后的水工布置和施工条件带来困难,工程量大,投资大,所以 1958 年放弃了 5 个石灰岩坝址的研究。而美人沱河段位于地壳较稳定的黄陵背斜核南端的前震旦纪花岗闪长岩基体上,新鲜岩

体的湿抗区强度在100兆帕左右，岩基完整，力学强度高，透水性弱，而且此地段开阔，是筑坝施工的最佳区域。

美人沱河段确定下来后，又将在此区段内拟订的10个坝址方案进行比较，通过各种分析、筛选后，其中2个坝址方案较优越，这便是三斗坪坝址和太平溪坝址。这2个坝址的地质特征相同，工程总造价大体相当(包括移民费)，地形都较开阔。但比较而言，三斗坪河谷相对宽些，水面宽约1 000米，能为施工设施提供较多合适场地，且为导流通航和泄洪创造了较好的水流条件。再就是三斗坪处江心中有一中堡岛，给导流明渠的施工带来诸多便利，故在1960年被专家们公认为难得的好坝址。后来由于当时的国际形势及战备问题，三斗坪坝址的选择一度被否定，直到1979年底，政府综合各方面意见，从我国现有的施工经验和技术水平出发，最终确定了三斗坪坝址。

在项目布局及选址过程中，经验教训也不少。例如，以往曾过于强调要扭转“北煤南运”、“西电东调”的局面，在我国南方建了不少煤窑、煤矿，在东部地区兴建了许多电厂、电站，而我国南方地区煤炭资源并不多，东部地区水利资源也不丰富，由于开发、开采时达不到经济规模，资源的利用效果不佳，在宏观上造成布局不当的后果。

二、厂址选择的基本要求与原则

评选厂址要作多方案比较及综合论证，同时要注重以下一些基本要求。

(1) 厂区的地形、地质、水文条件及占地面积要符合建设要求，满足生产工艺需要。

① 所有建筑物、构筑物做到合理布局，考虑厂址的面积时要为今后留有一定发展余地。

② 对于工业用地，厂区地形要求起伏不大。若设有铁路专用线，地面自然坡度不应大于3%。为保证及时排水，地面坡度不宜小于0.4%。

③ 要有良好的地质条件，不得有溶洞、断层、流沙层或大量地下水，岩土的承载力要求达到$(1.5\sim2.0)\times10^4$帕(一般的工业项目)；地震烈度高的地方及大型不稳定边坡和天然滑坡附近不宜选作厂址。

④ 水文分析提供的资料必须保证以下条件：水中的悬浮物含量不宜太高，含量变化小；总含盐量(矿化度)不宜高(通常地下水总含盐量大)；污染物及胶体硅含量宜少。

(2) 工业建设项目的厂址应尽量靠近主要原材料、燃料供应地区及产品销售地区，并靠近动力供应中心。

(3) 建厂区的外部协作条件，如电力、水源等动力供应要可靠，尽量靠近水源地(河流、湖泊等)，便于取水排水，与相邻企业之间有较好的互补效果。

(4) 排放“三废”和产生高分贝噪声的项目，不应设在城镇居民区的上风向、水源上游和人口密集的地方。

(5) 厂址标高应能保证不受洪水或大雨的淹灌，不应在泄洪区建立大中型项目。

(6) 厂区环境条件必须符合国家安全要求。生产易燃、易爆产品的项目，选址应离铁路、公路有一定的安全距离。而那些有高大建筑物项目的厂址，要远离机场、电台等建构筑物要避开高压输电线路，要符合有关技术安全规定。

(7) 厂区的交通运输条件便利，厂址要尽量靠近公路、铁路或运输河道及码头，这样可以节省修路投资及运费。

(8) 便于利用现有的生活福利、文化教育和商业网点等设施，满足职工物质、文化生活的要求。

选择厂址除了上述基本要求外，还应遵循一些基本原则，主要包括以下几项：

(1) 正确处理城市与乡村、工业与农业、生产与生活、生产与生态、需要与可能、近期与远期等各方面的关系;

(2) 充分考虑环境保护、生态平衡和综合利用方面的问题;

(3) 节约用地,尽量利用荒地、贫地,用地时注意重要建筑物不得压矿;

(4) 保护自然风景区和名胜古迹,不在其附近建厂,避免对它们造成不良影响及破坏;

(5) 注意实行专业化协作,充分发挥各专业优势,取长补短;

(6) 服从区域规划、城市总体规划及功能分工的要求。

三、厂址选择的技术经济分析

根据选择项目厂址的要求与原则,进行多方案分析论证和选优时,比选的内容无非是三个方面,即厂址环境、厂址建设投资、项目投产经营费用。

1. 厂址环境

厂址环境主要包括建设场地的位置、地形、地质、土石方工程量、土地的使用情况,现有建筑物及拆迁、移民安置情况,交通运输条件,与城市和居民区的关系,与邻近企业的协作条件,施工条件等。

2. 厂址建设投资

厂址建设投资包括土地补偿及新开发资源安置费,场地平整费,厂外道路(公路、铁路)工程投资,给排水、动力工程(施工时)投资,职工住所、食堂、文化福利设施建设费、大型临时设施建设费等费用。

3. 项目投产经营费用

项目投产经营费用是指项目投产后所支付原材料、燃料、产品的运输费,“三废”治理费以及给排水、动力等所需费用。

厂址的优劣通常按照上述三个方面的内容,采用科学的技术经济方法,经过多方案比较论证,最终可以达到满意的结果。

四、项目厂址选择的基本方法

当预选的几个厂址各有利弊、难以判断时,应进行厂址选择论证。厂址选择可用的方法较多,归纳起来分为两类:一类是定量分析;另一类是定性分析结合定量分析。这些方法主要有方案比较法、分级评分法、数学分析法等。

(一) 方案比较法

这是一种从经济角度评价厂址的方法。当有若干个厂址供选择时,在调查、勘察、钻探等基础上,根据所获得的资料,对不同选址环境的优缺点、建设投资、经营费用进行计算比较和分析,确定最优方案。具体方法有差额投资回收期法和年生产费用比较法。

1. 差额投资回收期法

这是一种相对比较法,其基本概念是:计算被比较的厂址方案,如果某一方案所节省的经营费用用来补偿多耗费的投资所需要的时间,少于行业基准投资回收期,则考虑投资大的方案,反之则选投资小的方案。依次按相同的方法逐个比较,直到选出最佳厂址方案。其计算公式为

$$\Delta P_t = \frac{K_2 - K_1}{C_1 - C_2} \tag{4-1}$$

式中:ΔP_t——差额投资回收期;

K_1、K_2——方案1、2的建设投资，且 $K_2>K_1$；

C_1、C_2——方案1、2的年经营费用，且 $C_1>C_2$。

方案建设投资中可比较的部分通常有土地购置及拆迁费，土石方工程、交通运输（道路及设备）、给排水、动力、住宅及文化福利建设的投资，建筑材料运费，环境保护、抗震、防洪设施投资等。年经营费用可比较的部分通常有原材料、燃料、产品、副产品所需的费用以及废料运输费用、给水排水成本、动力成本和其他费用。

进行经济分析时，只要算出几个方案的投资不同部分的费用和影响成本部分的差额即可，相同部分可以略去不比较。

例4-1 有A、B、C三个厂址供选择，A址给水排水投资分别比B、C址多80万元、50万元；土石方费用比B址少30万元，比C址多40万元；供电设施投资比B址多60万元，比C址少25万元；A址的年经营费用比B址少20万元，比C址少10万元。项目所属行业投资回收期为5年，试评价哪个厂址为优？

【解】 本例只就差额部分进行比较。按题意分析，得A、B厂址费用差额，代入式(4-1)，可计算差额投资回收期：

$$\Delta P_t=\frac{80-30+60}{20}\text{年}=5.5\text{年}$$

因差额投资回收期大于5年，没有必要增加投资，选投资小的B厂址。再对B、C厂址进行比较。从题意分析，C址给排水投资比B址多30万元，土石方费用比B址少70万元，供电设施投资比B址多85万元，而年经营费用比B址少10万元，则差额投资回收期

$$\Delta P_t=\frac{30-70+85}{10}\text{年}=4.5\text{年}$$

因差额投资回收期小于5年，增加投资有必要，故应选择投资大的C地作厂址。

这种类型方案的比较方法，本书将在第九章再作些介绍。

2. 年生产费用比较法

该方法又称年等值费用法，即以生产费用最小原则选择厂址，其计算公式为

$$U'=C+KR_c \tag{4-2}$$

式中：U'——被比较方案的年生产费用；

C——年经营成本；

R_c——基准投资效果系数，为 P_c 的倒数。

上式还可写成

$$U'=C+\frac{K}{P_c}$$

式中：P_c——基准投资回收期。

（二）分级评分法

该方法又称评分优选法，属于厂址选择中定性分析结合定量分析的一种方法，包含有主观判断因素，但又是一种简便易行的多目标决策方法。其基本要点是确定各主要判断指标的权重与评价值。此方法分三步进行：

第一步，在厂址选择方案比较表中列出主要判断指标，如厂址位置、占地面积、土石方工程量、建设投资、协作条件等；

第二步,将主要指标按其重要程度给以相应的权重(WF_i),同时根据实际条件分别定出评价值(P_i);

第三步,将各方案主要判断指标的权重和评价值相乘(WF_iP_i),得出评价分,某个方案评价分的总和最高者为最优的厂址方案。

总评价分计算公式为

$$J = \sum_{i=1}^{n}(WF_iP_i) \tag{4-3}$$

运用分级评分法的关键是主观判断因素的正确性,故要求配备若干工程、地质、总图、经济等方面的专家,集思广益,民主评分。

例 4-2 某农药项目定点选址有三个可供选择的厂址方案,各方案的主要指标如表 4-1 所示,试确定最佳方案。

表 4-1 厂址主要指标分析表

主要指标	甲厂址	乙厂址	丙厂址
占地面积	8 万平方米	7 万平方米	9 万平方米
给排水条件	距离较近	距离近	距离近
供电条件	增容费较多	增容费较少	不必增容
土方工程量	挖方填方平衡	挖方多	挖方少
石方工程量	没有石方	石方少	石方多
拆迁补偿费	60 万元	40 万元	20 万元
施工条件	较好	一般	好
经营条件	较好	好	一般
运输条件	较好	差	好

【解】 根据表 4-1 所列各厂址主要判断因素的情况,结合专家的经验确定权重及评价值,汇集于表 4-2。

表 4-2 厂址主要指标评价表

主要指标	权重(WF_i)	不同厂址指标评价值(P_i)			评价值之和
		甲厂址	乙厂址	丙厂址	
占地面积	15%	0.33	0.38	0.29	1.00
给排水条件	9%	0.30	0.35	0.35	1.00
供电条件	9%	0.15	0.35	0.50	1.00
土方工程量	5%	0.25	0.35	0.40	1.00
石方工程量	5%	0.40	0.35	0.25	1.00
拆迁补偿费	10%	0.17	0.33	0.50	1.00
施工条件	12%	0.35	0.20	0.45	1.00
经营条件	20%	0.35	0.45	0.20	1.00
运输条件	15%	0.40	0.10	0.50	1.00

根据表 4-2 给出的权重及指标评价值，结合式(4-3)，得到各厂址的总评价分，见表 4-3。

表 4-3　厂址评价分表

主要指标	权重（WF_i）	不同厂址评价分（$WF_i \cdot P_i$）			评价分之和
		甲厂址	乙厂址	丙厂址	
占地面积	15%	0.049 5	0.057 0	0.043 5	0.150 0
给排水条件	9%	0.027 0	0.031 5	0.031 5	0.090 0
供电条件	9%	0.013 5	0.031 5	0.045 0	0.090 0
土方工程量	5%	0.012 5	0.017 5	0.020 0	0.050 0
石方工程量	5%	0.020 0	0.017 5	0.012 5	0.050 0
拆迁补偿费	10%	0.017 0	0.033 0	0.050 0	0.100 0
施工条件	12%	0.042 0	0.024 0	0.054 0	0.120 0
经营条件	20%	0.070 0	0.090 0	0.040 0	0.200 0
运输条件	15%	0.060 0	0.015 0	0.075 0	0.150 0
总评价分	100%	0.311 5	0.317 0	0.371 5	1.000

计算结果表明，丙厂址评价分最高，建厂地点应以丙处为佳。

在计算评分时，表中各项权重之和应等于 100%，各方案评价分之和应等于 1，否则可能某一环节计算有误。

（三）数学分析法

这是一种通过数学定量分析，对厂址进行多方案分析比较和优选的方法，主要包括重心法、数学程序法、运输法（属线性规划中的一种方法）等。以下简单介绍重心法。

重心法又称最小运输费用法，其主要特点是将生产运输因素作为厂址选择的重要基本点，然后依据求重心的原理，选择运输距离最短、运输费用最低的方案作为最佳厂址。

已知某拟建项目生产所需的某种原材料供应基地及产品销售地，在一定时期内的运输量为 Q_i；已知各原材料基地及销售地的相关位置，并将它们分别标明在直角坐标图上，则可求出坐标重心点 $P(x_0, y_0)$，其表达式为

$$x_0 = \sum_{i=1}^{n} Q_i x_i \Big/ \sum_{i=1}^{n} Q_i, \quad y_0 = \sum_{i=1}^{n} Q_i y_i \Big/ \sum_{i=1}^{n} Q_i \tag{4-4}$$

式中：x_i——第 i 种原材料供应地或产品销售地的横坐标；

y_i——第 i 种原材料供应地或产品销售地的纵坐标；

n——原材料的供应地或产品销售地数目。

采用这种方法选择厂址应注意几点：

(1) 只有当其他因素不太重要，而运输费用成为确定厂址的关键因素时，该方法才较合适；

(2) 该方法假设吨千米运价相等；

(3) 计算出的只是厂址的理论位置，实际运用时还需根据其他因素进行调整。

五、厂址选择报告

厂址选择报告是设计任务书或可行性研究报告内容之一，它确定了在一定范围内建设场

地的位置,是一种论证性文件,是对建设项目生产条件、经济效果的一种间接论述。因此,应由主管部门会同设计单位及其他有关部门,经过周密的调查勘察和多方案比较后完成。厂址选择报告经上级机关审查批准后,即成为设计的依据。厂址选择报告书应具有以下几项内容。

(1) 选址的依据及选址的经过。

(2) 项目拟建地点的概况和自然条件,包括以下四个部分。

① 厂址的地理位置:说明项目的具体地点,标出经纬度,并提供区域平面图。

② 地形、地貌、地质、地震情况:提供以等高线表示的地形图,概述厂址区域的上述有关细节,给出地震强度级别、区域稳定性等有关结论性意见。

③ 气象条件:说明厂址所在区域气候的一般特征,包括年、月平均气温及历史极端气温,大气压力、湿度、降水量,提供地面风场特征、风玫瑰图。

④ 水文资料:厂址周围的地表水,如江、河、湖、海、水库的相对位置、大小、形状、流动方式及流域概况,并应有其温度、流速、流量、水位、潮位的资料,具有洪水期、丰水期、枯水期的水位及流量参数。

(3) 选址中所采用的主要技术经济指标。

(4) 拟建项目所需原材料、燃料、动力供应、水源、交通运输情况及协作条件。

(5) 各个选择厂址方案的比较,包括各个方案的优缺点,建设投资和经营费用的综合分析、比较与结论。

(6) 对建设场地选择的初步意见及当地政府部门对选址的意见。

(7) 主要附件,包括各项协议文件、拟建项目地区位置草图、拟建项目总平面布置示意图。

第二节 工程地质和水文地质条件的评估

所谓工程地质是指与工程建设有关的地质现象。其内容分为两类:一是自然物理地质现象,如山崩,滑坡,河、海岸的冲刷,火山,地震等;二是工程地质现象,如地基因建筑物的重量而下沉,山坡因挖掘而崩陷等。水文地质是指与工程建设有关的地下水文现象,包括地下水的形成、分布及运动规律,地下水物理性质和化学性质,水位的变化、流动方向、流速等。

工程地质和水文地质条件是投资项目厂址选择的重要条件之一,也是对项目建设和生产经营产生长期影响的制约条件。

一、工程地质的评估

评估项目所在地区的工程地质应着重分析以下几点:

(1) 分析当地的地质构造,了解地层、岩层的成因及地质年代,以便对项目地段的自然物理条件作进一步审查;

(2) 地层须具有稳定性,不得有滑坡、断层、土崩、喀斯特等现象及可能引起的后果;

(3) 是否存在人为的地表损毁现象,如土坑、地洞、枯井、战壕、古墓等,这些将影响项目的施工进度及增加投资额;

(4) 探明地下有无矿藏及已开采的矿洞,分析这种地段的副作用,避免构成压矿,或因制作人工地基及打桩带来的额外投资,导致工时延误而不利于项目的建设。

二、水文地质的评估

评估项目所在地区水文地质时应注意审查以下几点：

(1) 分析地区内地下水类型，主要含水层岩性、富水性埋藏深度，水位及地下水可采储量，这些涉及项目地基的基础及供水条件，影响较大；

(2) 审查主要含水层的水质分析资料、地下水和地表水的水力同水质的联系，以便确定开采后其是否适合项目使用；

(3) 分析并预测开采地下水后水位和水质的变化情况、对工程地质的影响，如地面沉降、塌陷等，应保证其不至于危害项目的实施；

(4) 分析项目所在地区全年不同时期的水位变化、流向、流速和水质的情况，地下水是否有污染现象，以判明项目在施工、生产、生活用水方面的保障程度。

第三节　资源条件的评估

一、资源的分类

资源是人类赖以生存的稀缺性物资条件，通常指可供开发利用，并且能够为人类服务的自然界各种天然资源，如土地、森林、矿产、野生动物等。自然资源一般分为不可再生资源和可再生资源两类，前者主要指无生命的矿产类资源，它们消耗之后就不能再形成；后者主要指农、林、畜资源，它们可以借助繁殖而复原。由于人口的增长、工业的发展和科学技术的进步，资源的有限性和人类对自然资源不断增长的需求的矛盾日益突出，因此在项目评估中，应当注意资源的综合开发与合理使用。随着科学技术的发展，新的资源不断被发现和利用，资源的含义也将不断发展。

可作为工业的劳动对象或原料的资源可进行以下分类。

1. 矿产资源

自然界的矿物种类目前已知的有近 4 000 种，但是现在被利用的矿物只有 200 多种。人们把自然界的矿物按照其经济用途分为三大类，即金属矿物、非金属矿物、能源矿物。

金属矿物可根据用途及特点分为黑色金属、有色金属、贵重金属、稀有金属等。

非金属矿物根据其工业用途分为化工原料、工业矿物原料、冶金辅助原料、建筑材料四大类。由于这类资源用量大，价值相对低，评估时应考虑就近开采运输，以减少运费。

能源矿物包括煤炭、石油、天然气、油页岩，以及铀、镭等核燃料，在国民经济发展中占有重要地位，它既是生产、生活的能源，又是重要的化工原料，对工业布局具有双重意义。

2. 农、林、畜资源

农、林、畜资源属于可再生资源，是一种生物资源。生物通过氧化或光合作用每年可为人类提供 2 000 多亿吨的动、植物，其中粮食和林产品不仅是人类的生存之本，而且还是重要的工业原料。这类资源按其用途可分为纤维作物、油料作物、糖料作物、橡胶作物、药用作物等 10 余类。

二、资源条件的评估

对投资项目资源条件的审查与评价，主要是对其分布、储量、品位、开采利用的可能性和经济的合理性进行实事求是的分析。评价时应注重以下几点。

(1) 审查投资项目所需矿产资源是否具备国家矿产储备委员会批准的资源储备量、品位和开采价值的资源勘察报告书,以确定矿产资源是否符合投资项目的基本要求,对资源相应的运输条件亦应加以评价。

(2) 注意资源的供应数量、质量和服务年限,注意能否多层次利用;评价开采的方式或供应的方式,并估算成本的高低,以便把握其对项目经济效益影响的程度。

(3) 分析和评价资源的优势及利用程度,注意技术进步对资源优势利用的影响(如煤、石油、经济作物的加工深度及加工方式),评价其利用方向的合理性及综合利用的可靠性。

(4) 对于项目所需的稀缺资源,要注意开辟新资源的前景预测及其替代途径。

(5) 对农产品资源,要注意农村经济发展趋势及世界农产品市场的变化,应根据其较大的分散性、不稳定性,具体评价其可靠程度。

第四节 原材料供应条件的评估

一、原材料的划分

原材料的划分多种多样,就生产程序而言,原材料分为起始原料、基本原料、中间原料。起始原料是人们经过开采、种植、收集等生产劳动获得的原料;基本原料是起始原料经过加工制得的原料;中间原料是基本原料再加工制成的原料。对于工业生产所需的原材料及投入物,一般分为:原材料——未加工的和半加工的原材料;工业材料——已加工的中间产品;制造件——零配件、部件、半装配件;辅助材料——包装材料、油漆、油料、润滑剂、清洗剂等。

二、供应条件的评价

分析和评价项目所需的原材料,只要求抓住关键的部分,并且围绕其供应条件进行审查、分析、评价。

(1) 审查项目所需主要原材料的名称、品种、规格、需要量、可供量、供应方式、组织管理方式等,以便分析和评价其供应的可靠性、稳定性及质量的保证程度。评估时除了考虑项目的设计能力、工艺条件、设备装置情况所需的数量及质量外,还必须考虑运输、储备和生产过程中的损失及质变现象。

(2) 审查原材料的质量和性能是否适应生产工艺、产品功能的需要。具体来说,要求原材料所具有的物理性能、化学性能、机械性能、电磁性能等满足产品的设计要求。由于原材料的上述质量和性能对项目的生产工艺、设备选型、资源的利用程度影响很大,因而必须结合项目的特点对其进行严格的审查、分析。

(3) 审查项目所需主要原材料的价格、运输费及其变动趋势对项目经济技术指标的影响程度。尤其是非金属原材料,其运费往往占较大比重,应该尽可能就近取材,以降低成本,保证项目投产后的经济效益。

(4) 审查项目所需主要原材料的存储设施条件。对于需求量大而又连续生产的拟建项目,原材料的供应及存储要有一个长远计划。一方面要保证相应的存储量及具备相应的配套设施;另一方面要落实足够的资金,做到与主装置同步建设,同时交付使用。

(5) 审查项目所需的紧俏原材料是否有供货协议。对于稀缺资源材料、中间品材料、进口材料等，由于涉及较多中间环节，为保证其可靠性，必须对这些原材料的种类、数量、来源、价格、影响稳定供应的不确定因素等加以分析评价，并提供合同文件。

总之，对原材料的供应要做到经济性、合理性、可靠性。

第五节　燃料、动力供应条件的评估

燃料、动力供应条件的评估应先对其予以分类，然后作具体分析。

一、燃料、动力的分类

1. 燃料的分类

燃料是能产生能量的自然资源。常见的煤炭、石油、天然气、木材等，属于一次能量资源中的常规能源。而有些是经过加工的能源燃料，如煤气、焦炭、沼气、液化气，属于二次能源。

2. 动力的分类

动力的来源比燃料复杂些，通常是经过化学能、机械能、太阳能、地热能、核能转换或加工所得到的不同形态的能量资源，在分类中一般归属于二次能源，种类较多。项目常用的动力有电力(火电)、蒸汽、水、风、气、冷冻料等。

二、燃料、动力供应条件的评价

燃料、动力是项目建设和生产过程中的基本要素及重要物质保证，因此评价时应立足于其供应数量、供应质量、供应条件三个方面。

1. 燃料供应条件的评价

项目使用的燃料通常有煤炭、石油、天然气、煤气，尤其是钢铁厂、发电厂、化工厂燃料的使用量较大。对其进行评价应注重以下几个方面。

(1) 从能量或热量平衡的角度审查燃料的需求量及可供量，来源是否有保证。如果某种资源较紧缺，需求量大，则必须有供货合同。

(2) 审查燃料的热值及其他成分的含量，以便既保证达到生产正常运行所应具备的条件，又满足设备对特定燃料所需质量的要求。如热电厂锅炉对煤炭的含硫量和炼油厂催化裂解装置对燃料油、气的热值均有一定的要求。

(3) 审查燃料的供应方式和供应条件，即采用何种方式供应，外购还是企业自供，是否能满足连续生产的需要。燃料的价格标准及依据要合理。

(4) 分析所选燃料对产品的生产过程、质量、成本的影响，对当地环境影响的程度。

2. 动力供应条件的评价

鉴于动力种类多、性质较复杂，对其进行评价应注重以下几个方面。

(1) 审查、评价电力供应条件。电力是工业的命脉，尤其是用电量大而又要求连续供电的项目，应作专门调查分析。应估算最大需电量、高峰负荷及负荷等级、备用量，要计算核实日耗电量、年耗电量及对成本的影响，供电来源(自备电站或外供电)及可供量；对于启动负荷、冲击负荷大的设备，在计算其最大负荷时，还要考虑是否对电网造成冲击；注意供电的稳定性及供电的质量要求。某些有特殊要求的项目由于不允许中断供电,还必须考虑双电源及相应的设备与投资问题。

(2) 审查、评价工业用水供应条件。水资源对工业项目具有多种用途,按其获得的途径分为直流水(一次水)、循环水;按其使用性质分为原料用水、工艺用水、锅炉用水、冷却用水、冲洗用水等。在对供水条件进行评估时,要审查用水量、水质是否符合基本要求,如有些项目对水的硬度(钙、镁等离子含量)、含盐浓度有要求,因此要以提供的水文地质资料和化验数据为依据,确定对水的处理及供应方式。例如,循环水不需特别处理,其成本低,适合作冷却用水、冲洗用水,而锅炉用水对水质条件要求较苛刻,事先要经过软化处理。原料用水和工艺用水亦有各自的要求。在评价用水条件时要区别用途,按照使用性质进行分析,并审查与水源工程相配套的设备、设施是否齐全。

(3) 审查、评价蒸汽等其他动力供应条件。计算并核实蒸汽的用量、压力及相应的温度,蒸汽来源是外供还是自产。若自产蒸汽,还应考虑相应的厂房设备。其他动力通常包括压缩空气、氧气、氮气、风等,要分别核算其需要量、供应方式,审查与之相配套的动力装置是否协调,设备选型是否合理,投资是否充足。

第六节　交通、运输条件的评估

交通、运输条件对项目的建设生产起着至关重要的作用,要先于项目竣工,要早投入运行。项目建设所需的设备、材料等,不待投产就必须到位。例如在三峡水利枢纽工程的建设中,决策管理层对交通、运输条件就作出了充分、仔细的规划,事先考虑了宜昌至三斗坪公路、三峡机场的建设等问题,从而保证了三峡工程的施工及今后的经营。

一、交通条件的评估

项目的交通条件是指项目的厂外、厂内交通道路情况。就厂外交通而言,包括厂区离附近公路主干道、铁路线、河流的距离,以及是否要修建连接公路、铁路专线、码头等。这些相应工程是否占用耕地,其投资是否落实,估算是否准确,都必须逐项审查评价。对于厂内的交通情况,从平面布置来看,要做到井井有条,因为纵横交错的厂区道路,稍有不慎就会引起物流不畅,影响生产。在进行总图布置时,要将主干道放在最合适的、物流量最大的线路上;立面交通情况虽然不是考虑的重点,但大型项目的厂区内可能有立交桥、栈桥、天桥等设施,也要统筹考虑。

二、运输条件的评价

运输条件的评估同样要求从厂外、厂内两个方面进行,涉及的内容有运输方式、设备的选择,运输中装、卸、转、储各环节协调和组织管理的问题。要着重从各种物资的类型、数量方面进行分析评价,计算物资的运进、运出量是否相当;对那些投入产出比超过数倍甚至数十倍的项目,由于其厂址一般靠近原材料地,运输情况要加以说明,区别分析。要阐述运输方式及费用对生产过程、产品成本的影响。

对于厂外运输,要对运输方式和设备的选择进行多方案比较与论证,寻求最佳方案。例

如，运输一般通过公路、铁路、河流进行，它们各有不同的技术经济特点，适应不同的自然地理条件和各种运输需求。其运输工具则根据运输方式而确定，具体采用何种方式、选择何种运输工具，取决于货物的形态、运输距离的远近、运量的多少，要进行方案比较。远距离运送的货物一般不考虑公路运输。

对于厂内运输，其运输方式主要有车辆运输、传递运输、起重运输等，可以划分为水平与垂直运输两类。水平运输的设备一般有车辆、皮带机、辊道、管道等；垂直运输通常有起重车辆、电梯、天车等。这些都属于总图运输专业人员设计时应考虑的内容。对运输条件作经济性评价时，重点是计算运输成本，分析运输环节对未来生产产品成本的影响情况。为此，评估要抓住以下几个环节：

(1) 对各种运输方式进行技术经济比较，经过方案论证，选取经济合理的运输方式；

(2) 审查运输的各个环节是否紧凑有序，能否保证生产的连续性与可靠性；

(3) 审查并计算运输设备和工具所需的投资是否合理，估算是否正确。

第七节　环境保护条件及治理措施的评估

一、环境保护的概念及任务

环境保护是项目可行性研究，同时也是项目评估的重要内容之一。一个项目的经济效益再好，如果没有环境保护的方法与措施，也是无法成立的。目前，环境保护的内容世界各国不尽相同，但大致包括两个方面：一是保护和改善环境质量，保护居民身心健康，防止机体在环境的影响下产生变异和退化；二是合理利用资源，减少或消除有害物质进入环境，以保护自然资源的恢复和发展生产。我国《环境保护法》规定，环境保护包括保护和改善环境、防治污染和其他公害两大部分。其任务是“保护和改善环境，防治污染和其他公害，保障公众健康，推进生态文明建设，促进经济社会可持续发展”。

二、主要污染物及污染源分析

污染环境、危害人类及其他生物的有害物质称为污染物。污染物按性质分为化学性、物理性、生物性三大类。其中化学性污染物是最主要的污染物。它通常指“三废”污染，即废水、废气、废渣，主要有含碱废水和含有机氯、氰化物、酚、多环芳烃的废液，含汞、镉、铅、砷的废渣及粉尘，硫的氧化物、氮的氧化物及硫化氢、一氧化碳等废气。物理性污染物主要有噪声、振动、电磁波、放射线等。生物性污染物主要有细菌、病毒、原虫等病原微生物。

污染源是指向环境排放有害物质或对环境产生有害影响的场所、设备、装置的总称，分为天然污染源和人为污染源。人为污染源包括工业污染源、交通污染源、生活污染源。项目评估主要是针对工业污染源。工业投资项目对生态平衡的破坏、造成自然环境的污染源主要有以下几种。

(1) 项目的投入物。生产过程中密封及安全措施不完善，或在运输、储备过程中污染了环境。

(2) 生产过程中的排放物。由于设计、规划或操作处理不当，生产时发生跑、冒、滴、漏物料，以及不可避免地产生废水、废气、废渣、噪音等。

(3) 项目的产出物。项目的某些产品本身就有可能对生态环境造成污染,如农药、化肥、食品的包装物,某些产品在储存、运输过程中也会造成污染等。

污染源治理的重点在前两种。为了对污染物及污染源的审查有层次、有条理,要求在拟建项目的厂区平面布置图中标明各产生污染源的车间向外排放“三废”的释放点、排液口的标高,标出产生污染物主要装置的位置及在厂内、外的运行路线。然后,审核对污染物的种类、性质、产生数量及排放方式的分析是否达到了所要求的深度。

三、环境污染的治理措施及评价

工业项目的污染是不可避免的,关键在于治理,以减轻或防止污染物对环境的危害。对工业污染物的治理通常采用以下几种方法。

(1) 化学处理法。通过化学反应把有毒物质转变为低毒或无毒物质,常用的方法有中和法、氧化法、凝聚法、化学吸收法、离子交换法等。

(2) 生化处理法。利用自然界存在的各种微生物,把污染物中的有机物分解并转化为无机物,以达到净化或无毒的目的。该方法通常用于废水和垃圾的处理。

(3) 物理处理法。利用吸收、吸附、除尘、过滤、沉淀、浮选等手段达到治理污染物的目的。该方法通常用于含微尘的废气处理,如烟道气的处理之类。

(4) 物理化学方法。如泡沫分离、化学吸附、萃取分离、薄膜渗透等方法。

(5) 焚烧处理法。将固态污染物或浓度较高的废液经焚烧炉焚化。由于在这种处理过程中可能产生二次污染,因而该方法常常结合吸收法同时使用。

(6) 堆存、深埋处理法。某些无利用价值、低毒或无毒性的废渣可考虑堆存在凹坑处,填以泥土,难以处理的污染物或核废料则应深埋处理。

(7) 综合利用法。这是一种最具有前途、具有经济效果的方法,它通过选择合理的工艺流程、适当的设备,多投入些资金、原材料,就可能取得一箭双雕的效果。如粉煤灰、炉渣、矿渣可以用来生产水泥、青砖;冶炼厂、化工厂的重金属废渣,经过综合处理,可提炼出铅、镉、镍等重要金属。

总之,对项目环境保护措施的评价要立足于以下几个方面。

(1) 审查用于环境保护的资金是否落实,是否充分。环境治理通常谈不上经济效益,建设单位一般不愿花过高的代价,往往容易形成“敷衍工程”。因此,要配合环境保护部门在资金方面严格把关。

(2) 审查技术是否可靠合理。生产不是实验场所,生产过程具有不可逆转性,项目一旦投产,就不容许失败,否则将花费高昂的代价。所以,对“三废”的治理要求采用成熟可靠的技术,对于在技术上没有解决污染问题的项目,不能批准立项。

(3) 审查治理后的排放标准。20 世纪 70 年代以来,国家陆续制定和修正了一系列环境保护的标准,为审查项目的“三废”治理是否达标提供了尺度。这些标准中较重要的有大气污染物综合排放标准(GB 16297—1996)、恶臭污染物排放标准(GB 14554—1993)、大气环境质量标准(GB 3095—2012)和声环境质量标准(GB 3096—2008)。

(4) 环境污染的治理必须与主体工程做到“三同时”,即在资金落实、技术可靠的基础上,要求“三废”治理与生产系统同时设计、同时施工、同时投入运行,保证项目投产时对环境的影响不会超过标准。

练习题

1. 为什么要进行厂址选择？它具有哪些方面的意义？项目建设条件的可行性评估包括哪几个方面？

2. 厂址的选择经历哪三个环节？选址时要注意哪些条件？

3. 厂址选择的技术经济分析包括哪些内容？

4. 生产建设条件包括哪些方面？简述其中资源的分类及评价条件。

5. 根据你的理解，工程地质条件对项目有多大的影响？其风险性及可控性如何？最可能或最重要的影响因素是哪些？

6. 运输条件的好坏对项目的实施会产生哪些方面的影响？

7. 某显像管厂定点选址有三个可供选择的方案，调查后各厂址评分见题表4-1。

题表4-1　各厂址方案主要指标评分表

序号	主要指标（判断因素）	权重（WF_i）	各方案评价值（P_i）		
			方案A	方案B	方案C
1	厂址位置	0.15	0.25	0.35	0.40
2	可利用土地情况	0.14	0.37	0.33	0.30
3	交通运输条件	0.12	0.42	0.35	0.23
4	土石方工程量	0.09	0.44	0.29	0.27
5	新增投资额	0.15	0.35	0.38	0.27
6	可利用的原基础设施	0.20	0.26	0.41	0.33
7	消化引进技术的条件	0.15	0.40	0.30	0.30

根据以上数据，判断项目应选哪个方案？

8. 叙述环境保护的重要性。所有对环境影响最大的因素中，你认为哪一类因素危害最严重？应采取哪些治理方法？

第五章　技术评价及经济规模论证

第一节　技术评价的基本内容

一、技术评价的含义

技术评价是指在进行技术开发和应用时，预先从各个方面采用各种方法来研究技术带来的影响，并对其利弊得失进行综合评价。技术评价的目的在于使技术开发及其推广沿着健康的方向发展，研究出最佳技术方案，为制定政策和计划提供决策性意见。

二、技术类型的划分

进行技术评价时，可将技术划分成若干种类型，然后根据建设单位的条件与能力结合国情及当地情况，按技术进步的基本要求与规划目标进行评价。技术类型的划分有两种方法。

1. 从占用某方面资源（人力、物力、财力）及信息量多少的角度对技术分类

（1）资金密集型技术。其特点是资金占用多，容纳劳动力较少，但一般具有劳动生产率高、消耗低、竞争力强等优点。

（2）劳动密集型技术。其特点是容纳和占用的劳动力较多，单位劳动占用的资金较少，技术装备程度较低。

（3）技术密集型技术，即机械化、自动化程度较高的技术。其特点是对技术熟练程度和科学技术知识水平要求较高。

（4）知识密集型技术，即高度凝聚先进的现代化技术成果的技术。其特点是：从事技术活动的人员具有很高的科学、技术、管理方面的知识水平，甚至操作人员也要有很高的文化水平；技术装备复杂，投资多，占用劳动力少，消耗低，环境污染少。

2. 从技术选择的角度来对技术分类

（1）资金节约型技术。这是资金匮乏、产品难以出口、还贷压力大的项目适合选用的技术。

（2）劳动占用密集型技术。在人口稠密、就业压力大的国家和地区，这是一种能发挥自身优势的技术。我国在相当长的时间内仍将选择这种类型的技术。

（3）设备节能型技术。这是耗能高或有能源回收潜力的项目适合选用的技术。

（4）物资消耗节约型技术。这是资源短缺的国家和地区应优先考虑选择的技术。

（5）“三废”自我处理型技术。这是对环境影响较大的行业，如冶金、化工、轻工类项目应予注重选择的技术。

（6）生产安全型技术。

三、技术评价的基本内容及对象

评价建设项目时，如果认为其技术不过关，就不必再研究项目在财务上、经济上是否可行的问题，而应将时间、精力用于其他技术方案的比选、评价上，直到公认为找到最佳工艺技术方案为止。可见，技术评价是可行性研究及项目评估中起领先作用的一个环节，其主要内容有以下几方面。

1. 工艺技术评价

它主要分析和评价所选工艺的可靠性、工艺流程的合理性、对产品质量的保证程度、工艺运营成本、工艺与原材料的合理性、经济合理性。工艺技术的核心是工艺流程，工艺流程是指生产产品所采用的制造方法及生产过程等。例如，生产酒精有粮食发酵法、乙烯合成法，生产水泥有干法、湿法，炼钢有转炉法、平炉法。采用不同的工艺路线生产的产品虽然是殊途同归，但其成本、质量不尽相同，而且投资有时也相差很大。一旦项目所选的工艺流程被认可，那么其相应的设备、原材料、厂房布置、人员需求等也就基本确定下来。可见，对工艺技术的选择应是慎之又慎的事情。项目采用何种工艺，取决于以下几方面。

(1) 产品所要达到的质量和规格要求。如食用酒只能采用粮食发酵法生产，绝不能用乙烯作原料经合成而制取。

(2) 原材料的来源及可能获得的方式与成本。就近是否有可利用的资源，是否具有运输方便、价格低廉等优势。

(3) 生产规模的大小及资源利用的深度。项目的规模越大，产品越是要深度加工，对技术水准要求越高，其附加值也就越高。

(4) 工艺技术获得的途径。是否存在技术封锁、垄断，是否有条件消化、掌握技术。

2. 设备选型评价

对设备选型的评价要充分合理，就需先对设备进行分类，以便理清头绪，然后根据各工序的条件、要求选择设备。设备种类很多，按其使用类型大致可划分为七类。

(1) 生产设备。是指直接改变原材料属性、形态或功能的各种机器、设备。

(2) 动力设备。是指用于产生电力、热力、风力或其他动力的各种设备，如蒸汽锅炉、发电机、变压器、柴油机、空压机等。

(3) 传送设备。是用于传送电力、热力、风力和其他动力的各种设备，如电力网、输电线路、传送带、上下水管道和蒸汽、煤气、石油的传送管等。

(4) 运输设备。是指用于运货或载人的各种运输工具。

(5) 科学研究设备。是用于实验室的各种测试设备、计量设备、仪器、仪表等。

(6) 管理设备。是生产管理用的各种计算机、打印机和其他设备。

(7) 公用设备。主要是指修理设备、仓储设备、通信设备、医疗卫生设备、炊事设备等。

工艺流程确定后，可以对拟选用的设备进行评价。所选工艺应采用什么规格型号的设备、需要数量多少、价格如何，都应进行比选。而评选的关键在于能否体现工艺方案的先进性和经济合理性。审查和评估时要分析设备与生产能力的配置是否合理，审核需要的数量是否满足工序的要求，设备能否保证产品的质量。对于引进设备，还要评价引进方式的优劣。

3. 设计方案分析评价

除了上述工艺技术和设备的评价外，设计方案分析评价还包括项目的建设地址、总图运输、建筑安装工程、“三废”治理等方案的评价。

4. 项目实施规划及管理评价

项目立项之后,面临着施工建设的规划和管理,以及随后的招标、投标、采购、培训等环节,均存在一系列的技术问题需要评价处理。这些问题的合理处置,将对项目的效益产生举足轻重的影响。

5. 软技术转让评价

软技术转让通常指工业产权等的转让,如专利权、专有技术及商标权等无形资产的转让。技术引进的原则应该是“能引进软件的不引进硬件”,也就是说购买技术,尽量少买设备,提高软技术的含量。日本从1950年到1980年引进技术的总价中软件占80%～85%,而以买设备的方式引进的不到20%。我国情况却正好相反,这与我国的国情有一定关系。

针对以上技术评价的内容,项目技术评价的对象可以概括为:以各种实物形式所表现的技术,如生产线、设备、建构筑物及各种工艺图纸、计算公式等,这些都体现技术水平和现实技术水平的目标;另外就是不具实物形态的无形资产,即前面提到的软技术。技术评价的重点是投资项目拟采用的工艺技术及设备选型。

第二节　技术评价的基本原则

随着科学技术的不断发展,特别是新技术革命的来临,工业生产中新的生产路线、新的工艺、新的生产设备以及新的材料不断涌现,这使技术方案日趋多样化,也增加了技术评价的难度和复杂性。为此,技术评价主要应把握以下几条基本原则。

一、先进性原则

评价项目所采用的技术是否具有先进性,具体体现为工艺、设备选型、设计方案与产品方案及其技术经济指标是否具有先进性。这种先进性应反映在:所采用工艺生产的产品消耗定额低、工时少、产品质量性能好;相应地,不仅主设备要先进,辅助设备也应先进,技术上具有现代化的特点。在坚持技术先进的同时,还应考虑技术先进性与合理性相统一。这种合理性反映为工艺流程应合理,设备的规模容量、质量标准应合理,专业化协作应协调等。在评价技术先进性的同时,要注意审查技术处于产品生命周期的哪个阶段。在产品的初级阶段,技术可能先进,但不成熟,要经实践检验后,才会减低使用风险;成长期的技术具有较强的生命力和竞争力,可以采用;成熟期、饱和期的技术具有商品化的特点,采用时必须注意分析技术的潜在能力及可能被淘汰的时间期限;处于衰退期的技术已成为落后的技术,不能采用。

二、适用性原则

技术上的适用性是指拟采用的工艺和设备能适应生产要素的现有条件,符合国情、国力和科学技术发展政策的基本要求和特性。由于我国企业多属劳动密集、资本密集型企业,技术密集型企业所占比重不高,这与我国劳动力多、国民文化水平较低、资金缺乏有关。具有先进性的工艺技术和设备不一定就能适用,因为消化吸收先进的技术需要较高的知识水平。落后技术被淘汰后,富余人员的再就业、新增的产品市场的购买力不足、新材料的供给等一系列问题

有待解决。因此，选择技术的标准，既不能因循守旧，又不能脱离国情，贪大求全。

根据我国国情和科技发展政策，衡量技术适用性的标准主要有以下几方面：

(1) 能否充分地、合理地、有效地利用有限资源，降低原材料消耗，特别是能源的消耗；

(2) 能否改善产品结构，提高产品质量，并有利于新兴产业和创新产品的开发；

(3) 能否提高劳动生产率；

(4) 能否适应企业的技术水平和管理水平；

(5) 能否最大限度地提供就业机会；

(6) 能否减少和避免环境污染与生态破坏；

(7) 能否相对地节约资金；

(8) 能否符合国家、地区、部门的科技发展政策。

三、可靠性原则

项目所选用的技术必须可靠，这是决定项目成功的一项关键因素。新技术的成功开发，应该经历从实验室到中间实验，再到试生产，最后到工业性生产的过程。中间经历的过渡过程必须经多次测试证明是成功的，质量是可靠的，并且有详尽的技术分析数据，经过科学鉴定，才可以在工业生产中推广运用。我国有些建设项目所选用的技术，实验尚未过关，就匆匆忙忙用于工业化生产，结果导致惨重的失败。

例如，河南某制药厂投资 13.26 亿元人民币，设计年生产 5 000 吨维生素工程项目，由于引进不成熟技术，自投料试车以来，一直不能正常生产，被迫于 4 年后停产关门，职工放假，现代化的设备闲置，导致负债 30 亿元，负债率 226%。该案例的失败原因是：该项目盲目追求国际先进水平，高价引进国外尚处于实验阶段的工艺技术，引进的 4 套装置中有 3 套存在较严重问题；技术提供者为瑞士一家只有 20 多人的小公司，该公司根本无维生素的生产专利技术，其拥有的仅是一项小型实验成果，没有经过工业化的应用实验；引进“技术”之后又错过了利用国内技术力量攻破难关、抢占市场的机会，最终导致资不抵债的结局。可见，一项技术的采用，一定要坚持可靠性原则。

四、经济性原则

经济性是指项目采用的技术能以较低的投入，较快地获得较好的经济效益。所谓投入，不仅指投产后的生产成本，还包括建设期的资金投入。先进的技术可能要投入较多的建设资金，但投产后的生产成本如果比较低，产品质量好，卖价高，那么这样的项目是值得投入的。因此，要综合分析，要比较项目的投资成本和生产成本，确定技术是否经济。评价技术的经济性，可以采用费用与效益分析方法来确定。

五、合理性原则

合理性通常指技术是否符合科学规律的要求，它要求实事求是。技术的合理性表现在多方面，主要指以下几类。

(1) 工艺流程的合理性。由于其技术含量占有较高比重，所以往往视工艺流程评价为技术评价的重要环节。

(2) 产量、规模的合理性。这实际上是经济规模的论证问题。

(3) 重要、大型设备的合理性。这些设备凝聚着高新技术,所以对其选型的合理性要格外重视。

(4) 其他方面的合理性。一般涉及设备的衔接配套、专业化协作、管理技术、组织水平等方面。

合理性原则涉及的范围很广,不重视技术的合理性而导致的经验教训也是深刻的。

例如,河南某铝厂耗费19.8亿元建成电解铝项目,建设过程中贪大求全,不讲规模合理性,不重视管理技术,投产后仅4年累计亏损3.5亿元,本息负债35亿元,负债率148%,该厂实际年生产能力不足20万吨,而征地、设备选型、铁路专用线、厂区管网以及生活区却按120万吨的能力规划铺建,使得生产成本过高。其失败原因是:违背初衷,项目没有由小到大分步实施,而是盲目上规模、上档次、铺摊子,使战线拉得过长,管理技术和组织水平没有合理发挥作用。

六、安全性原则

在开发和利用某项先进技术时,不但要分析、评价其给人们带来的物质和精神的效益,同时还需从社会的角度、劳动保护的角度进行安全性分析与评价,考虑其可能带来的不良影响和危害:采用的技术是否易产生易燃、易爆、有毒的现象?对周围的环境造成的危害有多大?对人类健康、安全,以及产业、职业、文化、风俗和人们心理等是否有危害?如果有危害,能否预防?有无防范措施?通常,核能发电、高压聚合产品、生物工程等项目所采用的技术,要重点评价其安全性。

第三节　生产规模的评估

建设项目的生产规模可用两种方式表达:一是可行性研究或设计任务书规定的全部设计生产能力;二是国家或建设单位为形成新的固定资产所花费的资金总额。在评价生产规模时往往更倾向于用前一种表达方式。

一、确定生产规模的因素

项目的生产规模主要决定于三个方面的因素,即市场需求、技术水平、资源条件(包括资金)。三者对生产规模的影响,存在着一定的主次关系。首先取决于市场需求。一般生产规模与市场需求呈正相关。如果项目的生产规模大于市场容量,则不得不压缩产量;如果生产规模小于市场容量,则项目达不到经济规模。其次,生产技术水平同样也制约着经济规模。先进的技术总可以比原有的技术减少人工、物料投入,可以缩短产品生产周期,提高产品质量。因此,随着技术的更新和发展,新技术的采用可以扩大生产规模,取得规模经济的效果。再就是资源条件。一个充满潜在需求的市场,如果不能保证资源的供给,生产无法保证,市场机会将会丧失。明确以上三方面因素,是研究生产规模的前提条件。项目在规模经济状况下运行,能形成最佳经济效益。

现阶段,由于我国管理体制上的缺陷和经济指导思想上的偏差,追求规模经济始终未能成为经济活动中的自觉行动。这表现为项目建设规模小型化,生产分散化,重复建设,缺乏合理

的集中，从而影响了资源的有效利用，导致项目的经济效益不佳。

二、规模经济

所谓规模经济，是指企业在一定的范围内扩大生产规模而使单位生产成本下降获得的效益。规模经济通常有几个层次，如企业规模经济、部门或行业规模经济。前者为厂内规模经济，后者为厂外规模经济。项目评估中研究的是企业规模经济。

项目的规模大小不是绝对的，由于行业、时间、地点、条件不同，经济规模是不一样的。企业的生产规模过小，产品中的固定成本高，总成本大于收入，企业亏损。随着产量增加，出现第一个盈亏平衡点，这时再增加产量，企业开始盈利，随后盈利不断增加，达到一种最佳状态。但生产规模并不是越大越好，大到一定程度，经济效益反而下降，再扩大规模，这时会出现第二个盈亏平衡点，直至出现亏损。其原因在于规模过大，各方面的费用支出迅速增加，例如，市场的承受能力有限及运输不畅通，原材料供应困难，产成品积压严重，各种因素交织一起，管理费用将大大增加，最后适得其反，成了规模不经济。项目评估中所要研究的规模经济，实际上是寻求最佳的经济规模，也就是合适的生产规模问题。例如，钢铁产量在20世纪50年代的最佳经济规模为500万吨/年，到90年代，其年产量要达到1 000万吨才属最佳经济规模。现阶段，汽车年产50万辆～60万辆、乙烯年产30万吨、烧碱年产5万吨(离子膜法10万吨)、合成氨年产30万吨及与之配套的尿素年产52万吨都属于最佳经济规模。

三、经济规模的确定

不管影响规模经济有哪些因素，最终都要落实到经济规模与经济效果的关系上来。通过对两者之间关系的分析，就有可能揭示出一些带规律性的东西来。在一定约束条件下，确定项目经济规模的方法有多种，以下介绍几种有参考价值的方法。

1. 用规模效果曲线确定经济规模

在实际生产中，总成本、销售收入与生产规模不太可能是线性关系，而是如图5-1所示的形式。它描绘了随着生产规模的扩大，项目的销售收入与成本的变化情况，我们称之为规模效果曲线。在图5-1中，当生产规模处于Q_1、Q_2点时，总成本与销售收入相等，项目处于盈亏平衡状态；当生产规模小于Q_1或大于Q_2时，项目将亏损；当项目处在Q_1与Q_2点之间的生产规模，属于盈利规模；当生产规模处于Q^*，销售收入与总成本差额最大，这一点为最佳盈利状态，Q^*点为经济规模点。当规模从Q_1增加到Q^*，即图中区域Ⅰ，销售收入增加的幅度大于生产成本增加的幅度，并且两者的差距在增大，这一区域解释为规模经济区。当规模从Q^*增加到Q_2，情况正相反，区域Ⅱ为规模不经济区。

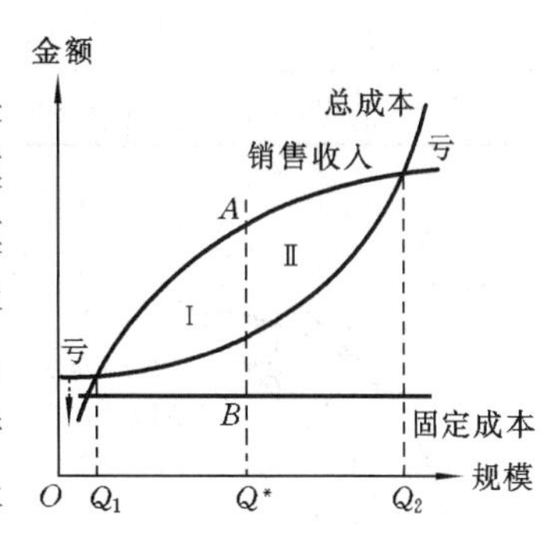

图5-1　规模经济曲线图

从以上分析可知道，项目规模的选择应确定在Q^*附近，在此范围可取得良好的规模经济效果。

绘制规模经济曲线是应用该方法的关键之处。对此，可以根据各行业统计的规模-效益数据来绘制。虽然绘制中有一定的约束，比如价格方面的问题，但只要进行合适的调整，方法是简单的。

2. 用净现值最大准则确定经济规模

在不考虑其他非经济目标的情况下,项目追求的目标可以简化为同等条件下净盈利的最大化,而净现值就可反映这种净盈利。关于净现值的详细概念参见第九章内容。

由于生产规模的大小与投资紧密相关,最佳投资规模实际上就是项目获得最大净现值的投资规模。设项目投资现值为 K_p,项目寿命期内各年净收益为 NC_t,各年净收益的现值之和为

$$NC_p = \sum_{i=1}^{n} NC_t(1+i_c)^{-t} \tag{5-1}$$

净现值的表达式可以写成

$$NPV = NC_p - K_p \tag{5-2}$$

显然,NC_p 与 K_p 存在某种函数关系。按照前述规模经济原理,随着投资规模的增加,边际投资带来的边际净收益现值 NC_p 开始递增,超过最佳投资规模后增长率递减。K_p 与 NC_p 的关系曲线可以结合下面的例子展示。

例 5-1 某项目有一系列可供选择的投资方案(互斥型),根据统计资料,在进行分析、计算之后,得到投资规模现值 K_p 与各年净收益现值之和 NC_p 的关系,见表 5-1 和图 5-2,试以作图方式表达最佳经济规模。

表 5-1 K_p 与 NC_p 关系表 单位:万元

K_p	1 000	1 050	1 100	1 150	1 200	1 250	1 300	1 350	1 400	1 450	1 500
NC_p	1 340	1 450	1 580	1 720	1 870	2 030	2 200	2 385	2 680	2 900	2 920
NPV	340	400	480	570	670	780	900	1 035	1 280	1 450	1 420
K_p	1 550	1 600	1 700	1 820	2 040	2 190	2 375	2 525	2 700	2 900	3 110
NC_p	2 950	2 980	3 000	3 020	3 040	3 060	3 070	3 080	3 090	3 100	3 110
NPV	1 400	1 380	1 300	1 200	1 000	870	695	555	390	200	0

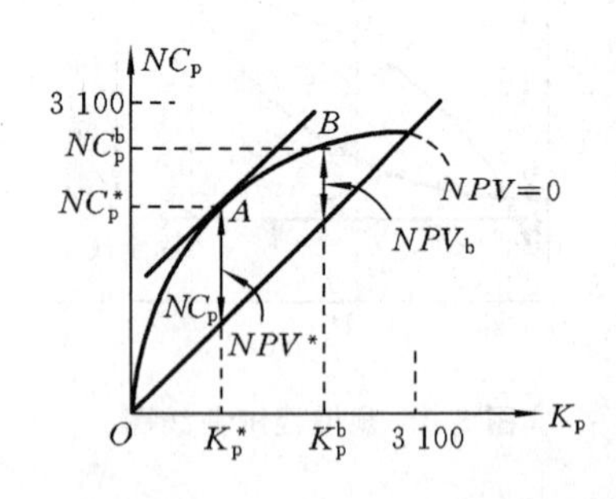

图 5-2 K_p、NC_p与 NPV 关系图

【解】 以 NC_p 为纵坐标、K_p 为横坐标,NC_p 与 K_p 的关系可通过描点作图,得到图 5-2。图中 K_p-NC_p 曲线表明投资现值的增加与各年净收益现值之和的增加,有着某种函数关系,并且曲线中存在某一点 A,A 点的切线斜率为 45°。由式 5-2 可知:当 $NC_p = K_p$ 时,满足这一条件,为与横坐标成 45°角的直线,该直线是 $NPV=0$ 的基准线。A 点切线与之平行,所对应的投资规模 K_p^* 为最佳规模,此规模下的净现值 NPV^* 最大。即投资现值为 1 450 万元时,项目达到最优经济规模。而在 K_p^b 投资规模或其他规模,所对应的 NPV 均小于 NPV^*。

关于净现值最大的结论通过下式很容易给出证明。

要使项目获得的 NPV 最大,根据式(5-2),必须满足

$$\frac{dNPV}{dK_p} = \frac{dNC_p}{dK_p} - 1 = 0$$

亦即

$$dNC_p = dK_p \tag{5-3}$$

满足式(5-3)，表示投资带来的边际净收入现值之和 dNC_p 与边际投资 dK_p 相等，对应的 NPV 最大。案例中的图形及所得的结果解释了这一原理，即边际收入等于边际成本时，企业实现的利润为最大。对各种不同的投资方案，即不同的生产规模进行比较时，可以考虑采用净现值最大准则。

这种方法的运用有较大的局限性，它是一种纯粹的理论方法，因多数项目的投资现值 K_p 与净收入的现值之和 NC_p 间关系存在的不确定因素太多。

3. 成本函数统计估算法

这种方法利用已有的投资规模(生产规模)与生产成本的函数关系资料进行统计、归纳分析，整理得出长期平均成本函数，从而求得项目最佳经济规模。

规模和成本之间的关系有多种函数形式，其中最典型的是三次函数：

$$LC = a + bQ + cQ^2 + dQ^3 \tag{5-4}$$

式中：LC——长期生产成本；

Q——生产规模；

a、b、c、d——待定系数，其中 a 是与固定成本有关的系数。

因单位平均成本 $AC=\frac{LC}{Q}$，故

$$AC=\frac{a}{Q}+b+cQ+dQ^2 \tag{5-5}$$

在长期成本中，规模增加一定幅度，固定成本不变，$a=0$，则平均成本为

$$AC = b + cQ + dQ^2 \tag{5-6}$$

上式为抛物曲线，有极值。利用最小二乘法，可得到三个标准方程式：

$$\left.\begin{aligned}\sum AC_i &= nb + c\sum Q_i + d\sum Q_i^2 \\ \sum Q_iAC_i &= b\sum Q_i + c\sum Q_i^2 + d\sum Q_i^3 \\ \sum Q_i^2AC_i &= b\sum Q_i^2 + c\sum Q_i^3 + d\sum Q_i^4\end{aligned}\right\} \tag{5-7}$$

统计得到的一系列 Q_i 对应有一组 AC_i 值，均代入上式，联立求解方程(5-7)，可求得 b、c、d 值。

方程(5-7)的求解较复杂，如果对生产规模 Q_i 作等差处理，则可以简化计算。令规模序列 Q_i 的中间值为零(n 为奇数时)，则 $\sum Q_i = 0$、$\sum Q_i^3 = 0$。代入方程(5-7)，联立求解，可求得 b、c、d 值：

$$b = \frac{\sum AC_i \sum Q_i^4 - \sum Q_i^2 \sum Q_i^2 AC_i}{n\sum Q_i^4 - (\sum Q_i^2)^2}$$

$$c = \frac{\sum AC_iQ_i}{\sum Q_i^2}$$

$$d = \frac{n\sum AC_iQ_i^2 - \sum Q_i^2 \sum AC_i}{n\sum Q_i^4 - (\sum Q_i^2)^2}$$

最后对 $AC=b+cQ+dQ^2$ 求导，可求得平均成本最低时的生产规模：

$$Q=-\frac{c}{2d} \quad (c<0) \tag{5-8}$$

运用成本函数法确定经济规模,最关键的是统计资料必须正确合理。资料的收集一般有两种方法:一是统计随着时间的变化,项目规模的改变与成本变化的关系;二是广泛收集各个同类项目不同规模与成本的关系资料。这两种方法若综合运用,效果较好,但要排除时间价值、市场因素等方面的影响。

确定经济规模的方法还有许多,如分步法、工程技术法、适者生存法、专家咨询法等。

练习题

1. 什么叫技术评价?技术评价的目的何在?

2. 叙述技术评价的对象及评价的重点是什么?

3. 技术评价的原则有哪些?如何理解这些原则?

4. 在评估项目所采用的工艺技术路线时,要从哪些方面去分析?

5. 决定生产规模的因素有哪些?什么叫规模经济?合适经济规模对项目有哪些方面的效果?

6. 熟悉本章介绍关于确定经济规模的几种方法。

7. 经统计一定时间内数十家企业的资料(如题表 5-1 所示),显示某金属产品生产规模 Q 与单位平均生产成本 AC 的关系大致为二次抛物曲线。

题表 5-1 生产规模与成本关系表

Q/万吨	1 000	1 050	1 100	1 150	1 200	1 250	1 300	1 350	1 400	1 450	1 500
AC/(元/吨)	1 440	1 410	1 370	1 320	1 300	1290	1 310	1 325	1 365	1 402	1 435

根据你掌握的方法计算该产品合理的经济规模。

第六章　资金时间价值与资金等值

第一节　资金时间价值及其表达方式

一、资金时间价值概念

资金在运动过程中随时间的推移而发生的增值现象称为资金时间价值。资金时间价值还可以描述成不同时间发生的等额资金在价值上的差别，它是社会劳动创造价值能力的一种表现形式。资金随时间的变化具有一定的规律性，只要商品生产存在，就必须考虑它的时间价值。一定数量的资金投入到生产领域，经购买生产资料，与生产要素结合形成产成品，然后进入流通领域，经过市场销售，使资金的循环从货币形式转为生产资料的实物形式，再转化为商品形式，最后又回到货币形式，周而复始，从而实现了资金在运动中的增值。资金的这种运动过程表明：人的劳动是资金增值的根源，只有劳动者通过生产创造了价值，才有资金的时间价值。静止的货币是不具有时间价值的，正如放在箱子中的钱，无论时间多长，它都不会变得更多一些。

资金的时间价值可以从两个方面理解：一方面，资金参与社会的再生产，资金的运动伴随在生产与流通的过程中，是劳动者创造的物质财富，使资金实现了增值；另一方面，资金用于现期消费，放弃用于投资的机会，相当于失去收益的权利，付出了资金时间价值的代价。

利润和利息是资金时间价值的基本形式，它们都是社会资金增值的一部分，是社会剩余劳动在不同部门的再分配。利润由生产和经营部门产生，利息是以信贷为媒介的资金使用权的回报，前者是生产经营者的报酬，后者是贷款者的报酬。

资金的时间价值表明，在不同时点上投资者所投入的资金及其产生的效益，各自的价值是不同的，因此，强调资金的时间价值，要求人们用动态的观点去看待资金的使用和占用，讲究资金运用的经济效果。

二、资金时间价值在项目评估中的应用

在项目评估中为了对经济效果评价更符合实际，要求将不同时点的现金流量换算成同一时点的现金流量，然后在相同的时间基础上进行比较，这是评估项目的理论依据。而资金时间价值正是财务评价和国民经济评价中计算项目不同时期成本、收益价值量的基本概念，是使动态分析趋于科学化的重要手段。

投资决策的最终目的，在于保证每一个准备付诸实施的项目都有良好的经济效益。为此，就须比较项目的投入、产出，以评价投资项目的优劣、经济效益的好坏，以便作出项目取舍的决定。然而，任何投资项目的各种成本和收益，发生在项目整个寿命期内的不同时期，如果直接采用各年份的现金流量总和，显然不能反映它们的真正价值，缺乏可比的共同基础。须考虑资金的时间价值，将不同时期的成本和收益分别折算成同一时间点上的价值，使成本和收益具有

共同的价值标准及可比较的基础,才能合理地评价项目的经济效益。

资金时间价值概念的建立和应用,不仅可以促进节约资金,而且可以更好地利用资金。所以,评价投资项目时,不仅要评价项目的投资是否节省,而且要评价项目投产后的经济效益高低,这对于提高项目评估工作的科学性、促进整个社会重视货币资金有效利用具有重要意义。

三、资金时间价值的衡量与计算方法

1. 资金时间价值的衡量尺度

衡量资金时间价值的尺度有绝对尺度和相对尺度两种。利息和盈利是衡量资金时间价值的绝对尺度,利率和利润率(特定情况下用收益率)则是衡量资金时间价值的相对尺度。在项目评价中用折现率量度资金的时间价值,它反映了对未来货币价值所作的估量,也表示经营者或贷款人从其投资得到的利润率或利息率。当企业用贷款或自有资金支付生产要素时,还可表示为企业经营所获得的收益率。

2. 资金时间价值的计算方法

资金时间价值从本质上说,是利息与利率的问题,故资金时间价值的计算也就是利息的计算。利息是指对占用货币使用权所付的报酬,而利润则是把货币资金投入生产经营过程所产生的增值。资金时间价值的计算方法有单利法和复利法两种。单利法由于缺点多,运用较少;复利法具有较多的优点,因此广泛使用。

1) 单利法

单利法是指利息计算时不将以前周期中的利息加到本金中,而仅用本金作基数计算信贷利息的计算方式。这种方法意味着资金在运动过程中所增值的部分不再参与流通,或者说在生产经营中的盈利不再投入到生产经营中去,这显然不符合生产活动原则和资金运动的规律。但由于计算简便等原因,我国金融机构在储蓄及发行债券业务中一直使用单利法计息。计算公式为

$$S_i = Pni \tag{6-1}$$

$$F = P + S_i = P(1 + ni) \tag{6-2}$$

式中:S_i——单利利息;

P——本金或现值;

i——给定的周期利率;

n——计息周期数;

F——期末本利和或终值。

2) 复利法

复利计息是指用本金和前期累计利息总额之和进行计息,即除最初的本金要计算利息外,每一计息周期的利息都要并入本金,再生利息。

复利法符合国际惯例,也符合资金在社会再生产过程中运动的实际状况。我国基本建设及技术改造项目贷款按复利计息,因此,在项目评估中采用复利法评价资金的时间价值。

例 6-1 某人将现金 10 000 元存 3 年定期,年利率 6%,试以复利法计算到期时的本利和。

【解】 根据题意,将有关数据整理如下:

年份	年初金额	年末利息	年末本利和
1	10 000 元	10 000×6%元=600 元	10 600 元
2	10 600 元	10 600×6%元=636 元	11 236 元
3	11 236 元	11 236×6%元=674.16 元	11 910.16 元

据此，可给出复利计息的公式：

$$F = P(1+i)^n \tag{6-3}$$

式中：i——复利年利率；

其他符号意义同前。

如果按单利计息，其利息是多少？要使两种利息相等，单利率应调为多少？

单利法计息的利息：$S_i = 10\ 000 \times 3 \times 6\%$元$=1\ 800$元

显然，用相同的利率计算利息，单利法少计利息 110.16 元。要使两种利息相等，单利利率应提高到

$$i = \frac{1\ 910.16}{nP} \times 100\% = \frac{1\ 910.16}{3 \times 10\ 000} \times 100\% = 6.367\ 2\%$$

这时两者的计算结果才会一致。

从两种计息方法的公式可以知道：单利法的本利和 F 是计息周期数 n 的线性函数，而复利法的本利和 F 是 n 的非线性函数。

复利计息有间断复利与连续复利之分，前者又称离散复利。当计息周期为一定的时间区间（例如按年、季、月、周、日），并按复利计息，称为间断复利；如果计息周期无限缩短，则称为连续复利。从理论上说，资金是在不停地运动，时刻在增值，理应采用连续复利计息，但实际运用中都采用较简单的间断复利计息。

3）名义利率与实际利率

在项目评估中，复利计算通常以年为计息周期。但在经济实践中，计息周期有年、季、月、周，甚至日。由于计息周期的不同，这时就必须将各种计息周期的利率换算为以年计算利息的实际利率。复利计息的频率不同，其结果也不同。

例如，本金为 10 000 元，年利率为 6%，一年后利息为 600 元。若将计息周期更改为每月一次，计息周期数为 12，则月利率为0.5%，这时的年利率 6%称为“名义利率”。名义利率等于每年的计息周期次数与每一计息周期的利率的乘积，表示为 $i'=mr$，则

$$r = \frac{i'}{m} \tag{6-4}$$

式中：r——周期利率；

i'——名义利率；

m——年计息周期数，$m=365$ 天/计息周期的天数。

不能用名义利率来直接计算利息，此时根据式(6-3)可得

$$F = P\left(1+\frac{i'}{m}\right)^m$$

$$i = \frac{F-P}{P} = \frac{P\left(1+\frac{i'}{m}\right)^m - P}{P} = \left(1+\frac{i'}{m}\right)^m - 1 \tag{6-5}$$

上例中，因 $F=P\left(1+\frac{i'}{m}\right)^m$，则计算得到一年后利息为

$$F-P=\left[10\ 000\left(1+\frac{6\%}{12}\right)^{12}-10\ 000\right]元=618\ 元$$

实际利率为 618÷10 000×100%=6.18%,这 0.18%的差额利率是因计息次数增加而导致的利息时间价值效果,即式(6-5)中的 $m>1$。通常所说的年利率是名义利率,后面涉及的利率如果不对计息期加以特别说明,则表示一年计息一次。只有当利率的时间单位与计息周期一致时,实际利率与名义利率才相等,即 $m=1$。当 $m\to\infty$ 时,属于前面所提到的连续复利情况,其实际利率的计算公式为

$$i=\lim_{m\to\infty}\left[\left(1+\frac{i'}{m}\right)^{m}-1\right]=\lim_{m\to\infty}\left[\left(1+\frac{i'}{m}\right)^{\frac{m}{i'}}\right]^{i'}-1=e^{i'}-1 \tag{6-6}$$

式中:e——自然对数的底或欧拉级数,其数值取 2.718 28;

其他各符号的含义同前。

例 6-2 计算名义利率为 10%时,以计息周期为年、半年、季、月、周、日、时、连续各种情况下的实际利率。

【解】 根据题意,以 m=365 天/计息周期的天数,可分别得到相应的计息周期数 m 为 1、2、4、12、52、365、8 760、∞,用式(6-5)、式(6-6)求得实际利率,如表 6-1 所示。

表 6-1 不同计息周期的实际利率

利率时间单位	年	半年	季	月	周	日	时	无穷小
一年计息周期数	1	2	4	12	52	365	8 760	∞
周期利率/(%)	10	5	2.5	0.833	0.192	0.027	0.001 14	无穷小
实际利率/(%)	10	10.25	10.38	10.47	10.506	10.515	10.517 0	10.517 1

第二节 现金流量与资金等值

一、现金流量

1. 现金流量的概念

现金流量是计算项目经济指标的基础数据,是以项目作为独立系统,在建设期及生产服务年限内流入、流出系统的现金活动。项目在某一时期内取得的收入称为现金流入,支出的费用称为现金流出。在经济评价中通常将现金流入用正值表示,现金流出用负值表示,两者的代数和称为净现金流量。现金流量的计算只考虑实际的现金流入或现金流出,不包括非实际的现金收支(如折旧、应收账款及应付账款等),并要求按发生的时间记录现金流入及现金流出。

2. 现金流量图

在对项目或方案进行评价时,由于寿命期内各种现金流入和现金流出的数额及发生的时间不尽相同,为了直观地表示现金的运动状况,通常采用图的形式表达特定系统在一段时间内发生的现金流量。

现金流量图是将项目系统的现金流量用时间横坐标表示的一种示意图(见图 6-1),它有以下一些原则。

(1) 横轴等分成若干间隔，每一间隔代表一个时间单位。时间单位在未作特别说明时通常以“年”为单位，所以各个点称为年点，表示该年的年末，同时也是下一年的年初时点。

(2) 现金流量发生在各个年点上，零时点则为第一年开始的时点。

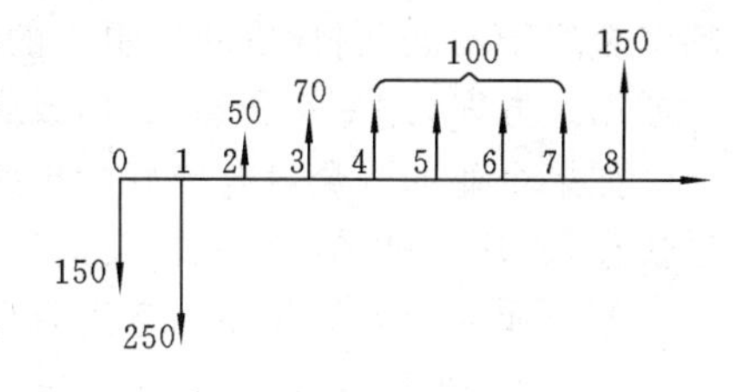

图 6-1　现金流量示意图

(3) 与横轴相连的垂直线代表流入或流出系统的现金流量。现金流出为负值，用朝下的箭头表示；现金流入为正值，用朝上的箭头表示。箭头长短与现金流量的多少成比例，此外，还应注明每一笔现金流量的数量。

(4) 为计算方便，规定投资发生在年初，销售收入、经营成本、税金等费用发生在年末。

(5) 现金流量与分析计算的立足点有关，对于同一方案的资金，借款人的收入就是贷款人的支出，故分析计算时应明确立足点。

二、资金等值

在资金时间价值的分析比较中，利用资金等值的概念，可以把不同时点发生的金额换算成同一时点的金额，然后进行比较。具体来说，资金等值是指发生在不同时点两笔或一系列绝对值不等的资金额，按资金时间价值尺度，可能具有相等的价值。反之，即使资金相等，如果发生的时间不同，其价值也不一定相等。

资金的等值包括三个因素，即资金额、利率、资金发生的时间。其中利率是关键的因素，等值的大小取决于利率的高低。在某一利率下，现在的一笔资金额总是与未来的一笔更大的支付金额相等。这种在一定利率条件下与现值等价的将来某时点的资金额称为终值，而将未来时点上的资金按复利折现计算的现在价值称为现值。不要以为现值是专指一笔资金“现在”的价值，它是资金现在的瞬时价值，是一个相对的概念，一般将第 $t+n$ 个时点上发生的资金折现到第 t 个时点，所得的等值金额就是第 $t+n$ 个时点上资金金额的现值。所谓折现，又称为贴现，是指将未来某一时点的资金金额换算成现在时点的价值金额。这些基本概念在以后的内容中将经常遇到。

为建立资金等值的初步概念，下面先结合企业借款、还本付息的各种方式来分析资金等值的几种情况。

例 6-3　某企业因开发新产品从银行贷款 100 万元，融资条件是年利率为 8%，5 年内还清全部本金和利息。问企业有哪些主要偿还贷款的方式？如果有更好的投资机会，应选用何种方案？

【分析】　在可行性研究或项目评估时，通常采用最大偿还能力法还贷，以便分析项目的偿债能力及还贷期限，但实际过程中不一定采用这种方法，还有其他一些可行的方法供选择，一般有以下四种情况：

(1) 每年利息照付，到期一次还本；

(2) 到期一次还本付息；

(3) 每年等额还本，利息照付，到期付清；

(4) 每年等额还本付息，到期付清。

以上四种方案都符合资金等值的概念，借贷双方均能接受，但采用不同的还贷方案却可以得到不同的经济效果。

当企业还有其他投资机会，并且其收益率大于 8%，这时就不必急于还贷，而将推迟还贷的资金用于新的项目,以获得更大的经济效益,待借款到期时再一次还本付息,应采用第一方案或第二方案,即每年利息照付,或到期一次还本利息。

如果企业的资金没有更好的出路,为了减少利息负担和到期偿还本金的压力,那么就应该尽快还贷,这就是采用第三方案的依据,因该方案期末支付的本利和最少。

若企业或个人的收益稳定而有保障,并且到期另有资金来源,可以考虑采用第四方案。

我国 2013 年发行的 10 年期国债属于第一种方案,即每年利息照付,到期一次还本。

目前多数企业债中的城投债则以第三种方案来归还贷款。

四种偿债方式的具体执行计划见表 6-2。

表 6-2 资金偿还的四种典型等值方式　　单位:万元

方案	年数	年初欠款	当年利息	年末欠款	当年还本	偿还利息	年终还款总额
一	1	100	8	108	0	8	8
	2	100	8	108	0	8	8
	3	100	8	108	0	8	8
	4	100	8	108	0	8	8
	5	100	8	108	100	8	108
	共		40				140
二	1	100	8	108	0	0	0
	2	108	8.64	116.64	0	0	0
	3	116.64	9.33	125.97	0	0	0
	4	125.97	10.08	136.05	0	0	0
	5	136.05	10.88	146.93	100	46.93	146.93
	共		46.93				146.93
三	1	100	8	108	20	8	28
	2	80	6.4	86.4	20	6.4	26.4
	3	60	4.8	64.8	20	4.8	24.8
	4	40	3.2	43.2	20	3.2	23.2
	5	20	1.6	21.6	20	1.6	21.6
	共		24				124.00
四	1	100	8	108	17.05	8	25.05
	2	82.95	6.64	89.59	18.41	6.64	25.05
	3	64.54	5.16	69.70	19.89	5.16	25.05
	4	44.65	3.57	48.22	21.48	3.57	25.05
	5	23.17	1.88	25.05	23.17	1.88	25.05
	共		25.25				125.25

第三节　资金时间价值的计算公式

为考查投资项目的经济效益，必须对项目在寿命期内发生的现金流入和现金流出进行计算分析。不同时点上发生的现金流量不能简单地直接加减，必须按照资金等值的原理，将它们换算到同一时间点上再进行分析，使得项目的经济指标在价值上具有可比性。

资金时间价值的计算公式是建立在复利计算原则基础上的，在对等值公式进行表达时，对某些符号作统一规定：

P——现值(present value)，发生在某特定时间序列起点的现金流量；

F——未来值或终值(future value)，发生在某一时间序列终点的现金流量；

A——年金或等额系列年值(annuity)，发生在某一时间序列各计息期末(不包括原点)，并且金额大小相等的连续现金流量；

G——算术等差(gradient of arithmetic)；

i——折现率(贴现率)或计息周期利率(interest ratio)；

n——计息周期数(number)。

一、一次支付类型的计算方法

一次支付又称整付，其基本原则是：系统的现金流量无论是现金流入还是现金流出只发生在一个时间点上。其现金流量图如图 6-2 所示。

它的等值计算公式有两种方式。

1. 一次支付终值公式(已知 P，求 F)

一次支付终值公式的概念是：已知本金为 P，利率为 i，以复利计算，求第 n 期期末的本利和或终值。表达式为

$$F = P(1+i)^n \tag{6-7}$$

式中：系数 $(1+i)^n$ 称为一次支付终值系数，或称复利系数，用符号 $(F/P,i,n)$ 表示，其中斜线左边字母表示待求因素，斜线右边字母表示已知因素。

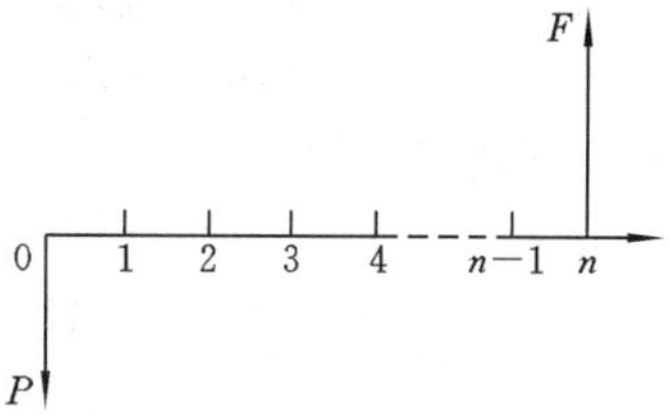

图 6-2　一次支付现金流量图

式(6-7)还可写成

$$F = P(F/P,i,n)$$

例 6-4　某公司为购买新技术，向银行借款 200 万元，年利率为 6%，期限 3 年，问到期后应一次偿还银行本利和多少？

【解】　第 3 年末归还银行的本息应与现在的借款资金等值，应用式(6-7)可得到

$$F = P(1+i)^n = 200 \times (1+0.06)^3 \text{ 万元} = 238.20 \text{ 万元}$$

2. 一次支付现值公式(已知 F，求 P)

一次支付现值公式的概念是：已知终值或本利和为 F，贴现率(折现率)或利率为 i，贴现期限为 n，求期初的现值 P 的等值公式。表达式为

$$P = F(1+i)^{-n} \tag{6-8}$$

式中：系数 $(1+i)^{-n}$ 称为一次支付现值系数，或称复利贴现系数，用符号 $(P/F,i,n)$ 表示，它与复利系数 $(1+i)^n$ 互为倒数。

式(6-8)还可写成

$$P = F(P/F, i, n)$$

不同利率 i,各期 n 的复利系数和贴现系数可查书末的附表一得到,也可直接计算求得。

例 6-5 有人预测 4 年后 X 型号轿车价格将降为 8 万元,若银行利率为 8%,某顾客现在应存入多少资金可达到预期目的?

【解】 此例属已知终值,求现值的问题。应用式(6-8)可得到

$$P = F(1+i)^{-n} = 8 \times (1+0.08)^{-4} \text{ 万元}$$
$$= 8 \times 0.7350 \text{ 万元} = 5.88 \text{ 万元}$$

或者查复利系数表,$(P/F, 0.08, 4) = 0.7350$,得

$$P = 8 \times (P/F, 0.08, 4) = 8 \times 0.7350 \text{ 万元} = 5.88 \text{ 万元}$$

根据货币的将来值计算现值,在项目评估中经常涉及,例如将来的销售收入、经营成本、收益等等,都要折算成现值,使项目经济指标具有可比性。

二、等额分付类型的计算方法

在经济活动中普遍存在现金流入或现金流出发生在多个时点上,而不是集中在某个时点上的现象,称之为多次支付。而等额支付是多次支付形式中的一种特例,其特点是现金流序列是连续的,并且数额相等。

1. 等额序列终值公式(已知 A,求 F)

等额序列终值公式又称年金终值公式。在对项目进行评估过程中,常常遇到由一系列等额支付累加而成的序列支付未来值,其现金流量如图 6-3 所示。从第一年末开始(起始点 0 除外)到第 n 年末有一等额现金流序列,每年的金额均为 A,称为等额年金。根据资金等值的原理,第 n 个计息周期期末净现金流量的终值,应该等于在 n 个计息周期期末发生的等额年金 A 的终值之代数和:

$$F = F_1 + F_2 + \cdots + F_{n-1} + F_n$$
$$= A(1+i)^{n-1} + A(1+i)^{n-2} + \cdots + A(1+i) + A \quad ①$$

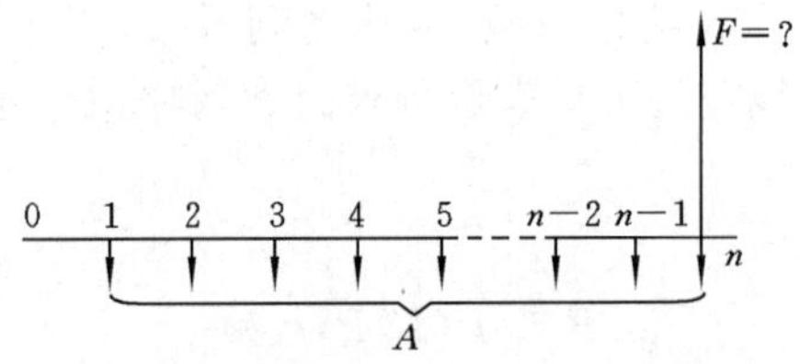

图 6-3 等额序列终值现金流量图

将①式两边乘以$(1+i)$,得

$$F(1+i) = A(1+i)^n + A(1+i)^{n-1} + \cdots + A(1+i)^2 + A(1+i) \quad ②$$

将式②一式①,得

$$F(1+i) - F = A(1+i)^n - A$$

整理后得

$$F = A\frac{(1+i)^n - 1}{i} \quad (6\text{-}9)$$

式(6-9)也可通过式①的等比级数求和公式得到,称为等额序列终值公式或年金终值公

式。$\frac{(1+i)^n-1}{i}$称为等额序列终值系数或年金终值系数，用$(F/A,i,n)$表示。该系数可从本书附表一中查得，也可直接计算得到。

例 6-6　房地产开发商同意某家庭户主贷款购房，4 年内每年年末由银行贷款 1.5 万元，贷款利率为 7%，到期（第 4 年末）他应归还银行购房款本息和为多少？

【解】　根据题意，采用式(6-9)可得出

$$F=A\frac{(1+i)^n-1}{i}=1.5\times\frac{(1+0.07)^4-1}{0.07}\text{万元}$$

$$=1.5\times4.4399\text{万元}=6.66\text{万元}$$

2. 等额序列偿债基金公式（已知 F，求 A）

该公式名称的来源可解释为：当企业负债后，债权人就享有回收本金及利息的权利，可行的计划是企业每年从收益中提取一笔等额的还贷基金，每年这笔资金及利息（在计算期末体现）的代数和正好等于到期应偿还债款的本利和，故提取的这笔资金称为偿债基金。等额序列偿债基金公式是年金终值公式的逆运算。由式(6-9)直接导出

$$A=F\frac{i}{(1+i)^n-1}\tag{6-10}$$

式中：$\frac{i}{(1+i)^n-1}$称偿债基金系数，也称基金存储系数，记为$(A/F,i,n)$。

利用式(6-9)、式(6-10)进行资金等值计算时，必须注意的是，在 0 点没有现金流量时才适用于图 6-3。如果现金流量是图 6-4 所示情况，即最后一年无现金流量，而在 0 点有现金流量，则可分别采用如下变换：

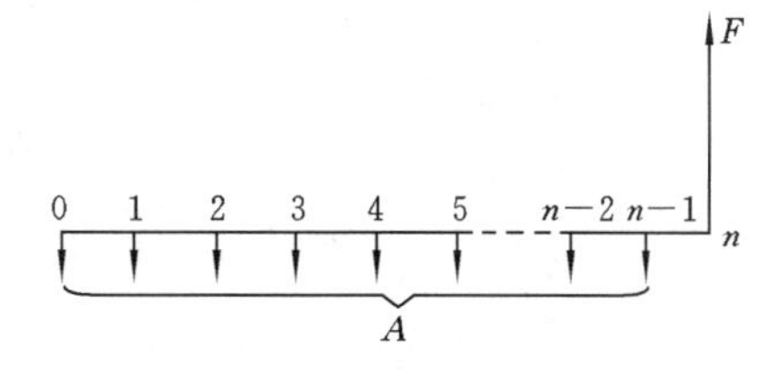

图 6-4　等额序列终值现金流量图（特型）

将式(6-9)变换为

$$F=A(1+i)\frac{(1+i)^n-1}{i}$$

将式(6-10)变换为

$$A=\frac{F}{(1+i)}\frac{i}{(1+i)^n-1}$$

以上两式分别与式(6-9)、式(6-10)存在 $1+i$ 的比值关系。

例 6-7　某企业因进行技术改造借用外资，到期（第 5 年末）本息和将负债1 000 万美元。在折现率为 10%的情况下，经论证，认为采用等额偿还的方式较好。问企业今后 5 年内每年应偿还多少资金？

【解】　由式(6-10)有

$$A=F\frac{i}{(1+i)^n-1}=1000\times\frac{0.10}{(1+0.10)^5-1}\text{万美元}$$

$$=1000\times0.1638\text{万美元}=163.80\text{万美元}$$

5×163.80 万美元加各期还款到期末的利息正好等于 1 000 万美元。

例 6-8　某投资者在 1993 年 6 月底预测今后的国债二级市场将回暖，当即购得一年后可兑付 50 万元的国债，对方要求从 7 月初起分 12 次等额付款，当时国债市场的月贴现率为 2%。试问该投资者每个月应支付多少现金给对方？

【解】　此案例计息的时间单位为“月”，由于强调在期初付款，故适用于图 6-4 的现金流类

型。用式(6-10)的变换式计算：

$$A=\frac{F}{(1+i)}\frac{i}{(1+i)^n-1}=\frac{50\times 0.02}{(1+0.02)[(1+0.02)^{12}-1]}\text{万元}$$

$$=50\times 0.0731\text{万元}=3.655\text{万元}$$

3. 等额序列支付资金回收公式(已知 P,求 A)

等额序列支付资金公式与等额偿债基金公式的区别是：前者强调的是已知的现金流 P 发生在“现在”，而后者强调已知的现金流 F 发生在“将来”；前者所指的等额系列资金含有当期应偿还债务的本金及利息，而后者各期偿债基金利息并未在当期体现，而是按其时间价值折算到期末充当偿还的债务。因此，该公式可解释为：当企业负债后，企业每期从收益中提取一笔等额的还贷资金(包括当期本金的利息)，在还贷期内每期资金的代数和正好等于应偿还债款的本利和，故提取的这笔资金又称为贷款人的资金回收。资金回收具体过程参见本章第二节资金等值例6-3及表 6-2 的第四种方案。

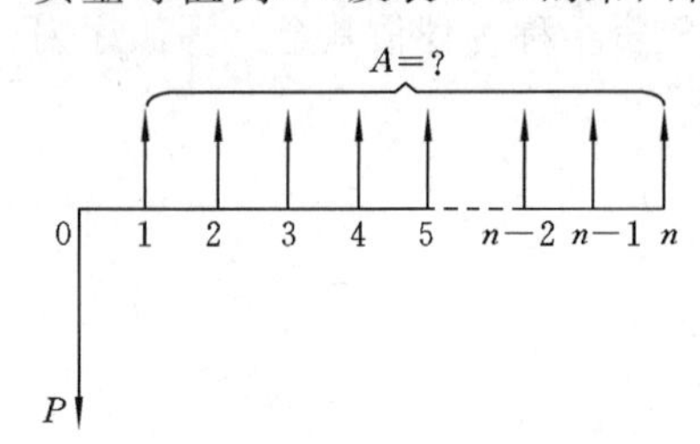

图 6-5 资金回收现金流量图

等额序列支付资金回收的现金流量图见图 6-5。

以公式(6-7)$F=P(1+i)^n$ 代入公式(6-10)得

$$A=F\frac{i}{(1+i)^n-1}=P(1+i)^n\frac{i}{(1+i)^n-1}$$

$$A=P\frac{i(1+i)^n}{(1+i)^n-1} \tag{6-11}$$

式(6-11)中的 A 表示在所求的 n 年内偿还初期投资 P 的等额系列支付额。$\frac{i(1+i)^n}{(1+i)^n-1}$ 称为资金回收系数，用 $(A/P,i,n)$ 表示。故公式(6-11)还可表示为

$$A=P(A/P,i,n)$$

例 6-9 某城市电信局对系统内话机扩容，投入资金 10 000 万元，计划通过收取客户的电话初装费来回收这笔投资，预计 5 年内按等额回收，若资金的年利率为 8%，问该电信项目的投资每年应回收多少？

【解】 本案例已知现值 P，利率 i，计算期 n，运用资金回收公式求 A。

$$A=P\cdot(A/P,0.08,5)=10\,000\times 0.250\,46\text{万元}=2\,504.60\text{万元}$$

每年末可回收 2 504.60 万元，5 年内可收回全部投资的本金及利息(利息=(2 504.60×5−10 000)万元=2 523 万元)。若进一步分析投资回收过程中每年还本付息情况，可参见本章表6-2 第四种方案，将其放大 100 倍即为本案例资金回收过程中的具体数据。

例 6-10 某公司花 300 万元购买一处门面，计划 15 年内以出租的方式回收投资。第 15 年末房屋的净值为 150 万元，若资金的利率为 12%，问该公司每年年末应收取多少租金？

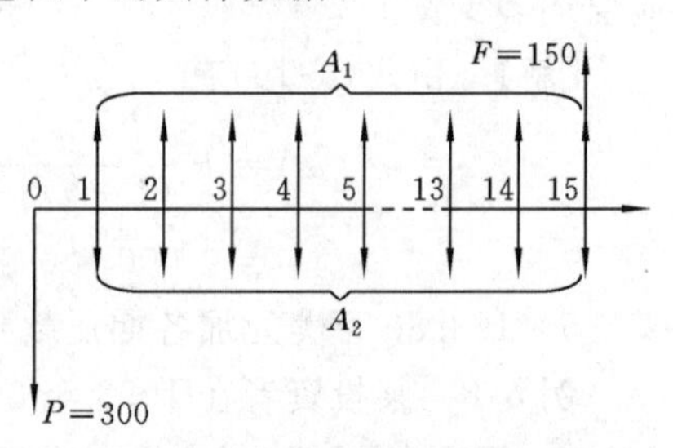

图 6-6 房屋等额资金回收现金流量图

【解】 该案例的现金流量见图 6-6。

设 A_1 为公司购买房屋的回收基金；A_2 为房屋净值等额系列偿债基金；A 为所求的租金。

$$A_1=P(A/P,i,n)=P\frac{i(1+i)^n}{(1+i)^n-1}$$

$$A_2 = F(A/F,i,n) = F\frac{i}{(1+i)^n-1}$$

因资金回收系数

$$(A/P,i,n) = \frac{i(1+i)^n}{(1+i)^n-1} = \frac{i(1+i)^n-i+i}{(1+i)^n-1} = i+\frac{i}{(1+i)^n-1}$$

则有

$$(A/P,i,n)=i+(A/F,i,n) \tag{6-12}$$

从现金流量图 6-6 可知

$$\begin{aligned} A &= A_1 - A_2 = P(A/P,i,n) - F(A/F,i,n) \\ &= P(A/P,i,n) - F[(A/P,i,n)-i] \\ &= (P-F)(A/P,i,n)+Fi \\ &= (300-150)(A/P,12\%,15)+150\times 12\% \\ &= (150\times 0.146\,8+18)\text{ 万元} = 40.08\text{ 万元} \end{aligned}$$

式(6-12)比较重要，在后面计算项目指标及方案比较中经常用到。

4. 等额序列支付现值公式(已知 A，求 P)

等额序列支付现值公式又称年金现值公式，其概念为：若已知每年年末偿还的资金为 A，预期的利率为 i，求累计折现的值 P。其现金流量图见图 6-7。该式可通过等额系列支付资金回收公式得到。

因 $A=P\frac{i(1+i)^n}{(1+i)^n-1}$，则有

$$P = A\frac{(1+i)^n-1}{i(1+i)^n} \tag{6-13}$$

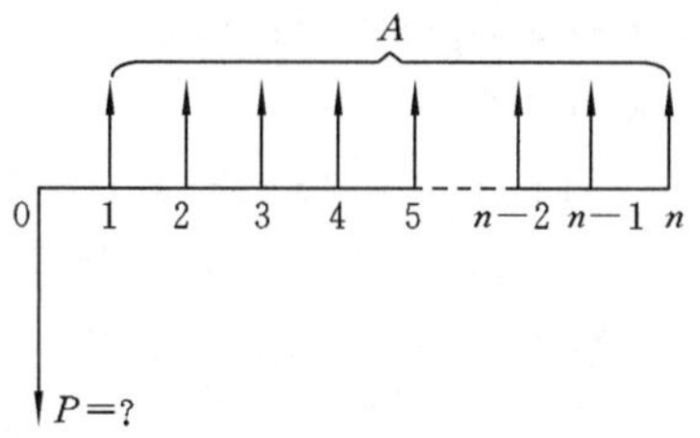

图 6-7　年金现值现金流量图

式中，$\frac{(1+i)^n-1}{i(1+i)^n}$称为年金现值系数，它是资金回收系数的倒数，又是一次支付现值系数与年金终值系数的乘积，用符号$(P/A,i,n)$表示，因此式(6-13)可记为

$$P = A(P/A,i,n)$$

$$\begin{aligned} (P/A,i,n) &= \frac{(1+i)^n-1}{i(1+i)^n} = \frac{1}{(1+i)^n}\frac{(1+i)^n-1}{i} \\ &= (P/F,i,n)(F/A,i,n) \end{aligned}$$

按同样的方式，可以得到资金回收系数等于终值系数与基金存储系数的乘积。

$$(A/P,i,n) = (F/P,i,n)(A/F,i,n)$$

年金现值系数、资金回收两系数均属于复合系数。在项目评估中，计算经济指标及进行方案比较时常应用这两个公式和系数。

例 6-11　甲企业持有乙股份公司 100 万股优先股股票，每股金额为 10 元，每年股息为 15%。根据安全利率及乙公司的经营风险报酬率，确定折现率为 12%(当计算期无限时，称本金化率 r，$r=15\%$)。计算未来 5 年甲企业得到股息的现值，并评估本金化后股票的价格。

【解】　甲企业每年分得股息为

$$A = 100\times 10\times 0.15\text{ 万元} = 150\text{ 万元}$$

则 5 年内股息现值可运用式(6-13)的简化式，查表求得

$$P_1 = A(P/A,i,n) = 150 \times 3.6048\ 万元 = 540.72\ 万元$$

当计算期 $n \to \infty$ 时,股票价格即为现值 P_2。由式(6-13)可得

$$P = \lim_{n\to\infty} A \frac{(1+i)^n - 1}{i(1+i)^n} = \frac{A}{i} \lim_{n\to\infty}\left(1 - \frac{1}{(1+i)^n}\right) = \frac{A}{i}$$

将 A 和本金化率 r 代入,可求得股票价值:

$$P_2 = 150/15\%\ 万元 = 1\,000\ 万元$$

当已知 A、P、i 时,由公式 $P=A(P/A,i,n)$ 或 $A=P(A/P,i,n)$,可求得动态投资回收期 P_d。由式(6-13),得

$$Pi(1+i)^n = A[(1+i)^n - 1]$$

$$(1+i)^n = \frac{A}{A-Pi} = \left(1 - \frac{Pi}{A}\right)^{-1}$$

两边取对数有

$$n\lg(1+i) = -\lg\left(1 - \frac{Pi}{A}\right)$$

$$n = -\frac{\lg\left(1 - \frac{Pi}{A}\right)}{\lg(1+i)} \tag{6-14}$$

式中:n 为动态投资回收期 P_d。关于投资回收期,第九章还要介绍它的静态概念、有关运用和计算方法。

例 6-12 某公司购买一项技术专利,耗费 300 万元,该技术预计每年能为公司带来 80 万元的超额利润,若该公司所处的行业平均收益率为 10%,问投资回收期为多少年?

【解】 该案例给出 A、P、i,求动态投资回收期。运用式(6-14)有

$$n = -\frac{\lg\left(1 - \frac{300 \times 10\%}{80}\right)}{\lg(1+10)} = -\frac{-0.2041}{0.0414}\ 年 = 4.93\ 年$$

三、小结

六个等值计算公式的系数之间存在以下三种关系。

(1) 倒数关系:

① $(P/F,i,n)=1/(F/P,i,n)$;

② $(F/A,i,n)=1/(A/F,i,n)$;

③ $(P/A,i,n)=1/(A/P,i,n)$。

(2) 乘积关系:

① $(A/P,i,n)=(F/P,i,n)(A/F,i,n)$;

② $(P/A,i,n)=(F/A,i,n)(F/P,i,n)$;

③ $(P/F,i,n)=(A/F,i,n)(P/A,i,n)$;

④ $(F/P,i,n)=(F/A,i,n)(A/P,i,n)$。

此处关系式③、④在实际运用中作用不大,但可用于一些理论推导。

(3) 偿债基金系数与资金回收系数之间的关系:

$$(A/P,i,n) = (A/F,i,n) + i。$$

前面介绍了资金等值的两种类型六个基本公式,为便于理解、查阅和记忆,将这些公式列

于表 6-3，并提出某些联想记忆方式，供参考。

表 6-3　资金等值的六个基本公式

类　别		已知	求解	公　式	系数名称及符号
一次支付	终值公式	P	F	$F=P(1+i)^n$	复利终值系数$(F/P,i,n)$
	现值公式	F	P	$P=F(1+i)^{-n}$	复利贴现系数$(P/F,i,n)$
等额支付	年金终值公式	A	F	$F=A\dfrac{(1+i)^n-1}{i}$	年金终值系数$(F/A,i,n)$
	偿债基金公式	F	A	$A=F\dfrac{i}{(1+i)^n-1}$	偿债基金系数$(A/F,i,n)$
	资金回收公式	P	A	$A=P\dfrac{i(1+i)^n}{(1+i)^n-1}$	资金回收系数$(A/P,i,n)$
	年金现值公式	A	P	$P=A\dfrac{(1+i)^n-1}{i(1+i)^n}$	年金现值系数$(P/A,i,n)$

联想记忆方式如下。

(1)“/”号左边为未知，右边为已知。如$(F/A,i,n)$，表明已知年金 A，求终值 F。

(2) 等额支付类型的系数中，$(1+i)^n-1$ 总是与 F 或 P 在“/”号的同一边，如系数$(F/A,i,n)$、$(A/P,i,n)$分别表示$\dfrac{(1+i)^n-1}{i}$、$\dfrac{i(1+i)^n}{(1+i)^n-1}$。若 F、P 分别处在分子、分母的位置，则复利差$(1+i)^n-1$ 也处在分子、分母的位置。

(3) 在等额支付类型的系数中都有复利差。若 A 与 F 为伍，则“/”号一侧的 A 以 i 代之；若 A 与 P 为伍，则“/”号一侧 A 以 $i(1+i)^n$ 代之。

四、等差与等比序列类型的计算方法

(一) 等差序列公式

1. 等差序列年值公式

在机器设备的有形磨损、成熟的工艺所形成利润增长等现象中，其现金流往往呈等差级数数列，它的特点是具有按等值增加或减少排列的现金流量。等差数列一般将第一年年末的数值作为基础金额，每一年都包括这一不变值，故在年值计算时只考虑自第二年年末开始到计算期末为止的等量增加或减少额。等差序列现金流量图如图 6-8 所示。

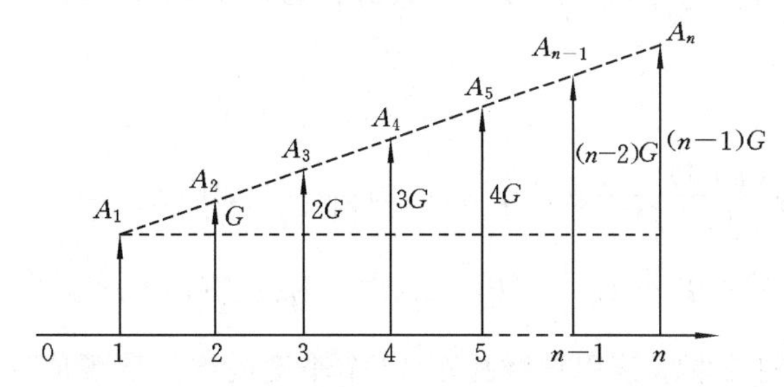

图 6-8　等差序列现金流量图

设有一增量型等差系列，公差为 G，折现率为 i，计算期为 n，A_1 为基础金额，则在第 n 年年

末终值公式为

$$F=\sum_{i}^{n-1}G\frac{(1+i)^{i}-1}{i}$$

$$=G\left[\frac{(1+i)-1}{i}+\frac{(1+i)^{2}-1}{i}+\cdots+\frac{(1+i)^{n-1}-1}{i}\right]$$

$$=\frac{G}{i}\left[(1+i)+(1+i)^{2}+\cdots+(1+i)^{n-1}-(n-1)\right]$$

即

$$F=\frac{G}{i}\left[\frac{(1+i)^{n}-1}{i}\right]-\frac{nG}{i}$$

将上式两边乘以$\frac{i}{(1+i)^{n}-1}$,得

$$A=G\left[\frac{1}{i}-\frac{n}{(1+i)^{n}-1}\right] \tag{6-15}$$

式中:$\left[\frac{1}{i}-\frac{n}{(1+i)^{n}-1}\right]$为等差年值换算系数,记为$(A/G,i,n)$。

式(6-15)可写成

$$A=G(A/G,i,n)$$

例 6-13 某用户一辆摩托车第一季度维护费为 100 元,以后直至第十二季度逐季增加 10 元,若资金的利率为每季 3%,试计算该用户摩托车季平均维护费。

【解】 设第一季维护费为A_1,$A_1=100$ 元,A_p为摩托车在 12 个季度内维护费的等差系列季值,公差G等于 10 元,A为所求的季平均维护费。

$$A_p=G(A/G,i,n)=10(A/G,3\%,12)=10\times 5.1485\text{ 元}=51.49\text{ 元}$$

$$A=A_1+A_p=(100+51.49)\text{ 元}=151.49\text{ 元}$$

每季平均维护费为 151.49 元。

2. 等差序列现值公式

由于已得出等差序列年值公式,那么等差序列现值公式的计算可根据式(6-13)、式(6-15)导出。

$$P=A\frac{(1+i)^{n}-1}{i(1+i)^{n}}=G\frac{1}{i}\left[1-\frac{ni}{(1+i)^{n}-1}\right]\frac{(1+i)^{n}-1}{i(1+i)^{n}}$$

$$P=G\frac{1}{i}\left[\frac{(1+i)^{n}-1}{i(1+i)^{n}}-\frac{n}{(1+i)^{n}}\right] \tag{6-16}$$

式中:$\frac{1}{i}\left[\frac{(1+i)^{n}-1}{i(1+i)^{n}}-\frac{n}{(1+i)^{n}}\right]$称为等差序列现值系数,记为$(P/G,i,n)$。

式(6-16)可写成

$$P=G(P/G,i,n)$$

由于系数$(P/A,i,n)$为$\frac{(1+i)^{n}-1}{i(1+i)^{n}}$、$(P/F,i,n)$为$\frac{1}{(1+i)^{n}}$,所以

$$P=G\frac{1}{i}\left[(P/A,i,n)-n(P/F,i,n)\right] \tag{6-17}$$

例 6-14 应用上例结果求该用户摩托车 12 个季度内维护费现值。

【解】 设A_1的现值为P_1,A_p的现值为P_p,则

$$P=A_1(P/A,i,n)+G(P/G,i,n)$$

$$=100(P/A,3\%,12)+10(P/G,3\%,12)$$

$$=(100\times 9.954\,0+10\times 51.248\,2)\text{元}=1\,507.88\text{元}$$

（二）等比序列现值公式

现金流或预测值呈等比序列排列现象在实践中也不少见，如稳定环境中国民生产总值、国民收入的增长、物价指数的变化值、耕地中的农作物产量的变化等。

等比序列现金流量图如图6-9所示。

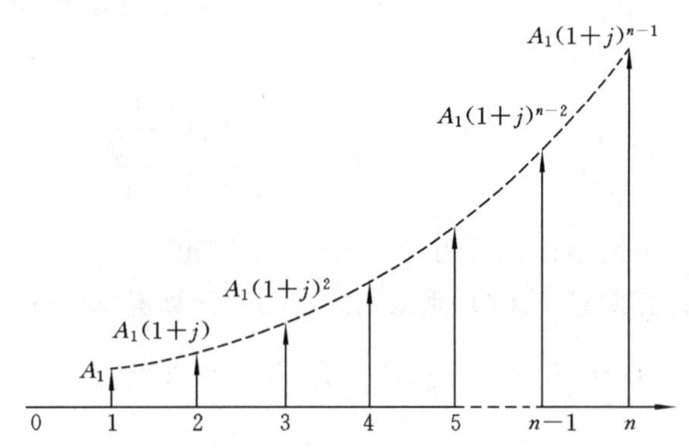

图6-9　等比序列现金流量图

在一个时间序列中，若现金流以某百分比 j 递增，A_1 为基础值，则等比序列的通项公式为

$$A_t=A_1(1+j)^{t-1}$$

式中：$t=1,2,3,\cdots,n$。

其现值公式为

$$P=\sum_{t=1}^{n}A_1(1+j)^{t-1}(1+i)^{-t}=\frac{A_1}{1+j}\sum_{t=1}^{n}\left(\frac{1+j}{1+i}\right)^t=\frac{A_1}{1+i}\sum_{t=0}^{n-1}\left(\frac{1+j}{1+i}\right)^t$$

令公比 $q=\frac{1+j}{1+i}$，根据等比级数的求和公式有

$$S_n=\frac{1-q^n}{1-q}=\frac{1-\left(\frac{1+j}{1+i}\right)^n}{1-\frac{1+j}{1+i}}=\frac{1-\left(\frac{1+j}{1+i}\right)^n}{\frac{i-j}{1+i}}$$

则

$$P=A_1\left[\frac{1-\left(\frac{1+j}{1+i}\right)^n}{i-j}\right]\qquad(i\neq j)\tag{6-18}$$

当 $i=j$ 时

$$P=\frac{nA_1}{1+i}\tag{6-19}$$

当 $i\neq j$ 且 $i>j$ 时，等比序列现值系数 $\frac{1-\left(\frac{1+j}{1+i}\right)^n}{i-j}$，记为 $(P/A,j,i,n)$，则

$$P=A(P/A,j,i,n)$$

当 n 很大，趋于无穷时，公式(6-18)变换为

$$P=\frac{A_1}{i-j}\quad(i\neq j)\tag{6-20}$$

这便是经济学中的戈登公式。

例 6-15 某公司有一处出租门面,根据合同第一年租金的纯收益为 10 万元,今后每年按 5%的比率递增收取租金,门面的寿命期还有 15 年。若房地产行业的基准收益率为 10%,试评估该门面的价格(现值)。若门面是刚建造的,签订永久租赁合同,寿命期视为年期无限,试评估其价格。

【解】 该案例适用于租金现值法评估房屋价格。由于年期有限,并且各年的收益按等比级数递增,故采用式(6-18)计算:

$$P=A_1\left[\frac{1-\left(\frac{1+j}{1+i}\right)^n}{i-j}\right]=10\times\frac{1-\left(\frac{1+5\%}{1+10\%}\right)^{15}}{10\%-5\%}\text{万元}$$

$$=10\times10.0464\text{ 万元}=100.46\text{ 万元}$$

若门面永久租赁,计算期趋于无限,则采用式(6-20)计算房屋价格:

$$P=\frac{A_1}{i-j}=\frac{10}{10\%-5\%}\text{万元}=200\text{ 万元}$$

练习题

1. 什么叫资金的时间价值?资金时间价值的意义是什么?

2. 衡量资金时间价值的尺度是什么?它们之间有何区别与联系?简述资金时间价值的计算方法。

3. 解释名义利率、实际利率及连续复利。它们之间有何区别?什么叫间断复利?

4. 若年名义利率为 10%,每年计息 4 次,计算年实际利率。若按连续复利计息,计算年实际利率。

5. 某人购买 5 年期国债 10 万元,年利率 5%(单利),到期后再以5%的复利将所得款借出,借期 5 年(复利)。问此人第十年年末得到的本息和为多少?如果本息和按单利折算,其利率为多少?

6. 某公司有价值 100 万元的办公楼出租,与对方签订一年租赁合同,租金一次预收 17 万元,或按月收取 1.5 万元租金。若公司的资金收益率每月 1%,问该公司选取哪种方案更有利?

7. 某项目获得 400 万元贷款,年利率为 6%,分 6 年于每年末等额偿还完全部款项,计算第四年和第五年年末各应偿还多少本金及利息?

8. 证明:

(1) $(A/P,i,n)=i+(A/F,i,n)$;

(2) $(F/A,i,n)=(F/P,i,n)(P/A,i,n)$;

(3) $(P/A,i,n)+(P/F,i,n+1)=(P/A,i,n+1)$。

9. 试计算:$(F/A,i,n)\times(P/A,i,n)\times(A/F,i,n)\times(F/P,i,n)$。

10. 见题图 6-1。考虑资金时间价值后,总现金流入等于总现金流出,利用资金等值公式,计算:

(1) 已知 P、A、F_1,求 F_2;

(2) 已知 P、A、F_2，求 F_1；

(3) 已知 P、F_1、F_2，求 A；

(4) 已知 A、F_1、F_2，求 P。

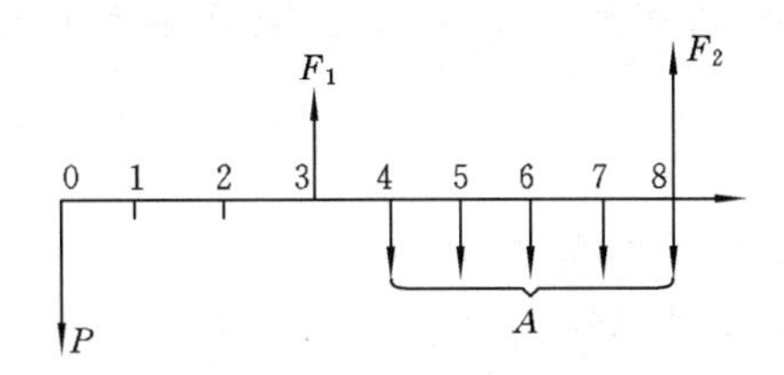

题图 6-1　现金流量图

11. 银行向某公司提供200万元贷款，偿还期4年，年利率为6%(复利)，考虑有以下几种偿还方式：

① 每年利息照付，到期一次还本；

② 到期一次还本付息；

③ 每年等额还本，利息照付，到期付清①；

④ 每年等额还本付息，到期付清。

试求：

(1) 各种方式的年利息；

(2) 各种方式所付出的总金额。

如果公司正处于发展期，业绩很好，应选用哪种还贷方式？

12. 在无形资产评估中，商誉是一种不可确定的账外无形资产。现某企业被兼并，其商誉的评估价按超额折现收益法计算。预计该企业今后5年内每年具有高于同行业的超额收益15万元，第六年之后的永续年超额收益为18万元。试评估企业商誉的价值。设行业基准收益率为10%。

13. 某人年轻时向保险公司投养老保险，若一次投入10万元，年利率5%，试问投保后他必须等到多少年才能享受每年1万元的养老金，直到永远。

14. 某公司计划为职工未来筹备一笔退休基金，每年年初向银行存款，计划存8年。从第九年起连续4年各提取10万元，若存款利率为6%(复利)，则8年中每年应等额存入多少钱？

15. 某工程项目4年建成，银行贷款20亿元，贷款利率为5%，资金每年年初到位，分别为4亿元、6亿元、7亿元及3亿元。计算项目竣工后投资总额为多少？

16. 承上题，该项目从第五年末开始偿还贷款，分8年等额偿还，问每年应偿还多少？若前4年每年末偿还3亿元，则后4年每年应等额偿还多少？

17. 国外某公司从国内一家企业购买一项技术，有三种成交方式如下所述。

①"抽头"方式：按年销售收入的4%提成，预计年销售额500万美元，第一年年末开始，连续提成6年。

② 利润分成方式：首先交10万美元的"入门费"，第一年年末开始，每年按利润的25%分成6年，预计投产第一年利润60万美元，以后每年利润递增5%。

---

① 采用计算式 $A_t=\dfrac{P}{n}+P\left(1-\dfrac{t-1}{n}\right)i$。$A_t$ 为第 t 年还本付息额。

③ 一次性买断:由对方以 80 万美元价格购买使用权。

若资金的时间价值为 10%,分析国内企业采用哪种成交方式较有利?

18. 某条生产线一次投资 100 万元,前 4 年每年花费保修费、工资等 10 万元,以后 5 年每年递增 0.5 万元,寿命期(9 年)内每年收入 30 万元,折现率为 10%。

要求:

(1) 绘制现金流量图;

(2) 计算寿命期内该生产线累计现金流量;

(3) 计算生产线寿命期内累计现值。

19. 某彩票摸奖是最有名的博彩活动。2000 年 5 月美国历史上最高记录的彩票奖金高达 3.5 亿美元,有两人中奖。每一中奖者可一次领走 1.75 亿美元,也可在未来 26 年每年末领取 1 350 万美元。若银行年利率为 5%,你认为选哪一种为好?若按第二种方式,折合银行年利率为多少?

第七章 投资估算及资金筹措

所谓投资是指人们为将来获得收益或规避风险而进行的资金投放活动。投资的分类一般有三种：按投入的途径分为直接投资与间接投资；按投入的方式分为实物投资与金融投资；按投入时间长短分为固定资产投资与流动资金投资。项目评估中所涉及投资的概念主要是第三种情况，即固定资产投资与流动资金投资。

第一节 项目总投资及其构成

一、投资项目的分类

1. 投资项目的分类

投资项目分为外延方式和内涵方式两种。前者是在扩大规模上进行的再生产，主要指在另一地方建设新的项目来增加品种或扩大再生产；后者是在原有规模上进行的再生产，是对现有企业进行更新改造和技术改造。据此，我国投资项目一般分为基本建设投资项目与更新改造投资项目两类。图 7-1 描述了基本建设项目与更新改造项目的划分情况。

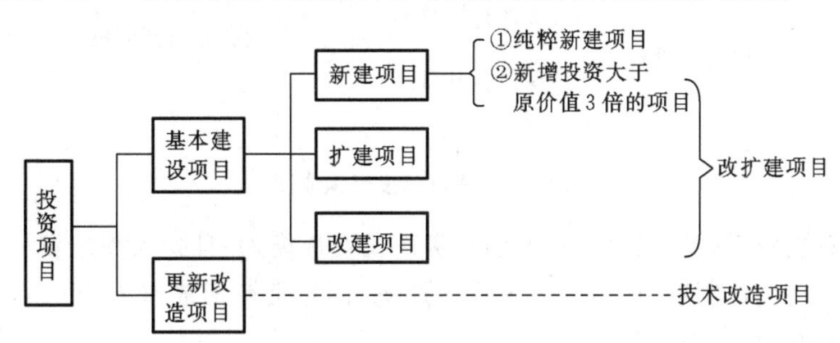

图 7-1 建设项目分类示意图

2. 各类投资项目含义

1）基本建设项目

基本建设项目是指利用国家预算内基建拨款、自筹资金、国内外基本建设贷款以及其他专项资金进行的，以扩大生产能力为主要目的的新建、扩建工程。按是否产生直接的经济效益，基本建设项目可分为生产性的基本建设项目和非生产性的基本建设项目。基本建设项目有狭义与广义之分。狭义的基本建设项目只指固定资产外延扩大再生产；广义的基本建设概念是指固定资产扩大再生产和简单再生产，包括一般性扩建、改建、迁建、恢复等工程。

2）更新改造项目

更新改造项目是指利用企业基本折旧基金、国家更改措施预算拨款、企业自有资金、国内外技术改造贷款资金，对现有企业的设施及辅助性装置进行的改造项目。企业为提高生产率、改进产品质量、改变产品方向等进行的投资项目均属于这种类型。更新改造项目与基本建设项目的主要区别在于:前者属于固定资产内涵的扩大再生产或简单再生产,而后者主要属于固定资产的外延扩大再生产。更新改造项目有时也统称"技术改造项目"或"技术革新项目",过去曾称为"挖潜、革新、改造项目"或"技术措施项目"。

3) 新建项目

新建项目是指从无到有,新开始建设的项目。若在原有企业基础上进行扩建,其新增加的固定资产价值超过原有固定资产价值3倍以上的,也应列为新建项目。

4) 扩建项目

扩建项目是指现有企业、事业及行政单位在已有基础上进行扩充建设,因而增加产品的生产能力、花色品种或效益的工程项目。迁移厂址的建设工程,符合扩建条件的也算扩建项目。

5) 改建项目

改建项目是指现有企业、事业及行政单位对原有设施、工艺条件进行大规模改造的项目。这类项目与更新改造项目的主要区别是:前者工程规模大、档次较高;后者一般对原有设备进行规模不大的技术改造,或为了填平补齐,充分发挥原有生产能力。

二、建设项目总投资及其构成

按照我国现行规定,建设项目总投资由三部分构成,即固定资产投资、建设期借款利息、流动资金,其中固定资产投资中所应缴纳的固定资产投资方向调节税单列。项目总投资构成如图7-2所示。

- 项目总投资
  - 固定资产投资总额
    - 固定资产投资
    - 固定资产投资方向调节税
  - 建设期借款利息
  - 流动资金

图 7-2 项目总投资构成图

固定资产总投资反映了建设项目的固定资产投资规模,并且列入固定资产投资计划中的投资额度。按照新会计制度,根据资本金保全原则,固定资产形成率为100%,而将原本要核销的某些资产归并到递延资产。

1. 固定资产投资

固定资产投资是以货币形式表现的计划期内建筑、设备购置及安装或更新生产性和非生产性固定资产的投入量。固定资产投资按其构成分为三部分:工程费用(第一部分费用)、其他费用(第二部分费用)、预备费用(第三部分费用)。在进行投资估算时,该三项费用还可进一步划分,详见图7-3。

1) 工程费用

固定资产的表现形式为项目的工程费用。从图7-3可知,固定资产是固定资产投资的主要部分。《企业财务通则》对固定资产的标准作了原则性的规定,即使用期超过1年,单位价值达到规定的标准,且在使用过程中保持原有实物形态的资产。《工业企业财务制度》对固定资产标准作了具体规定,将符合下列两个条件之一的劳动资料,列为固定资产:一是使用期限超过1年的房屋及建筑物、机器、机械、运输工具及其他与生产有关的设备、工具、器具等;二是不属于生产经营主要设备,但价值在2 000元以上,并且使用期限超过2年的物品。

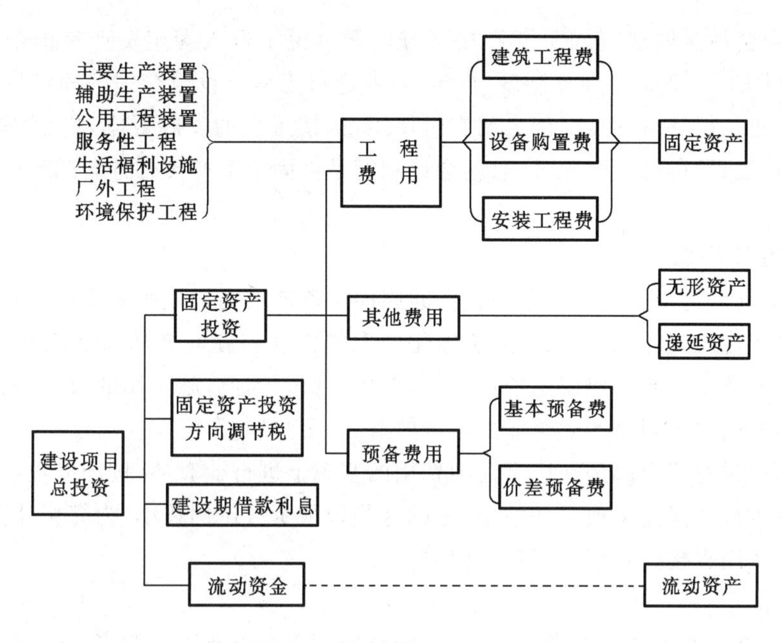

图 7-3　总投资构成与资产形成图

目前国有企业固定资产分类方法通常归纳为两种：一种是将固定资产按照使用途径和经济性质结合起来分类；另一种是按折旧分类，将固定资产分为通用设备、专用设备、房屋和构筑物三大部分。但在可行性研究及项目评估中通常采用的是将固定资产按用途及经济性质进行分类。

(1) 按用途划分，可分为设备购置费、建筑工程费、安装工程费。设备购置费指购置的安装设备、非安装设备、标准设备、非标准设备及其备品备件的费用；建筑工程费指建造各种建筑物和构筑物及围墙、道路等的费用；安装工程费指各种设备、工作台、仪器、仪表的安装、就位、调试，各种室内外工艺管道的安装，设备和管道的防锈、油漆及保温所消耗的费用。

(2) 按经济性质(项目装置)划分，可分为主要生产装置、辅助生产装置、公用工程、服务性设施、生活福利设施、厂外工程、环境保护工程投资。

2) 其他费用

其他费用又称第二部分费用，指那些应进入固定资产投资，但又不宜于进入固定资产的一些费用，包括递延资产和无形资产两大类。所谓递延资产是指不能全部计入当年损益，应在以后年度内分期摊销的各项费用；无形资产是指由特定主体控制的不具独立实体，而对生产经营较长期持续发挥作用，并具有连续获利能力的资产。

3) 预备费用(总预备费)

预备费用又称第三部分费用，包括基本预备费和价差预备费(涨价预备费)。基本预备费是指为弥补项目规划中不可预见、漏项及施工期可能由于灾祸而延误所必须预留的费用；价差预备费是指建设期由于物价变动、汇率改变、税费调整所必须预先留置的费用。

2. 固定资产投资方向调节税

固定资产投资方向调节税是指国家为了贯彻产业政策，控制投资规模，调整投资结构，加强重点建设，将投资引导到符合国民经济持续稳定、协调发展所需要的行业和地区而开征的一种税。纳税人在报批固定资产投资项目时，应当将该项目的投资方向调节税税款落实，并列入项目总投资。原会计制度规定固定资产投资方向调节税不记入固定资产价值中,但1992年12月财政部印发的《工业企业会计制度》规定,企业进行工程建设应交纳的固定资产投资方向调节税记入“在建工程”科目中,工程完工交付使用,则按工程的实际成本,借记“固定资产”等科目,贷记“在建工程”科目。由此可知,新会计制度是将固定资产投资方向调节税记入固定资产价值中了。

3. 建设期借款利息

建设期借款利息是指投资项目在建设期间因固定资产投资贷款而应计付的利息。由于在建设期内,项目无能力支付利息,以利息资本化的形式将这部分资金并入借款本金,计入项目总投资中,列入投资计划并形成固定资产原值,计提折旧。因此,施工期的长短、利率的高低将影响贷款利息,从而关系到投产后企业的经济效益。

建设期利息、预备费用都是在以上几项费用的基础上进行计算的,按理应置于工程建设其他费用中,但在可行性研究及项目评估中,考虑这些费用所占比例较小,为简化计算,可不作分摊,允许将这些费用直接记入固定资产原值。

4. 流动资金

流动资金指企业在生产经营活动中,供周转使用的资金以及用于购买劳动对象、支付工资和其他生产费用的资金。流动资金的实物形态主要是劳动对象,即原材料、燃料、辅助材料、半成品等。流动资金从会计学角度来说是指1年之内可以转化为现金的资金,它是流动资产与流动负债的差额。流动资产是指为维持一定规模生产所必需的最低周转资金和物资,包括各种存货、必要的现金及银行存款、应收及预付款项等。流动负债只含正常生产情况下平均的应付账款,不包括短期借款,所以主要指应付账款。资产负债表中的流动资产总额与流动资产有所区别,前者还包括生产经营活动中的盈余资金。同样,把通常含义下的流动负债叫流动负债总额,它除应付账款外,还包括短期借款。

第二节　固定资产投资估算与评价

一、固定资产投资的估算

固定资产投资包括购买、建造固定资产有关的一切费用,详见图7-3。

设备购置费是固定资产中的主要部分,估算时包括设备原价加上设备运杂费。其中进口设备的购置费包括设备到岸价(CIF)、外贸手续费、关税、增值税和国内运杂费。如果设备是按离岸价(FOB)计算的,还应加上国外运输费和保险费才视为到岸价。

增值税应随货价一起记入固定资产投资,不得抵扣。

建筑工程与安装工程费用亦称建筑安装工程造价。按设计深度,其投资的估算方法可分为估算法(或概算指标法)、概算定额法和预算造价法,分别用于投资前时期、初步设计、施工图设计中的投资计算。其内容包括:

直接费——与工程有关的人工费、材料费、施工机械使用费和其他直接费;

间接费——包括施工管理费和其他间接费;

利润与税收——施工企业的利润和应缴纳的营业税、城市维护建设税、教育费附加。

投资决策前时期，因条件的限制，只能对项目的投资进行估算。由于不同的研究阶段所要求的评估深度及掌握的资料不同，对估算的方法和准确程度的要求也不同，甚至在可行性研究阶段，因没有详细的设计资料作依据，有时也只好采用一些较简便方法进行估算。下面介绍几种常用的投资估算方法。

1. 规模指数法

该方法又称装置能力指数法，其原理是根据已建成的性质类似的工程或装置的实际投资额和生产能力，按拟建项目的生产能力，推算出拟建项目的工程投资。一般来说，生产能力若增大 m 倍，投资不会增大 m 倍。根据行业不同，对各种类型的投资项目可以给出某种经验关系式，通常为

$$K_2 = K_1 \left(\frac{S_2}{S_1}\right)^n f \tag{7-1}$$

式中：K_2、K_1——拟建和已建工程或装置的投资额；

S_2、S_1——拟建和已建工程或装置的生产能力；

n——规模指数或生产能力指数，通常小于 1；

f——由于建设期间及建设地区的差别而给出的物价调整系数。

n 的取值有两种情况。一是根据各行业情况查找有关指数，有时还要根据产品的不同性质、不同工艺流程、不同生产率水平来综合考虑。二是根据生产规模增减的方法选取，当以增加相同设备数量来达到生产规模时，n 取 0.8～1.0；当以增加设备尺寸来达到生产规模时，n 取 0.6～0.7。表 7-1 提供一些常见化工产品或装置的规模指数。

表 7-1 一些常见化工产品或装置的规模指数

产品或装置类别	规模指数	产品或装置类别	规模指数
烧碱	0.35	苯	0.61
接触法硫酸	0.62～0.67	甲醛	0.55
铅室法硫酸	0.60	乙醇	0.60
硝酸	0.56	丁醇	0.55
磷酸	0.58	乙烯	0.60
磷酸铵	0.54	乙炔	0.75
尿素	0.59	苯乙烯	0.68
合成氨	0.70～0.74	丁二烯	0.59
水煤气装置	0.81	丙三醇	0.60
水煤气变换	0.69	溶剂脱蜡	0.76
电解铝	0.35	低压聚乙烯	0.67
氧气	0.59～0.64	高压聚乙烯	0.90
氰氢酸	0.71	延迟焦化	0.58
水处理装置	0.91	铂重整及裂化	0.85

例 7-1 已知 3 年前建成的合成氨装置的生产能力为 10 万吨，界区内固定资产投资为

27 000 万元,拟建合成氨生产能力为 30 万吨的装置,主要是通过增加设备尺寸达到设计规模,n 取 0.7,物价调整系数为 6%,试用规模指数法估算拟建项目的工程投资。

【解】 因拟建装置与已建装置间隔 3 年,故

$$f=(1+0.06)^3=1.191$$

根据式(7-1)有

$$K_2 = 27\ 000 \times \left(\frac{30}{10}\right)^{0.7} \times 1.191\ \text{万元} = 69\ 384\ \text{万元}$$

2. 系数法

系数法是以设备投资为基础,对相应的建筑费、安装费及主要材料费按各自比率系数加成来进行计算。其计算公式为

$$K = K_{\mathrm{f}}(1+\gamma_1+\gamma_2+\gamma_3)\times 1.15 \tag{7-2}$$

式中:K——拟建工程的固定资产投资;

K_{f}——拟建工程的设备费用总值;

γ_1——建筑工程费占设备费的比率系数;

γ_2——安装费及主要材料费占设备费的比率系数;

γ_3——其他费用占设备费的比率系数。

系数法的关键在于确定设备费用总值。如果是国内生产的设备,主要是根据各专业设计者提供的设备一览表,按相应规格的数量,乘以设备现行出厂价格,再加 20%的设备价(即运杂费和备品备件费)估算;若是进口设备,则以到岸价为基准,再考虑关税、增值税①、贸易费、国内运杂费。γ_1、γ_2、γ_3 的选取与项目所属行业有关,可根据各行业统计的资料选定。综合系数 1.15 中的 0.15 相当于价差预备费与基本预备费所占第一、二部分费用的比率。

例 7-2 某项目成套装置的设备全部进口,按清单给出的所有设备到岸价为4 000万美元,结算汇率 1 美元=8.30 元人民币,平均关税税率为 23%,贸易费率为 6%,增值税税率为 17%,国内运杂费率为 1%,根据行业相关资料,与设备配套的建筑工程、安装工程和其他费用的比率分别是 18%、12%、22%,试估算工程全部费用。

【解】 先求出设备购置费估算 K_{f}:

$$K_{\mathrm{f}}=4\ 000\times 8.3\times(1+0.23+0.17+0.06+0.01)\text{万元}=48\ 804\ \text{万元}$$

再代入式(7-2),得到拟建工程的固定资产投资为

$$K = 48\ 804\times(1+0.18+0.12+0.22)\times 1.15\ \text{万元} = 85\ 309\ \text{万元}$$

3. 单位生产能力投资估算法

这是国内过去广泛应用的一种方法。例如概算指标中规定的每吨设备制作费和安装费、每天处理每吨污水所需的建设投资、水泥生产线单位能力的建设投资等,都是运用这种方法计算的。把设备或装置的建设投资同它们的能力视为线性关系,只是在一个小的范围内才不会造成过大的误差。因此,在采用这种方法估算投资时,还应规定它的应用范围及运用时项目所采用的工艺条件。比如,重量大的设备与重量小的同类设备相比,只有在拟建装置的生产能力与已建装置的生产能力比值在 0.5 至 2.0 之间时,才推荐采用该方法。采用不同工艺条件生产同一种产品的项目,不能套用该方法。如用离子膜法与用传统隔膜法生产的烧碱,或者用粮

---

① 实际上,增值税=(到岸价+关税+消费税)×增值税税率。下面案例从简。

食发酵与用乙烯氧化生产的酒精，工艺流程完全不同，投资差异很大，是两回事。

单位生产能力投资估算法公式为

$$K' = C_a P_a l(1+\alpha)f \tag{7-3}$$

式中：K'—— 界区建设投资；

C_a——单位能力建设投资；

P_a——装置的生产能力；

l——地区建设投资系数，一般取 1.0，边远省份或山区按当地规定取；

α——界区的间接费用系数，一般可取 4%～5%；

f——由于建设时间及地区的差别而给出的物价调整系数。

例 7-3　"六五"计划时期，建 40 万千瓦水电站单位能力投资为 934 元/千瓦，电站建在边远省份，地区建设投资系数 l 取1.1，拟建项目距取得数据年份 2.5 年，其物价调整系数 f 为 1.15，界区的间接费用系数 α 为 5%，现拟建 50 万千瓦水电站，试估算项目界区的工程投资。

【解】　根据已知条件，可用单位生产能力投资估算法。依据式(7-3)有

$$\begin{aligned} K' &= C_a P_a l(1+\alpha)f \\ &= 934\times 50\times 1.1\times(1+5\%)\times 1.15 \text{ 万元} = 62\,029 \text{ 万元} \end{aligned}$$

4. 概算指标估算法

在可行性研究阶段，投资估算误差不得超过 10% 的范围。要做到这一步，靠上述方法进行估算一般难以达到要求，因此，必须采用精度较高的投资估算方法。概算指标估算法能满足项目对投资测算的要求，该方法是由国家或其授权机构编制的具有法令性的指标，规定了按一定的扩大计量单位计算建筑、设备、安装工程的造价和工料消耗标准，然后据此编制各分项工程或单项工程的概算并加以汇总。

1) 项目工程费用(第一部分费用)估算

对于一个大型复杂建设项目进行投资概算的计算，需要将整个工程划分为若干级层次不同的计量单位。工程项目一般分为建设项目、单项工程、单位工程、分部工程、分项工程五级，概算指标估算法对投资进行估算，做到前三级概算，加以汇总就能满足要求。

建设项目是指按一个总体设计进行施工，经济上进行统一核算，行政上有独立组织形式的建设工程。

单项工程是建设项目的组成部分，具有独立的设计文件，竣工后能单独发挥设计所规定的生产能力或效益。如工业项目中的各个分厂、生产车间，以及非工业项目中独立发挥效益的办公楼、住宅、食堂、教学楼、图书馆等。

单位工程是单项工程的组成部分。单项工程中能单独设计，可以独立组织施工，并可单独作为成本计算对象的部分，即为一个单位工程。如生产车间的厂房建筑、设备安装、电器照明、给水排水、通风采暖等都是单位工程。

以下两级的投资估算只能按照扩大法套用指标估算，因在可行性研究阶段，设计尚未达到应有的深度，细节部分的投资由单位工程统一考虑。

分部工程是单位工程的组成部分。在单位工程中把性质相近，所用工种、工具、材料和计量仪器大体相同的部分，称为一个分部工程。如土建工程的房屋，按其结构可分为基础、地面、墙壁、门窗、屋面、装修部分等。

分项工程是分部工程的组成部分。在一个分部工程中，由于工作内容、要求、施工方法不

同,所需人工、材料、机械台班数量不等,费用差别很大,因此要求具体划分为若干分项工程。如不同地基基础的制作,有的工程条件和性质十分复杂,所需材料、人工、机械台班差别很大,在编制详细的投资报表时,按分项工程计算实物工程量。分项工程是组成建设项目最基本的单位。

在可行性研究阶段,初步设计尚未开始,资料也没有初步设计那样齐全、详尽,因此无法也没有必要作出详细的概算,只能参照概算的程序进行估算。具体方法如下:

(1) 将建设项目分解为单项工程,如主要生产装置、辅助生产装置、公用工程、服务性工程、生活福利设施、厂外工程等项目;

(2) 将各单项工程分解为若干必需的单位工程,然后按照概算指标编制各自的单位工程概算,如建筑工程、设备工程、安装工程、工器具及生产用具购置费的概算;

(3) 将单项工程内各单位工程的概算价值加以汇总,便是单项工程的概算,将各单项工程汇总则为项目的工程费用,也就是前面介绍的第一部分费用;

(4) 建设项目总概算除了由各单项工程概算构成之外,还包括其他费用和预备费,后两部分不能用概算指标估算法计算,而应根据文件提供的指标和参数估算。

2) 工程建设其他费用(第二部分费用)估算

工程建设其他费用的估算原则是将每一项费用根据实际情况按有关文件标准进行估算。如递延资产包括开办费、生产职工培训费、出国考查费、建设单位管理费、施工机械转移费、供电工程贴费(增容费)、联合试运转费、装置试车费、工程建设财产保险费、城市基础设施配套费、总承包管理费、工程建设监理费、耕地占用税、新菜地开发建设基金、土地使用税(建设期间)等数十项,这些费用均有指标和定额,可以逐项估算;属于无形资产的主要有专利权、研究试验费、勘察设计费、技术转让费、专有技术费、商标权、商誉(有产权转让时才考虑)、土地使用权等,这些也可以按有关的指标进行估算。

固定资产投资方向调节税在项目总投资中单独开列,汇总时放在其他费用中。按差别税率征收,税率有五个档次,分两种投资类型计算。对基本建设投资项目,分别按完成投资额的0%、5%、15%、30%计征;对更新改造投资项目和规定的综合类以外的各类住宅建设投资项目,分别按建筑工程完成投资额的0%、10%计征。

3) 预备费用估算

预备费用分为基本预备费和价差预备费(涨价预备费),其估算方法如下所述。

(1) 基本预备费。通常套用指标进行估算,以第一部分费用及第二部分费用之和为取费基数,一般按8%~10%估算,用V_1表示。

(2) 价差预备费。这部分费用的估算主要按照国家发改委文件,根据建设期的长短,以建筑工程费、设备及工器具购置费、安装工程费为基数进行估算,计算式为

$$V_2=\sum_{t=1}^{n}I_t[(1+f)^{n-t}-1] \tag{7-4}$$

式中:V_2——价差预备费;

n——建设期年数;

f——物价价格指数年增长率;

I_t——建设期第t年投入的建筑工程费、设备及工器具购置费、安装工程费。

在本章及第八章中,结合一完整基本案例,对项目全部过程进行评估分析,先从投资估算开始。

● 基本案例一：

某基建项目用于建筑、设备、安装工程方面的投资分别为4 390万元、22 690万元、7 420万元，建设期3年，第1～3年用款计划分别为基建投资20%、55%、25%，建设期内物价价格指数年增长率 f 为5.5%，第二部分费用为3 500万元。据此计算项目预备费用。

【解】 (1) 计算基本预备费。

第一部分费用为建筑、设备、安装工程费用之和，等于34 500万元，第二部分费用3 500万元，费率取8%进行估算，故基本预备费为

$$V_1=(34\ 500+3\ 500)\times 0.08\text{万元}=3\ 040\text{万元}$$

(2) 计算价差预备费。

根据题意，按用款计划，第1～3年项目工程用款分别为6 900万元、18 975万元、8 625万元，按照式(7-4)，并代入相应数据，则价差预备费为

$$\begin{aligned}V_2&=[6\ 900\times(1.055^2-1)+18\ 975\times(1.055-1)+8\ 625\times(1.055^0-1)]\text{万元}\\&=1\ 823.50\text{万元}\end{aligned}$$

(3) 以上两项合计为预备费用，等于4 863.50万元。

5. 物价指数变化对建设投资影响及简化处理的方法

项目在建设过程中，对资金的规划及运用，无法摆脱物价变化的影响，尤其对通货膨胀较高或建设期很长的项目，物价变化影响较明显。

在后面的财务评价中也将涉及这类问题。因此，有必要确定物价变化对投入及产出过程中定价原则。

项目评价中采用的价格简称为财务价格，即以现行价格体系为基础的预测价格，并给出如下说明。

(1) 国内现行价格是指现行商品价格和收费标准。改革开放后，曾有国家定价、国家指导价和市场价三种价格形式。但在市场经济条件情况下，项目财务价格应采用最有可能发生的市场价格。

(2) 现行价格的变化受多种因素的影响。例如，国际市场价格变化引起国内市场价格的变化，商品供求关系变化引起供求均衡价格的变化等。导致价格变动的这类因素称为相对价格变动因素。另一类使价格变动的因素是物价总体水平的上涨，即因货币贬值(或称通货膨胀)而引起的所有商品的价格以相同比例向上浮动。预测现行价格除必须考虑前一类相对价格的变动因素外，原则上还应考虑后一类物价总水平的上涨因素。

(3) 在财务评价中，对于价格变动因素、项目财务盈利能力分析和清偿能力分析原则上应作不同处理。即为了消除通货膨胀引起的财务报表上的“浮肿”利润，计算“实际值”的内部收益率和投资回收期等盈利能力指标，使项目与项目之间、项目评价指标与行业财务评价参数之间具有可比性，财务盈利能力分析应采用以基年(或建设期初)物价总水平为基础，并考虑计算期内相对价格变化，但是不考虑物价总水平上涨因素的价格；同时，为了使项目投资估算、资金筹措及清偿能力的计算与项目实施中实际发生的数值相一致，清偿能力分析应采用时价(既考虑计算期内相对价格变化，又考虑物价总水平上涨因素)进行还本付息等财务平衡计算。

结合我国情况，在具体实施时，对物价总水平上涨因素可区别以下不同情况，分别简化处理。

（1）建设期较短的项目，财务评价和国民经济评价在建设期内各年均可采用时价，生产经营期内各年均采用以建设期末物价总水平为基础，并考虑生产经营期内相对价格变化的价格。

（2）建设期较长、确实难以预测物价上涨指数的项目，两种评价在计算期内均可采用以基年（或建设期初）物价总水平为基础，仅考虑相对价格变化，不考虑物价总水平上涨因素的价格。但应就物价总水平变动因素对项目盈利能力的影响进行敏感性分析。

之所以作出这样的考虑，原因有以下几点。

（1）按国家规定，要打足投资，不留缺口。为此，在投资估算中要求考虑物价总水平的上涨因素，即预留涨价预备费。在财务评价中，建设期考虑物价总水平的上涨因素，各年采用时价，可与投资估算数保持一致。

（2）相对说来，项目建设时间较短，物价上涨指数预测比较容易；生产经营期时间较长，价格水平上涨指数预测难度较大。在生产经营期，不考虑物价总水平的上涨因素，可避免因测算不准人为地导致指标的虚假成分。

（3）对建设期较长的项目，在建设期内预测物价总水平的变化，是不现实的，可能因测算不准而人为导致出现指标虚假的现象。因此，在建设期内可以采用以基年（或建设期初）物价总水平为基础，仅考虑相对价格变化，不考虑物价总水平上涨因素的价格，可以在一定程度上避免这些实际上难以克服的困难。如三峡水利枢纽工程，总装机容量 1 820 万千瓦，年发电 847 亿千瓦小时，整个建设期预计长达 17 年，对投资的估算以基年为准，计算出静态投资为 954.6 亿元，而对动态投资仅仅作为参考性预测数据。

二、建设期借款利息的计算

建设期利息计算分为国外贷款与国内贷款利息的计算，严格来说两者有所区别。

建设期利息在国外贷款中称为资本化利息，这种计算还包括有承诺费、管理费等项费用，有的贷款涉及出口信贷与商业信贷，在资本化利息计算中，必须分别计算两者的资本化利息，这些计算显得较复杂。但在项目评估中，对资本化利息计算的精度要求并不很高，因此可以作简化处理，即在名义利率中增加一附加利率，作为计息的实际利率。此外，国外贷款通常一年多次计息，也要换算成实际利率。

国内借款利率的确定相对较简单，明确利率后，可按简化方法计算建设期利息，计算利息的表达式为

$$每年应计利息=\left(年初借款本息累计+\frac{本年借款额}{2}\right)\times 年利率$$

借款单位为避免资金沉淀在账上，背负过多利息，借款原则通常是随支随借。故该公式假定当年借款平均发生在年中，按半年计息，其后年份按全年计息。上式同样适用于计算国外贷款的利息。

● 基本案例二：

项目借款 30 000 万元，借款中外汇 2 640 万美元（1 美元＝6.25 元人民币），其中承诺费、管理费等项费用的比率按简化的方法加在利率上，每季计息一次，综合后季利率为 2%。人民币借款有三种来源，银行贷款占 35%，发行债券占 38%，其余为集资款，年利率分别为 6.5%、

7.7%、7.4%。所有资金不分来源等比例使用，第1～3年借款分别为贷款总额的20%、55%、25%。计算建设期利息。

【解】 (1) 计算外汇利息。

外汇实际利率为

$$i_1 = [(1+2\%)^4 - 1] \times 100\% = 8.24\%$$

第1～3年外汇借款分别为528万美元、1 452万美元、660万美元。

第1年利息为

$$LX_1 = (0 + 528/2) \times 0.082\,4 \text{ 万美元} = 21.75 \text{ 万美元}$$

第2年利息为

$$LX_2 = (528 + 21.75 + 1\,452/2) \times 0.082\,4 \text{ 万美元} = 105.12 \text{ 万美元}$$

第3年利息为

$$LX_3 = (528 + 1\,452 + 21.75 + 105.12 + 660/2) \times 0.082\,4 \text{ 万美元} = 200.79 \text{ 万美元}$$

建设期外汇利息为

$$LX = (21.75 + 105.12 + 200.79) \text{ 万美元} = 327.66 \text{ 万美元}$$

按汇率1美元折合6.25元人民币换算，折合人民币2 047.98万元。

(2) 计算人民币利息。

因人民币等比例使用，不用分别计算三种资金借款的利息，只需计算出加权平均利率后，代入计息公式，一次可算出各种借款合计人民币利息为

$$i_2 = \frac{0.35 \times 6.5\% + 0.38 \times 7.7\% + 0.27 \times 7.4\%}{0.35 + 0.38 + 0.27} = 7.2\%$$

式中：i_2——加权平均利率。

(3) 依据前述计算，同样可以求得建设期人民币利息为1 457.14万元，加入外汇利息，建设期借款利息合计3 505.12万元。

建设期利息还可用公式法表示如下：

$$LX = \sum_{t=1}^{n} K_t \left[\left(1 + \frac{i}{2}\right)(1+i)^{n-t} - 1 \right] \tag{7-5}$$

式中：K_t——第 t 年借款；

i——借款年利率；

n——建设期年数；

t——借款年份。

当建设期较长或用计算机编程序时，式(7-5)是一种较适合的建模公式。

● 基本案例三：

项目固定资产投资方向调节税取固定资产投资的5%，主要生产装置25 000万元，辅助生产装置1 500万元，公用工程4 300万元，服务性工程800万元，生活福利工程1 000万元，厂外工程700万元，环境保护工程1 200万元。

根据固定资产投资分类原则，结合前述计算结果，按照《建设项目经济评价方法与参数》规定的格式要求，编制报表，如表7-2所示。

表 7-2 固定资产投资估算表

序号	工程或费用名称	估算价值/万元					其中外汇/万美元
		建筑工程	设备购置	安装工程	其他费用	总　值	
1	固定资产投资	4 390	22 690	7 420	8 364	42 864	2 640
1.1	第一部分　工程费用	4 390	22 690	7 420		34 500	2 244
1.1.1	主要生产装置	1 100	17 500	6 400		25 000	
	其中外汇/万美元		2 178	66			2 244
1.1.2	辅助生产装置	400	1 040	60		1 500	
1.1.3	公用工程	700	2 800	800		4 300	
1.1.4	服务性工程	740	50	10		800	
1.1.5	生活福利工程	950	50			1 000	
1.1.6	厂外工程	100	550	50		700	
1.1.7	环境保护工程	400	700	100		1 200	
1.2	第二部分　其他费用				3 500	3 500	184.8
1.2.1	土地使用费				1 000	1 000	
1.2.2	增容费、开办费等				1 050	1 050	
1.2.3	设计费、培训费				950	950	
1.2.4	其他递延资产				500	500	
	第一、二部分合计	4 390	22 690	7 420	3 500	38 000	2 428.8
1.3	预备费用				4 864	4 864	
1.3.1	基本预备费				3 040	3 040	
1.3.2	价差预备费				1 824	1 824	211.2
2	投资方向调节税				2 143	2 143	
3	建设期利息				3 505	3 505	328
	合计(1+2+3)	4 390	22 690	7 420	14 012	48 512	2 968

三、流动资金的估算

按照传统的做法,流动资金的估算是依据项目特点或参照已建成运行的同类项目运转情况,按销售收入、经营成本或固定资产投资的比例进行估算,称之为扩大指标法。另一种方法是按流动资金管理方式,将流动资金分为定额流动资金和非定额流动资金,然后再细分下去。随着会计制度改革和新的会计制度的实施,这些方法都不能适应项目分析的要求,而应按照流动资金构成和运转情况进行分项详细估算,然后制成报表。

分项详细估算的思路是:先按正常年(即达到设计水平)的生产能力估算各大类的流动资产的最低需要量,加总以后减去该年估算的相应的流动负债,得到正常年的流动资金;当项目

在投产初期没有达到设计能力时，例如70%生产负荷，通常在正常年份流动资金额的基础上乘以该年达产率，即为这一年的流动资金需要量。计算流动资金时，可采用下列表达式进行：

流动资金＝流动资产－流动负债

流动资产＝应收账款＋存货＋现金

流动负债＝应付账款

流动资金本年增加额＝本年流动资金－上年流动资金

下面分别阐述流动资产和流动负债各项的计算。

1. 应收账款

应收账款的计算公式为

$$应收账款=\frac{年经营成本}{周转次数}$$

其中

年经营成本＝外购原材料、燃料及动力费＋工资及附加＋修理费＋其他费用

修理费通常按折旧费的百分比估算；其他费用的构成较复杂，拟在后面介绍总成本估算方法时另行解释。

$$周转次数=\frac{360}{最低周转天数}$$

确定最低周转天数时，各分项不一定相等，应按实际情况并考虑保险系数确定。

2. 存货

存货的计算公式为

存货＝外购原材料、燃料＋在产品＋产成品＋其他

外购原材料、燃料的计算式为

$$外购原材料、燃料=\frac{年外购原材料、燃料}{周转次数}$$

年外购原材料、燃料应分项计算后汇总。

外购原材料、燃料是流动资产中的重要部分，其周转次数取决于最低周转天数，而最低周转天数与供应的距离、货源的供求关系、工艺流程等因素有关，故

外购原材料、燃料周转天数＝在途天数＋供应间隔天数×系数
＋生产准备天数＋保险储备天数

式中：供应间隔天数$=\frac{Y'}{P'}$天，Y'为某种货物全年需用量，P'为最佳经济批量。

最佳经济批量可根据采购批量确定，表达式为

$$P'=\sqrt{\frac{2Y'F'}{C\alpha'}} \tag{7-6}$$

式中：F'——每次采购费用；

C——单位货物的成本；

α'——每元货物成本的存储费用率。

在产品的计算公式为

在产品＝(年外购原材料、燃料及动力费＋年工资及福利费
＋年修理费＋年其他制造费用)/周转次数

年其他制造费用指生产单位(包括车间、分厂)为组织和管理生产所发生的部分现金支出,主要为办公费、差旅费、劳动保护费。

产成品的计算公式为

$$产成品=\frac{年经营成本}{周转次数}$$

3. 现金

现金的计算公式为

$$现金=\frac{年工资及福利费+年其他费用}{周转次数}$$

4. 应付账款

应付账款的计算公式为

$$应付账款=\frac{年外购原材料、燃料及动力费用}{周转次数}$$

上述各周转次数由车间统计员提供。根据以上表达式可以对流动资金进行较准确的估算。

流动资金中,企业自筹30%作为铺底,其他70%由工商银行贷给,按一年期贷款利率全年计算利息,并且计入总成本中的财务费用。

流动资金一般应在投产前一年开始筹措。为简化计算,通常在投产第一年开始按生产负荷进行安排。负荷提高,流动资金相应提高,当项目达到设计能力后,流动资金不再增加,计算期末回收全部流动资金。

对流动资金的评估,主要要考查总成本估算中的各项费用落实情况,并且要求确定经营成本。因此在估算流动资金时,须事先做好相应的调查准备和必要的计算工作,提供的参数与经营成本中的各项费用须基本吻合。下面继续就基本案例来分析流动资金的估算过程,并以报表的方式给出结论。

● 基本案例四:

项目定员400人,人均年工资及附加1.5万元,预计在投产第一年(计算期第4年)达到设计能力的80%,第二年达到设计能力的90%,第三年达产(达到设计能力)。此时全年外购原材料费为16 500万元,周转次数6次;年外购燃料费1 200万元,周转次数8次;年支付动力费2 800万元。在产品、产成品周转次数分别为12次、15次,其他存货45万元,年其他制造费用280万元,年修理费、其他费用分别为940万元、820万元(预先粗估),应收账款、现金、应付账款周转次数分别为9次、9次、7.19次,项目生产期9年。根据以上条件,计算并编制流动资金估算表。

【解】 先计算正常年份流动资产的量,再计算相应年份流动负债的量,两者之差即为正常年的流动资金。投产期的流动资金等于正常年的流动资金乘以该年生产负荷。

计算流动资产中的应收账款:

经营成本=(16 500+1 200+2 800+400×1.5+940+820)万元=22 860万元;

应收账款=22 860/9万元=2 540万元。

计算流动资产中的存货:

外购原材料费=16 500/6万元=2 750万元;

外购燃料费＝1 200/8 万元＝150 万元；

在产品＝(16 500＋1 200＋2 800＋600＋940＋280)/12 万元＝1 860 万元；

产成品＝22 860/15 万元＝1 524 万元；

存货＝(2 750＋150＋1 860＋1 524＋45)万元＝6 329 万元。

计算流动资产中的现金：

现金＝(600＋820)/9 万元＝158 万元。

所以，流动资产＝(2 540＋6 329＋158)万元＝9 027 万元。

计算流动负债：

流动负债＝应付账款＝20 500/7.19 万元＝2 853 万元。

综上，流动资金＝(9 027－2 853)万元＝6 174 万元。

将以上计算结果以表格的形式表示，如表 7-3 所示。

表 7-3　流动资金估算表　　单位：万元

序号	项目	周转次数/次	投产期		达到设计能力生产期				
			4	5	6	7	8	9～11	12
1	流动资产		7 222	8 124	9 027	9 027	9 027	9 027	9 027
1.1	应收账款	9	2 033	2 286	2 540	2 540	2 540	2 540	2 540
1.2	存货		5 063	5 696	6 329	6 329	6 329	6 329	6 329
1.2.1	外购原材料费	6	2 200	2 475	2 750	2 750	2 750	2 750	2 750
1.2.2	燃料费	8	120	135	150	150	150	150	150
1.2.3	在产品	12	1 488	1 674	1 860	1 860	1 860	1 860	1 860
1.2.4	产成品	15	1 219	1 372	1 524	1 524	1 524	1 524	1 524
1.2.5	其他存货		36	41	45	45	45	45	45
1.3	现金	9	126	142	158	158	158	158	158
2	流动负债		2 282	2 568	2 853	2 853	2 853	2 853	2 853
2.1	应付账款	7.19	2 282	2 568	2 853	2 853	2 853	2 853	2 853
3	流动资金		4 939	5 557	6 174	6 174	6 174	6 174	6 174
4	流动金年增额		617	618	0	0	0	0	0

第三节　筹资方案

项目的投资确定之后，随后要考虑的问题是如何筹措和使用资金，这就要有资金筹措方案。所谓筹资方案，是根据项目建设的要求，考虑资金借贷条件(利息、期限等)及来源，规划取得和使用资金的合理方案。筹资方案包括资金来源、资金成本、资金规划(使用)、债务偿还与资金效益估算等内容，项目评估中的资金筹措贯穿着始终。资金来源及资金成本对项目的经济效益有重要影响,是项目评估值得重视的内容。本章只介绍资金来源、资金成本、资金规划,关于债务偿还与资金效益两方面内容将在财务评价章节中介绍。

一、资金来源

从性质上,项目所需资金的来源可分为自有资金、赠款、借贷资金三部分;按筹集的途径,可分为国内资金与国外资金。

图 7-4 是资金来源性质结构图。资金来源途径可归纳如图 7-5 所示。

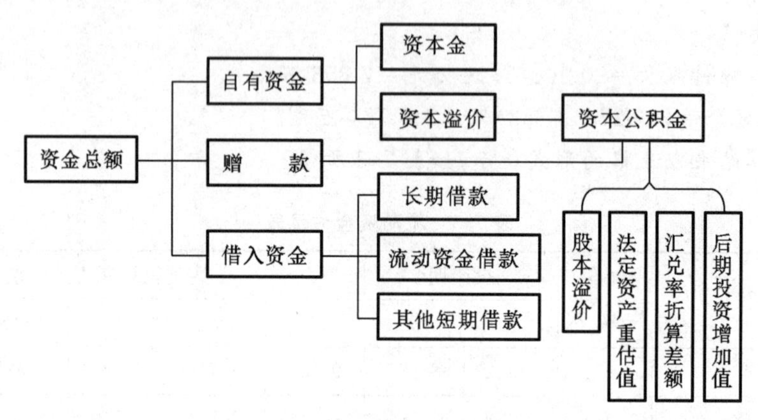

图 7-4 资金来源性质结构图

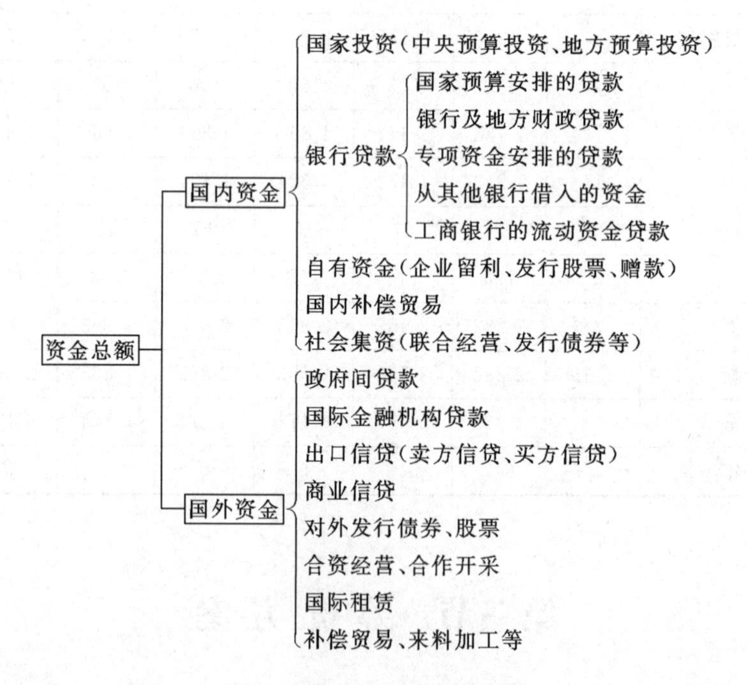

图 7-5 资金来源途径划分图

下面介绍资金结构中的一些主要概念。

（一）自有资金

自有资金指投资者缴付的出资额，包括资本金和资本溢价。它是项目法人能够自主支配、企业长期使用、无须偿还的资金。项目法人因资金的所有权，具有经营决策权和收益分配权。自有资金与借贷资金的主要区别是：后者需要偿还，无权参与企业的经营决策及收益分配。但债权人有权根据合同或协议享受利息和收回本金。

1. 资本金

资本金又称注册资金，根据《企业财务通则》规定，资本金是指企业设立时在工商行政管理部门登记的注册资金。同时还规定，新设立的企业必须有法定的资本金，即最低注册资本金额。以生产经营和商品批发为主的有限责任公司，法定资本金不得少于50万元人民币；股份有限公司的法定资本金最低数额为1 000万元人民币。根据投资主体的不同，资本金可分为国家资本金、法人资本金、个人资本金、外商资本金等。资本金的筹措可以采取国家投资、各方集资或股票发行等方式进行。投资者可以用现金、实物，也可以用无形资产等进行投资。企业应当按照法律、法规和合同、章程的规定，及时筹集资本金。资本金可以一次或分期筹集，投资者未按约定履行出资义务的，企业或其他投资者可以依法追究其违约责任。企业在筹集资本金的过程中，吸收投资者的无形资产出资一般不得超过企业注册资金的20%，特殊情况经审批核准，最高不得超过30%。

2. 资本溢价

资本溢价是指在资金筹集过程中，投资者缴付的出资额超出资本金的差额部分。如新股发行或股票配售时，其发行价格高于净资产部分即为资本溢价。图7-4中其他一些来源都归于资本公积金，属于资本溢价。

（二）赠款

赠款是投资项目一种额外的资金来源，不构成企业的实收资本，但由于赠款人捐赠资产形成了企业权益的增加，因此，《企业会计准则》中规定：企业接受捐赠的资产价值作为资本公积金处理，属于所有者权益，企业接受现金捐赠也作同样处理，在会计上计入“资本公积”账户。能获得赠款的项目并不多见，但对某些福利项目或具有重要意义、长远影响的项目，若受到特别关注时，有可能得到赠款。如我国几家大型电冰箱厂的无氟冰箱技术改造项目，曾分别得到世界银行多次赠款。赠款属于资本公积金的一部分。

对项目资本公积金进行评估时，只评价资本溢价和赠款两部分，其他部分不必评估。因为投资估算只采用一个汇率，不存在资本汇率折算差额问题。至于法定资产重估增值，如果是新建企业，已由投资方按重估值作为出资的资本金，不再计入资本公积金；如果是技术改造和改扩建项目，通常只计算增量投入产生的增量效益，而原企业的资产重估值，应包含在老企业的资本公积金中，与增量部分无关。

（三）借入资金

借入资金包括长期借款、流动资金借款、其他短期借款。借款的来源有多种，一般分为国内借款和国外借款两大类。

1. 国内借款

国内借款是项目建设投资的主要来源,分为人民币借款及外汇借款。前者主要是各大商业银行的长期贷款、政府提供的财政贷款、发行债券、融资租赁等;后者指由国内各部门、机构掌握的外汇贷款,地方部门及企业外汇留成进行的相互融资,此外,中国银行、中国国际信托投资公司的外汇贷款等均属此范围。

国内借款比较常见,下面重点介绍使用外资的种类及来源。

2. 国外借款

改革开放至今,我国社会主义的市场经济体制已初步建立,投资环境不断完善,引进外资的方式多样化,在利用外资方面取得了举世瞩目的成就。利用外资的方式主要有以下几种。

1) 出口信贷

出口信贷是由出口国政府支持,以提供信贷为手段,鼓励本国商品、技术、劳务出口的一种信贷。这种方式动用政府财政支出对银行贴息并提供担保,促使本国银行对本国出口商、外国进口商、进口方银行提供一种利率较低的中长期贷款,从而增强本国产品在国际市场上的竞争力。

根据贷款对象的不同,出口信贷分为卖方信贷和买方信贷两种。

由卖方银行提供给本国出口商的中长期信贷称为卖方信贷,用以满足出口商资金周转的需要,是贸易上的一种付款方式。出口商从本国银行取得这种贷款后,以分期付款或赊销的手段将大型成套机器设备或产品卖给进口商(买方),然后根据协议由进口商分期偿还贷款。一般在签订合同后,买方要自行筹资支付10%～15%的定金,其余贷款在投产后一定期限内分批付清。出口商要把利息、保险费、承诺费、管理费等加在货价上,有的则在货价外另加,转嫁给买方负担,这种信贷方式不利于买方了解真实货价。

买方信贷分为由出口方银行提供中长期贷款给买方企业和买方银行两种形式。其目的是促使买方增强向出口国购买工业品的能力,这种信贷资金利率较低,有指定的用途,只能购买出口国的商品,买方不易觉察其贷款性质。

贷给买方企业的信贷由卖方银行直接贷给国外进口商,一旦合同签订,买方须支付15%的定金,其余贷款通过卖方银行按即期现汇付款的方式支付给卖方。此后,买方再按贷款协议分期偿还给卖方银行。故使用买方信贷时,买方不仅要与卖方签订贸易合同,还要与卖方银行签订贷款合同。

贷给银行的买方信贷,是由卖方银行贷给买方银行。由双方银行签订贷款协议,买方银行按期向卖方银行偿还贷款并支付利息、保险费、承诺费和管理费等,买方与卖方银行之间的债务按双方商定的办法偿还。

为了防止过分竞争带来的损失,很多国家还各自成立管理出口信贷的半官方机构,例如美国的进出口银行、日本的输出入银行、英国的出口信贷保险部、加拿大的出口发展公司等。它们进一步达成君子协定,由上述这些机构所代表的24国联合组成国际性的“经济合作与发展组织”(OECD),简称“经合组织”,会员之间互通声气,定期协商,以便修改协定的利率。经合组织对发达国家、中等发达国家和发展中国家有不同的利率规定,对包括我国在内的发展中国家,每半年调整利率一次,大约在7.5%,贷款期限一般为10年。

2）政府贷款

政府贷款又称国家贷款，指一国政府利用财政资金向另一国政府提供指定用途的优惠性贷款。这种属于援助性质贷款，而且通常为一定的政治外交关系服务，可分为赠送、无息和有息三种情况。政府贷款利率较低，一般为2%～3%，偿还期长（平均期限30年，最长达50年）。这种贷款一般用于借款国支付从贷款国进口的设备等资本货物，而且还须连带使用一定比例的贷款国出口信贷。这两种贷款作为一个整体，称为混合贷款。混合贷款中政府贷款比例可随国家和项目的不同而变化（一般在30%～40%）。政府贷款由两国政府签约，国家银行办理，国内企业不直接与外国银行打交道，只向国内银行结算。美国国务院设有"国际开发署"，日本经济企划厅设有"海协基金"，德国经济合作部设有"复兴信贷局"，都是政府设立主管贷款的机构。

日本为了改变战后在发展中国家留下的不好形象和名声，从20世纪60年代开始实行日本官方开发援助计划。于1961年3月设立海协基金，专门向发展中国家政府提供贷款或向参与发展中国家工程开发的日本企业贷款与投资，分别称为直接贷款、一般贷款。资金主要用于基础设施建设项目，年利率较低，在2.5%～3.5%，还款期限30年，含宽限期10年。2012年开始，日本在东南亚及其他地区一些国家大力推行金钱外交，其政府贷款有愈演愈烈之势。

3）国际金融机构贷款

国际金融机构是指为了达到共同目标，由数国联合经办的、在各国间从事金融活动的机构。国际金融机构通过一些分支机构对会员国进行借贷业务，这种贷款又称多边官方贷款。国际金融机构主要指联合国的四个国际性专门机构：国际货币基金组织（IMF），世界银行即国际复兴开发银行（IBRD），世界银行的附属机构国际开发协会（IDA）和国际金融公司（IFC）。此外，亚洲开发银行是另一独立的金融机构。

国际货币基金组织主要向成员国提供解决国际收支逆差问题的中、短期贷款，贷款期最长8年，利率6%～8%，利率随时间递增，借款的最高额与该会员国为联合国所缴会费有关。

世界银行提供的贷款又称为"硬贷款"，一般为项目贷款，通常只占项目投资的40%～50%，其余部分要借款人自己解决。贷款期限一般为15～20年（含5年宽限期），实行浮动利率制，每半年浮动一次，签订协议后按签约时的利率执行，不再变动，利率一般在7.7%左右。

国际开发协会是世界银行属下的一个提供优惠贷款的机构，专门向发展中国家提供长期贷款，专款专用，通常称为"软贷款"。条件十分优惠，贷款归还期最长达50年，宽限期10年，不计利息，仅收0.75%的手续费，要交付承诺费。贷款可用借款国货币偿还，但贷款额不高。我国人均国民生产总值符合获得软贷款的条件，但由于种种原因，实际拿到的是混合贷款，其中硬贷款约占60%，软贷款约占40%，一般工业项目得到的世界银行贷款都是硬贷款。

国际金融公司主要业务是对成员国的私营企业进行贷款和投资，贷款期限一般为7～15年，宽限期3年，利率一般略高于世界银行的贷款。

世界银行目前只对会员国中的发展中国家贷款，一般要求用于对具体建设项目的投资，而且本着风险共担的原则，只提供建设项目所需资金的一部分，贷款期限最长20年，宽限期5

年,利率一般为7%~8%,另收0.75%的承诺费。承诺费又叫承担费,贷出方按计划准备资金时,借方可能没有按计划使用资金,为防止借方不及时支用贷款而给贷方带来资金闲置的损失,故要求借方按未支用贷款的一定比例交付承诺费。承诺费每年支付一次,一般银行的年率为0.125%~0.25%,国际开发协会的年率为0.5%。

使用世界银行系统的贷款,要求进行严格的可行性研究及评估,并接受世界银行的监督。用贷款采购物资必须在世界银行会员国范围内招标。我国治黄史上最宏伟的工程——黄河小浪底工程利用世界银行贷款10.1亿美元,就是按世界银行要求,实行严格国际招标的典型范例。

我国是世界银行的发起国之一,1980年5月世界银行恢复了我国会员国资格。20多年来,我国已经多次得到并使用世界银行的贷款。1999年世界银行共批准了19个中国项目,为1982年以来批准项目最多的一年,贷款总额为20.97亿美元。自1982年以来世界银行向中国提供的累计贷款额已达324.52亿美元,贷款项目总数为218个。

亚洲开发银行是亚太地区区域性政府间的国际金融机构,旨在向该地区的发展中国家提供贷款和技术援助。我国于1986年正式成为亚洲开发银行成员国。

亚洲开发银行贷款可分为三种。一是普通贷款,通常称为“硬贷款”,贷款利率为浮动利率,每半年调整一次,在6.5%左右,贷款期限为10~30年(含2~7年宽限期),另外还需交0.75%的承诺费;二是亚洲开发基金提供的“软贷款”,只有人均国民收入低于一定数额、还贷能力有限的成员国才能申请,贷款期限40年(含10年宽限期),不收利息,仅收取1%的手续费;三是技术援助特别基金提供的赠款,用于技术援助,但数额有限。亚洲开发银行贷款程序与世界银行贷款程序一样,要求进行严格的项目评估,必须满足银行的财务效益和经济效益指标。我国经管和转贷亚洲开发银行贷款的部门是中国人民银行。申请计划首先要经地方和部门推荐,再经国家主管部委批准后才列入贷款计划。

4)商业信贷

世界上一些金融市场,由许多专门从事资本国际借贷业务的银行组成,统称为国际金融市场,最著名的是欧洲货币市场。商业信贷正是指这种在国际金融市场上筹集的自由外汇贷款,它显然是一种银行间的贷款。以这种方式获得的贷款不受投资方向、地点的限制,也没有与一定进口项目相联系的限制,所以又叫自由外汇。商业信贷利率较高,一般在13%~15%,按国际金融市场资金需求情况浮动,每半年或一年调整一次,货币不同,利率也不同。贷款期限分为短期、中期、长期三种:期限在1年以内的为短期贷款,金额一般在1亿美元以下,90天至半年的贷款利率定死;1~5年为中期贷款;5年以上为长期贷款,最长达20年。中长期贷款除了利率较高外,还要收取管理费、代理费、承诺费和杂费。政府贷款和国际金融组织贷款数量有限,不易争取,因此,在不得已时,商业贷款才成为各国利用国外间接投资的一种方式。我国过去用于支付宝钢22项成套设备进口所需资金,就是通过商业信贷获得的。

5)补偿贸易与合资经营

西方国家的银行、财团,尤其是一些跨国公司,为了给自己过剩的资金或生产能力找出路,针对发展中国家需要技术、缺乏资金的特点,在20世纪70年代左右,开拓了补偿贸易的方式。

补偿贸易是指国外厂商以向进口国提供设备、专利技术等作价的资金来贷款，此贷款用该建设项目的产品或进口国其他项目的产品补偿。这种方式实际上是出口信贷的变种，只是在偿还条件上作些变通。而所谓的“来料加工”，通常指主要设备大多是由委托者出资垫付，故其性质也是补偿贸易，只是用加工费（劳务）来偿还外商提供的设备价款。偿还结束之后，性质就转为合作生产，这时外商成为以技术为主的投资者。

补偿贸易的主要优点在于：突破现汇不足的障碍，扩大设备物资的进口；利用产品补偿的机会在国际市场上建立信誉，开拓产品出口的机会。这种方式的局限性是不容易引进比较尖端的技术设备，外商不一定接受某种返销产品作为补偿。

合资经营不同于贷款，外商用技术和设备的形式折合成资金入股，我方以土地、厂房、公用设施的方式折算成资金入股，用我国的劳动力和原材料，共同经营，按股分配利润，风险共担。这已成为改革开放以来引进外商投资的重要渠道。

6）国际租赁

利用租赁设备和设施以筹集企业所需的资产，是第二次世界大战后发展起来的业务。租赁是一种契约性协议，规定出租人在一定的时期内，根据一定的报酬条件，将资产交给承租人使用。其特点是将借钱与借物两者结合起来，实现了资产所有权与经营权的分离。通过租赁取得资产的使用权对企业有许多好处：可以将资产陈旧落后的风险转嫁给租赁资产公司；与购置资产相比，有较大的弹性；租赁资产可以采用逐项融资的办法，可以避免第三者对举债的限制以及节约成本等。

7）对外发行股票、债券

我国企业利用深圳、上海证券交易系统对外发行B股，已有二十多年的历史，并筹集了一定数量的资金。近二十年，我国内地一些大型国有及民营企业在香港地区、美国发行股票并成功上市交易，也是一种好的融资方式。

对外发行债券是目前国际上越来越流行的一种融资方式，债券一般期限长，利率低于商业信贷。1987年10月，国家财政部发行的政府主权债首开我国对外债券发行记录，成功地在欧洲发行了3亿马克债券，这是我国20世纪80年代唯一的一笔对外债权。进入90年代，政府主权债无论次数和数量都大为增加，并多次分别在欧美国家、日本顺利地发行全球债、武士债、扬基债、龙债等债券，如1998年12月经瑞士信贷第一波士顿/高顿承销10亿美元、利率7.3%、期限10年的全球债券。发行国际债券前期准备工作较复杂，对发行人条件要求较高，程序较繁琐，一般的投资者难以做到。除了以政府名义发行的主权债外，我国十大窗口公司，如中国银行、交通银行等从80年代初，就陆续涉足国际金融领域，在国际市场上步步为营，发行了大量各种类型的国际债券。这种性质的债称为窗口公司债。它不是主权债，发行成本高于主权债，但也不是公司债，相当于“政府加企业”的窗口公司模式，为过渡期的中国所独有的方式，是我国利用国际金融资本的一种创新。

二、资金成本

资金成本亦称资金价格，指项目为筹措资金实际付出的代价。从狭义的角度来说，企业运用资金，要支付使用费用。资金的利息或收益是资金的总成本，资金的利率或收益率是资金的单位成本。从广义的角度来说，项目使用资金所支付的费用包含资金占用费和资金筹集费。

资金占用费包括资金的时间价值及资金的风险报酬,资金筹集费指资金在筹集过程发生的担保费、发行费、手续费、注册费、承诺费等。在可行性研究及项目评估中涉及的资金成本通常为广义的资金成本。

资金成本一般用下面公式表达:

$$资金成本=\frac{资金占用费}{筹资总额-筹资费用}\times 100\%$$

资金成本是选择资金来源、拟订筹资方案的主要依据,也是筹资方案进行比较的基础指标。前面已提到项目的资金来源从性质上来说分为借入资金和自有资金(赠款可等同自有资金简单处理),不管资金来自何种渠道,资金的时间价值和风险报酬是必不可少的。因此,资金的成本就是这两种资金成本的加权平均值。如果预测项目投产后的收益率小于资金成本,那么这样的项目就应慎重考虑,或没有必要兴建。

(一)借入资金成本的计算

借入资金又称债务资金,其资金成本包括银行贷款成本、债券资金成本及租赁融资成本。这里主要介绍前两种情况。

1. 银行贷款成本

项目取得银行贷款的资金成本从理论上说等于贷款利息率,但在实际经营投资活动中,还要考虑企业纳税和贷款担保等因素。1992年11月30日,财政部颁发的《企业财务通则》第二章第十一条规定:"长期负债的应计利息支出,筹建期间的,计入开办费;生产经营期间的,计入财务费用;清算期间的,计入清算损益。其中,与购建固定资产或无形资产有关的,在资产尚未交付使用或者虽已交付使用但尚未办理竣工决算以前,计入购建资产的价值。"这就是建设期利息计入本金、资本化并参与折旧的依据。利息支出不论是计入开办费还是计入财务费用,都允许进入生产成本,抵减所得税。因此,借款资金成本就低于贷款利率,其表达公式为

$$C_b=(1-r)i \tag{7-7}$$

式中:C_b——贷款成本;

r——所得税税率;

i——贷款利率。

当要求具有担保人才能获得贷款时,企业必须向第三者支付一定比例的担保费。在计算贷款成本时,应考虑这一因素。若担保费率为d,则式(7-7)改写为

$$C_b=(1-r)(i+d) \tag{7-8}$$

$$d=\frac{F}{K_a n}\times 100\%$$

式中:F——担保费总额;

K_a——贷款总额;

n——担保年限。

例7-4 某企业为生产叶蝉散高效农药而向银行申请贷款,借贷资金为3 000万元,贷款偿还期为6年,贷款年利率为8%,担保方为农资公司,担保费总额为180万元,担保期限为6年。项目投产后缴纳所得税税率为15%,计算项目贷款的资金成本。

【解】 先计算担保费率 d，有

$$d = \frac{F}{K_a n} \times 100\% = \frac{180}{3\ 000 \times 6} \times 100\% = 1\%$$

再计算贷款资金成本，根据式(7-8)得

$$C_b = (1-r)(i+d) = (1-15\%) \times (8\% + 1\%) = 7.65\%$$

2. 债券资金成本

债券是一种确定请求权的有价证券，在发行时已明确地规定支付利息及偿还本金的期限与方式。通常分为两种情况：一种为到期一次还本付息的债券；另一种为每年支付利息、到期还本的债券。影响债券资金成本的因素有债券发行利率、发行费用、所得税率。

1）到期一次还本付息债券的成本

这种债券的成本主要是债券利率、付给承销人的发行手续费、广告费、债券印刷费等。所得税率是影响债券成本的重要因素，发行债券所付利息和费用可以计入成本，这等于减少了所得税纳税额。计算其资金成本的公式为

$$C_b = (1-r)\left(i + \frac{S}{K_b n}\right) \tag{7-9}$$

式中：S——债券发行费用；

K_b——债券资金总额；

其他符号含义同前。

2）每年支付利息、到期还本债券的成本

这种债券相当于复利的债券，计息期内其本利和为

$$F = P(1+i)^n$$

平均利率为

$$i' = \frac{(1+i)^n - 1}{n}$$

将 i' 置换式(7-9)中的 i，则资金成本公式为

$$C_b = (1-r)\left(i' + \frac{S}{K_b n}\right) \tag{7-10}$$

（二）自有资金成本的计算

自有资金的概念在资金来源中已提及，自有资金代表了企业资产的所有权，因此又称主权资金。在进行资金成本分析时，主要考虑优先股成本、普通股成本、内部积累资金成本这几部分。

1. 优先股成本

优先股是指公司在收益和剩余资产分配方面比普通股东具有优先权的股票。2014 年我国恢复了在上市的金融股份制公司发行优先股的政策。优先股的成本较简单，因为优先股具有固定的股息率和在规定的时间内获得股息的权利，也不必考虑所得税的影响。其成本是每年股息与发行股票净收入之比，可表示为

$$C_p = \frac{G_p}{K_o} \tag{7-11}$$

式中:C_p——优先股资金成本;

G_p——优先股股息(元/股);

K_o——发行优先股股票净收入(元/股)。

股票净收入指发行股票筹集资金时,扣除发行费、手续费、广告费等之后的纯收入。

2. 普通股成本

普通股属于不确定请求权的有价证券,其股息的分配具有不确定性及多变性,因此,普通股的成本确定较为复杂困难。但通过对股票预期收益的分析,将股票按收益的情况分成固定红利模型及红利增长模型,来确定普通股成本,是一种较好的方法。

1) 固定红利模型

在发达的证券市场,公司股票的价值由市场来确定。假定公司未来每年股息为 G_i,普通股市场价为 P_b,则普通股成本 C_p 为

$$C_p = \frac{G_i}{P_b} \tag{7-12}$$

C_p 的倒数称之为市盈率。

例 7-5 某股份公司将以发行普通股的方式筹集资金,每股发行价为 8.54 元,预期固定股利 0.39 元,估算普通股成本。

【解】 根据式(7-12)有

$$C_p = \frac{0.39}{8.54} \times 100\% = 4.57\%$$

其市盈率为 22 倍(0.045 7 的倒数)。

2) 红利增长模型

固定红利模型实际上是比较少见的,因为公司的利润不会以股息的形式分光,通常公司会将利润的一部分用于追加投资,使股票价格高于无增长因素的股票价格,这时,普通股成本可用下式表达:

$$C_p = \frac{H}{P_b} + g \tag{7-13}$$

式中:H——下一年股息红利预测数;

P_b——普通股现行市场价格;

g——股票预期增长率。

股息的增长与公司保留利润有直接关系。假设公司每股税后利润为 G,支付的股息为 H,则公司保留利润比率可表示为

$$l = \frac{G - H}{G}$$

公司每股税后利润不仅与保留利润$(G-H)$有关,还与股票每股净资产有关,净资产利润率 q 的表达式为

$$q = \frac{G}{J}$$

式中:q——净资产利润率;

G——公司每股的税后利润;

J——股票每股净资产。

显然，普通股股利的预期增长率就是公司股票净资产利润率与保留利润率的乘积。用公式表达为

$$g = lq$$

股利预期增长率 g 还可以表示为

$$g = \frac{G}{J} \cdot \frac{G-H}{G} = \frac{G-H}{J}$$

将上式代入式(7-13)，则有

$$C_p = \frac{H}{P_b} + \frac{G-H}{J} \tag{7-14}$$

式(7-14)为戈登公式。

例 7-6　某钢铁股份有限公司目前的盈利为每股 0.65 元，股票市场价格为7.6 元/股，每股股息为 0.31 元，股票的净资产为 4.5 元。公司计划在较长一段时期内将保留利润与总盈利的比值维持不变，计算公司普通股资金成本。

【解】　已知每股盈利 $G=0.65$ 元，市场价格 $P_b=7.6$ 元，每股净资产 $J=4.5$ 元，每股红利 $H=0.31$ 元，根据式(7-14)有

$$C_p = \frac{H}{P_b} + \frac{G-H}{J} = \frac{0.31}{7.6} + \frac{0.65-0.31}{4.5} = 0.1163$$

普通股资金成本为 0.116 3，即 11.63%。

3. 内部积累资金成本

根据我国企业会计核算的原则，内部积累资金通常包括法定盈余公积和未分配利润两部分。法定盈余公积一般按税后利润的 10%提取，用于转增资本，也用于投资；未分配利润指的是未分给投资者，或尚未指定用途的税后利润，这部分资金显然也属于所有者权益。内部积累资金用于投资时，存在着机会成本的问题，股份制企业的内部积累资金属于股东全体。所以，内部积累资金同样要计算其资金成本。

确定内部积累资金成本一般有三种方法，即普通股资金成本法、外部获利标准法、出售股票补偿股利测算法。这里主要介绍第二种情况。第一种情况较简单，通常按普通股成本法计算；第三种情况考虑了资本收益税，尚不适合我国情况，故不予讨论。

外部获利标准法指的是公司应将外部投资机会作为内部积累资金一种可利用的机会，同时把以前放弃的最好外部投资机会提供的盈利作为机会成本考虑。这样，外部获利标准公式可表达为

$$C_r = \frac{R}{K_w} \tag{7-15}$$

式中：C_r——内部积累资金成本；

R——用于外部投资可能的盈利，或放弃投资项目所失去的盈利，通常取最佳值；

K_w——投资于外部企业的资金总额。

例 7-7　某电器公司历年盈余资金 8 000 万元，该资金有若干项外部投资机会，其中以这笔资金投入微波炉项目的预期效益最好，每年可盈利 1 000 万元。但由于公司急需资金用于企业内部的技术改造，好项目也只能放弃。在这种情况下，计算企业内部积累资金的

成本。

【解】 根据题意,放弃1 000万元的盈利,即为盈余资金的机会成本,用式(7-15)计算其资金成本为

$$C_r=\frac{R}{K_w}=\frac{1\ 000}{8\ 000}=0.125=12.5\%$$

(三) 综合资金成本的计算

前面介绍了借入资金(债务资金)和自有资金(主权资金)成本的计算方法。但在投资项目的实施过程中,资金来源渠道很多,因此,计算项目的资金成本,实际上是计算所有资金的综合资金成本。其目的一方面是选择最优的组合资金结构模式,另一方面是便于选择较有利的投资方案。

综合资金成本有两种计算方法:一为加权平均资金成本法;另一方法为边际资金成本法。前者较简单,适合于项目评估运用;后者是计算投资者在原有投资之外追加一笔资金所需要支付的成本,较繁琐,不适合项目资金成本的评估。下面介绍加权平均资金成本法,分三步进行。

首先,求出各项投资资金来源的资金成本;

其次,确定项目长期投资资金总额或市场总价值,并计算出各项来源渠道的投资资金占项目长期投资总额的比率;

最后,将各种渠道的投资资金成本分别乘以其占长期投资的比率,再进行相加。

用公式表示为

$$C=\sum_{i=1}^{n}C_iW_i \tag{7-16}$$

式中:C——加权平均资金成本;

C_i——第 i 种来源渠道投资的资金成本;

W_i——第 i 种来源渠道投资资金占项目长期投资总额的比率。

在确定投资总额时,应使用现在的市场价格,C_i 是扣除了各项税费后的资金成本。下面以案例的方式进一步说明计算过程。

例7-8 某电器股份有限公司拟将目前的电冰箱生产线改造成无氟工艺生产线,需投入资金16 000万元,筹资渠道有以下5种情况:① 发行一次还本付息的3年期债券2 000万元,发行费用总计24万元,年利率6.5%;② 向银行申请贷款3 000万元,年贷款利率6.0%,担保费总额120万元,担保期限4年;③ 向机构、团体发行法人普通股股票2 000万股,每股发行价2元,预计每股红利0.16元,每年增长率为4%;④ 企业内部积累资金5 000万元;⑤ 接受国际某金融组织赠款折合人民币2 000万元(可相应减少企业向银行借款)。项目投产后所得税率为15%。计算项目的综合资金成本。

【解】 根据题目已知条件,第一步计算各渠道资金成本。

债券成本:

$$C_1=(6.5\%+\frac{24}{3\times 2\ 000}\times 100\%)(1-15\%)=5.87\%$$

贷款成本:

$$C_2=(6.0\%+\frac{120}{4\times 3\ 000}\times 100\%)(1-15\%)=5.95\%$$

股票成本：

$$C_3=\frac{0.16}{2.0}\times 100\%+4\%=12.00\%$$

企业内部积累资金成本采用普通股成本法计算，其成本为

$$C_4=12.00\%$$

接受捐赠现金成本按债务成本法考虑，为银行贷款的资金成本(依据题意)，即

$$C_5=5.95\%$$

第二步计算各项资金占项目长期投资总额的比率 W_i。已知各项资金额 K_i，投资总额 $K=16\ 000$ 万元，则

$$W_1=12.50\%$$
$$W_2=18.75\%$$
$$W_3=25.00\%$$
$$W_4=31.25\%$$
$$W_5=12.50\%$$

第三步，运用式(7-16)，求得项目加权平均成本为

$$\begin{aligned}C&=\sum_{i=1}^{5}C_iW_i\\&=5.87\%\times 12.5\%+5.95\%\times 18.75\%+12\%\times 25\%\\&\quad+12\%\times 31.25\%+5.95\%\times 12.5\%\\&=9.34\%\end{aligned}$$

三、资金规划

资金规划主要是指资金的运筹，即如何安排和运用资金，使经济活动得到最大的利益。资金来源是资金规划的重要前提，要求对不同来源的资金在运用中采取不同的策略。资金规划是在可行性研究中分步骤做了大量测算工作后的集中统筹，也是财务分析和评价的基础。

建设期投资进行资金规划，主要是针对投资计划而言，应该结合项目实施进度计划来编制资金使用计划表，目的是在保证完成项目实施任务前提下更合理有效地利用资金。因此，必须把资金的使用和筹资计划结合起来，使其一致，并使得资金的使用计划能满足项目实施进度要求。然后将结果以报表的方式给出，具体内容及形式在基本案例五中给予阐述。

● 基本案例五：

项目自有资金包括内部积累资金 7 316 万元，发行股票 5 000 万元，赠款 2 000 万元。借款及利息见基本案例二和相应的计算。投资情况见表 7-2。流动资金见表 7-3，其中 30% 自筹，70% 银行贷给。根据以上条件做出的投资计划与资金规划如表 7-4 所示。

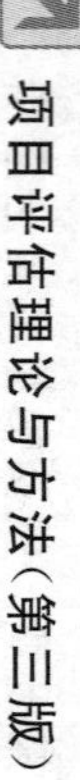

表 7-4 投资计划与资金规划表

单位:万元(人民币),万美元(外币)

序号	项目 \ 年份	建设期												投产期						合计
		1				2				3				4		5		6		
		外币	折人民币	人民币	小计	外币	折人民币	人民币	小计	外币	折人民币	人民币	小计	人民币	小计	人民币	小计	人民币	小计	
1	总投资	550	3 436	5 799	9 235	1 557	9 732	16 148	25 880	861	5 380	8 018	13 398	4 939	4 939	617	617	618	618	54 687
1.1	固定资产投资	528	3 300	5 273	8 573	1 452	9 075	14 500	23 575	660	4 125	6 591	10 716							42 864
1.2	投资方向调节税			429	429			1 179	1 179			536	536							2 144
1.3	建设期利息	22	136	97	233	105	657	469	1 126	201	1 255	891	2 146							3 505
1.4	流动资金													4 939	4 939	617	617	618	618	6 174
2	资金筹措	550	3 436	5 798	9 234	1 557	9 732	16 149	25 881	861	5 380	8 017	13 397	4 939	4 939	617	617	618	618	54 686
2.1	自有资金			3 001	3 001			8 255	8 255			3 751	3 751	1 852	1 852					16 859
2.1.1	发行股票			1 000	1 000			2 750	2 750			1 941	1 941							5 691
2.1.2	内部积累资金			1 601	1 601			4 405	4 405			1 310	1 310							7 316
2.1.3	赠款			400	400			1 100	1 100			500	500							2 000
2.1.4	自筹流动资金													1 852	1 852					1 852
2.2	借款(包括利息)	550	3 436	2 797	6 233	1 557	9 732	7 894	17 626	861	5 380	4 266	9 646	3 087	3 087	617	617	618	618	37 827
2.2.1	银行借款	550	3 436	975	4 411	1 557	9 732	2 747	12 479	861	5 380	1 461	6 841							23 731
2.2.2	发行债券			1 066	1 066			3 012	3 012			1 646	1 646							5 724
2.2.3	企业集资			756	756			2 135	2 135			1 159	1 159							4 050
2.2.4	流动资金借款													3 087	3 087	617	617	618	618	4 322
2.2.5	其他短期借款																			
2.3	其他																			

练习题

1. 简述投资项目的分类，解释新建项目、扩建项目、改建项目及与更新改造项目的区别。

2. 了解总投资包括的内容。固定资产投资与固定资产有何区别？

3. 什么是工程建设的其他费用及预备费用？简述它们的内涵。

4. 项目建设期延长，将导致建设期利息增加，这对项目有哪些基本影响？

5. 什么叫概算指标估算法？简述它与概算定额法的区别。

6. 解释流动资金，叙述流动资金分项详细估算法的思路。其中，应收账款$=\dfrac{\text{年经营成本}}{\text{周转次数}}$，产成品$=\dfrac{\text{年经营成本}}{\text{周转次数}}$，那么，应收账款＝产成品，是否正确？如不正确，分析其原因。

7. 资金筹措方案对项目经济效益产生哪些影响？什么叫资本溢价？

8. 什么叫出口信贷、补偿贸易？合作生产与合资经营有什么区别？

9. 描述资金成本的概念，解释资金占用费和筹资费用。

10. 已知3年前建成的离子膜烧碱装置年生产能力为5万吨，界区内固定资产投资为30 000万元，拟建生产能力为10万吨的同类装置，主要是通过增加设备尺寸达到设计规模，n取0.45，物价调整系数为3%，试用规模指数法估算拟建项目的工程投资。

11. 某项目已竣工，拟估算流动资金。预计第1年达到设计能力的75%，第2年达到设计能力的85%，第3年达到设计能力。定员500人，人均年工资及附加1.8万元。达产时全年外购原材料为20 000万元，周转次数8次；外购燃料5 200万元，周转次数6次；动力费3 500万元，在产品、产成品周转次数分别为15、12次。其他存货500万元，年其他制造费用580万元，年修理费、其他费用分别为1 000万元、1 200万元，应收账款、现金，应付账款周转次数分别为8、8、9次，项目生产期8年。根据以上条件，计算流动资金并编制流动资金估算表。

12. 某项目借款35 000万元。借款中外汇2 904万美元，汇率1美元＝6.25元人民币，每季计息一次，季利率为1.8%。其余为人民币借款，有3种来源，银行贷款占40%，发行债券占25%，其余为集资款，年利率分别为5.5%、6.0%、6.5%。所有资金不分来源等比例使用，第1～3年借款分别为贷款总额的30%、45%、25%。计算建设期利息。

13. 某在建项目投资限额为6 000万元(即借款加利息)，第三年末建成。用款计划是：第一年1 500万元，第二年2 000万元，第三年1 600万元。各年借款都均匀使用。计算项目所能承受的最大年利率。(建议采用式(7-5)计算)

14. 某公司为发展生产向社会发行债券，额度为5 000万元，偿还期为5年，年利率为8%。担保方为企业的母公司，担保费总额为125万元，担保期限为5年。项目投产后缴纳所得税税率为33%。评价项目贷款的资金成本。

第八章　投资项目财务评价

第一节　财务评价与基本要素

一、财务评价概述

所谓财务评价，是指从项目或企业角度考察货币在系统边界的流入及流出情况，以对项目的效益、费用进行综合评价。财务评价是一种狭义的经济评价，所采用的价格、成本、折现率等指标没有真实反映资源的经济性，所涉及的税费、补贴也未给资源带来丝毫增减，因此有一定的局限性。但财务评价却能对企业或项目的盈利性给出评价，能为企业做出决策提供依据。

二、项目基本要素

进行财务评价需从项目基本要素开始，明确项目投资、成本、销售收入、税金、利润及还贷期等。这些经济量是进行财务评价的基础数据，也是决定项目评估质量的关键。下面将对主要基本要素分别介绍，与之相关的一些辅助概念如项目寿命期、达产能力、折旧、摊销等也一并阐述。

三、财务评价程序

投资项目财务分析是在项目市场分析和项目建设条件分析之后进行的，通过利用相关的基础数据编制财务报表，计算财务分析的各项指标，得出评估结论。其具体程序包括以下几个步骤：

(1) 基础数据准备——由市场人员、概算预算人员提供参数；

(2) 编制财务基本报表——由财务会计人员编制，辅之以技术分析；

(3) 计算与分析项目的基本指标——基本指标分类见第九章图 9-1；

(4) 进行不确定性分析——包括静态与动态方面分析(详见第十一章)；

(5) 得出财务分析结论。

财务分析的具体程序由图 8-1 表示。

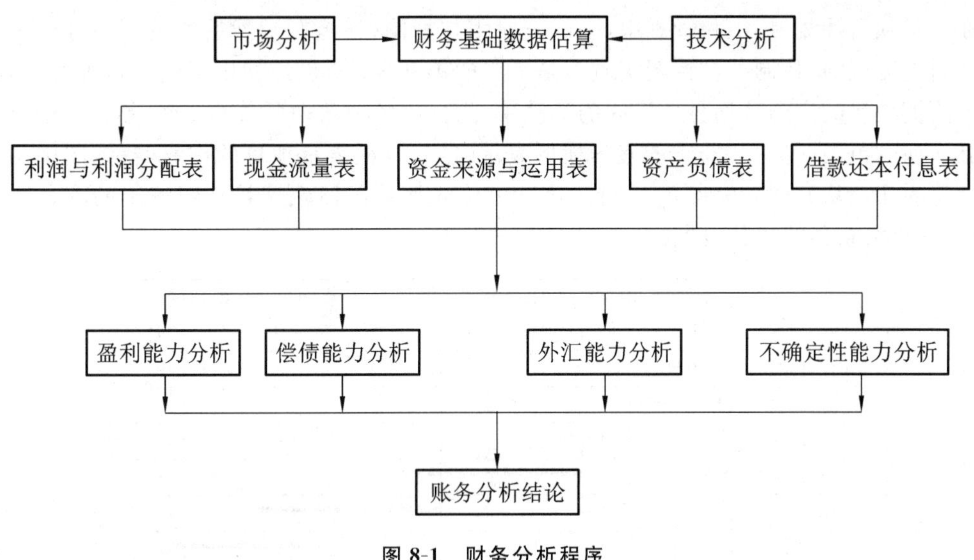

图 8-1　财务分析程序

第二节　项目寿命期与达产能力的评估

一、项目寿命期的评估

投资项目的寿命期又称项目计算期。所谓寿命期，是指项目从建设开始，直至项目不能再运行为止的经济活动期。如何确定项目的寿命期，《建设项目经济评价方法与参数》虽未做具体规定，但根据项目的特点，按照科学合理的原则，在评估时仍可以把握住项目的寿命期。

项目寿命期包括两部分，一部分为项目的建设期，另一部分为项目的生产服务期。

1. 项目建设期的确定

项目的建设期是指项目建设过程所耗用的时间。有些学者认为项目的建设期应为从设计开始到项目建成投产交付使用为止的这段时间；有人则认为应从正式破土动工开始算起。两者之间的区别在于是否包括设计期。由于大型项目的设计周期往往较长，而这期间投资活动尚未完全铺开，资金的耗用并不太高，如果将设计期计入建设期，将使建设期显得太长。但另一方面，由于项目设计任务书已下达，招投标、施工、采购等活动即将开展，谈判和签约也在进行，实质的设计工作已经展开，在确定项目的建设期时不得不考虑设计周期的影响。因此，综合上述两种看法，项目的建设期从设计阶段的施工图设计后期开始计算较合适，因这时资金的耗用已经开始。

项目建设期显著的特点是只有资源投入，没有产出。较短的建设期既可以减少投资的占用和消耗，节省人力、物力，又能为社会早日创造财富。建设期的长短不但与项目的性质、规模、资金和物质供应、施工力量有关，还与建设工作的组织管理水平有很大的关系。

确定项目的建设期，应当以投资项目计划为依据。项目计划的任务是研究每项工序之间相互联系、相互制约的逻辑关系，达到项目资源消耗最少、工期最优的目标。对于简单的投资项目，可以凭经验进行组织，确定建设期；对于大型投资项目，由于涉及部门多、设备繁杂、分工精细、生产过程和协作关系复杂，凭经验安排不可能保证项目计划的顺利实施。

在工程项目计划、组织和管理中,一般先使用甘特图(横道图),然后通过网络分析来进行项目计划进度规划、控制。甘特图实质上是工程的进度表,20世纪初由美国工程师甘特提出,这个方法把项目的实施计划分成不同的活动单元,标出每项活动所需的时间,然后用横线条来表示其活动的范围(见图8-2)。图表的横栏表示时间,纵栏表示项目的作业名称,图中的粗实线表示每项作业从开始到完工的时间。建设单位或评估部门根据甘特图编制的项目建设计划,经过网络分析估算出建设期。

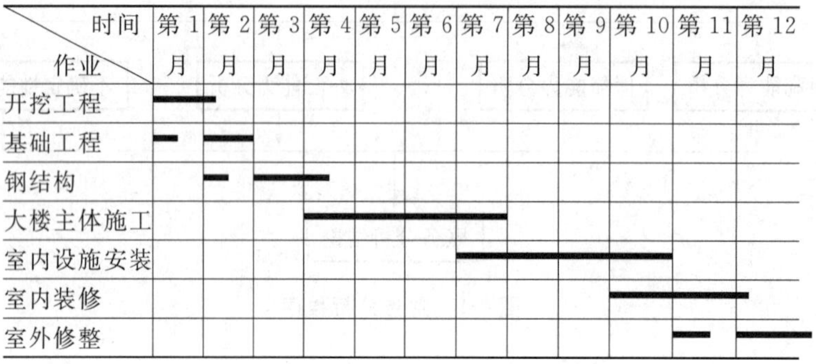

时间 作业	第1月	第2月	第3月	第4月	第5月	第6月	第7月	第8月	第9月	第10月	第11月	第12月
开挖工程												
基础工程												
钢结构												
大楼主体施工												
室内设施安装												
室内装修												
室外修整												

图8-2 某建筑工程项目进度甘特图

2. 项目生产服务期的确定

项目评估中,需确定投产后基本数据测算到哪一年,这就存在确定项目生产服务期的问题。项目的生产服务期并不是指项目将来实际存在的时间,也不是项目的技术寿命,而是从技术经济评价的要求出发所假定的一个期限,是指项目从建成投产到主要固定资产综合寿命完结为止所经历的时间。生产服务期的影响因素有科学技术进步的程度、产品的性质、设备的性能、国民经济发展的情况等。

机器设备的使用寿命一般十来年,甚至更短。在计算项目整体经济效益时,没有必要考虑太长的时间,一般不宜超过20年。因为按折现法计算,20年后的收益金额折算为现值为数甚微,对评估结论不会产生关键性的影响;另一方面,在项目寿命期内,随时可能出现新技术、新设备,使得原来的技术、设备被淘汰;此外,由于经济环境的变化,随着生产期的推移,不确定性因素的影响加剧,使得遥远未来的事情难以预料。因此,将项目经济寿命期定在20年之内,是现实而合理的考虑。

生产服务期包括投产期和达产期,以下对确定项目生产服务期的原则给予阐述。

(1) 以项目的主要生产装置的综合折旧年限作为确定生产服务期的依据。大多数项目的折旧年限在10～15年。对于某些水利、交通等服务年限很长的特殊项目,因折旧年限较长,而投入运行后可变因素又较少,经营期的年限可适当延长,这对动态经济指标并无多大的影响。

(2) 在确定主要装置综合折旧年限时,应着重考虑该固定资产使用时的综合寿命。综合寿命是以经济寿命为主,适当参考其技术寿命和自然寿命得出的。技术寿命是指固定资产(或机器设备)从开始使用到由于技术落后而被淘汰所经历的时间,它是由无形磨损决定的;自然寿命是指固定资产从开始使用到损坏报废为止所经历的时间,它主要取决于有形磨损;经济寿命是指固定资产从开始使用到因经济上不合算而被淘汰所经历的时间。

(3) 生产服务期还可根据产品的生命周期确定。对那些短平快的产品,如某些用实用新型小专利生产的产品,可能是昙花一现,往往更新换代很快,机器设备还很新,产品就没有市场

了，项目具有较大的风险性。因此，在这种情况下确定项目的生产服务期就只能根据市场预测情况来定，而不能依据生产装置的折旧年限。

以上三条原则中，较重要的是前两条。

二、项目达产能力的评估

评估投资项目的达产能力，实际上要求解决两个方面的问题：一是哪一年达到设计能力？二是达到设计能力前，各年的生产负荷（达产率）为多少？

1. 对达产年份数的评估

所谓达产年份数，是指项目从投产到产品生产能力达到设计能力所经历的时间。通常，项目投产后总有一个试生产及适应过程，在这个阶段，产品的单位成本高于达产时的单位成本，其原因是单位固定成本较高，直接后果是使项目的盈利能力下降。如果项目投产后迟迟不能达产，说明存在的问题较严重。如果对项目的生产性质、技术特点、市场销售情况、内外部环境不熟悉，评估工作将出现偏差，可能导致投资决策的失误。

确定项目的达产年份数应该考虑下面一些原则：

(1) 若产品对市场十分敏感，尤其是新产品，需要逐步打开销售市场，要达到预期的设计能力时间往往较长，评估项目的达产年份数应结合市场预测进行；

(2) 对于传统产品及采用成熟技术的项目，市场情况及技术水平较清楚，投产后故障少，可以较快达产，一般投产第二年可达到设计能力；

(3) 对那些开发型或高科技项目，运用新工艺、新设备生产的产品，投产后出现意外情况较多，达产年份数应定得稍长些；

(4) 企业自身条件的状况对达产年份数的影响较明显，如技术力量、管理水平、工人操作能力、机器设备装备水平等因素均对项目的达产年份数有直接影响。

2. 达产率的评估

项目的达产率指产品的年生产量与设计产量之比。在达产年份之前，达产率小于100%，随后达产率逐年提高，直至达到100%。确定各年达产率主要参考下述四条原则：

(1) 对市场十分敏感的新产品，竞争激烈，销售市场变幻莫测，投产后的达产率应作保守的估算，一般可从50%开始，也可根据项目的具体情况定；

(2) 对于技术成熟的项目，产出物为传统产品，可以较快达产，一般投产年可达到90%或更高的达产率，第二年达到100%；

(3) 对那些开发型项目或高科技项目，运用新工艺、新设备生产的产品，投产后达产率较低，一般从50%～60%开始，若干年后才达到100%；

(4) 企业自身条件的状况决定投产后的达产率，这方面情况较复杂，应根据具体情况确定。

第三节　产品成本费用的评估

对项目产品成本进行评估，应先了解折旧与摊销。

一、折旧与摊销费的评估

(一) 固定资产的折旧

固定资产在使用过程中,其价值会随着使用时间的延续而逐渐转移到产品中,并且等于其损耗的部分,这部分损耗额称为固定资产折旧。折旧是生产成本的组成部分,无论生产量的多少,均按一定数额提取,在产品的销售收入中回收,回收的这部分资金称之为固定资产折旧基金。

折旧作为对固定资产本金的逐年回收,到项目寿命终结回收残值时,投资者对项目投入的全部资金又全部返本归原了,故折旧在经济分析中无疑是作为收入对待的。

从工厂管理的角度看,折旧很像是支出,如同原材料价值一样,在生产过程中是支出,在流通过程中是收入。所不同的是,商品生产循环中的原材料价值,既因为购进而支出,又因为销售而收入,而折旧则只在销售中收入,没有因重新购进而支出。所以,在经济分析中就不能列为支出,折旧作为收入却又不同于利润,它是不纳税的所得。

(二) 折旧费的计算

计算固定资产折旧一般采用直线法(SL 法),该方法分为平均年限法和工作量法。此外,还有双倍余额递减法(DDB 法)、年数总和法(SOYD 法)、余额递减法(DB 法)等 10 余种,在实际工作中我国广泛使用的是直线折旧法。折旧方法一旦确定,不得随意更改。

1. 直线折旧法

1) 平均年限法

折旧计算公式为

$$年折旧额=固定资产原值\times\frac{1-预计净残值率}{折旧年限} \tag{8-1}$$

折旧年限的倒数为折旧率。合理地制定折旧率,不仅是正确计算成本的依据,而且可促进设备制造技术发展、生产技术进步、设备更新。净残值率按固定资产原值的 3%～5%考虑,中外合资企业按 10%估算。

例 8-1 某石油化工公司大型聚合反应釜固定资产原值 1 000 万元,净残值率 4%,折旧年限 8 年,计算年折旧额。

【解】 将已知条件代入式(8-1)有

$$年折旧额=1\ 000\times\frac{1-4\%}{8}万元=120\ 万元$$

2) 工作量法

某些昂贵的装置(如核反应堆)或更新换代快的机器设备,其使用寿命不长,可采用工作量法计算折旧。计算公式为

$$每工作小时折旧额=固定资产原值\times\frac{1-预计净残值率}{总工作小时} \tag{8-2}$$

2. 双倍余额递减法

有些企业经财政部门批准,其机器设备的折旧可采用双倍余额递减法或年数总和法。

双倍余额递减法分两段计算，前一段：

$$年折旧额=固定资产净值\times\frac{2}{折旧年限} \tag{8-3}$$

后一段应当在固定资产折旧年限到期的前两年内，将固定资产扣除预计净残值后的净额平均分摊。

例 8-2　承例 8-1，采用双倍余额递减法计算年折旧额。

【解】　第 1 年折旧额$=1\ 000\times\frac{2}{8}$万元=250 万元，这时年末净值为

$$(1\ 000-250)万元=750 万元$$

第 2 年折旧额$=750\times\frac{2}{8}$万元=187.50 万元，这时年末净值为

$$(750-187.5)万元=562.5 万元$$

同理，可分别求得第 3～6 年的折旧额为 140.63 万元、105.47 万元、79.10 万元、59.33 万元，第 6 年末净值为 177.98 万元，以此为依据计算第二段(最后两年)的折旧额：

$$折旧额=(177.98-1\ 000\times4\%)\div2 万元=68.99 万元$$

即第 7、8 年的折旧额均为 68.99 万元。

3. 年数总和法

年数总和法的折旧计算公式为

$$年折旧率=\frac{折旧年限-已使用年数+1}{折旧年限\times(折旧年限+1)\div2}\times100\% \tag{8-4}$$

$$年折旧额=(固定资产原值-预计净残值)\times年折旧率$$

例 8-3　承例 8-2，采用年数总和法计算年折旧额。

【解】　第 1 年折旧率$=\frac{8-1+1}{8\times(8+1)\div2}\times100\%=22.22\%$

同样，依次求得其后各年的折旧率为 19.44%、16.67%、13.89%……则第 1 年及以后各年的折旧额分别为 213.33 万元、186.66 万元、160 万元、133.33 万元……折旧额呈等差级数递减。

固定资产折旧可分类计算，也可综合计算。当项目内各类固定资产折旧年限差距较大时，应采用分类折旧；反之，用综合折旧计算较合适。

附带提到维简费，其性质与折旧费相似。主要用于采矿业和林业中，其固定资产的价值随着已完成的采掘、采伐量增加而减少。对这类资产不提取折旧，而是按照生产产品的数量计提维持简单再生产费，简称维简费。具体计提方法按国家有关规定执行。

(三) 摊销费的评估

计算摊销费的基数是无形资产和其他资产，后者以往称递延资产。无形资产按规定期限分期摊销，没有规定期限的，按不少于 10 年分期摊销；递延资产中的开办费按照不短于 5 年的期限分期摊销。下面继续根据基本案例的情况进行分析。

● 基本案例六：

主要条件与表 7-2 同，根据有关规定，参与折旧的固定资产原值除了工程费用外，还包括

建设期利息及预备费用合计 8 369 万元。本案例总投资共计42 869 万元,按比例分摊后主要生产装置原值为 31 065 万元,公用工程原值为5 343 万元,其他固定资产原值为 6 461 万元,净残值率 5%,工程建设其他费用3 500 万元,投产后分年摊销。固定资产投资方向调节税2 143万元,假设不分摊,期末回收。折旧年限、摊销年限见表 8-1(不另列)。折旧和摊销费的估算过程见表 8-1、表 8-2。

说明:各分项固定资产原值=各分项固定资产+预备费(8 369 万元)×各分项分摊比例。

表 8-1　固定资产折旧估算表　　　　单位:万元

序号	项目	折旧年限	投产期		达到设计能力生产期						
			4	5	6	7	8	9	10	11	12
	固定资产合计		34 500								
	原值		42 869								
	折旧费		4 111	4 111	4 111	4 111	4 111	4 111	4 111	4 111	4 111
	净值		38 758	34 647	30 536	26 425	22 314	18 203	14 092	9 981	5 870
	净值①		40 900	36 790	32 679	28 568	24 457	20 346	16 235	12 124	8 013
1	主要生产装置	9	25 000								
	原值		31 065								
	折旧费		3 279	3 279	3 279	3 279	3 279	3 279	3 279	3 279	3 279
	净值		27 786	24 507	21 228	17 949	14 670	11 391	8 112	4 833	1 554
2	公用工程	12	4 300								
	原值		5 343								
	折旧费		423	423	423	423	423	423	423	423	423
	净值		4 920	4 497	4 074	3 651	3 228	2 805	2 382	1 959	1 536
3	其他固定资产	15	5 200								
	原值		6 461								
	折旧费		409	409	409	409	409	409	409	409	409
	净值		6 052	5 643	5 234	4 825	4 416	4 007	3 598	3 189	2 780

表 8-2　无形资产和其他资产摊销表　　　　单位:万元

序号	项　　目	摊销年限	原值	投产期		达到设计能力生产期							
				4	5	6	7	8	9	10	11	12	13
1	无形资产小计		2 260										

① 添加的这一栏只是本案例的一种假设,即以自有资金缴纳投资方向调节税,政策允许退还,因今后有逐步取消固定资产投资方向调节税的倾向。也可按原方法执行。

续表

序号	项　　目	摊销年限	原值	投产期		达到设计能力生产期							
				4	5	6	7	8	9	10	11	12	13
1.1	土地使用权	10	1 000										
	摊销			100	100	100	100	100	100	100	100	100	100
	净值			900	800	700	600	500	400	300	200	100	0
1.2	专有技术等	8	720										
	摊销			90	90	90	90	90	90	90	90		
	净值			630	540	450	360	270	180	90	0		
1.3	其他无形资产	6	540										
	摊销			90	90	90	90	90	90				
	净值			450	360	270	180	90	0				
2	开办费等其他资产	5	1 240										
	摊销			248	248	248	248	248					
	净值			992	794	496	248	0					
3	无形及其他资产合计		3 500										
	摊销			528	528	528	528	528	280	190	190	100	100
	净值			2 972	2 444	1 916	1 388	860	580	390	290	100	0

二、单位成本的评估

单位成本是生产成本的表现形式之一，是企业生产经营活动的综合性参考指标，反映了同类企业产品所达到的费用水平，适用于企业产品之间横向比较及纵向比较。单位成本还是制定产品价格的依据。在可行性研究中，单位成本只是参考指标之一，不作为技术经济分析的评价指标。

单位成本的估算采用制造成本法，只要求估算正常年份生产成本。产品生产成本包括各项直接支出（直接原材料及燃料动力费、直接工资和其他直接支出）及制造费用。其中制造费用是指为组织和管理生产所发生的各项费用，包括生产该产品的车间或分厂管理人员工资、职工福利费、房屋建筑物及机器设备的折旧费、修理维护费及其他制造费用（主要为办公费、差旅费、劳动保护费、低值易耗品费、取暖费、运输费、设计制图费、试验检验费等）。

这样，单位成本可表示为

$$单位成本=\frac{某产品生产成本}{某产品数量}$$

有些项目可能生产若干种产品，必要时还应估算几种产品的单位成本。下面以基本案例作参考,给出项目单位成本估算的报表格式及估算结果。

● 基本案例七:

项目生产某高分子化合物,年产量 5 万吨,制造费用按主要生产装置原值的 18%估算,直接生产工人 250 人,每吨产品回收副产品 0.1 吨,单价 2 430 元/吨,直接材料消耗定额及单价附于表 8-3 中,其他数据参见前述有关基本案例及计算结果。估算产品的单位成本。

表 8-3　单位产品生产成本估算　　单位:元

序号	项目名称	规格	单位	消耗定额	单价	金额
1	原材料					
1.1	原材料 A	98%	吨	0.65	3 700	2 405
1.2	原材料 B	工业级	吨	0.54	1 700	918
1.3	原材料 C	化学纯	千克	11	20	220
	小计					3 543
2	燃料及动力					
2.1	煤	19 千焦/克	吨	0.45	240	108
2.2	重油	250#	吨	0.08	1 650	132
2.3	动力电	380 伏	千瓦时	1 130	0.45	509
2.4	一次水	25℃	吨	150	0.34	51
	小计					800
3	工资及福利费					75
4	制造费用					1 118
5	副产品回收			0.10	2 430	243
6	生产成本①					5 293

$$\text{制造费用}=\frac{\text{主要生产装置原值}\times 18\%}{\text{年产量}}=\frac{31\ 065\times 10\ 000\times 18\%}{50\ 000}\text{元/吨}$$

$$=1\ 118\ \text{元/吨}$$

$$\text{工资及福利费}=\frac{250\times 15\ 000}{50\ 000}\text{元/吨}=75\ \text{元/吨}$$

三、总成本评估

总成本估算是项目评估中运用基本数据较多、难度较大的一个环节。

① 表中序号 6 的大小为序号 1+序号 2+序号 3+序号 4-序号 5 项的数值。

1. 总成本的概念

总成本是指项目在一定时期内(一般为一年)为生产和销售产品而耗费的全部成本及费用。它综合反映企业的技术水平和工艺完善程度、固定资产及流动资金的利用状况、生产组织的完善程度、劳动生产率水平、物资供应条件、产品销售条件等等。

项目评估分析中使用的成本概念与企业财务会计中使用的成本概念有所区别。前者是对拟建项目未来将要发生费用的预测和估算,各种影响因素是不确定的,不同条件将导致不同的成本数据;后者是一种事后记载,是对生产经营活动中实际发生费用的记录,各种影响因素的作用是明确的,数据是唯一的。

2. 总成本的构成及估算方法

根据费用计算分类方法的不同,总成本可以从产品成本项目与生产费用要素两个方面来考查并进行估算。

1) 产品成本项目法

成本项目法是指对产品成本构成内容作分类,按产品成本各种费用的经济用途及核算层次进行成本估算的方法。所谓按经济用途划分,指产品消耗在每一个核算层次上的费用,例如原材料、燃料和动力、工资及附加费、废品损失、车间经费、企业管理费(包括流动资金利息)、销售费用等各个层次都要划分清楚。按产品成本项目估算成本便于分析各生产经营环节的运行状态,考核成本,分析研究降低成本的途径,提高企业管理水平。但这种分析方法没有考虑费用要素,没有区分物化劳动与活劳动,各项费用要素的分配核算不严谨,不便于流动资金的核算。

2) 生产费用要素法

生产费用要素法是指对生产过程中的各种费用按经济性质和表现形态进行成本估算的方法。所谓按经济性质划分,是对产品成本各费用的表现形态按照物化劳动与活劳动进行估算。这便于了解这两类支出的比重,了解各生产要素的消耗水平,是编制计划、制定流动资金定额的依据。在可行性研究和项目评估中通常使用这种方法来估算成本。

总成本费用由生产成本(制造成本)、管理费用、财务费用、销售费用四项费用构成。按照生产费用要素法,将上述四项费用分解,使总成本由八种费用要素构成。下面介绍四项费用,同时穿插阐述八种费用要素。

(1) 生产成本包括直接成本和间接成本。从前面介绍知道,直接成本中的外购原材料费、外购燃料及动力费分别等于单位产品消耗费用乘以产品产量;工资及福利费与其他间接费用中的工资及福利费归并,以项目职工总人数乘以人均年工资及福利费表示,构成八要素之一,其中福利费按工资的14%左右估算。

间接成本被分解成修理费、折旧费、摊销费、其他费用四项要素,从管理费、销售费的相应费用中分解归并后得到。这种方法称为制造成本法,其优点表现在以下四个方面。

① 便于简化成本核算。因为该方法不将企业管理费在生产成本中进行分配,而直接计入当期要素损益,简化了成本核算。

② 便于提高计算成本的准确性。在成本项目法中,因管理费用和财务费用与产品的贡献大小无直接关系,分配上无法保证其分配标准的合理性;而在制造成本法中各要素已被分解,

不存在分配费用不合理现象,故其准确性得以提高。

③ 便于考核企业生产单位的成本责任。从前面的介绍已知道,生产成本类似于以前的车间成本,它与产量的商称为单位成本,该方法较合理地反映了生产成本及单位成本的概念。

④ 便于成本预测和决策。制造成本法只计算到生产成本为止,不考虑管理费用和财务费用的影响,使产品成本的构成建立在直接与产量变动相关的料、工、费基础上,方便了成本的预测和决策。

(2) 管理费用在总成本表中不单列,被分解成各种要素。管理费用是企业行政管理部门为管理和组织经营活动发生的各项费用,包括管理人员的工资和福利费、修理费、非生产性固定资产投资的折旧费、无形及递延资产摊销费和其他费用。其他费用是指在四项费用中扣除直接费用、工资及福利费、折旧费(或维简费)、修理费、摊销费、利息支出后的费用,具体包括办公费、差旅费、劳动保护费、业务招待费、职工教育费、工会宣传费用、待业保险费、医疗统筹基金、退休统筹基金、广告费、财产保险费、房产税、土地使用税等数十项。按以上各项内容逐项估算出其他费用是困难的,通常的做法是根据项目的性质采用扩大指标方法进行估算。另一种可供参考的方法是:按项目的性质将其划分为资金密集型、劳动密集型或技术密集型,然后依据项目属性分别按固定资产投资、工资、销售收入的百分比来估算。修理费一般与折旧费有关,可根据项目的性质取折旧费的合适百分比估算。

(3) 财务费用是指为筹集资金而发生的各项费用,主要为生产经营期间发生的利息净支出(包括流动资金利息及长期投资借款利息)及其他财务费用(包括汇兑净损失等)。财务费用的计算较复杂,与还贷方式、利率、汇率变动等因素有关。如果按最大还款能力偿还借款,财务费用将逐年计算,需结合损益表和借款还本付息计算表一起进行;如果按等额偿还法计算财务费用,则相对容易些。

(4) 销售费用是指为销售产品和提供劳务而发生的各项费用,包括销售部门人员工资、职工福利费、折旧费、修理费及其他销售费用(广告费、办公费、差旅费、展览费等),在总成本表中也不单列。

制造费用、管理费用、销售费用中的相同各项费用归并后分别构成工资及福利费、折旧费、摊销费、修理费四项要素,加上外购原材料费、外购燃料及动力费、财务费用、其他费用四项要素,称为总成本的八要素。

3. 固定成本、可变成本和半可变成本

总成本费用中,可将产品成本按其与产量变化的关系分为固定成本、可变成本。另外,成本中还有一小部分与产量关系不大的半可变(半固定)成本。半可变成本作为特殊情况,根据其成分的属性,可进一步分解为固定成本和可变成本。因此,产品总成本费用最终可划分为固定成本和可变成本。

1) 固定成本

固定成本指在一定生产规模限度内,不随产品产量变化而变化的费用。一般包括工资及

福利费①、折旧费、摊销费、其他费用。固定成本按其性质的不同，可分为选择性固定成本和约束性固定成本。前者如工资及福利费、修理费，其他费用中的广告费、差旅费、业务招待费等，这些费用本身并不完全随产品产量的增减而增减，但在支出数量上受管理者决策的行为影响，具有选择性质；后者则不受管理者决策的行为影响和支配，如固定资产折旧费、土地使用税、房产税等，具有约束性质。在可行性研究及项目评估时并不要求严格区分两者，仍统一作固定成本处理。

2）可变成本

可变成本指产品成本中随产品产量的增减而成比例增减的成本，如外购原材料费、外购燃料及动力费。这些费用的特点是，产品生产量越大，费用越多，而反映在单位生产成本中的费用是不变的。

3）半可变成本

半可变成本指费用虽随产量增减而变化，但并非成比例变化的成本，如财务费用中的流动资金利息、长期借款利息、汇兑损失等，一般与时间因素有关。

分析固定成本、可变成本及总成本费用及与产量的依存关系，可以为企业改善经营管理提供许多有价值的资料，是进行最优决策管理的前提，也是进行盈亏平衡分析、敏感性分析的基础，是国民经济分析中确定某些投入物、产出物影子价格的依据。

4. 经营成本

项目评估涉及很重要的一个概念——经营成本。按照项目评价的原则，经营成本是为了经济分析方便从总成本费用中分离出来的一部分费用，表达式为

经营成本＝总成本费用－折旧费－维简费－摊销费－利息支出

在对项目或技术方案进行评估时，必须考察特定经济系统的现金流入与流出，现金流量反映项目在计算期内逐年发生的现金收支，何时发生，便何时计入，不作分摊，与常规的会计方法不同。由于投资已在建设期作为整体（或一次性）支出被计入现金流出，以后不能再以折旧和摊销的方式计为现金流出，否则会发生重复计算。因此，作为经常性支出的经营成本中不包括折旧和摊销费，同样也不包括矿山维简费。

贷款利息是资金使用者所付出的代价，但在经营成本中为什么不包括利息，不将其视为现金流出呢？对这一问题的理解可从几个方面分析：其一，在分析项目全部投资的经济效果时，是以全部投资作为基础，不考虑资金的来源，以便合理计算资金的时间价值；其二，利息是投资收益的组成部分，没有理由将其视为现金流出；其三，在计算自有资金效果指标时，已将利息指标单列，故经营成本中不应包括利息支出。

下面通过分析基本案例，对总成本费用的估算作进一步说明。

● 基本案例八：

项目属资金密集型，其他费用按固定资产投资的2%估算，修理费按折旧费的23%估算，流动资金贷款利率为5%，土地使用税50万元/年，外购原材料费、外购燃料及动力费、固定资产的投资、贷款利率等数据均来自前述已知条件。据此完成总成本费用估算表（见表8-4）。

① 企业如果采用基本工资制，该费用属于固定成本；若采用浮动工资制，有超额奖励成本或计件工资，该费用则应属于可变成本。

表 8-4 总成本估算表①

单位:万元

序号	项目 \ 年份	投产期		达到设计能力生产期							合计
		4	5	6	7	8	9	10	11	12	
1	外购原材料	13 200	14 850	16 500	16 500	16 500	16 500	16 500	16 500	16 500	143 550
	原材料 A	8 544	9 612	10 680	10 680	10 680	10 680	10 680	10 680	10 680	92 916
	原材料 B	3 264	3 672	4 080	4 080	4 080	4 080	4 080	4 080	4 080	35 496
	原材料 C	1 392	1 566	1 740	1 740	1 740	1 740	1 740	1 740	1 740	15 138
2	外购燃料及动力	3 200	3 600	4 000	4 000	4 000	4 000	4 000	4 000	4 000	34 800
	外购燃料	960	1 080	1 200	1 200	1 200	1 200	1 200	1 200	1 200	10 440
	外购动力	2 240	2 520	2 800	2 800	2 800	2 800	2 800	2 800	2 800	24 360
3	工资及福利费	600	600	600	600	600	600	600	600	600	5 400
4	修理费	945	945	945	945	945	945	945	945	945	8 505
5	折旧费	4 111	4 111	4 111	4 111	4 111	4 111	4 111	4 111	4 111	36 999
6	摊销费	528	528	528	528	528	280	190	190	100	3 400
7	财务费用	2 918	2 464	1 933	1 292	681	216	216	216	216	10 152
	其中:利息支出	2 759	2 305	1 774	1 133	522	216	216	216	216	9 357
8	其他费用	857	857	857	857	857	857	857	857	857	7 713
	其中:土地使用税	50	50	50	50	50	50	50	50	50	450
9	总成本费用	26 359	27 955	29 474	28 833	28 222	27 509	27 419	27 419	27 329	250 519
	固定成本	7 200	7 200	7 200	7 200	7 200	6 793	6 703	6 703	6 613	62 812
	可变成本	19 159	20 755	22 274	21 633	21 022	20 716	20 716	20 716	20 716	187 707
10	经营成本	18 961	21 011	23 061	23 061	23 061	23 061	23 061	23 061	23 061	201 399

① 在计算总成本费用时,若原材料消耗中存在自产自用的部分,则应予以扣除,避免重复计算。表中各年的财务费用需结合后面的利润与利润分配表和借款还本付息计算表逐年计算求得。

项目投产的第一、二年达产率分别为80%、90%，投产的第三年达到设计能力。财务费用中将利息支出近似作为可变成本，固定成本除前面框定的内容外，将外汇还贷期的汇兑损失计入。

第四节　销售收入及税金的评估

一、销售收入

1. 销售收入的概念

销售是企业经营活动的一项重要环节，而销售收入是企业垫支资金的回收，是企业经营成果的货币表现。

企业销售收入分为产品销售收入和其他销售收入，是企业销售商品或提供劳务取得的收入。产品销售收入包括销售产成品、自制半成品、工业性劳务等取得的收入；其他销售收入包括材料销售、包装物出租或出售、外购商品销售、技术转让、投资收入、承担运输等非工业性劳务所取得的收入。企业销售收入可用图8-3表示。

企业销售收入
- 产品销售收入
  - 产成品、自制半产品等物化劳动为主的收入
  - 工业性劳务等活劳动的收入
- 其他销售收入
  - 其他物化性劳动的收入
  - 非工业性劳务活劳动为主的收入

图8-3　销售收入层次图

2. 销售收入的估算

在可行性研究和项目评估中所涉及的销售收入是指产成品销售所取得的收入。表达式为

销售收入＝产品销售量×产品销售价格

用上式评估项目的销售收入时，须假定生产量等于销售量，正常年份的生产量以达到设计能力为前提条件。此外，在评估时需明确以下几条。

(1) 产品销售价格是否含税。

(2) 确定产品价格的依据、原则，评估项目采用的价格是否合理。

(3) 投产期对达产率的估计。

(4) 产品出口外销时，相应产品出口退税率。

(5) 若项目生产多个产品，销售收入可采用下式计算：

$$I = \sum_{i=1}^{n} S_i P_i \tag{8-5}$$

式中：I——项目总销售收入；

S_i——第 i 种产品销售数量；

P_i——第 i 种产品销售价格。

二、税金的估算

(一)税收的概念和特征

税收是国家为实现其职能,凭借政治上的权力,按照税法规定的标准,参与国民收入分配和再分配,强制性地向商品生产经营者征收预算缴款所取得的财政收入。税收具有强制性、无偿性、固定性三个特征。以上三个特征是缺一不可的整体,是税收区别于其他收入分配的基本标志。

(二)税收与税金

税收在国家财政收入中居主导地位,是很重要的经济杠杆;税金与项目经济效益有必然的关系。要区别税收与税金两者的微妙关系。税收是从征收角度而言,国家作为征税方,按税法取得的财政收入;税金是从缴纳角度而言,单位、个人作为纳税方,按税法向国家缴纳的各种税款。

(三)与项目评估有关的主要税种及计算方法

新中国成立后,我国税制经过多次改革,选择的征税对象和征税范围发生了重大变化。我国于 1994 年 1 月 1 日实行了新的税收制度,2014 年国家财税总局对税务制度进一步改革,将营业税改增值税的试点工作推广到更多的行业。在投资项目的经济评价中,涉及现行税制中的许多税种在征收方式及税率方面均有所变动。这些税种分别与项目的固定资产投资、总成本、销售收入、利润有关。如果分别用①、②、③、④表示上述四种经济量,那么可以将项目中常见的一些税种与涉及的情况表示如下。

增值税、消费税:与①、②、③有关。

营业税、城市维护建设税、教育费附加、出口关税、土地增值税:只与③有关。

进口关税、城市土地使用税、印花税、车船税:与①、②有关。

固定资产投资方向调节税、耕地占用税:只与①有关。

资源税:与②、③有关。

房产税:只与②有关。

所得税:只与④有关,是最重要的一项税种。

1. 销售税金与附加

销售税金是根据商品买卖或劳务服务的数额征收的税款,项目评估涉及与销售有关的税金有增值税、营业税、资源税、消费税、城市维护建设税、出口关税,此外,教育税附加也并入到销售税金项内。

1) 增值税

税制改革的一项根本性举措是全面实行增值税制。所谓增值,是指纳税人生产某项产品而增加的价值。增值税与原来按流转额课税的税种相比,避免了重复征税,避免全能厂的弊病,解决了协作生产的产品税收负担不平衡问题。增值税是对有营业行为的企业或个人以新增加的价值额为征税对象的一种税。它与原有的增值税相比较大约有四点变化:

(1) 扩大了增值税的实施范围，由工业生产环节的部分产品和部分进口货物扩大到整个货物销售、加工服务、修理修配、劳务及进口贸易等，目前进一步扩大到服务性行业以及商品销售行业；

(2) 纳税人由内资企业单位和个人扩大到内、外资企业、单位和个人；

(3) 由价内税改为价外税；

(4) 改变税率结构，将原8%～45%十二档的多税率改成以17%基本税率为主，体现了公平税负。

增值税有两种计算方法：一种是扣额法；另一种是扣税法。

所谓扣额法，是从产品销售收入中扣除为生产应税产品购进的原材料、燃料、动力和计入产品售价之内的包装物后的余额为计税增值额，以此乘以增值税率来计算应纳税额的方法。销售收入称为销项，而扣除部分称为进项，故计算式为

$$\text{增值税}=(\text{销项}-\text{进项})\times\text{税率} \tag{8-6}$$

扣税法是指以企业产品销售收入余额依税率计算出应纳税额，再扣除购进的费用已纳税额，即为企业实际应纳税额的方法，表达式为

$$\text{增值税}=\text{当期销项税额}-\text{当期进项税额} \tag{8-7}$$

式中：销项税额等于销售额乘税率；进项税额为纳税人购进货物或者接受应税劳务当期允许扣除税款的购入发票注明的增值税额。其中销售额为不含税销售额。

通常产品销售额是含税销售额，而财务评价中对进项税额的预测，不可能像实际纳税时具有增值税专用发票，故进项税额只能按允许扣除项目估算增值税。计算式为

$$\text{进项税额}=\text{进项额(含税)}\div(1+\text{税率})\times\text{税率}$$

销项税额也按扣税后计算，则

$$\text{销项税额}=\text{销售收入(含税)}\div(1+\text{税率})\times\text{税率}$$

对于小规模纳税人销售货物或提供应税劳务，不按以上方式计算，用以下简化公式计算：

$$\text{应纳税额}=\text{销售额}\times\text{征收率} \tag{8-8}$$

应纳税额一律按6%的征收率计算，不得抵扣进项税额。

增值税税率分三种情况：一是对大多数商品和劳务而言，适用17%的标准税率；二是对化肥、农药、饲料、农机、农膜、粮食、食用植物油、自来水、冷暖气、煤气、图书报纸等，适用13%的低税率；三是对报关出口的货物适用零税率。所谓零税率，是国家为鼓励产品出口，使出口产品以不含税价格进入国际市场，增强产品的竞争能力，对出口产品实行退税政策。即采用“先征后退”的办法，“征多少，退多少，未征不退”。既然出口产品销项税额为零，进项税额就应扣除。

2) 营业税

营业税是指对流通环节的服务性业务及商品销售收入额课征的税。在我国境内从事交通运输业、建筑业、金融保险业、邮电通信业、文化体育业、娱乐业、服务业者以及转让无形资产或者销售不动产等行为者均为课征的对象，一般不受成本或费用水平高低的影响。税制改革后，营业税的征收范围有所压缩，即将部分原征收的营业税改为增值税。

营业税的税率为3%、5%，直至20%等几个档次。其中交通运输、建筑、邮电通信、文化体

育为3%;服务、金融保险、转让无形资产、销售不动产为5%;娱乐业为5%~20%。

营业税应纳税计算公式如下:

$$应纳税额=营业额\times适用税率 \tag{8-9}$$

在项目评估时,应根据不同的行业情况对营业税作相应处理。

3) 资源税

资源税是对在我国境内开采矿产品和生产盐的单位和个人所课征的税,也是为调节由于资源不同所造成的额外收益而征收的税。新的税制中取消了盐税,扩大了资源税的征收范围。资源税的征收办法原来有5种形式,目前主要按产量征收。应纳税额公式为

$$应纳税额=课税数量\times单位税额 \tag{8-10}$$

主要资源税税目表见表8-5。

表8-5 资源税税目表

序号	税　目	税额幅度
1	原油	8~30元/吨
2	天然气	2~15元/千立方米
3	煤炭	0.3~5元/吨
4	其他非金属原矿	0.5~20元/吨或立方米
5	黑色金属原矿	2~30元/吨
6	有色金属原矿	0.4~30元/吨
7	固体盐	10~60元/吨
8	液体盐	2~10元/吨

在评估原材料价格时,要注意区分投入物中是否含有资源税,以便在计算经济效益时减少误差。

4) 消费税

消费税是在普遍征收增值税的基础上,根据国家消费政策、产业政策的要求,有选择地对部分消费品进一步征税的一种税。这些消费品包括烟、酒及酒精、化妆品、护肤护发品、贵重首饰及珠宝玉石、鞭炮焰火、汽油、柴油、汽车轮胎、摩托车、小汽车(不包括电动汽车),共11种。

消费税的税率有从量定额和从价定率两种。前者是按销售数量的比率计算消费税,如黄酒、啤酒、汽油、柴油,其计税定额分别为240元/吨、220元/吨、0.2元/升、0.1元/升;后者是按销售额的比率计算消费税,税率从3%~45%不等。

出口的应税消费品免征消费税,其道理同增值税一样。

5) 城市维护建设税

城市维护建设税是国家为加强城市的维护和建设,扩大和稳定城市维护建设资金的来源,向缴纳增值税、营业税的单位和个人征收的一种税。城市维护建设税应纳税额的计算式为

$$应纳税额=销售收入\times适用税率 \tag{8-11}$$

依纳税人所在地的建制性质区分,城市维护建设税的税率规定有三种:纳税人所在地在市区的,税率为0.6%;纳税人所在地在县城、镇的,税率为0.4%;纳税人不在市区、县城或镇的,

税率为0.2%。

6）教育费附加

教育费附加是为加快地方教育事业的发展，扩大地方教育经费的资金来源而开征的一种费用。该费用是1986年7月1日在全国首次开征的，后经多次变动，目前规定凡缴纳增值税、营业税、消费税的单位和个人，都是教育费附加的缴纳人。教育费附加随增值税、营业税、消费税同时缴纳，由税务机关负责征收。其计算式为

应纳教育费附加额＝实际缴纳的（增值税＋营业税＋消费税）税额×费率

费率为1%～3%，其中对生产卷烟和经营烟叶的单位，减半征收教育费附加。该费用与城市维护建设税一并缴纳。

2. 所得税

所得税是指对企业的生产经营和其他所得征税，包括来源于中国境内、境外的所得。

由于新会计制度的执行，所得税的征收也出现了重大改革，其中最重要的一点是由税前还贷改为与国际接轨的税后还贷；此外，所得税的税率亦有所简化，由过去8级超额累进所得税率改为以33%为主的比例税率。所得税的计算式为

所得税应纳额＝应纳所得税额×所得税税率　　(8-12)

应纳所得税额是指按税法规定在财务会计的利润基础上进行调整的应纳所得税额。企业所得税的税率基本采用33%的比例（某些上市股份公司、高科技产业及经济特区一些企业执行15%所得税税率）。

下面通过基本案例分析，继续完成有关报表。

● 基本案例九：

项目正常年份产品A销售量为5万吨，其中外销20%，价格1 241美元/吨（汇率6.25元/美元），其余内销，价格8 000元/吨。增值税按扣额法计算，进项、销项增值税率均为17%；城市维护建设税税率为销售收入的0.4%；教育费附加费率为增值税的3%；不考虑资源税。

增值税＝(32 000－20 500×0.8)×0.17万元＝2 652万元。

外销产品满足报关出口的货物条件，适用零税率，但城市维护建设税与内销产品按同税率计征。

城市维护建设税＝39 758×0.004万元＝159万元。

教育费附加＝2 652×0.03万元＝79.56万元，取整为80万元。

具体可见表8-6。

表 8-6　营业收入、营业税金及附加和增值税估算表

产品名称	单价		生产负荷 80%						生产负荷 90%						生产负荷 100%					
			销售量			销售收入			销售量			销售收入			销售量			销售收入		
	外销 万美元/吨	内销 万元/吨	外销/吨	内销/吨	小计/吨	外销/万元	内销/万元	小计/万元	外销/吨	内销/吨	小计/吨	外销/万元	内销/万元	小计/万元	外销/吨	内销/吨	小计/吨	外销/万元	内销/万元	小计/万元
产品 A	0.124	0.80	8 000	32 000	40 000	6 206	25 600	31 806	9 000	36 000	45 000	6 982	28 800	35 782	10 000	40 000	50 000	7 758	32 000	39 758
销售税金及附加							2 288	2 313					2 573	2 601					2 860	2 891
增值税							2 122	2 122					2 386	2 386					2 652	2 652
城市维建税						25	102	127				28	115	143				31	128	159
教育费附加							64	64					72	72					80	80

第五节　利润及还贷能力的评价

一、利润的评价

1. 利润的概念

利润指项目(企业)销售产品或提供劳务收入扣除成本和销售税金后的盈余(所得税前)。现行财务工作中通常涉及销售利润、利润总额、税后利润这几个概念。所谓销售利润是指从产品销售收入中得到的利润;利润总额是指产品销售利润及其他利润(如投资利润及营业外收支净额等)的总值,若再减资源税则称毛利润,或称纯利润,这些都属于税前利润;税后利润是利润总额(或毛利润)扣除所得税后的部分,故又称净利润或企业所得利润。

从项目评估的角度来分析,对利润的预测可以有不同的目标要求。如果是考查项目本身的盈利能力,那么只需要预测税前利润就行了;如果要考查项目给投资者带来的盈利及评价项目偿还能力,就应当测算税后利润。税后利润是计算贷款偿还期、投资利润率、投资收益率等指标的基础,也是企业分红派息的依据。由于采用税后还贷的原则,在习惯于按最大偿还贷款能力评估的前提下,项目盈利能力的大小将影响财务费用,后者构成总成本费用的一部分,而总成本的高低反过来影响项目的利润,使得项目在税后利润、还贷能力、财务费用(主要为生产期利息)、总成本费用等几个方面的计算相互关联。

2. 利润的形成

从 1993 年 7 月 1 日起,我国实行新的财务会计制度,推行统一税制、税利分流、税后还贷原则,项目评估方法相应也作了较大变动。利润的测算方法与以往有所不同,主要表现在前面提到的生产期利息以财务费用方式进入总成本费用,改税前还贷为税后还贷。

可以将销售收入、成本和利润的关系绘成图 8-4。

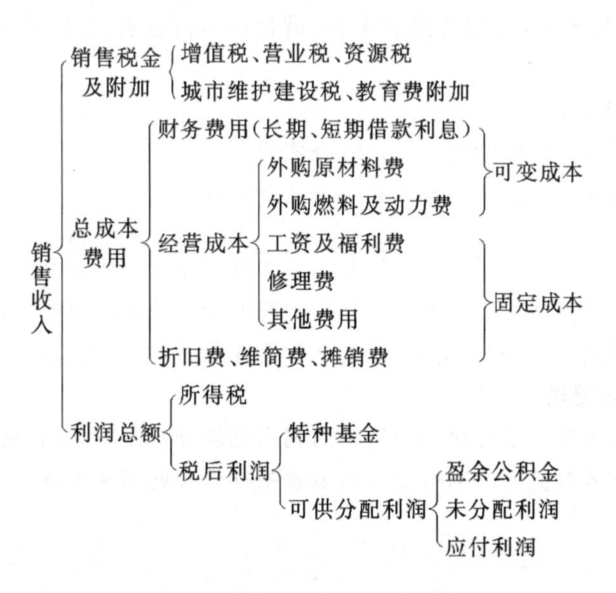

图 8-4　销售收入、成本和利润关系图

生产期长期借款利息计算式为

$$每年应计利息=年初本金累计\times年利率$$

利润总额的表达式可通过下面方式来表述:

$$销售利润=销售收入-总成本费用-销售税金及附加$$

$$利润总额=销售利润+投资净收入+营业外收支净额$$

上式中营业外收支净额指与生产经营没有直接关系的各种营业外收入减营业外支出后的余额。在项目评估时只考虑产品的销售利润,一般不考虑投资收益和营业外收支净额,故利润总额可简单表示为销售利润。

3. 利润的分配

项目(企业)取得的利润先交纳所得税,然后从税后利润中交纳25%的特种基金,余下部分称为可供分配利润(若上年度有未分配利润应加入)。对于可供分配利润,若按现行会计制度规定的顺序进行分配,在项目评估阶段操作难度较大。比如,规定中第一顺序为"抵消被没收的财务损失,支付各项税收的滞纳金和罚款",这一要求具有不确定性,也难以预测,在项目评估过程中可以不考虑。因此,将可供分配利润划分为三块,即盈余公积金、未分配利润、应付利润,其分配程序是:

(1) 弥补以前年度亏损;

(2) 提取法定盈余公积金,提取比率为可供分配利润补亏后余额的10%,项目在还贷期不提取,若盈余公积金已达到注册资金的50%,不再提取;

(3) 剩余部分全部用于还贷,偿还贷款后再考虑给投资者分配利润。

二、损益表和借款还本付息表的评价

项目还本付息的方法很多,在第六章曾列举了几种较简单的偿还方式,从表6-2列出的计算结果可知,不同的还贷方式将影响项目的利息额,从而影响成本和利润。下面介绍项目评估中常采用的一种方法——气球法,这种方法能反映投资者和建设单位所关心的借款偿还期指标,但由于计算过程较复杂,需结合总成本表、借款还本付息表、损益表并逐年估算各项经济指标。

1. 借款还本付息计算

借款偿还期表明项目的清偿能力。计算公式为

$$借款偿还期=借款偿还后开始出现盈余年份数-开始借款年份数+\frac{当年偿还借款额}{当年可用于还款的资金额} \quad (8\text{-}13)$$

式中当年可用于还款的资金额等于未分配利润加折旧费加摊销费。在完成借款还本付息报表的过程中,可算得各年的利息支出,以此估算财务费用,为评估总成本费用提供依据。

2. 利润及利润分配表

利润及利润分配表展示了寿命期内项目的利润总额、所得税和税后利润的分配情况,反映项目在整个寿命期财务效益的基本情况。该表编制过程参见基本案例十。

● 基本案例十:

假设还贷年份汇率平均按1美元兑换6.25元人民币,当初借款时汇率1美元折合6.25

元人民币，借款为2 000万美元（见基本案例二），要求5年内等额还本，利息照付，到期付清。人民币长期借款偿还按通常的做法，以最大偿还能力来计算各年利息及还贷期。项目所得税率为33%，特种基金为税后利润的25%（目前已取消，但本例仍考虑），盈余公积金为可供分配利润的10%，还贷期间不提取，还贷后再考虑，并支付应付利润。

注解：根据前述已知，投产第一年流动资金借款3 087万元；第二年增加617万元；第三年增加618万元；以后各年达产，流动资金借款不增加，均为4 322万元。计息公式为

$$每年支付利息=流动资金借款\times年利率$$

投产头三年流动资金利息为154万元、185万元、216万元，以后各年均为216万元。

建设期末外汇年初借款本息累计为2 968万美元，按当时的汇率应折合人民币18 548万元，由于产品由外贸代理出口，项目用于还贷的外汇以1美元=6.518元人民币的外汇牌价购买，汇兑损失计入财务费用。则5年内每年有

$$汇兑损失=\frac{2\ 968}{5}\times(6.518-6.25)万元=159万元$$

生产期人民币借款利息计算步骤如下所述。

（1）计算投产第一年人民币借款利息、外汇利息、流动资金利息、汇总损失、财务费用，以及计算第一年总成本费用。

$$\begin{aligned}投产第一年人民币借款利息&=建设期末本息和\times年利率\\&=14\ 957\times0.072万元=1\ 077万元\end{aligned}$$

同理，计算出外汇利息为1 528万元（折人民币），流动资金利息154万元，本年利息支出合计2 759万元。汇兑损失159万元，财务费用计2 918万元。由此，可计算得到当年总成本费用26 359万元。

（2）结合利润及利润分配表，可计算出投产第一年未分配利润1 575万元，求得当年用于还贷的资金来源6 214万元。

（3）同理，分别计算出投产第二年年初人民币、外汇借款利息，进一步得到该年的财务费用，并填入总成本表中。

（4）继续计算第三年、第四年……财务费用，直至借款偿还开始出现盈余，表明项目已还清债务。其后各年不存在长期借款利息，各年数据单一化，则完成两表的编制，如表8-7、表8-8所示。

$$人民币借款偿还期=\left(7-1+\frac{4\ 254}{8\ 676-3\ 710}\right)年=6.86年\quad（包括建设期）$$

固定资产余值等于计算期末净值，本案例为8 013万元，另有100万元未摊销完的无形资产也记入。

评估资金来源与应用表（见表8-9），主要考查项目计算期内资金盈余或短缺情况，用于选择资金筹资方案，制订适宜的借款及还款计划。该表还反映了资金平衡情况，项目在还贷期资金来源应等于资金运用，归还贷款后，历年产生盈余资金，属于所有者权益，盈余资金等于资金来源减资金运用，借此可考查项目偿还贷款后的盈余部分情况。累计盈余资金的大小是判断项目盈利能力的另一个方面，也为编制资产负债表提供依据。

表 8-7　借款还本付息表

单位:万元

序号	项　　目	利率/(%)	建设期			投产期					
			1	2	3	4	5	6	7	8	9
1	外汇借款	8.24									
1.1	年初借款本息累计			3 436	13 168	18 548	14 838	11 128	7 418	3 708	
1.1.1	本金			3 300	12 375	16 500	14 838	11 128	7 418	3 708	
1.1.2	建设期利息			136	793	2 048					
1.2	本年借款		3 300	9 075	4 125						
1.3	本年应计利息		136	657	1 255	1 528	1 223	917	611	306	
1.4	本年偿还本金					3 710	3 710	3 710	3 710	3 708	
1.5	本年支付利息					1 528	1 223	917	611	306	
2	人民币借款	7.20									
2.1	年初借款本息累计			2 797	10 691	14 957	12 453	8 898	4 254		
2.1.1	本金			2 700	10 125	13 500	12 453	8 898	4 254		
2.1.2	建设期利息			97	566	1 457					
2.2	本年借款		2 700	7 425	3 375						
2.3	本年应计利息		97	469	891	1 077	897	641	306		
2.4	本年偿还本金					2 504	3 555	4 644	4 254		
2.5	本年支付利息					1 077	897	641	306		
3	偿还本金来源合计					6 214	7 265	8 354	8 676	8 983	
3.1	未分配利润					1 575	2 626	3 715	4 037	4 344	
3.2	折旧费					4 111	4 111	4 111	4 111	4 111	
3.3	摊销费					528	528	528	528	528	

表 8-8　利润及利润分配表

单位:万元

序号	项目 \ 年份	投产期		达到设计能力生产期							合计
		4	5	6	7	8	9	10	11	12	
1	销售收入	31 806	35 782	39 758	39 758	39 758	39 758	39 758	39 758	39 758	345 894
2	税金及附加	2 313	2 601	2 891	2 891	2 891	2 891	2 891	2 891	2 891	25 151
3	总成本费用	26 359	27 955	29 474	28 833	28 222	27 509	27 419	27 419	27 329	250 519
4	利润总额	3 134	5 226	7 393	8 034	8 645	9 358	9 448	9 448	9 538	75 224
5	所得税	1 034	1 725	2 440	2 651	2 853	3 088	3 118	3 118	3 148	23 174
6	税后利润	2 100	3 501	4 953	5 383	5 792	6 270	6 330	6 330	6 390	47 050
7	特种基金	525	875	1 238	1 346	1 448	1 567	1 583	1 583	1 597	11 763
8	可供分配利润	1 575	2 626	3 715	4 037	4 344	4 703	4 747	4 747	4 793	35 287
8.1	盈余公积金						470	475	475	479	1 899
8.2	应付利润						4 233	4 272	4 272	4 314	17 091
8.3	未分配利润	1 575	2 626	3 715	4 037	4 344					16 297
9	累计未分配利润	1 575	4 201	7 916	11 953	16 297	16 297	16 297	16 297	16 297	

表 8-9 资金来源与运用表

单位:万元

序号	项目 \ 年份	建设期			投产期		达到设计能力生产期						
		1	2	3	4	5	6	7	8	9	10	11	12
1	资金来源	9 235	25 880	13 398	12 712	10 482	12 650	12 673	13 284	13 749	13 749	13 749	28 036
1.1	利润总额				3 134	5 226	7 393	8 034	8 645	9 358	9 448	9 448	9 538
1.2	折旧费				4 111	4 111	4 111	4 111	4 111	4 111	4 111	4 111	4 111
1.3	摊销费				528	528	528	528	528	280	190	190	100
1.4	长期借款	6 233	17 626	9 646									
1.5	流动资金借款				3 087	617	618						
1.6	其他短期借款												
1.7	自有资金	3 001	8 225	3 751	1 852								
1.8	回收固定资产余值												8 113
1.9	回收流动资金												6 174
2	资金运用	9 235	25 880	13 398	12 712	10 482	12 650	11 961	8 009	8 888	8 973	8 973	13 381
2.1	固定资产投资①	9 002	24 754	11 252									
2.2	建设期利息	233	1 126	2 146									
2.3	流动资金				4 939	617	618						
2.4	所得税				1 034	1 725	2 440	2 651	2 853	3 088	3 118	3 118	3 148
2.5	特种基金				525	875	1 238	1 346	1 448	1 567	1 583	1 583	1 597
2.6	应付利润									4 233	4 272	4 272	4 314
2.7	长期借款本金偿还				6 214	7 265	8 354	7 964	3 708				
2.8	流动资金借款偿还												4 322
2.9	其他短期借款偿还												
3	盈余资金							712	5 275	4 861	4 776	4 776	14 655
4	累计盈余资金							712	5 987	10 848	15 624	20 400	35 055

① 固定资产投资中已记入投资方向调节税。

三、财务报表之间的相互关系

根据前面综述及相关财务报表的编制过程，经过归纳，可以绘制一张财务报表之间的相互关系图（见图 8-5）。由此，得知随后的财务现金流量表中重要指标产生的前因后果。

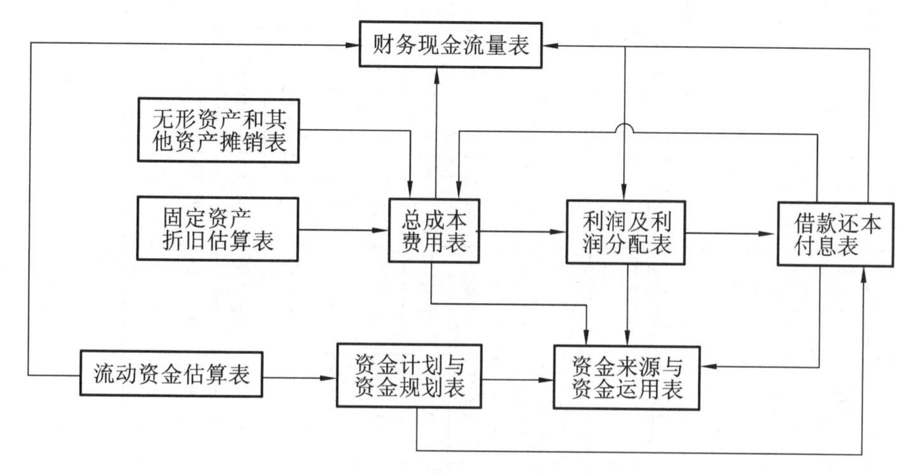

图 8-5　财务报表之间的相互关系

第六节　财务现金流量表评价

一、财务现金流量表

财务现金流量表反映了项目整个寿命期内现金流入及现金流出的经济活动情况，是分析财务盈利能力及动态指标的依据，也为后面进行风险分析（敏感性分析、概率分析）提供了基本数据，是可行性研究及项目评估中最重要的报表。报表分为全部投资现金流量表和自有资金现金流量表两种，其编制的原则是根据资金时间价值的原理，将项目从建设期初到生产期末各年发生的净现金流量按照一定的折现率折算到建设期起点的现值，以此进行盈利能力分析和计算，最终计算出项目的动态指标（如净现值、内部收益率、投资回收期）、静态指标（如静态投资回收期、净收益）。

为掌握财务现金流量表的概念与编制方法，继续前面基本案例的分析。

1. 全部投资现金流量表

全部投资现金流量表（见表 8-10）编制的有关说明如下。

（1）全部投资包括项目所需的固定资产投资、固定资产投资方向调节税及流动资金（不包括利息）。

（2）通常规定项目建设期内只有现金流出，没有现金流入，故净现金流量为负值。

（3）固定资产余值包括两部分，即固定资产残值与折余值，两者等于固定资产净值，在项目最后一年回收，折余值等于某类固定资产年折旧额乘以该固定资产剩余寿命期（按直线折旧法）。

表 8-10　项目投资现金流量表

单位：万元

序号	项目 \ 年份	建设期			达到设计能力生产期								
		1	2	3	4	5	6	7	8	9	10	11	12
1	现金流入				31 806	35 782	39 758	39 758	39 758	39 758	39 758	39 758	54 045
1.1	销售收入				31 806	35 782	39 758	39 758	39 758	39 758	39 758	39 758	39 758
1.2	回收固定资产余值												8 113
1.3	回收流动资金												6 174
2	现金流出	9 002	24 754	11 252	27 772	26 829	30 248	29 949	30 253	30 607	30 653	30 653	30 697
2.1	固定资产投资①	9 002	24 754	11 252									
2.2	流动资金				4 939	617	618						
2.3	经营成本				18 961	21 011	23 061	23 061	23 061	23 061	23 061	23 061	23 061
2.4	销售税金及附加				2 313	2 601	2 891	2 891	2 891	2 891	2 891	2 891	2 891
2.5	所得税				1 034	1 725	2 440	2 651	2 853	3 088	3 118	3 118	3 148
2.6	特种基金				525	875	1 238	1 346	1 448	1 567	1 583	1 583	1 597
3	税后净现金流量	−9 002	−24 754	−11 252	4 034	8 953	9 510	9 809	9 505	9 151	9 105	9 105	23 348
4	税后累计净现金流量	−9 002	−33 756	−45 008	−40 974	−32 021	−22 511	−12 702	−3 197	5 954	15 059	24 164	47 512
5	税前净现金流量	−9 002	−24 754	−11 252	5 593	11 553	13 188	13 806	13 806	13 806	13 806	13 806	28 093
6	税前累计净现金流量	−9 002	−33 756	−45 008	−39 415	−27 862	−14 674	−868	12 938	26 744	40 550	54 356	82 449
7	累计折现净现金流量	−8 335	−29 558	−38 490	−35 525	−29 432	−23 439	−17 715	−12 580	−8 002	−3 785	120.18	9 392

计算指标：	所得税后	所得税前
财务内部收益率	11.88%	18.23%
财务净现值（i=8%）	9 392 万元	27 688 万元
投资回收期（静态）	8.35 年	7.06 年
投资回收期（动态）	10.97 年	8.39 年

① 包括固定资产投资方向调节税。

(4) 基准折现率一般根据项目所属的行业基准收益率确定,特殊情况按照筹资成本加行业风险系数取值,本案例基准折现率按 8%考虑。

(5) 正常年份税后净现金流量等于销售收入减经营成本、销售税金及附加、所得税、特种基金,通常以税后净现金流量为依据计算各项经济指标。

(6) 动态投资回收期与累计折现净现金流量有关,其计算式为

$$\text{动态投资回收期}=\text{累计折现净现金流量开始出现正值年份数}-1+\frac{\text{上年累计折现净现金流量的绝对值}}{\text{当年折现净现金流量}}$$

累计折现净现金流量指所得税后各年折现值的代数和,寿命期末的累计值为净现值。

(7) 税前净现金流量的计算式为

$$\text{税前净现金流量}=\text{税后净现金流量}+\text{所得税}+\text{特种基金}$$

2. 自有资金现金流量表说明

(1) 自有资金指项目投资者的出资额。自有资金现金流量表(表 8-11)从投资者的角度出发,以自有资金作为计算基础,考查项目自有资金的盈利能力。

(2) 将借款本金偿还和利息支出也作为现金流出,用以计算自有资金财务内部收益率、财务净现值等评价指标。

(3) 借款利息支付包括流动资金利息。项目在还贷期,由于全部收益用于还贷,则现金流入等于现金流出(假设自有流动资金置于建设期末)。

当项目筹资成本不高时,自有资金内部收益率将大于全部投资内部收益率;当筹资成本较高时,作为现金流出的利息将上升,可能导致内部收益率偏低,使项目达不到基本要求,此时则必须重新评价项目的筹资方式。

二、清偿能力的评价——资产负债表分析

前面对项目清偿能力从流量的角度作了分析,流量是反映某一时段发生的资金流量值。但完整地评价项目的清偿能力还要结合存量来分析,所谓存量是指资金某一时间的累计值。资产负债表能够从存量的角度反映项目的清偿能力,它的作用还表现在能综合反映项目计算期内各年末资产、负债和所有者权益的增减变化及对应关系,以便考查项目资产、负债、所有者权益的结构是否合理,用以计算资产负债率、流动比率、速动比率。

资产负债表是项目财务报表的基本部分,反映了项目在某一时期所拥有的总资产、所具有的所有者权益和债权人某一时期提供的资金额。

根据前面已完成的各报表(流动资金估算表、折旧表、无形资产及其他资产摊销表、资金来源与运用表、利润及利润分配表),可以编制本案例的资产负债表如表 8-12 所示。

说明:由于固定资产及无形资产净值已另列,第 12 年盈余资金不包括回收流动资金及固定资产余值,与表 8-9 有所不同,表达式为

$$\text{盈余资金}=(\text{利润总额}+\text{折旧费}+\text{摊销费})-(\text{所得税}+\text{特种基金}+\text{应付利润}+\text{长期借款本金偿还})$$

1. 资产负债率

资产负债率反映项目所面临财务风险程度及偿债能力,表达式为

$$\text{资产负债率}=\frac{\text{负债总额}}{\text{资产总额}} \tag{8-14}$$

表 8-11　项目资本金现金流量表

单位:万元

序号	项目 \ 年份	建设期			投产期		达到设计能力生产期						
		1	2	3	4	5	6	7	8	9	10	11	12
1	现金流入				31 806	35 782	39 758	39 758	39 758	39 758	39 758	39 758	54 045
1.1	销售收入				31 806	35 782	39 758	39 758	39 758	39 758	39 758	39 758	39 758
1.2	回收固定资产余值												8 113
1.3	回收流动资金												6 174
2	现金流出	3 001	8 255	3 751	33 658	35 782	39 758	39 046	34 483	30 823	30 869	30 869	30 913
2.1	自有资金	3 001	8 255	3 751	1 852								
2.2	借款本金偿还				6 214	7 265	8 354	7 964	3 708				
2.3	借款利息支付				2 759	2 305	1 774	1 133	522	216	216	216	216
2.4	经营成本				18 961	21 011	23 061	23 061	23 061	23 061	23 061	23 061	23 061
2.5	销售税金及附加				2 313	2 601	2 891	2 891	2 891	2 891	2 891	2 891	2 891
2.6	所得税				1 034	1 725	2 440	2 651	2 853	3 088	3 118	3 118	3 148
2.7	特种基金				525	875	1 238	1 346	1 448	1 567	1 583	1 583	1 597
3	净现金流量	−3 001	−8 255	−3 751	−1 852	0	0	712	5 275	8 099	8 935	8 935	8 845
4	税后累计净现金流量	−3 001	−11 256	−15 007	−16 859	−16 859	−16 859	−16 147	−10 872	−2 773	6 162	15 097	23 942
5	税前净现金流量	−3 001	−8 255	−3 751	−293	2 600	2 678	4 709	9 576	12 754	13 636	13 636	13 590
6	税前累计净现金流量	−3 001	−11 256	−15 007	−15 300	−12 700	−10 022	−5 313	4 236	17 017	30 653	44 289	57 879
7	累计折现净现金流量	−2 779	−9 856	−12 834	−14 195	−14 195	−14 195	−13 780	−10 930	−6 878	−2 740	1 092	4 605

计算指标:

	所得税后	所得税前
财务内部收益率	12.08%	24.34%
财务净现值(i=8%)	4 605 万元	22 270 万元

表 8-12 资产负债表

单位：万元

序号	年份 项目	建设期			投产期		达到设计能力生产期						
		1	2	3	4	5	6	7	8	9	10	11	12
1	资产	9 235	35 115	48 512	51 094	47 358	43 622	39 695	40 331	40 801	41 276	41 751	42 230
1.1	流动资产总额				7 222	8 124	9 027	9 739	15 014	19 875	24 651	29 427	34 117
1.1.1	应收账款				2 033	2 286	2 540	2 540	2 540	2 540	2 540	2 540	2 540
1.1.2	存货				5 063	5 696	6 329	6 329	6 329	6 329	6 329	6 329	6 329
1.1.3	现金				126	142	158	158	158	158	158	158	158
1.1.4	累计盈余资金							712	5 987	10 848	15 624	20 400	25 090
1.2	在建工程	9 235	35 115	48 512									
1.3	固定资产净值①				40 900	36 790	32 679	28 568	24 457	20 346	16 235	12 124	8 013
1.4	无形资产净值				1 980	1 700	1 420	1 140	860	580	390	200	100
1.5	递延资产净值				992	744	496	248					
2	负债及所有者权益	9 235	35 115	48 512	51 094	47 358	43 622	39 695	40 331	40 801	41 276	41 751	42 230
2.1	流动负债总额				5 369	6 272	7 175	7 175	7 175	7 175	7 175	7 175	7 175
2.1.1	应付账款				2 282	2 568	2 853	2 853	2 853	2 853	2 853	2 853	2 853
2.1.2	流动资金借款				3 087	3 704	4 322	4 322	4 322	4 322	4 322	4 322	4 322
2.1.3	其他短期借款												
2.2	长期借款	6 233	23 859	33 505	27 291	20 026	11 672	3 708					
	负债小计	6 233	23 859	33 505	32 660	26 298	18 847	10 883	7 175	7 175	7 175	7 175	7 175
2.3	所有者权益	3 001	11 256	15 007	18 434	21 060	24 775	28 812	33 156	33 626	34 101	34 576	35 055
2.3.1	资本金	3 001	11 256	15 007	16 859	16 859	16 859	16 859	16 859	16 859	16 859	16 859	16 859
2.3.2	资本公积金												
2.3.3	累计盈余公积金									470	945	1 420	1 899
2.3.4	累计未分配利润				1 575	4 201	7 916	11 953	16 297	16 297	16 297	16 297	16 297
计算指标	资产负债率/%	67.38	69.75	69.07	63.92	55.53	43.17	27.42	17.79	17.59	17.38	17.19	16.99
	流动比率/%				134.5	129.5	125.8	135.7	209.6	277.0	343.5	410.1	475.5
	速动比率/%				40.21	38.74	71.74	47.53	121.0	188.8	292.7	319.4	387.3

① 本案例将固定资产投资方向调节税作特殊处理，不作分摊，因此固定资产净值取表 8-1 中净值第 2 栏。

资产负债率理论上一般为1∶2较合适,但项目评估考查的是初始投资的盈利能力,要求项目投产后各年的资产负债率应逐年降低,并分析其降低的程度。

2. 流动比率

流动比率是表示项目各年偿还流动负债能力的指标,表达式为

$$流动比率=\frac{流动资产总额}{流动负债总额}\times 100\% \tag{8-15}$$

该指标表示每一货币单位流动负债所体现的流动资产占有额,在生产实际中较合适的比率为200%。

3. 速动比率

速动比率是表示项目快速偿付流动负债能力的指标,表达式为

$$速动比率=\frac{流动资产总额-存货}{流动负债总额}\times 100\% \tag{8-16}$$

上式中的分子表示速动资产,指易于变现的那一部分流动资产。速动比率适合考查项目一旦出现特殊情况时,其较快偿付流动负债的能力,生产实际中通常按100%评价项目较合适。

三、项目财务分析结论

项目是否可行,以企业的角度考察,取决于其财务指标是否满足基本要求。具体来说,应根据静态指标、动态指标、风险分析有明确的标准数据作参考。例如,净现值≥0,内部收益率≥基准收益率等。详细评价要求参见第九章内容。

练习题

1. 什么叫项目寿命期?简述项目寿命期评估的原理。解释技术寿命、自然寿命、经济寿命。

2. 解释折旧费与摊销费,两者有何异同之处?

3. 阐述总成本的概念。四项费用是如何分解成八项要素的?财务费用包括哪些内容?

4. 解释固定成本、可变成本、半可变成本。你认为降低成本最有效的办法应立足于哪方面?为什么?

5. 叙述最大能力偿还法的长期借款利息计算过程。长期借款利息以什么方式记入成本?

6. 简述经营成本的表达式。为什么经营成本中不包含折旧和利息?

7. 叙述销售税金与附加的概念。它包括哪些内容?各税种的计征原则或表达式是什么?

8. 参考利润及利润分配表(表8-8),若第八年的利润总额增加800万元,计算该年所有者权益、资产负债率、资产总额(各项税率、费率不变)。

9. 某商业大厦固定资产原值1 500万元,若使用20年后,固定资产净残值为50万元。分别采用直线法、双倍余额递减法、年数总和法计算年折旧额(只计算前三年)。你认为这部分折旧费将怎样处理?

10. 某项目的产品销售量为10万吨,其中外销30%,价格400美元/吨(汇率1美元=6.225元人民币),享受全额出口退税,其余内销,价格2 800元/吨。增值税按扣税法计算,进项税率为17%,购进费用为15 000万元。销项增值税率均为13%,城市维护建设税

税率为销售收入的0.6%,教育费附加费率为增值税的3%。计算项目的销售税金及附加。

11. 承接10题,若项目总成本为23 000万元,年初借款累计32 000万元,混合利率6%,所得税率为15%,年折旧与摊销费3 500万元,计算项目还贷能力(不考虑特种基金)、各年利息及借款偿还期(利息已进入成本,不必偿还利息)。

12. 编制财务现金流量表的原则是什么?其基本目标是什么?

13. 判别以下说法的正误:

(1) 在现金流量表中不考虑利息;

(2) 回收固定资产余值就是回收折余值;

(3) 固定资产投资方向调节税应记为现金流出。

14. 在全部收益用于还贷的情况下,证明自有资金现金流量表中还贷期净现金流量为零。

15. 在全部投资现金流量计算中,证明正常年份项目净现金流量等于净收益。

16. 说明资产负债表的作用及其三个比率的概念与表达式,表述三个比率各自合理的使用范围。

第九章　项目基本指标及决策方法

为确保投资决策的科学性和正确性，对项目不仅要进行论证，还要求评选出最优方案，即在技术经济分析的基础上对项目方案进行比较，根据项目的基本指标作出抉择。为此，应熟悉项目类型及项目方案的划分，然后采用相对应的方法和标准，结合各种项目的决策结构特征合理评估项目。

第一节　基本指标和评价方法概述

一、项目评价指标的分类

对项目或方案进行评估常采用一些量化的基本指标，以便从不同的角度反映项目的盈利性、清偿性和风险性，这些指标被称为经济效果评价指标。这些指标为投资者和建设者进行决策提供依据。

所有的评价指标可划分为两大类，即绝对经济效益指标和相对经济效益指标，而这两大类指标又各自分为静态评价指标体系、动态评价指标体系，见图 9-1。

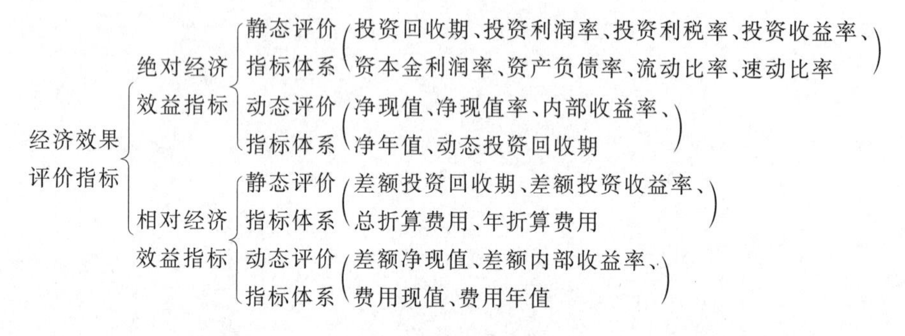

图 9-1　基本指标分类图

二、项目(方案)类型的划分

现实经济环境中存在着许多的投资机会，每一个投资机会又可能存在多种方案。当有许多可供选择的投资方案时，如何选择经济效益最好的方案？在以经济效果评价指标判别之前，有必要先对项目的类型进行划分。

各种投资方案可以归纳为两大类，即独立型方案和相关型方案。

1. 独立型方案

独立型方案是指各种方案中现金流量是独立的，不具有相关性，并且任何一个方案的采纳与否都不会影响其他的方案。例如，某公司若有足够的资金，就可以上若干项目，可以生产工业品，可以搞运输，还可以投资旅游业项目等等。显然，这些项目之间都是相互独立的，现金流

量不存在相关性。

2. 相关型方案

相关型方案是指各种方案中某一方案的采纳(或放弃),会明显地改变其他方案的现金流量。相关型方案有多种类型。

1) 互斥型方案

互斥型方案是指在若干个备选方案中只能选其中一个,其他方案将不予考虑。也就是说,由于资源或技术等原因,方案不可能同时存在,方案之间是互相排斥的。例如,厂址选择的方案、大坝高度确定的方案、设备选型的方案等都是互斥型方案的范例。

2) 条件型方案

这种类型的方案是指在接受某一方案的同时,要求接受另一方案,也就是说方案之间的关系具有一定的条件约束。条件型方案又可以划分为依存条件型(单向条件型)方案和紧密条件型(双向条件型)方案两类。

依存条件型方案是指甲方案的实施要求以乙方案的实施为条件,而乙方案的采纳与甲方案是否被接受无关。如欲建一座生产尿素的化肥厂,需要同时上生产合成氨的项目,否则尿素项目无法进行。而上合成氨项目,并不意味着一定要上尿素项目,因合成氨本身也有广阔的市场。所以,这是一种单向条件型方案。

紧密条件型方案是指接受乙方案则应首先接受甲方案,如果拒绝甲方案,则乙方案也一定遭拒绝。例如,三峡机场的建设,主要为更好地发挥三峡项目的外部效果(旅游观光等),如果三峡工程不实施,那么三峡机场也没有必要建设。

3) 互补型方案

互补型方案意指在接受某一方案的同时,更有利于另一方案的接受,即方案之间除了具有紧密条件相关外,还具有互补性。例如,当地电力供求紧张,建一电解铝工厂,需供给大量的电,若考虑建一座发电厂,则可以缓解供电矛盾,并且项目双方均有互补效果。

4) 现金流量相关型方案

这种类型的方案是指在一组投资方案中,方案之间不完全互斥,也不完全相互依存或互补,但某一方案的取舍会导致其他方案现金流量的变化,这些方案之间具有一定程度的相关性。例如电风扇与空调机项目、公路运输与铁路运输项目、产品的出口与内销方案。显然,任何一个方案的放弃或实施都会影响其他方案的现金流量。

5) 混合型方案

混合型方案是指在一组项目方案群中,既有互斥型方案又有独立型方案,甚至包括上述各种类型方案的组合。例如,某石油化工集团为提高企业的竞争能力,拟在炼油分厂和合成加工分厂各自拟订的若干备选方案中确定一个方案,然后合并组成一个生产高分子产品的新项目。各分厂内备选方案互斥,分厂之间方案互相独立。通过优化分析,可以组成一个最佳产品方案。

第二节　经济效益评价指标

投资项目或方案的评价通常采用两种基本方法:一种是确定项目方案绝对经济效益,即总效益,根据项目方案在寿命期内本身的收益与费用的计算比较,评价抉择方案,称之为绝对经济效益评价方法;另一种是确定项目方案的相对经济效益,相同部分不比较,仅就方案的不同要素部分进行分析比较,计算相对经济效益,选择方案,称之为相对经济效益评价方法。

一、绝对经济效益评价指标

绝对经济效益指标反映项目本身所具有的一些经济特性,这一类指标可以分为静态评价指标和动态评价指标,两者的区别在于是否考虑资金的时间价值。

(一) 静态评价指标

静态评价指标是指不考虑资金时间价值的投资项目评价指标。其优点是概念简明、直观,计算简单,容易掌握运用;缺点是没有反映资金的时间价值,没有涉及项目经营的全过程情况。常见的静态评价指标有投资回收期、投资利润率、投资利税率、投资收益率、资本金利润率等。

1. 投资回收期(P_t)

投资回收期又称还本期,指用项目各年的净收益回收全部投资所需要的时间。它是考查项目在财务上投资回收能力的主要静态指标。净收益包括项目的税后利润、折旧、摊销及利息。全部投资指固定资产投资(包括投资方向调节税)与流动资金,不包括建设期利息。投资回收期一般以"年"为单位,从建设开始之年算起。如果从投产开始年算起,则应予以注明。其表达式为

$$\sum_{t=0}^{P_t}(CI-CO)_t=0 \tag{9-1}$$

式中:P_t——以年表示的静态投资回收期;

CI——现金流入,包括销售收入,期末回收的流动资金、固定资产余值;

CO——现金流出,就财务评价而言,它包括固定资产投资、流动资金、经营成本、销售税金及附加、所得税;

$(CI-CO)_t$——第 t 年净现金流量;

t——时间,理论上从 0 开始,但实际运用时多从 1 开始。

当资金为一次投入,其后各年净现金流量相等时,则式(9-1)可简化为

$$P_t=\frac{K_0}{R_t} \tag{9-2}$$

式中:K_0——投资总额或全部投资(固定资产投资加流动资金,不包括利息);

R_t——年净收益,等于年现金流入减年现金流出。

投资回收期的计算式为

$$\text{投资回收期}=\text{累计净现金流量开始出现正值年份数}-1+\frac{\text{上年累计净现金流量的绝对值}}{\text{当年净现金流量}} \tag{9-3}$$

在项目评估时,可将投资回收期与行业的基准投资回收期 P_c 比较。若 $P_t \leqslant P_c$,则表明项目在规定的时间内能收回投资,该项目可行;否则,表示项目未满足行业投资盈利性和风险性要求,项目不可行。

基准投资回收期的确定是一项较复杂的工作,各行各业生产的性质和经济特点不同,技术发展速度不一样,技术装备和投资结构不同,在国民经济中的作用和地位也不同,所以基准投

资回收期不能是一个统一的标准值，它与以下情况有关。

(1) 投资结构比例。一般若生产性投资比重大，非生产性投资比重小的项目，投资回收期较短。

(2) 成本结构比例。一般若可变成本比重较大，固定成本比重较小的项目，投资回收期较短。

(3) 项目技术含量程度。一般新产品、新技术及高科技项目，技术含量高，投资回收期较短。

例 9-1　某农药项目的投资及其现金流出和现金流入如表9-1所示，固定资产投资方向调节税为 0，计算项目投资回收期。若行业基准投资回收期为 9 年，问项目是否可行？

表 9-1　全部投资现金流量表(简化)　　单位：万元

项目＼年份	1	2	3	4	5	6	7	8	9	10	11
销售收入				800	880	960	960	960	960	960	960
回收流动资金											190
回收资产余值											90
固定资产投资	150	200	250								
流动资产			150	20	20						
经营成本				500	550	580	580	580	580	580	580
销售税金及附加				100	110	120	120	120	120	120	120
年净现金流量	－150	－200	－400	180	200	260	260	260	260	260	540
累计净现金流量	－150	－350	－750	－470	－270	－10	250	510	770	1 030	1 570

【解】　　净现金流量＝现金流入－现金流出

现金流入＝销售收入＋回收流动资金＋回收资产余值

现金流出＝固定资产投资＋流动资金＋经营成本＋销售税金及附加＋所得税

根据式(9-3)，结合表 9-1，投资回收期为

$$P_t=\left(7-1+\frac{|-10|}{260}\right)\text{年}=6.04\text{ 年}\quad\text{(包括建设期 3 年)}$$

因该项目投资回收期小于基准投资回收期 9 年，项目可行。

投资回收期的优点在于计算简便，易于理解，经济意义直观，反映了项目本身的资金回收能力，故常常被用于项目的风险分析及方案比较。对那些风险较大或技术更新较快的项目，其未来的现金流量具有很大的不确定性，应首选这一指标评价项目，因投资者最关心的是资金何时回收，其次才考虑利润的多少。投资回收期主要缺点是没有涉及投资回收以后的收益，即没有考虑整个项目计算期内的盈利情况，未反映资金的时间价值；另外，用它判别项目时，基准投资回收期难以确定。

例 9-2　某项目有 A、B 两个方案，A、B 方案的现金流量如表 9-2 所示，基准投资回收期为 4 年，计算投资回收期并分析方案。

表 9-2　A、B 方案净现金流量　　单位:万元

年　份	0	1	2	3	4	5	6
A 方案现金流量	−800	200	300	300	300	300	300
B 方案现金流量	−500	−300	320	380	500	550	600

【解】 先计算 A 方案投资回收期 P_t,有

$$\sum_{t=0}^{P_t}(CI-CO)_t=-800+200+300+300=0$$

解得

$$P_t=3\text{ 年}$$

同理,可计算出 B 方案投资回收期为 3.20 年,方案 P_t 均小于 4 年,都可行。若从投资回收期分析,A 方案优于 B 方案,但从表 9-2 投资回收之后的现金流量看,B 方案显然优于 A 方案,通过后面动态指标分析即可明确。仅根据投资回收期来判别方案优劣,可能导致错误的结论。故在使用投资回收期判别方案时,往往还要结合其他指标评价方案综合考虑。

2. 投资利润率(E)

该指标表示项目达到设计能力后的一个正常生产年份年利润总额与项目总投资的比率,表明单位投资年创造的利润额。若生产期内各年的利润总额变化幅度较大,可计算项目生产期内年平均利润总额与总投资的比率。投资利润率计算公式为

$$E=\frac{L_1}{K}\times 100\% \tag{9-4}$$

式中:E——投资利润率;

L_1——年利润总额;

K——总投资,K=固定资产投资+投资方向调节税+建设期利息+流动资金。

利润总额可依据损益表有关分析得到。财务评价时,将计算的投资利润率与行业平均投资利润率 E_c 相比,以判别项目单位投资盈利能力是否达到本行业的平均水平。若 $E \geqslant E_c$,项目可接受;否则,项目被拒绝。某些行业平均投资利润率的参数见表9-3。

3. 投资利税率(D)

投资利税率是指项目达到设计能力后的一个正常生产年份年利税总额与项目总投资的比率,表明单位投资年创的利税额。对于某些税大利小的项目要特别注重这一指标(烟草、酒类)。若生产期内各年的利税总额变化幅度较大,可计算项目生产期内年平均利税总额与总投资的比率。投资利税率的计算公式为

$$D=\frac{L_2}{K}\times 100\% \tag{9-5}$$

式中:D——投资利税率;

L_2——年利税总额,等于年产品销售收入减年总成本费用。

利税总额同样可依据损益表有关分析得到。在财务评价中,将计算的投资利税率与行业平均投资利税率 D_c 相比,以判别项目单位投资利税能力是否达到本行业的平均水平。若 $D \geqslant D_c$,项目可接受;否则,项目被拒绝。某些行业平均投资利税率的参数见表 9-3。

表 9-3　主要行业财务评价参数

行业类型	基准收益率/(%)	基准投资回收期/年	平均投资利润率/(%)	平均投资利税率/(%)
大型钢铁	9	14.3	9	14
特殊钢厂	10	12.0	9	15
露天煤开采	17	9.0	14	15
铜锌冶炼	11	11.5	13	21
铝电解	13	9.0	15	24
天然气开采业	12	8.0	10	12
长途电信业	10	11.0	11	13
重型机械	4	17.0	2	3
汽车	16	9.0	15	19
硫酸	10	10.0	12	20
纯碱	10	11.0	9	14
烧碱	12	10.0	15	23
氮肥	9	11.0	8	11
磷肥	10	11.0	14	16
农药	14	9.0	17	25
原油加工	12	10.0	4	10
合成纤维	12	10.6	11	15
制浆造纸	15	9.0	13	19
制盐	12	10.5	11	16
烟草	17	9.7	14	223
水泥	8	13.0	8	12

4. 投资收益率(R)

投资收益率运用较普遍，指项目达到设计能力后的一个正常生产年份的收益与项目投资总额的比率。若生产期内各年的收益变化幅度较大，可计算项目生产期内年平均收益与投资总额的比率。投资收益率的计算公式为

$$R=\frac{L_3}{K_0}\times 100\% \tag{9-6}$$

式中：R——投资收益率；

L_3——年收益额，L_3＝年利润总额＋折旧费＋摊销费＋利息，在全部投资现金流量计算中相当于所得税前现金流入减现金流出；

K_0——投资总额。

表 9-3 给出了国民经济一些主要行业财务评价参数，供参考。

需要说明的是：① 以下各参数适用于计算所得税前财务评价指标，各参数不含通货膨胀率，大中型项目可按照以下参数选取；② 基准收益率暂适合于动态及静态指标评价参数，未作区分。

2014 年以来,我国 CPI 基本不超 3%,故运用表 9-3 评价项目有较好的参考性。

从静态角度来看,投资收益率是投资回收期的倒数。在财务评价中,将计算的投资收益率与行业基准投资收益率 R_c 相比,以判别项目单位投资收益能力是否达到本行业的平均水平。若 $R \geqslant R_c$,项目可接受;否则,项目被拒绝。

上述三个以百分比表示的投资效率指标的优点是直观、计算简单,易于理解,便于对企业经营情况作横向和纵向比较;缺点是没有考虑资金的时间价值,没有反映项目经营的全部过程,评价方案时,行业基准指标有时难以确定。

例 9-3 承接例 9-1,项目建设期利息 100 万元,投产后项目第 1 年、第 2 年的总成本分别为 600 万元、650 万元,第 3 年至第 8 年总成本每年为 680 万元,农药行业基准指标见表 9-3。计算投资利润率、投资利税率、投资收益率,并评价项目。

【解】 项目总投资=固定资产投资+投资方向调节税+建设期利息+流动资金

=(600+0+100+190)万元=890 万元

项目投资总额=固定资产投资+投资方向调节税+流动资金

=(600+0+190)万元=790 万元

正常年份利润总额=销售收入-总成本-销售税金及附加

=(960-680-120)万元=160 万元

正常年份利税总额=销售收入-总成本

=(960-680)万元=280 万元

正常年份收益=现金流入-现金流出

=(960-700)万元=260 万元

根据计算式(9-4)、式(9-5)、式(9-6),分别求得:

$$E=\frac{L_1}{K}\times 100\%=\frac{160}{890}\times 100\%=17.98\%$$

$$D=\frac{L_2}{K}\times 100\%=\frac{280}{890}\times 100\%=31.46\%$$

$$R=\frac{L_3}{K_0}\times 100\%=\frac{260}{790}\times 100\%=32.91\%$$

计算结果均大于基准或平均指标,项目可以接受。

5. 资本金利润率(B)、税后资本金利润率(B_0)

资本金利润率是指项目达到设计能力后的一个正常年份的年利润总额或项目生产期内的年平均利润总额与资本金的比率,它反映投资项目资本金的盈利能力。其计算公式为

$$B=\frac{L_1}{K_c}\times 100\% \tag{9-7}$$

式中:B——资本金利润率;

K_c——资本金;

L_1 含义同前。

$$B_0=\frac{L_0}{K_c}\times 100\% \tag{9-8}$$

式中:B_0——税后资本金利润率;

L_0——税后利润。

对于股份制企业，若将资本金乘以每股净资产，并将其代入式(9-8)分母，则得到净资产利润率(税后)。该指标被用来衡量我国上市公司是否有资格获得配售新股的权利：若净资产利润率3年内年平均小于10%，或某一年小于6%，公司将被取消增发新股的资格。

(二) 动态评价指标

动态评价指标除了考虑资金的时间价值外，还分析项目整个寿命期内运营情况。它比静态指标更符合实际，计算更复杂一些。

1. 动态投资回收期(P_d)

动态投资回收期又称现值投资回收期，它是指在给定基准折现率条件下，用项目折现后的净现金收入偿还全部投资的时间。该指标克服了传统的静态投资回收期不考虑资金时间价值的缺点。动态投资回收期的表达公式为

$$\sum_{t=0}^{P_d}(CI-CO)_t(1+i_c)^{-t}=0 \tag{9-9}$$

式中：P_d——动态投资回收期；

i_c——基准折现率；

其他符号含义同前。

判别准则：在已知基准动态投资回收期 P_d^* 的情况下，若$P_d \leqslant P_d^*$，项目可以被接受，否则应予拒绝。

式(9-9)表达了项目从投资开始到累计折现净现金流量等于0时所需要的时间。现结合图9-2予以表明。

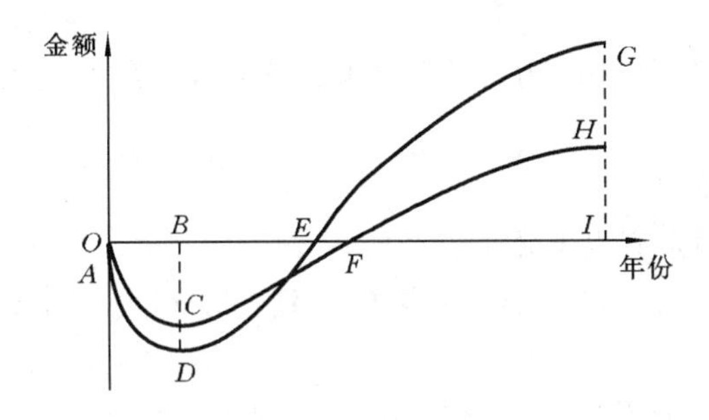

图9-2　累计(折现)净现金流量曲线图

图中一些点和线段的经济含义如下：

$ACFH$曲线——累计折现净现金流量曲线；

$ADEG$曲线——累计净现金流量曲线；

OF——动态投资回收期；

OE——静态投资回收期；

BC——投资总额现值；

BD——投资总额；

GI——累计净现金流量；

HI——净现值。

2. 净现值(NPV)

净现值是项目经济评价最重要的参数,是项目在整个计算期内获利能力的动态评价指标。它的定义是:按行业基准收益率或设定的折现率,将项目计算期内各年的净现金流量折现到建设期初的现值之和。所以又叫累计折现净现金流量。其表达式为

$$NPV = \sum_{t=0}^{n}(CI - CO)_t(1 + i_c)^{-t} \tag{9-10}$$

式中:NPV——净现值;

$(CI-CO)_t$——第 t 年的净现金流量;

n——项目计算期,建设期和生产服务年限的总和。

若项目期初一次投入,并且每年净现金流量相等,令$CF_t=(CI-CO)_t$,则

$$NPV=-CF_0+CF_t(P/A,i_c,n) \tag{9-11}$$

1) 净现值的判别准则

对单一项目而言:

$NPV>0$,表明项目实施后除实现预定的收益率外,尚可获得更高的收益现值,项目可接受;

$NPV=0$,表明项目实施后的收益率正好满足本行业的收益率标准,没有额外的收益现值,但并不是盈亏平衡,项目仍可接受;

$NPV<0$,表明项目一旦实施将达不到预定的收益率,项目不能接受,但并不一定亏损。

2) 净现值的经济含义

净现值的经济含义可表述为:在整个计算期内项目除能达到基本收益率外,还能对企业产生一定的超额净贡献。

例如,$i_c=10\%$时,$NPV=100$ 万元,表明项目实施后,除了达到 10%的收益率外,还有 100 万元的现值收益。

3) 影响净现值大小的因素

影响净现值大小的因素有以下几个。

(1) 折现率 i_c。i_c 越大,NPV 越小;当 i_c 大到一定程度,NPV 为负值,表明项目不能通过。

(2) 计算期。NPV 与计算期有关,但不如 i_c 明显。

(3) 净现金流量。

上述几个因素中,基准收益率的确定较为关键,定得过低或过高都会导致决策失误。确定 i_c 的基本方法是:按国家银行 1 年期以上的贷款利率加项目投资风险系数,再加上通货膨胀系数(如果通货膨胀率不能忽略的话)。但这个方法不确定性因素太多。当其难以把握时,可考虑以行业平均收益率作为基准收益率,但必须高于项目筹资成本。根据国外的经验,基准收益率应高于筹资成本 5 个百分点。此外,以最低希望收益率作为基准收益率也是实际工作中常采用的办法。所谓最低希望收益率主要体现投资者对资金时间价值的估计,它是在资金借贷成本、全部资金加权平均成本、项目投资机会成本中取最大者,然后加上项目投资风险系数及通货膨胀率。

根据权威部门调查分析,对多轮问卷收集意见后,部分行业的财务基准收益率(i_c)取值的统计归纳见表 9-4。

表 9-4　部分行业的财务基准收益率

行　业		(1) 高新技术产业				
		电子信息	生物医药	光机电	新材料	环保
i_c 取值范围	最可能值	23.7%	24.3%	20.7%	19.3%	12.0%
	最大值	30.0%	29.0%	25.0%	25.0%	15.0%
	最小值	17.7%	18.3%	16.0%	15.0%	9.0%
i_c 期望值		23.7%	24.1%	20.6%	19.5%	12.0%
i_c 标准方差		2.1%	1.8%	1.5%	1.7%	1.0%

行　业		(2) 房地产业			
		住宅	写字楼	酒店	其他公用设施
i_c 取值范围	最可能值	13.3%	13.3%	11.3%	7.0%
	最大值	15.7%	17.7%	14.7%	11.0%
	最小值	10.0%	9.3%	9.7%	5.0%
i_c 期望值		13.2%	13.4%	11.6%	7.3%
i_c 标准方差		0.9%	1.4%	0.8%	1.0%

行　业		(3) 农牧渔业		(4)	(5)	(6)	(7)
		种植养殖畜牧	现代农业	轻工纺织	石化	冶金	水利
i_c 取值范围	最可能值	9.5%	20.0%	11.3%	13.1%	9.7%	6.7%
	最大值	13.0%	25.0%	14.4%	18.3%	13.0%	10.3%
	最小值	8.0%	12.0%	9.7%	8.8%	7.0%	4.7%
i_c 期望值		9.8%	19.5%	11.5%	13.3%	9.8%	6.9%
i_c 标准方差		2.2%	2.2%	0.8%	1.6%	1.0%	0.9%

行　业		(8)交通运输				(9)	(10)	(11)
		公路	铁路	水运	民航	建材	石油	煤炭
i_c 取值范围	最可能值	7.8%	7.5%	7.0%	6.5%	13.7%	11.3%	8.0%
	最大值	10.4%	10.0%	10.0%	9.5%	19.7%	15.3%	12.5%
	最小值	5.6%	4.5%	4.5%	4.5%	10.0%	8.7%	6.0%
i_c 期望值		7.9%	7.4%	7.1%	6.7%	14.1%	11.6%	8.4%
i_c 标准方差		0.8%	0.9%	0.9%	0.8%	1.6%	1.1%	1.1%

行　业		(12) 电力			(13)	(14)
		火电	水电	核电	机械加工	邮电
i_c 取值范围	最可能值	11.0%	8.3%	9.0%	10.8%	9.3%
	最大值	15.3%	12.3%	11.0%	13.0%	13.3%
	最小值	8.8%	5.7%	7.0%	9.3%	6.0%
i_c 期望值		11.3%	8.6%	9.0%	10.9%	9.4%
i_c 标准方差		1.1%	1.1%	0.7%	0.6%	1.2%

续表

行业		(15) 市政					(16) 国防
		市内路桥	地铁轻轨	给水	污水	垃圾	
i_c 取值范围	最可能值	5.8%	5.0%	6.7%	4.9%	4.7%	4.5%
	最大值	7.5%	8.0%	8.2%	6.7%	7.0%	5.5%
	最小值	4.5%	3.0%	5.2%	3.9%	3.3%	4.0%
i_c 期望值		5.8%	5.2%	6.7%	5.0%	4.8%	4.6%
i_c 标准方差		0.5%	0.8%	0.5%	0.5%	0.6%	0.3%

4) 净现值的计算方法

计算项目的净现值按照如下步骤进行：

(1) 确定项目各年的净现金流量并绘制现金流量图；

(2) 选定合适的收益率作为计算 NPV 的折现率；

(3) 根据各年净现金流量变化情况确定计算公式或方法(还有一种采用列表计算的方法，参见前面现金流量表)。

例 9-4 根据表 9-1 提供的数据，当折现率为 10%时，计算项目的净现值，并分析项目的经济性。

【解】 根据已知数据绘制现金流量图(见图 9-3)。

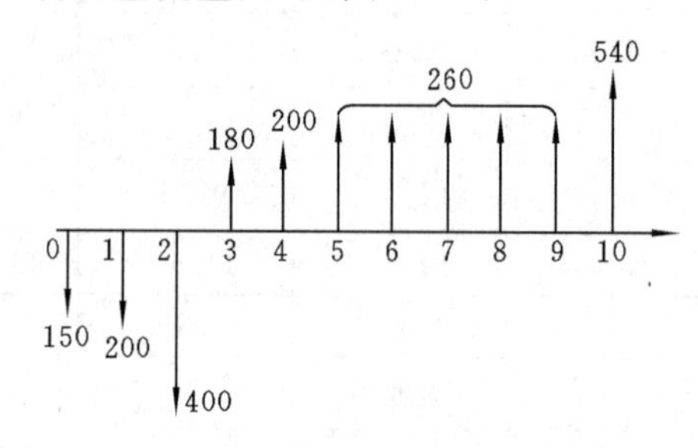

图 9-3 现金流量计算示意图

根据式(9-10)有

$$NPV=\left[\frac{-150}{(1+10\%)^0}+\frac{-200}{(1+10\%)^1}+\frac{-400}{(1+10\%)^2}+\frac{180}{(1+10\%)^3}\right.$$

$$\left.+\frac{200}{(1+10\%)^4}+260(P/A,10\%,5)(P/F,10\%,4)+\frac{540}{(1+10\%)^{10}}\right]\text{万元}$$

$$=(-390.56+260\times3.791\times0.683+208.19)\text{ 万元}$$

$$=490.84\text{ 万元}$$

5) 净现值指标的优缺点

净现值指标有如下优缺点：

(1) 优点是净现值反映了资金的时间价值，有较强的直观性，常用来判别项目是否有必要实施，无约束条件时用以判定最优方案；此外，净现值还反映了项目对企业或国民经济的净贡献；

(2) 缺点是净现值未反映资金的占用效率；计算中所选用的折现率因行业而异，不易确定。

6) 净现值函数及其特点

所谓净现值函数是指净现值与折现率之间的一种变化关系(见图 9-4)。它有如下特点：

(1) 折现率 i 越大，净现值 NPV 越小；

(2) 净现值曲线与横轴至少有一个交点；

(3) 曲线不同点上切线的斜率表明 NPV 对折现率 i 的敏感性；

(4) 多方案曲线图中，曲线与曲线之间至少应有一个交点。

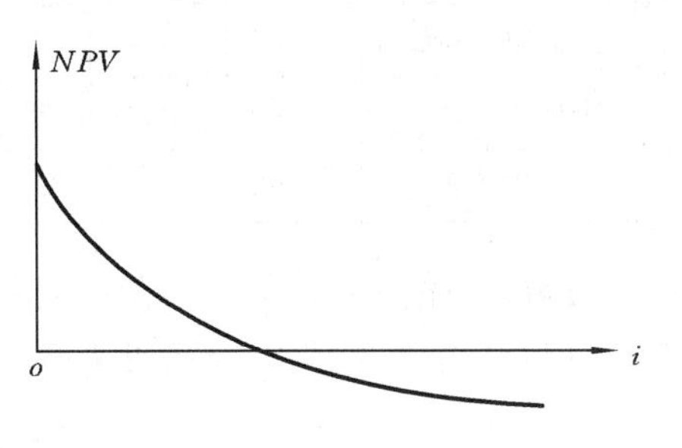

图 9-4　净现值函数曲线

净现值函数曲线的作用：通过对曲线的作图分析能直观地反映项目净现值对折现率的敏感程度，并获得其在横轴上的交点(该点具有重要意义)；在方案比较时，两曲线交点的横坐标是具有参考意义的相对经济指标。

净现值尽管广泛用于项目方案的经济效益评价，但它没有反映资金的利用效果。净现值最大的方案不一定是效率最高的方案，尤其是在资金受到限制时，问题更明显。所以还应有另一个能表明资金效果的指标，这就是净现值率。

3. 净现值率($NPVR$)

净现值率又称净现值指数，表示项目方案的净现值与投资总额现值之比，反映了资金利用的动态效果，是一种类似投资收益率的效率指标。当所比较的各方案资金受到限制时，用其对方案排序，能较好地求得最优组合方案。其计算公式为

$$NPVR = \frac{NPV}{K_{\mathrm{p}}} \tag{9-12}$$

式中：$NPVR$——项目的净现值率；

K_{p}——投资总额现值，$K_{\mathrm{p}} = \sum_{t=0}^{n} K_t(P/F,i,n)$；

K_t——各年的投资额，不包括利息，在实际工作中，用制表法计算时，一般从 $t=1$ 开始折现。

例 9-5　根据表 9-1 提供的数据，结合例 9-4，计算项目的净现值率。

【解】　将已知数据代入求投资总额现值有

$$K_{\mathrm{p}} = \sum_{t=0}^{n} K_t(P/F,i,n) = \left[\frac{150}{(1+10\%)^0} + \frac{200}{(1+10\%)^1} + \frac{400}{(1+10\%)^2}\right]\text{万元}$$

$$=662.4\ \text{万元}$$

则
$$NPVR = \frac{NPV}{K_{\mathrm{p}}} = \frac{490.84}{662.4} = 0.74$$

净现值率等于 0.74，表明该项目除保证 10% 的基准收益率外，每元投资现值还能获得 0.74 元的额外收益现值。

例 9-6　某项目有 10 个可行方案，资金限额为 700 万元，各方案投资及方案净现值如表 9-5 所示，资金均一次投入。问应该以什么样的组合才能获得最佳效益？

表 9-5　方案资料数据

方案	A	B	C	D	E	F	G	H	I	J
投资额/万元	210	100	200	240	180	160	260	150	140	260
净现值/万元	76	25	80	82	50	30	78	66	60	52
净现值率	0.362	0.250	0.400	0.342	0.278	0.188	0.300	0.440	0.429	0.200

【解】 先按净现值大小排序,再按净现值率大小排序,确定哪种方案更有利。

(1) 按净现值排序,结果见表 9-6。

表 9-6　方案按净现值排序

方案	D	C	G	A	H	I	J	E	F	B
投资额/万元	240	200	260	210	150	140	260	180	160	100
净现值/万元	82	80	78	76	66	60	52	50	30	25
净现值率	0.342	0.400	0.300	0.362	0.440	0.429	0.200	0.278	0.188	0.250

因受 700 万元资金限制,按以上排序分析,应优先考虑 D、C、G 方案,其投资额总和为 700 万元时,净现值总额为 240 万元。

(2) 再依据净现值率大小排序,确定方案组合,结果见表 9-7。

表 9-7　方案按净现值率排序

方案	H	I	C	A	D	G	E	B	J	F
投资额/万元	150	140	200	210	240	260	180	100	260	160
净现值/万元	66	60	80	76	82	78	50	25	52	30
净现值率	0.440	0.429	0.400	0.362	0.342	0.300	0.278	0.25	0.200	0.188

按第二种排序方法,在投资限额 700 万元的情况下,确定 H、I、C、A 4 个方案组合,其净现值总和为 282 万元。用净现值率方法排序组合,比净现值排序法多 42 万元。

本例说明:当资金有限时,使多方案优化组合,显然采用净现值率方法更合理,这能提高资金运用效率,得到最佳组合效果。

4. 净年值(NAV)

净年值又称等额年值,是与净现值判据等价的另一个指标。净年值是指通过资金回收系数等值换算,将项目净现值分摊到计算期内各年年末的一系列等额年值。简单地说,净年值即以资金回收系数乘以净现值。其表达式为

$$NAV = NPV(A/P, i_c, n) = \left[\sum_{t=0}^{n}(CI - CO)_t(1 + i_c)^{-t}\right](A/P, i_c, n) \tag{9-13}$$

式中:NAV——净年值;

$(A/P, i_c, n)$——资金回收系数;

其他符号含义同前。

净年值越大,表明项目方案的经济效益越好,由于$(A/P, i_c, n) > 0$,故用其判别项目的准

则同净现值完全一样。因此，两者对项目评价的结论是等效的。与净现值不同的是，净年值给出的参考值是计算期内每年的等额超额收益现值。当项目方案计算期不同时，用该指标选方案较简单。

净年值还有另一种表达式：

$$NAV = NFV(A/F, i_c, n)$$

$$= \left[\sum_{t=0}^{n}(CI - CO)_t(1+i_c)^t\right](A/F, i_c, n) \tag{9-14}$$

式中：$(A/F, i_c, n)$——偿债基金系数或基金存储系数；

NFV——净终值。

净终值是将各年的净现金流量按照基准收益率折算到项目最后一年的代数和的值。

例 9-7　承例 9-5，现金流量图见图 9-3。用以上两种方法计算项目的净年值。

【解】　方法 1：用现值法计算净年值。

已知$(A/P, 10\%, 10) = 0.162\ 75$，根据式(9-13)，得

$$NAV = NPV(A/P, i_c, n) = 490.84 \times 0.162\ 75 \text{ 万元} = 79.88 \text{ 万元}$$

方法 2：用终值法计算净年值，根据式(9-14)，得

$$\begin{aligned} NAV &= \left[\sum_{t=0}^{n}(CI - CO)_t(1+i_c)^t\right](A/F, i_c, n) \\ &= [-150(1+10\%)^{10} - 200(1+10\%)^9 \\ &\quad - 400(1+10\%)^8 + 180(1+10\%)^7 + 200(1+10\%)^6 \\ &\quad + 260(F/A, 10\%, 5)(F/P, 10\%, 1) + 540] \times 0.062\ 75 \text{ 万元} \\ &= 79.88 \text{ 万元} \end{aligned}$$

计算表明两种方法得到的结果一致。

5. 内部收益率(IRR)

内部收益率在理论方面的意义仅次于净现值。从净现值函数的概念及图 9-4 可知，随着折现率增加，净现值下降。当折现率增加到一定值时，净现值为零，这时的折现率称之为内部收益率。由此，内部收益率的定义可作如下描述：它是项目方案在计算期内各年净现金流量现值累计等于零时的折现率。简单地说，它是净现值为零时的折现率。

1) 内部收益率数学表达式

$$NPV = \sum_{t=0}^{n}(CI - CO)_t(1 + IRR)^{-t} = 0 \tag{9-15}$$

式中：IRR——内部收益率；

其他符号含义同前。

式(9-15)表明：

(1) 存在某一个折现率，使现金流入的现值之和等于现金流出的现值之和；

(2) 该折现率与净现值构成的坐标正好落在横轴某一点上；

(3) 该点是项目所能接受的最高折现率，称之为内部收益率。

之所以冠以“内部”二字，是因为项目所回收的资金始终用于项目之内(回收投资)，而没有用于别处。

从理论上说，内部收益率的范围为$-1 < IRR < \infty$，而对于绝大多数实际项目来说，$0<$

$IRR<\infty$。

内部收益率用于判断项目是否在经济上可行,衡量项目未回收投资的盈利能力。

2) 判别准则

当 $IRR \geqslant i_c$,项目在经济效果上可以接受;当 $IRR<i_c$,则项目在经济效果上不可接受。某些行业基准收益率参数见表 9-3。

3) 内部收益率的计算

式(9-15)不易直接求解,令 $CI-CO=F$,$x=\dfrac{1}{1+IRR}$,展开后方程为

$$F_0+F_1x+\cdots+F_{n-1}x^{n-1}+F_nx^n=0$$

上式为高次方程,从理论上说,方程应有 n 个根,而只有正实数根才有意义。根据笛斯卡尔符号规则,方程的正实根数量一定不大于系数正负符号变化的次数。对常规的投资项目而言,净现金流量的符号从负到正只变化一次,方程就只存在唯一的解,即内部收益率。尽管这样,方程的求解仍是很复杂的事情。通常采用"内插试算法"来求 IRR 的近似值。过程如下所述。

(1) 计算各年的现金流入量、现金流出量,两者之差为净现金流量。

(2) 选取试算的折现率 i_1,计算相应的 NPV_1。若 $NPV_1>0$,说明未知的 $IRR>i_1$;反之,说明欲求的 $IRR<i_1$。

(3) 选取 i_2 试算。若前述 $NPV_2<0$,则 i_2 应大于 i_1;反之,i_2 应小于 i_1。

(4) 由两个折现率计算的净现值 NPV_1、NPV_2 必须为一正一负(否则为外插试算法)。

(5) 用式(9-16)计算内部收益率。

$$i=i_1+\frac{NPV_1}{NPV_1+|NPV_2|}(i_2-i_1) \tag{9-16}$$

式中的 i 近似为 IRR。式(9-16)可根据图 9-5 以相似三角形原理求证。

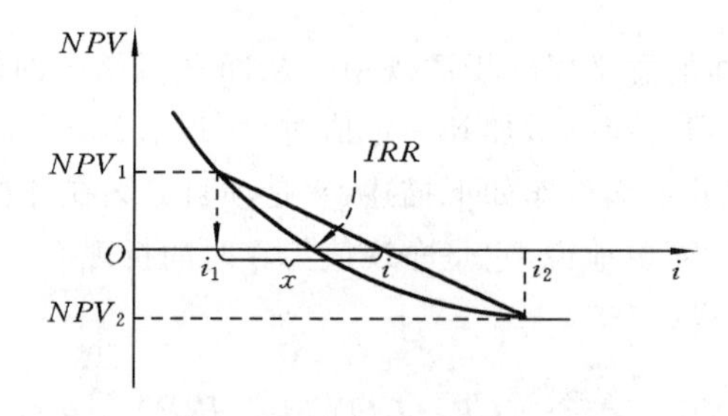

图 9-5 内插试算法图解

由于净现值曲线的弯曲性,用内插法计算 IRR 必须控制 i_1、i_2 的试差距离,否则计算误差较大。根据经验:若 $IRR \leqslant 10\%$,则 i_2 应选在 i_1 与 $i_1+1\%$ 之间;若 $10\%<IRR \leqslant 20\%$,则 i_2 应选在 i_1 与 $i_1+2\%$ 之间;若 $20\%<IRR \leqslant 30\%$,则 i_2 应选在 i_1 与 $i_1+3\%$ 之间。

例 9-8 根据表 9-1 所列数据,计算项目内部收益率。

【解】 当 $NPV=0$ 时,有

$$\frac{-150}{(1+IRR)^0}+\frac{-200}{(1+IRR)^1}+\frac{-400}{(1+IRR)^2}+\frac{180}{(1+IRR)^3}+\frac{200}{(1+IRR)^4}$$
$$+260\left[\frac{(1+IRR)^5-1}{IRR(1+IRR)^5}\right](1+IRR)^{-4}+\frac{540}{(1+IRR)^{10}}=0$$

欲求 IRR,设 $i_1=20\%$,代入上式得

$$NPV_1=(-150-200\times1.2^{-1}-400\times1.2^{-2}+180\times1.2^{-3}+200\times1.2^{-4}+260\times2.991\times1.2^{-4}+540\times1.2^{-10})\text{ 万元}=68.42\text{ 万元}$$

因 $NPV_1>0$,i_1 偏小,选 $i_2=23\%$,代入上式得

$$NPV_2=(-150-200\times1.23^{-1}-400\times1.23^{-2}+180\times1.23^{-3}+200\times1.23^{-4}+260\times2.8035\times1.23^{-4}+540\times1.23^{-10})\text{ 万元}=-6.30\text{ 万元}$$

利用式(9-16)可求得

$$i=0.20+\frac{68.42}{68.42+|-6.3|}\times(0.23-0.20)=0.2275$$

因 i 为 IRR 的近似值,故 $IRR=22.75\%$。

内部收益率几何图形的表示是净现值函数曲线在横轴交点的横坐标。

4）内部收益率的优缺点

内部收益率指标的优点是不需要事先确定基准收益率,以百分比表示项目的动态经济指标,直观简单,能较好地反映单位投资的效果。缺点是不能依靠其进行方案比较,否则,可能导致错误的结论;内部收益率计算复杂,概念较深奥,且非常规项目存在多重根,要进行常规化处理。

5）内部收益率的经济含义

内部收益率是研究项目方案全过程的动态经济效益指标,它并不是表示项目初始投资的收益率,而是指尚未回收投资余额的年利率。具体来说,它的经济含义可描述为:用以计算随着时间变化,寿命期内尚未回收投资余额收益的比率。为进一步理解内部收益率的经济含义,下面通过举例再作说明。

例 9-9　已知项目净现金流量如表 9-8 所示,要求制作投资余额本益和计算表,并绘制投资回收过程现金流量图。

表 9-8　年净现金流量表　　单位:万元

年　份	0	1	2	3	4	5	6
年净现金流量	−400	−350	220	250	300	300	300

【解】　先求 IRR,再根据 IRR 逐年计算未回收的投资、已回收投资等项数据。

根据式(9-15),设 $i_1=18\%$代入,则

$$NPV_1=[-400-350\times1.18^{-1}+220\times1.18^{-2}+250\times1.18^{-3}+300(P/A,18\%,3)(P/F,18\%,3)]\text{ 万元}=10.55\text{ 万元}$$

以 $i_2=20\%$代入,则

$$NPV_2=[-400-350\times1.20^{-1}+220\times1.20^{-2}+250\times1.20^{-3}+300(P/A,20\%,3)(P/F,20\%,3)]\text{ 万元}=-28.50\text{ 万元}$$

$$IRR=0.18+\frac{10.55}{10.55+|-28.50|}\times(0.20-0.18)=0.1854$$

用 $IRR=0.1854$ 作为计算投资余额收益的尺度,那么,到计算期末正好回收全部投资。

分析过程见表 9-9。

表 9-9 投资余额本益和计算表 单位:万元

年份	期初投资余额	投资余额时间价值	各年现金流量	期末投资余额本益和
0			−400	−400
1	−400	−74.16	−350	−824.16
2	−824.16	−152.80	+220	−756.96
3	−756.96	−140.34	+250	−647.30
4	−647.30	−120.01	+300	−467.31
5	−467.31	−86.64	+300	−253.95
6	−253.95	−47.08	+300	−1.03

再结合图 9-6,从现金流量运行的方式,进一步描述投资余额的回收过程,以加深对内部收益率经济含义的理解。

从表 9-9 及图 9-6 可知,在项目寿命期内始终存在着未回收的投资。只有当项目运行到最后一年,并且按照 *IRR* 的收益率,才正好回收了各年尚未回收的投资,而且这些未回收投资的收益也考虑在内。显然,内部收益率不是初始投资在整个寿命期内的收益率,否则到期无法回收全部投资的本益和。

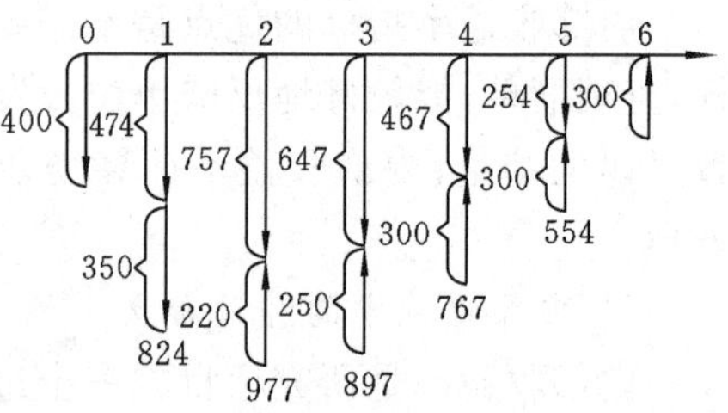

图 9-6 余额资金回收过程现金流量图

二、相对经济效益评价指标

项目评估不仅要求评价项目是否可行,还要求评价项目方案是否合理,方案是否最优。如果仅采用前面介绍的绝对经济效益指标法进行评价,不一定方便,有时甚至出现矛盾的结论。因此,还应采用相对经济效益指标法对互斥型方案选优。

在介绍相对经济效益指标前,应先了解项目方案的比较原理:方案之间是否可比,如果不可比,要做些可比性修正,找出不可比向可比转化的规律,从而保证方案比较结论的正确、可靠。要注意方案是否有条件约束(资金、人力约束等),计算期是否相同,效益是否相等,以便选用合适的比较方法和指标。

项目方案的比较原理必须具备四个可比原则:① 时间因素可比原则;② 价格指标可比原则;③ 消耗费用可比原则;④ 满足需要可比原则。在项目评估中,较常用的是①、②两个原则。

所谓时间因素可比原则,主要考虑两方面问题:一是经济寿命不同的项目方案进行比较时,应采用相同的计算期作为基础;二是项目方案在不同时期内发生的收入和费用,不能直接相加,必须考虑资金的时间价值。价格指标可比原则是指所比较的各方案必须采用合理、一致的价格。合理的价格指价格必须反映产品的价值,它是以资源最优配置的影子价格为基础的计算价格;一致的价格指价格的种类一致,要求各种方案的价格在时间及条件上应有可比性,不能因技术进步、市场行为、通货膨胀等因素而选用不同的价格。

从狭义方面来说，相对经济效益指标是指项目方案之间舍弃了相同部分，而只计算不同部分的经济效益指标；从广义方面来说，是对方案之间的费用、收入分别进行比较计算而得到的经济效益指标。按计算要素的不同，相对经济效益指标分为三类：一类是方案的产出（收入）基本相同，只比较方案的费用部分；第二类是方案的费用基本相同，产出（收入）不同，只比较方案的收入部分；第三类是方案的产出、费用均不同，分别对收入、费用差额部分比较。这三类指标还可以分为动态、静态指标，这些内容将在下面分别予以介绍。

1. 费用现值（PC）

费用现值是指不同方案中计算期内收入相同的情况下，将各年费用按基准收益率换算为基准年的现值。项目方案的费用包括投资和经营成本，分析时要求计算期必须相同才具有可比性。显然，费用现值越小，方案的优点越明显，效果越好。费用现值的表达式为

$$PC = \sum_{t=0}^{n} CO_t(P/F, i_c, n) \tag{9-17}$$

式中：CO_t——年费用，因不考虑收益，可将所有费用视为正值。

各年费用可表示为

$$CO_t = (K_0 + C - K_s - K_c)_t$$

式中：K_0——投资总额（不包括利息）；

C——年经营成本；

K_s——固定资产残值（寿命期末回收）；

K_c——寿命期末回收的流动资金。

式(9-17)又可表示为

$$PC = \sum_{t=0}^{n} (K_0 + C - K_s - K_c)_t (P/F, i_c, n) \tag{9-18}$$

当项目资金一次投入时，其后各年费用相等，式(9-18)可简化为

$$PC = K_0 + CO(P/A, i_c, n) \tag{9-19}$$

例 9-10　某盐业公司拟将地下采取的部分矿盐（卤水）以 30 万立方米/年的量输送到 100 千米外的化工厂作烧碱原料。有三种输送方案：一为火车槽罐运输；二为管道输送；三为船运。假设三种方式的运输距离相等，铁路运输每立方米运价 6 元；管道运输方案期初投资 1 100 万元，当年建成投入运行，年经营费用及维护费 45 万元，设备残值率 3%，寿命期 10 年；船运方案则需购买 4 只船，计 880 万元，年经营费用及维护费 95 万元，返程时可保证的货运年收入预计40万元，需流动资金 190 万元，船舶残值率 5%，寿命期也是 10 年。基准收益率为 8%，试评价公司应采用哪种输送方案。

【解】　项目划分属于第一类情况，只比较费用部分，根据式(9-18)分别计算费用现值。

铁路运输费用现值为

$$PC_1 = 30 \times 6 \times (P/A, 8\%, 10)\text{万元} = 180 \times 6.71\ \text{万元} = 1\ 207.80\ \text{万元}$$

管道运输费用现值为

$$\begin{aligned} PC_2 &= [1\ 100 + 45 \times (P/A, 8\%, 10) - 1\ 100 \times 3\% \times (P/F, 8\%, 10)]\ \text{万元} \\ &= (1\ 100 + 301.95 - 33 \times 0.463\ 2)\ \text{万元} = 1\ 386.66\ \text{万元} \end{aligned}$$

船舶运输费用现值为

$$PC_3 = [880 + 190 + (95 - 40) \times (P/A, 8\%, 10)$$

$-(190+880\times5\%)\times(P/F,8\%,10)]$万元

$=(1\ 070+369.05-234\times0.463\ 2)$万元$=1\ 330.66$万元

火车槽罐运输费用现值较低,故应选用火车方案。

2. 总折算费用(U)

如果不考虑资金的时间价值,则与费用现值PC对应的U称为总折算费用。显然,这是一静态指标,其含义是:方案的投资与基准投资回收期乘以年总费用之和。其表达式为

$$U = K + P_c C \tag{9-20}$$

式中:U——总折算费用;

K——总投资(包括利息及流动资金);

P_c——行业基准投资回收期;

C——年总费用。

式(9-20)还可表示为

$$U = K + \frac{1}{R_c}C \tag{9-21}$$

式中:R_c——基准投资收益率(静态)。

方案判别准则:以总折算费用小的方案为优。

3. 等额年费用(AC)

所谓等额年费用是指将方案费用现值通过资金回收系数等值换算,分摊到计算期内各年年末的一系列相等的费用。简单说,等额年费用即以资金回收系数乘以费用现值。

等额年费用适合于寿命期不同方案之间的比较,这类方案本来是不具有可比性的,但经过等值换算,就将方案的不可比性变成可比性了。

等额年费用表达式为

$$AC = \Big[\sum_{t=0}^{n} CO_t(P/F,i_c,n)\Big](A/P,i_c,n) \tag{9-22}$$

或

$$AC = \Big[\sum_{t=0}^{n}(K_0 + C - K_s - K_c)_t(P/F,i_c,n)\Big](A/P,i_c,n) \tag{9-23}$$

式中:AC——等额年费用;

其他符号含义同前。

若投资为期初一次投入,以后各年经营费用相等,式(9-23)可根据第六章推导的式(6-12)得到

$$AC = C + (K_0 - K_{sc})(A/P,i_c,n) + K_{sc}i_c \tag{9-24}$$

式中:K_{sc}——计算期末回收的固定资产残值与流动资金之和;

其他符号含义同前。

方案判别准则:以年费用小的方案为优。

例 9-11 某企业拟上一小发电项目,以缓和用电矛盾。现提出两个方案,发电能力相同。一是柴油机发电,需一次投资 400 万元,流动资金 50 万元,每年经营费用 75 万元,寿命期 8 年,净残值率 4%;二是利用附近的小瀑布进行水力发电,但需要投资 800 万元,年操作费用 15 万元,寿命期 12 年,净残值率 5%。假设电力系统资金的时间价值为 10%,试评价企业应选择

哪种方案。

【解】 该案例因各方案寿命期不相等,不符合时间可比原则,因此,要作可比性修正。方法一是以两方案寿命期的最小公倍数24年作为计算期,在费用现金流量图上各延长3倍、2倍,使之时间上可比,再行计算;方法二是采用等额年费用法,即采用式(9-24)进行计算。显然,方法一较复杂,现依据方法二解题。

柴油机发电方案等额年费用为

$$AC_1 = [75 + (400 - 50 - 400 \times 0.04)(A/P, 10\%, 8) + (50 + 16) \times 10\%] \text{万元} = (75 + 62.59 + 6.6) \text{万元} = 144.19 \text{万元}$$

水力发电方案等额年费用为

$$AC_2 = [15 + (800 - 800 \times 0.05)(A/P, 10\%, 12) + 40 \times 10\%] \text{万元} = (15 + 111.57 + 4) \text{万元} = 130.57 \text{万元}$$

$AC_2 < AC_1$,应选择水力发电方案。

4. 年折算费用(U')

如果不考虑资金的时间价值,与等额年费用AC对应的U'称为年折算费用,显然,这也是一静态指标。其含义是:年总成本与总投资的年基准投资收益之和。其表达式为

$$U' = C + KR_c \tag{9-25}$$

式中:U'——年折算费用;

其他符号含义同前。

采用U'判别方案,其准则与用总折算费用U相同,当遇到某些项目方案无法或没有必要指定寿命期时,往往采用这类指标来评价方案。

例9-12 某证券公司易地营业,其中在空调系统决策方面存在两种方案:一是中央空调集中送风;二是空调机分散送风。方案一需投资30万元,年操作费用2.2万元;方案二需投资20万元,年操作费用4万元。若行业基准投资收益率12%,试评价该公司应如何决策。

【解】 根据题意,采用比较U'或U均可得到结果。

$$U'_1 = (2.2 + 30 \times 0.12) \text{万元} = 5.8 \text{万元}$$

$$U'_2 = (4.0 + 20 \times 0.12) \text{万元} = 6.4 \text{万元}$$

因$U'_1 < U'_2$,应采用中央空调方案。

此外,用总折算费计算方法采用式(9-21),代入相关数据即可得到相同的结果。

以上评价指标未从差额角度进行计算,缺乏某些可比性条件,不好比较。在项目方案的计算期相同,某些参数一致的情况下,方案比较采用差额指标更为简便。

5. 差额费用现值(ΔPC)与差额净现值(ΔNPV)

用这类指标比较方案,一般要求无约束条件(如能保证充分提供资金、原材料等),并且具有可比性。

1) 差额费用现值

差额费用现值是指被比较的两个方案费用现金流量差额的现值之和。其表达式为

$$\Delta PC = \sum_{t=0}^{n} \frac{\Delta CO_t}{(1 + i_c)^t} \tag{9-26}$$

式中:ΔPC——差额费用现值;

ΔCO——差额费用现金流量；

其他符号含义同前。

运用差额费用现值比较方案，规定投资小的方案为方案1，投资大的方案为方案2，以方案2参数减方案1参数进行计算。得到的ΔPC可按照如下规则来判断：若$\Delta PC>0$，以固定资产投资小的方案为优；若$\Delta PC<0$，以固定资产投资大的方案为优。

当被比较方案的投资均为期初一次投入，其后各年差额费用流量相同，则式(9-26)可简化为

$$\Delta PC = \Delta K_0 + \Delta C(P/A, i_c, n) \tag{9-27}$$

式中：ΔK_0——差额固定资产投资；

ΔC——差额经营成本(系列等额值)。

例 9-13 承案例9-10，比较火车槽罐运输方案与管道运输方案的经济性，各参数不变。

【解】 火车槽罐运输方案投资为零，小于管道运输方案投资，称为方案1，应用式(9-27)，则差额费用现值为

$$\begin{aligned}\Delta PC =& [1\,100 - 0 + (45 - 30 \times 6)(P/A, 8\%, 10) - 1\,100 \times 3\% \\ & \times (P/F, 8\%, 10)]\text{万元} = (1\,100 - 905.85 - 15.29)\text{万元} = 178.86\text{万元}\end{aligned}$$

因$\Delta PC>0$，应选投资小的火车槽罐运输方案。

2) 差额净现值

当被比较的方案属第三类情况，即方案的产出、费用均不同，资金无约束，而又具有可比性时，则适合用差额净现值选择方案。

差额净现值是指被比较的两个方案净现金流量差额的现值之和。其表达式为

$$\Delta NPV = \sum_{t=0}^{n} \frac{(\Delta CI - \Delta CO)_t}{(1+i_c)^t} \tag{9-28}$$

式中：ΔCI——差额现金流入；

ΔCO——差额现金流出。

计算ΔNPV时，规定投资小的方案为方案1，投资大的方案为方案2，以方案2参数减方案1参数来计算。用ΔNPV判别方案可按照如下规则：若$\Delta NPV>0$，以固定资产投资大的方案为优；若$\Delta NPV<0$，以固定资产投资小的方案为优。

当被比较方案的投资均为期初一次投入，其后各年差额净现金流量相同时，则式(9-28)可简化为

$$\Delta NPV = -\Delta K + \Delta NF(P/A, i_c, n) \tag{9-29}$$

式中：ΔNF——两方案差额净现金流量(等额系列值)；

其他符号含义同前。

例 9-14 某投资者打算将资金用以购买证券投资基金，有两种策略：一是投入100万元，做中长线，根据经验，预计每季度盈利5万元，操作成本0.2万元；另一种策略是投入120万元，请短线高手操作，按合同保证每季度盈利7万元，操作成本(包括收益提成)1.4万元。两种情况均以3年为期，若资金机会成本收益率为每季3%(即资金在一级市场中签的收益率)，在资金无约束的情况下，试分析该投资者应如何决策？

【解】 根据题意采用式(9-28)计算，以“季”为时间单位，共12季。

$$\Delta NPV = [-120 - (-100) + (5.6 - 4.8)(P/A, 3\%, 12)]\text{万元}$$

$= (-20 + 0.8 \times 9.954)$ 万元 $= -12.04$ 万元

因 $\Delta NPV < 0$，应考虑投入小的策略，做中长线操作。

6. 差额投资回收期(ΔP_t)与差额投资收益率(ΔR)

在项目方案产出基本相同，投资、年成本不同情况下，如果不考虑资金的时间价值，可采用 ΔP_t、ΔR 两个指标来评价项目方案。

1) 差额投资回收期(相对投资回收期)

当各方案的投资都一次投入时，年成本比较稳定。投资大的方案通常年成本低，投资小的方案通常年成本高。确定这种类型方案的优劣，可采用差额投资回收期法。该指标的定义是：用年成本的节约额逐年回收因投资增加所需要的年限。其表达式为

$$\Delta P_t = \frac{K_2 - K_1}{C_1 - C_2} \tag{9-30}$$

式中：K_1，K_2——方案 1,2 的投资总额，$K_1 < K_2$；

C_1，C_2——方案 1,2 的年成本，$C_1 > C_2$。

用差额投资回收期判断方案的优劣，要求与基准投资回收期 P_c 相比较：当 $\Delta P_t < P_c$ 时，表明增加的投资能以小于基本要求的时限较快回收，应选投资大的方案；反之，则无需增加投资，选投资小的方案。

有关的案例，可参见第四章关于厂址选择方法的介绍。

2) 差额投资收益率

差额投资收益率又称追加投资效果系数或相对投资效果系数。其含义是：增加投资所带来的年成本节约额之效率。其表达式为

$$\Delta R = \frac{C_1 - C_2}{K_2 - K_1} \times 100\% \tag{9-31}$$

用差额投资收益率判断方案的优劣，要求与基准投资收益率 R_c 相比较：当 $\Delta R > R_c$ 时，表明增加投资能达到好的节约效果，应选投资大的方案；反之，则无需增加投资，选投资小的方案。

基准投资收益率 R_c 与基准收益率(基准折现率) i_c 容易混淆，它们究竟存在什么样的关系呢？

根据静态与动态的差别，从增量角度分析，结合式(9-31)有

$$R_c < \frac{\Delta C}{\Delta K}$$

而年费用节约 ΔC 应大于投资增加 ΔK 的年资金回收值，从图 9-7，根据式(6-11)有

$$\Delta C > \Delta K \frac{i_c(1+i_c)^n}{(1+i_c)^n - 1}$$

因此下式成立：

$$R_c = \frac{i_c(1+i_c)^n}{(1+i_c)^n - 1} \tag{9-32}$$

例如，当 $i_c = 10\%$，项目寿命期 $n = 12$ 年时，代入式(9-32)有

$$R_c = \frac{0.10(1+0.10)^{12}}{(1+0.10)^{12} - 1} = 0.146\ 8$$

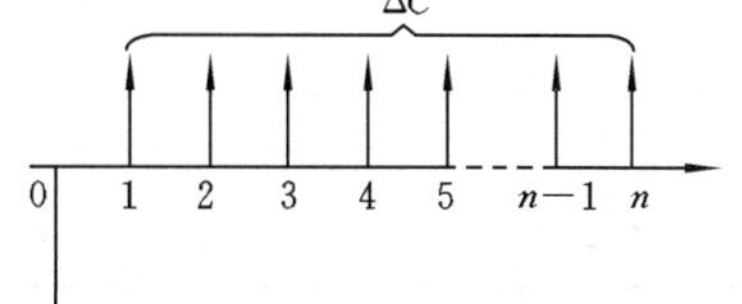

图 9-7　一次投资与等额年费用图

基准投资收益率 R_c 与基准收益率 i_c，在什么情况下才相等？从式(9-32)分析，只有当 n

趋于无穷时,才有这种可能。评估项目时,要注意在确定参数过程中基准投资收益率 R_c 与基准收益率 i_c 的概念区别及变换关系。

7. 差额内部收益率(ΔIRR)

差额内部收益率是指两个方案各年净现金流量差额的现值之和等于零时的折现率。或者说,两方案净现值(或净年值)相等时的折现率。在两方案寿命期相同的情况下,差额内部收益率的表达式为

$$\sum_{t=0}^{n} \frac{(\Delta CI - \Delta CO)_t}{(1+\Delta IRR)^t} = 0 \tag{9-33}$$

式中:ΔCI——两方案差额现金流入,即 $CI_2 - CI_1$;

ΔCO——两方案差额现金流出,即 $CO_2 - CO_1$。

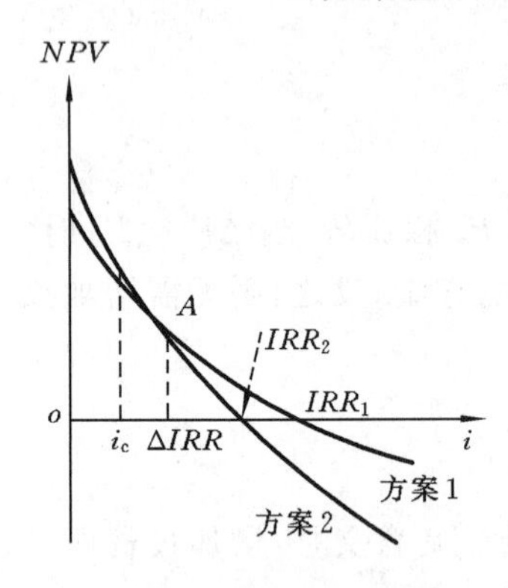

图 9-8　差额内部收益率示意图

图 9-8 中,方案 2 投资大于方案 1,它们的净现值曲线交点坐标 A 表明两方案净现值相等,其对应横轴上的值即为差额内部收益率。

用差额内部收益率选择方案的准则是:当 $\Delta IRR > i_c$ 时,投资(现值)大的方案为优;$\Delta IRR < i_c$ 时,投资(现值)小的方案为优。

两方案净现值曲线在横轴上的交点为各自的内部收益率。如果按内部收益率大小来选择方案,则应选方案 1。而折现率为 i_c 时,$NPV_2 > NPV_1$,方案 2 优于方案 1。结论相矛盾。按净现值最大准则来选择方案,可以解释这种矛盾:在交点 A 的左边,$NPV_2 > NPV_1$,应选方案 2;在交点 A 的右边,$NPV_1 > NPV_2$,应选方案 1。差额内部收益率选择方案的准则也能解释这种矛盾。内部收益率最大不能保证比选结论的正确性,因此,一般不采用内部收益率指标进行方案比较,而采用净现值或差额内部收益率来比较方案。净现值最大准则是正确的判断准则(同样适合净年值最大、费用现值或费用年值最小准则)。

例 9-15　某公司成立计算中心,有两个购置设备的方案:方案 1 是以中型计算机带一系列终端,需投资 400 万元;方案 2 是购买一批个人电脑,需投资 500 万元。其他数据见表9-10。若基准折现率为 12%,问公司应选择哪个方案?

表 9-10　方案投资及年经营成本　　　　单位:万元

方案 \ 年份	0	1	2	3	4	5	6	期末残值
方案 1	−400	−60	−60	−60	−80	−80	−80	+100
方案 2	−500	−50	−50	−50	−60	−60	−60	+150

【解】　方案属费用类,有几种比较方法,本例用差额内部收益率方法判据(不能用内部收益率法,而且也无法得到内部收益率)。

根据式(9-33),因 $\Delta CI=0$,则有

$$-100+10(P/A,\Delta IRR,3)+20(P/A,\Delta IRR,3)(P/F,\Delta IRR,3)$$

$+50(P/F,\Delta IRR,6)=0$

将系数展开，用内插法求得 $\Delta IRR=7.57\%$（计算步骤与求解内部收益率步骤一样）。

因 $\Delta IRR<i_c(i_c=12\%)$，应选择投资小的方案，即方案 1。

第三节　多方案比选与决策

所谓多方案比选，是指当项目包括两个以上的方案或项目群时，采用合适的方法，确定最佳方案或组合。由于投资决策是一项复杂的系统性工程，在现实工作中，一个项目往往有许多可供考虑的方案，比选寻找最优方案，仅仅靠掌握一些评价指标，而不正确使用评价方法，就可能达不到最佳效果。

例如围绕黄河下游防洪和减淤的问题，我国科研人员进行了几十年的考察和研究，产生了多种治黄方案，综合后摆在党和国家领导人案头的共有 11 套之多，这些方案都有很强的科学性。如黄河下游大改道方案、兴建龙门水利枢纽方案、利用黄河滩区放淤方案、增大三门峡水库拦蓄洪水作用方案、小浪底水利枢纽工程方案，等等。经过各方面专家论证，科学细致的权衡及评价比较，人们的目光不约而同地投向了小浪底水力枢纽工程方案，认为这是当前最佳也是最为现实的方案，技术上可行，经济上合理，作用上明显，有其他方案难以代替的优势。这体现了多方案比选后科学决策的好处。

一、独立型方案的比选

1. 独立型方案的特点

采用独立型方案，有以下特点：

(1) 某一方案的采纳，不影响其他方案的现金流量；

(2) 在条件不受限制时，可同时采纳几个方案；

(3) 在条件受限制时，进行最优组合分析，组内方案具有独立性，组际之间互相排斥；

(4) 采纳的各方案其价值型指标可以相加，比率型指标按加权平均求综合值。

独立型方案是否采用，取决于方案本身的经济效益指标，只需通过绝对经济效益指标检验，方案即可成立。

2. 方案比选的原则

方案比选有以下原则：

(1) 各方案只作自身经济效益指标检验，不作横向比较；

(2) 投资相同的方案，资金不受限制，通常以净现值为判据，净现值大的方案优先；

(3) 投资不相同的方案，资金不受限制，通常以净现值或内部收益率为判据；若资金受限制，在通过绝对经济指标检验后，先以净现值率排序，再确定最佳组合；

(4) 最佳组合确定的原则是以组合净现值或加权内部收益率最大组合为优。

例 9-16　某农药厂一项目有百菌灵、敌敌畏、乐果、速灭威、叶蝉散、灭草丹、敌杀死七个品种，为独立型方案，分别以 A～G 命名，资金都是期初一次投入，其后各年净现金流量相等，资金限制在 4 000 万元，基准收益率为 10%，其他有关数据如表 9-11 所示。试确定最佳投资组合。

表 9-11　独立型方案计算参数

方案	A	B	C	D	E	F	G
投资/万元	700	900	1 100	1 300	1 600	2 200	1 800
NPV/万元	200	195	150	198	144	320	－80
IRR/%	27.5	20.5	16.8	18.5	13.3	17.4	8.92
NPVR	0.285 7	0.216 7	0.136 4	0.152 3	0.090 0	0.145 5	—

【解】　该案例类似例 9-6,在此作更深入分析。

案例中有六个方案通过绝对经济效益指标检验(G 方案淘汰),对于独立型方案,可形成 2^n 个组合(n 为方案个数,本例 n 等于 6),共有 64 种组合,组合中所包含方案个数的分布情况可用杨辉三角形底层数据反映(见图 9-9)。若对各组合一一比较来确定最佳组合是很复杂的,其中三方案组合就有 20 种,四方案组合 15 种。由于资金的约束及优先考虑净现值率高的方案,则值得重视的组合数量不多。又由于组际间互斥,在 64 个组合中只能确定一个最优组合。案例中 E 方案净现值率太低,不考虑。这样,单方案组合、双方案组合未超过资金限制的分别只有 5 种和 10 种;三、四方案组合未超过资金限制的项目分别为 5 种和 1 种;五、六方案组合均超过资金限额。要求接近或等于 4 000 万元的组合才考虑,经过这样几个条件的限制,可供参考的组合方案列成表 9-12。

1
1　1
1　2　1
1　3　3　1
1　4　6　4　1
1　5　10　10　5　1
1　6　15　20　15　6　1
六方案组合　五方案组合　四方案组合　三方案组合　两方案组合　单方案组合　无方案组合

图 9-9　以杨辉三角形底数表示的组合分布情况

表 9-12　方案组合后经济效果指标

组合方案	DF	CF	ACF	BCD	ABF	ABCD
组合投资/万元	3 500	3 300	4 000	3 300	3 800	4 000
组合 *NPV*/万元	518	470	670	543	715	743
组合 *IRR*/%	16.83	15.94	19.00	17.00	19.49	20.06

显然,ABCD 组合方案在组际互斥、组内独立评价原则下,能满足经济指标最大化要求,为最优组合。

组合方案内部收益率计算公式为

$$IRR = \frac{\left(\sum_{i=1}^{n} K_i IRR_i\right) + i_c\left(K - \sum_{t=1}^{n} K_i\right)}{K} \tag{9-34}$$

式中:K——投资限额;

K_i——组内各方案投资;

IRR_i——各方案内部收益率;

i_c——基准收益率。

二、互斥型方案的比选

互斥型方案是方案相关性的一种极端情况。

评价互斥型方案的比选要考虑各自的经济效果,先经过绝对经济效益指标筛选,然后以相对经济效益指标对方案选优。互斥型方案分为寿命相同及寿命不同两种情况,评选时要求方案之间具有可比性。评价的步骤如下:

(1) 按方案投资额从小到大排序;

(2) 依次计算各方案的绝对经济效益指标,淘汰不合格的方案;

(3) 两两方案进行相对经济效益分析,优胜劣汰,逐对比较,直至最终存在者为最优方案。

对于寿命期相同方案的比较,可采用净现值法、差额内部收益率法、费用现值法,还可采用其他相对经济指标方法或静态指标方法比选。

对于寿命期不相同方案的比选,应该设法满足方案的可比性,主要是时间的可比性,一般有三种办法。

一是寿命期最小公倍数法,其思路是取各方案寿命期的最小公倍数作为共同的分析期,并假定能在各方案寿命期结束后按原方案重复实施若干次。进行比选时可用净现值、费用现值等方法。

二是分析期截止法,其思路是根据需要直接选取一个适当的分析期作为各方案评价的共同分析期。对寿命短于此分析期的方案,则重复实施;对寿命长于分析期的方案,将剩余寿命期内的资产净值置于分析期末以固定资产余值回收。

三是采用净年值法或等额年费用法。这种方法较简单,应用普遍。

下面就最小公倍数法举例加以说明。

例 9-17 某化工厂在选择功能相同离心机时有三种可供参考的型号,具体参数见表 9-13。

表 9-13 案例设备参数表

项　　目	离心机 A	离心机 B	离心机 C
初始投资/元	30 000	40 000	50 000
服务寿命/年	4	6	6
年运行费用/元	5 000	4 000	3 500
残值/元	1 500	3 200	5 000

若基准收益率为 10%,采用费用现值最小公倍数方法比选方案。

【解】 设备功能相同,直接进行费用类相对经济效益指标比较,先将离心机 A 与离心机 B 相比。

根据设备各自寿命期,知其最小公倍数为 12 年,绘制离心机 A、离心机 B 费用现金流量图,如图 9-10 所示。

计算两者的差额费用现值:

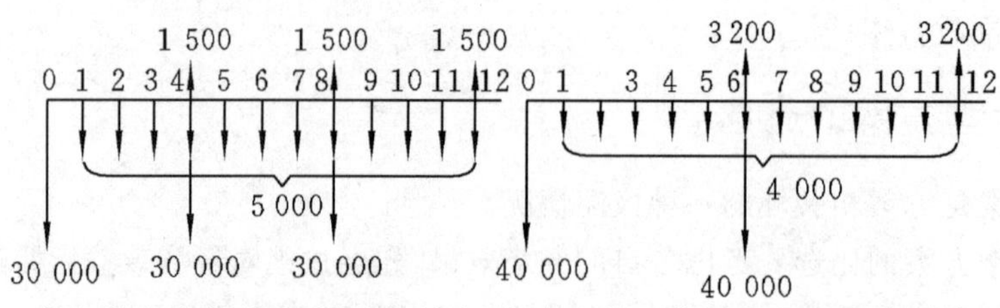

图 9-10　离心机 A、离心机 B 最小公倍数费用现金流量图

$$
\begin{aligned}
\Delta PC &= PC_{B} - PC_{A} \\
&= [40\,000 - 30\,000 - 1\,000(P/A,10\%,12) \\
&\quad + (40\,000 - 3\,200)(P/F,10\%,6) \\
&\quad + (-3\,200 + 1\,500)(P/F,10\%,12) \\
&\quad - (30\,000 - 1\,500)(P/F,10\%,4) \\
&\quad - (30\,000 - 1\,500)(P/F,10\%,8)]\text{元} \\
&= (10\,000 - 6\,814 + 20\,773 - 542 - 19\,466 - 13\,295)\text{元} \\
&= -9\,344\text{元}
\end{aligned}
$$

因 $\Delta PC<0$,以选投资大的离心机 B 为好,然后将离心机 B 与离心机 C 进行比较。(图略)

$$
\begin{aligned}
\Delta PC &= PC_{C} - PC_{B} \\
&= [50\,000 - 40\,000 + (3\,500 - 4\,000)(P/A,10\%,6) \\
&\quad - (5\,000 - 3\,200)(P/F,10\%,6)]\text{元} \\
&= (10\,000 - 2\,178 - 1\,016)\text{元} = 6\,806\text{元}
\end{aligned}
$$

因 $\Delta PC>0$,离心机 C 被淘汰,最终选择投资小的离心机 B。

三、混合型方案的比选

混合型方案指在一定约束条件下,既有独立型方案又有互斥型方案的组合方案。在这种情况下,需考虑各个方案之间的相互影响及决策时的关系,还需考虑组内方案的影响。因此,最终选择的不是单项方案,而是最优组合方案。

混合型方案比选的原则及程序是:

(1) 形成各种组合方式,组间独立,组内方案互斥;

(2) 以互斥型方案的比选原则进行组内方案的比较;

(3) 在总资金限额下,以独立型方案比选原则选择最优方案组合。

例 9-18　某投资公司有 10 000 万元资金,欲投入到资本市场。为分散风险并获得最优投资回报,计划同时参与三种渠道的投资活动:一是买证券投资基金;二是购买绩优股票;三是参与一级市场认购新股。存在各种渠道投资组合问题:买何种证券投资基金?买哪种股票?认购什么新股?它们各投入多少资金?根据详细调究,形成表 9-14 投资及预期收益计划。每种投资渠道只能选取一种方案,基准投资收益率 R_c 为 12%,试确定最佳组合。

表 9-14　某公司投资方案计划表　　单位:万元

A:买基金	投资额	年收益	B:买股票	投资额	年收益	C:买新股	投资额	年收益
方案 A1	3 500	430	方案 B1	2 000	260	方案 C1	2 500	310
方案 A2	4 000	540	方案 B2	3 000	415	方案 C2	3 500	450
方案 A3	4 500	590	方案 B3	5 000	640	方案 C3	4 500	590

【解】 这是求混合方案的最优组合问题。由于未要求投资年限,可用静态指标方法,步骤如下所述。

第一步:形成方案组合。三种投资渠道,各种渠道(组内)方案互斥,共形成 3^3 即 27 种组合方式,从中确定最优解。

第二步:组内方案比选。根据互斥方案的比选原则,先以绝对经济效益指标衡量,投资收益率均大于 12%,表内 9 个方案均通过绝对经济效益指标检验。然后采用相对经济效益指标,即差额投资收益率(ΔR)进行比选。公式为

$$\Delta R = \frac{L_2 - L_1}{K_2 - K_1} \times 100\%$$

式中,L 表示收益,K 表示投资。将比选结果列入表 9-15。

表 9-15　各互斥方案相对差额投资收益率

比选方案	A1－A0	A2－A1	A3－A2	B1－B0	B2－B1	B3－B2	C1－C0	C2－C1	C3－C2
ΔR/(%)	12.29	22.00	10.00	13.00	15.50	11.25	12.40	14.00	14.00

表中 A0、B0、C0 方案指不投资,$\Delta R_{A3\text{-}A2}$、$\Delta R_{B3\text{-}B2} < R_c$,不应增加投资,即方案 A3、B3 不考虑,其他方案均通过了相对经济效益指标检验,因此还有 2×2×3＝12 种组合方式。在这些组合中,由于其中 4 种组合超过投资限额,所以还存在 8 种组合。现将其列成表 9-16 进行比选。

表 9-16　组合投资及组合收益表　　单位:万元

组合投资 / 类别	8 000 A1B1C1	9 000 A1B1C2	10 000 A1B1C3	9 000 A1B2C1	10 000 A1B2C2	8 500 A2B1C1	9 500 A2B1C2	9 500 A2B2C1
A 类	A1	A1	A1	A1	A1	A2	A2	A2
B 类	B1	B1	B1	B2	B2	B1	B1	B2
C 类	C1	C2	C3	C1	C2	C1	C2	C1
组合收益	1 000	1 140	1 280	1 155	1 295	1 110	1 250	1 265

第三步:在总资金限制的条件下,各方案的价值型指标可以相加。根据表 9-15 结果,A1B2C2 组合收益最高,组合投资收益率为12.95%。但 A2B2C1 组合投资为 9 500 万元,其投资收益率为13.32%,高于 A1B2C2 组合收益率。应如何决策?

如果要求用足资金,那么 A1B2C2 无疑是最优组合;若考虑未足额部分资金的时间价值,那么 A2B2C1 组合收益再加上 500×12%＝60 万元,总收益为 1 325 万元,就应考虑 A2B2C1 组合。

练习题

1. 什么叫绝对经济效益指标和相对经济效益指标?列出你所学过的各种经济效益指标,并按静态、动态予以归类,再将它们划分为价值型、比率型、兼顾经济型与风险型等类型。

2. 投资回收期比选方案对什么样的方案选入最有利?为什么?

3. 某项目净现值小于零,是否表明项目一定亏损?如何解释你的结论?

4. 从净现值函数曲线的特点分析,当 i_c 趋于无穷时,净现值是否无穷小?它趋于什么值?

5. 为什么用内部收益率选择方案可能导致错误结论?什么情况下采用内部收益率选择方案才与净现值最大原则一致?

6. 某项目净现金流量如题表 9-1 所示(基准折现率为 8%)。

题表 9-1　各年净现金流量表　　单位:万元

年份	0	1	2	3	4	5	6	7
净现金流量	−550	−850	500	650	650	650	650	850

(1) 计算静态及动态投资回收期、净现值、净现值率、净年值、内部收益率;

(2) 绘制累计净现金流量曲线与累计折现净现金流量曲线。

7. 某公司回收废液中的重金属,有四种工艺方案供选择,基准投资回收期 4 年,其他数据见题表 9-2。应该选择哪种方案?

题表 9-2　各方案总投资与成本关系表　　单位:万元

指标＼方案	A	B	C	D
总投资	100	120	145	165
年成本	60	52	44	40

8. 某工厂为扩大现有产品产量 1 倍,有两种决策:① 在原有基础上进行扩建;② 在附近新建一套相同装置,一次投入并建成投产。有关研究数据如题表 9-3 所示(基准收益率为 10%)。

题表 9-3　两方案各年费用流量表　　单位:万元

年份	0	1	2	3	4	5	6	7	8
扩建费用流量	−2 800	−3 000	−3 500	−3 500	−3 500	−3 800	−3 800		
新建费用流量	−4 000	−2 500	−2 900	−2 900	−2 900	−3 000	−3 000	−3 000	−3 000

(1) 企业管理层应该采取何种决策?

(2) 若扩建项目寿命期也是 8 年,且后两年费用流量同第 6 年,问基准收益率在什么情况下管理层将改变决策?

9. 某用户准备装电话,电信局提供两种方法供选择:① 一次交 1 500 元初装费,月租费 22 元,正常情况下用户市内电话费月平均 50 元;② 先交 500 元,以后每月交 100 元,交 24 个月,

月租费 22 元，在这段时间内免收市内电话费。若资金的月利率为 0.4%，分析该用户应选择哪种方法装机。当资金的月利率在多少时用户将改变装机方法？

10. 某高校后勤集团公司有几个互斥型投资方案供选择，有关数据如题表 9-4 所示，方案的寿命期均为 7 年。

题表 9-4　各方案初始投资与年净收入表

方案	初始投资/万元	年净收入/万元
0	0	0
A	2 000	500
B	3 000	900
C	4 000	1 100
D	5 000	1 380

试问：

(1) 当折现率为 10%，资金无限制时，哪个方案最佳？

(2) 折现率在什么范围时，B 方案在效果上好于其他方案？

11. 某制药厂拟同时上维生素和抗生素两类药，各有 4 个品种，但只能各上其中一个品种，资金限制在 6 000 万元内，基准投资收益率 10%，其他数据见题表 9-5。试确定最优组合方式。

题表 9-5　两类药品各品种投资与收益表

维生素	投资/万元	收益/万元	抗生素	投资/万元	收益/万元
维 1	1 000	150	抗 1	1 000	200
维 2	2 000	290	抗 2	2 100	380
维 3	3 000	410	抗 3	3 000	540
维 4	4 000	500	抗 4	4 000	700

第十章　国民经济评价

第一节　投资项目国民经济评价

一、国民经济评价的概念和目的

国民经济评价是从国家或全社会的立场出发，以资源的最佳配置为原则，以国民收入增长为目标的盈利性分析。要求用影子价格、影子工资、影子汇率和社会折现率等经济参数分析、计算项目对国民经济的净贡献，评价项目的经济合理性。

国民经济评价的目的是为了有效合理地分配和利用资源，提高投资项目的整体经济效益，保证项目在宏观方面的科学性及准确性。

项目中投入物或产出物的国内市场价格往往不能反映其真实经济价值。如果对项目不进行国民经济评价，而只根据财务评价作出抉择，有可能把某些在财务上没有吸引力，而对国民经济作用大的项目排除在规划之外；把某些在财务上可能效果好，而不能合理有效利用资源的项目纳入计划，影响国民经济发展，造成决策失误。

二、国民经济评价与财务评价的区别

国民经济评价与财务评价之间的区别表现在以下几点。

(1) 评价的角度不同。国民经济评价是从国家整体的角度考查项目对国民经济的贡献及需要国民经济付出的代价。财务评价是从项目财务角度考查项目的盈利状况及借款偿还能力。

(2) 评价的范围不一样。财务评价只考虑项目的直接效益和费用，而国民经济评价除了计算直接效益和费用外，还要考虑项目的间接效益和费用。

(3) 评价所采用的价格体系不一样。财务评价对投入物和产出物采用财务价格，其中多数价格是扭曲的，而国民经济评价采用影子价格，反映了资源真正的价格。

(4) 效益与费用的含义及划分范围不同。国民经济评价着眼于项目对社会提供的有用产品和服务及项目所耗费的全社会有用资源，来考查项目的效益和费用，原材料、辅助材料及产品中所含税、费、利息、补贴是一种转移支付，不能列入成本或收入。而财务评价是根据项目实际收支确定效益和费用，不忽视转移支付因素。

(5) 评价的标准与参数不同。国民经济评价有国家统一的评价标准，并采用国家统一测定的影子汇率和社会折现率，而财务评价采用各自的评价指标(如各自的行业基准收益率)，汇率采用调节汇率。两者对土地和劳务的估价也不同。

总之，两者根本区别在于：国民经济评价追踪项目投入和产出所引起的社会资源变动，而财务分析追踪货币流动的情况。

三、国民经济评价项目的界定

由于国民经济评价的复杂性，并不要求对所有的项目都要进行国民经济评价。一般说来，那些对国民经济有较重要影响的大型项目，涉及投入物、产出物进出口或财务价格明显不合理的项目，对稀缺资源开发利用的项目，技术引进、国际金融组织和政府贷款项目，按要求应进行国民经济评价。关于大型项目的界定可参见国家有关文件。

第二节 效益和费用的识别

项目国民经济评价应从整个国民经济的角度来确定项目的效益和费用。

一、效益的识别

效益是指项目对国民经济所作的贡献，它包括项目本身得到的直接效益和由项目引起的间接效益。

直接效益是指由项目产出物产生并在项目范围内计算的经济效益。一般表现为增加该产出物数量满足国内需求的效益；替代其他相同或类似企业的产出物，使被替代企业减产以减少国家有用资源耗费（或损失）的效益；增加出口（或减少进口）所增收（或节支）的国家外汇等。

间接效益是指项目为社会作出的贡献，而项目本身并不直接受益。比如在某地建设一个大型钢铁厂或化肥厂，将带来促进当地工农业生产和人民就业及生活水平的提高等效益。

二、费用的识别

费用是指国民经济为项目付出的代价，分为直接费用和间接费用。

直接费用是指项目使用投入物所产生并在项目范围内计算的经济费用。一般表现为其他部门为供应本项目投入物而扩大生产规模所耗用的资源费用，减少对其他项目（或最终消费）投入物的供应而放弃的效益，增加进口（或减少出口）所耗用（或减少）的外汇等。

间接费用是指社会为项目付出的代价，而项目本身并未支付费用。如工业项目的废水、废气和废渣引起的环境污染。

效益和费用的识别还可这样表示：任何导致社会最终产品增加的都是效益；反之，都是费用。因为效益和费用是相对于国民收入增减而言，而国民收入是以全社会最终产品的总和为依据。

三、外部效果及其处理

项目的外部效果包括间接费用和间接效益。对显著的外部效果能定量的要做定量分析，计入项目的效益和费用；不能定量的应作定性描述，防止外部效果重复计算或漏算。

项目相关的外部效果通常是较难计量的，为了减少计量上的困难，应力求明确项目范围的边界。一般是扩大项目的范围，使相互关联的项目合并，再进行评价。另外，采用影子价格来计算的项目效益和费用，在很大程度上使项目的外部效果在项目内得到了体现。因此，通过扩大计算范围和调整价格两步工作，实际上已将很多外部效果内部化了。但可能还有一些外部效果需要注意。

(1) 乘数效果。这是指项目导致的一系列相关部门启用过剩生产能力以及由此带来的资源节约效果。因利用剩余生产能力生产项目投入品可导致固定成本节约,这些被节约的成本费用都是项目的外部效益。例如,显像管项目的投产,能使上下游的玻璃工厂、电视机厂提高开工率,而玻璃工厂上游的纯碱厂、矽沙矿也得以提高开工率……由于投入品的影子价格用可变成本确定,就不应该把上下游企业闲置生产能力的利用效果都归因于该拟建项目,以免引起外部效果的重复计算。

(2) 技术扩散效果。项目引发的技术推广和扩散、技术培训、人才流动等,将使整个社会受益。如我国"神舟"载人飞船试飞成功,将给国防、科学技术和生产力的发展带来深远影响。但由于计量上的困难,一般只作定性说明。

(3) 环境和生态效果。工业项目造成的环境污染和对生态的破坏是一种间接费用,可参照现有同类企业所造成的损失来计算,至少应作定性的描述。

(4) 消费者剩余。消费者剩余是指消费者对商品的支付意愿和实际支付的差值。拟建项目的产出增加了国内市场供应量,导致产品价格下降,使原有的用户或消费者从中得到了产品降价的好处。这种好处不应计作项目的间接效益,因为产品降价将使原生产厂减少的效益转移给用户或消费者,从整个国民经济的角度看,效益并未增加或减少。但在计算项目总产出价值时,应以项目产出前后价格的平均值作为影子价格。如果拟建项目的产出增加了出口量,导致原出口产品价格下降,减少了创汇效益,则应计为该项目的费用。

涉及项目的外部效果时,一般只计算一次相关效果,不应连续扩展。

四、对直接转移支付的处理

直接转移支付是指纯粹的货币资金从经济系统的一个部门转移到另一个部门而没有发生资源变动的行为。如直接与项目有关的国内各种税金、补贴、国内贷款利息等资金在国民经济评价中都未造成国内资源的实际增加和耗费。在以财务评价为基础进行国民经济评价时,要注意从现金流中剔除这部分资金,但是国外贷款利息的支出不属于国内资源的转移,必须计入项目的经济费用。

五、无形效果

无形效果指不能在市场上出售、没有市场价格的一种效果。几乎所有的投资项目都有无形费用和无形收益,如项目引起的收入分配变化、地区均衡发展、就业率提高、教育发展、生态平衡、社会安定、国家安全等。

无形效果不存在相应的市场和价格,一般很难赋予货币价值。当无形效果是项目不容忽视的重要效果时,应当努力尝试用货币形态来计量;难以货币化的,应当尽力采用非货币单位进行计量;对于不能量化的无形效果,则应尽量通过文字、图形、图表的方式给以定性描述。

第三节 影子价格的概念与计算

现有的市场价格体系不宜用于国民经济评价中衡量项目的费用和效益,为了正确计算项

目对国民经济所作的净贡献，应使用影子价格，使社会资源能够合理配置和有效利用。为不至于复杂化，通常对其价值在效益或费用中占比重较大，或国内价格明显不合理的投入物与产出物使用影子价格。

影子价格是指社会处于某种最优市场状况下，能够反映社会劳动消耗、资源稀缺程度和对最终产品需求的价格。它的经济含义是在最优计划安排下单位资源所能产生的效益增量，是合理利用资源所产生的社会经济效益。影子价格取决于资源的经济价格，而经济价格由两个因素决定，一是资源的稀缺程度，二是社会必要劳动量。理想的影子价格，如果是静态离散型的，可用最优线性规划的对偶解求得；如果是动态连续型的，可用拉格朗日乘数来计算。影子价格不是用于商品交换，而是进行预测、计划和项目评价等工作时衡量社会价值的一种价格。

一、影子价格的类型

使用影子价格时，项目的投入物和产出物按其类型可分为外贸货物、非外贸货物、特殊投入物三大类。

(1) 外贸货物。外贸货物是指其生产或使用将直接或间接影响进出口的货物。包括项目产出物中直接出口(增加出口)、间接出口(替代其他企业产品使其增加出口)或替代进口(以产顶进减少进口)的货物，项目投入物中直接进口(增加进口)、间接进口(挤占其他企业的投入物使其增加进口)或挤占原可用于出口的国内产品(减少出口)的货物。

(2) 非外贸货物。非外贸货物是指其生产或使用不会对国内该货物的进出口产生影响，而只对国内的供求关系产生影响的货物。除了所谓“天然”的非外贸货物如建筑物、国内运输等基础设施和商业的产品和服务外，还有由于运输费过高或受国内外贸易政策和其他条件限制不能进行外贸的货物；或者由于离岸价＜国内生产成本＜到岸价，企业不会出口，也不会进口的货物。

(3) 特殊投入物。特殊投入物是指劳动力、土地，有时也将资金和外汇归入。

二、影子价格的确定

1. 外贸货物的影子价格

外贸货物的影子价格以实际可能发生的口岸价格为基础确定，具体定价方法如下所述。

1) 产出物

(1) 直接出口产品(外销产品)的影子价格(SP)为离岸价格(FOB)乘以影子汇率(SER)，减去国内运输费用(T_1)和贸易费用(T_{r1})。其表达式为

$$SP = FOB \times SER - (T_1 + T_{r1}) \tag{10-1}$$

(2) 间接出口产品(内销产品，替代其他货物使其他货物增加出口)的影子价格为离岸价格乘以影子汇率，减去原供应厂到口岸的运输费用(T_2)及贸易费用(T_{r2})，加上原供应厂到用户的运输费用(T_3)及贸易费用(T_{r3})，再减去拟建项目到用户的运输费用(T_4)及贸易费用(T_{r4})。其表达式为

$$SP = FOB \times SER - (T_2 + T_{r2}) + (T_3 + T_{r3}) - (T_4 + T_{r4}) \tag{10-2}$$

原供应厂和用户难以确定时，可按直接出口考虑。

(3) 替代进口产品(内销产品，以产顶进减少进口)的影子价格为原进口货物的到岸价格(CIF)乘以影子汇率，加口岸到用户的运输费用(T_5)及贸易费用(T_{r5})，再减去拟建项目到用

户的运输费用(T_4)及贸易费用(T_{r4})。其表达式为

$$SP = CIF \times SER + (T_5 + T_{r5}) - (T_4 + T_{r4}) \quad (10\text{-}3)$$

具体用户难以确定时,可按到岸价格计算。

2) 投入物

(1) 直接进口产品(国外产品)的影子价格为到岸价格乘以影子汇率,加国内运输费用(T_1)和贸易费用(T_{r1})。其表达式为

$$SP = CIF \times SER + (T_1 + T_{r1}) \quad (10\text{-}4)$$

(2) 间接进口产品的影子价格为到岸价格乘以影子汇率,加口岸到原用户的运输费用(T_5)及贸易费用(T_{r5}),减去供应厂到用户的运输费用(T_3)及贸易费用(T_{r3}),再加上供应厂到拟建项目的运输费用(T_6)及贸易费用(T_{r6})。其表达式为

$$SP = CIF \times SER + (T_5 + T_{r5}) - (T_3 + T_{r3}) + (T_6 + T_{r6}) \quad (10\text{-}5)$$

原供应厂和用户难以确定时,可按直接进口考虑。

(3) 挤占出口产品的影子价格为离岸价格乘以影子汇率,减去供应厂到口岸的运输费用(T_2)及贸易费用(T_{r2}),再加上供应厂到拟建项目的运输费用(T_6)及贸易费用(T_{r6})。其表达式为

$$SP = FOB \times SER - (T_2 + T_{r2}) + (T_6 + T_{r6}) \quad (10\text{-}6)$$

供应厂难以确定时,可按离岸价格计算。

以上涉及的贸易费用[①]是指物资系统、外贸公司和各级商业批发站等部门花费在货物流通过程中以影子价格计算的费用,费率一般取6%,贸易费的计算公式如下:

进口货物的贸易费: $T_{r1} = CIF \times SER \times f$

出口货物的贸易费: $T_{r2} = (FOR \times SER - T) \times f/(1+f)$

非外贸货物的贸易费: $T_{r3} = JG \times f$

式中:f——贸易费率;

T——国内长途运费;

JG——出厂影子价格;

其他符号含义同前。

2. 非外贸货物的影子价格

1) 产出物

(1) 增加供应数量满足国内消费的产出物,供求均衡的,按财务价格定价。供不应求的,参照国内市场价格并考虑价格变化的趋势定价,但不应高于相同质量的进口价格。无法判断供求情况的,取上述价格中较低者。

(2) 不增加国内供应数量,只是替代其他相同或类似企业的产出物,致使被替代企业停产或减产的,质量与被替代产品相同时,按被替代企业相应的产品可变成本分解定价。提高产品质量时,原则上应按被替代产品的可变成本加提高产品质量而带来的国民经济效益定价,其中,提高产品质量带来的效益,可近似地按国际市场价格与被替代产品的价格之差确定。

产出物按上述原则定价后,再计算为出厂价格。

---

① 贸易费用包括货物的经手、储存、再包装、短途倒运、装卸、保险、检验等所有流通环节上支出的费用。

2）投入物

（1）在拟建项目计算期内通过增加投资扩大生产规模来满足拟建项目需要的，可按全部成本（包括可变成本和固定成本）分解定价；当难以获得分解成本所需要的资料时，可参照国内市场价格定价。

（2）项目计算期内无法通过扩大生产规模增加供应的（减少原用户的供应量），参照国内市场价格、国家统一价格加补贴中较高者定价。

（3）能通过原有企业挖潜（不增加投资）增加供应的，按可变成本分解定价。

投入物按上述原则定价后，再计算为到厂价格。

3）非外贸货物的成本分解

成本分解原则上应对边际成本进行分解，只有当缺乏资料时才采用分解平均成本法。某些非外贸货物的影子价格可按国家已测定的转换系数来确定，如水、电、交通运输和建筑工程等。必须用增加投资来增加所需投入物供应的，应按其全部成本进行分解。

成本分解的步骤如下所述。

（1）数据准备。按费用要素列出主要非外贸货物的财务成本、单位货物的固定资产投资额及流动资金，列出该货物生产厂的建设期限、建设期各年投资比例。

（2）对固定资产投资进行调整和等值计算。剔除原生产费用要素中的利息和折旧两项，以资金回收费用替代。可按以下方法进行计算。

根据建设期各年投资比例，把调整后的单位固定资产投资额分摊到建设期各年。按照社会折现率进行等值计算，求出建设期各年年末的单位固定资产投资。

$$K_{\mathrm{f}} = \sum_{t=1}^{m} K_t (1 + i_{\mathrm{s}})^{m-t} \tag{10-7}$$

式中：K_{f}——等值计算到生产期初的单位固定资产投资；

K_t——建设期第 t 年调整后的单位固定资产投资；

m——建设期；

i_{s}——社会折现率。

在不考虑固定资产残值（余值）回收时有

$$M_{\mathrm{f}} = K_{\mathrm{f}}(A/P, i_{\mathrm{s}}, n) \tag{10-8}$$

式中：M_{f}——每单位货物的固定资产回收费用。

在考虑固定资产余值回收（K_{s}）时有

$$M_{\mathrm{f}} = (K_{\mathrm{f}} - K_{\mathrm{s}})(A/P, i_{\mathrm{s}}, n) + K_{\mathrm{s}} i_{\mathrm{s}} \tag{10-9}$$

用流动资金回收费用（M_{w}）取代财务成本中的流动资金利息有

$$M_{\mathrm{w}} = W i_{\mathrm{s}} \tag{10-10}$$

式中：W——单位货物占用的流动资金。

（3）计算重要原材料、燃料、动力等投入物的影子价格，有些可直接使用给定的影子价格或换算系数。

（4）对重要的外贸货物应测算其影子价格，重要的非外贸货物还要进行第二轮分解。

（5）剔除上述数据中包含的税金，工资及福利费、其他费用一般不予调整。

综合上述各步之后，将各项费用数值求和，即为该货物的分解成本。

例 10-1　某项目主要原材料甲属非外贸货物，为保证对拟建项目的供应，需新增投资扩大该货物的生产量。为此,原材料甲的影子价格拟按该货物的全部成本分解定价。由于缺乏边际成本资料,现采用平均成本进行分解,其财务成本见表10-1。经调查,得知生产每吨该货物的固定资产投资为1 225元,占用流动资金180元,社会折现率为12%,其余条件解题时给出。

表10-1 货物甲的每吨产品财务成本表(按生产费用要素)

项　目	单　位	耗用量	财务成本/(元/吨)
一、外购原材料、燃料和动力			667.30
原料a	吨	1.25	344.50
原料b	吨	0.25	21.64
燃料c	吨	1.40	65.82
燃料d	吨	0.07	43.68
电力	千度	0.33	28.74
其他			94.31
铁路货运			59.24
汽车货运			9.37
二、工资及福利			43.81
三、折旧费			58.20
四、修理费			23.24
五、利息支出			7.24
六、其他费用			26.48
单位成本			826.27

【解】 成本分解步骤如下所述。

(1) 投资调整。固定资产投资中建筑费用占20%,建筑工程影子价格换算系数1.1,设备及安装工程、其他工程及费用影子价格换算系数为1.0,将调整固定资产投资为

$$1\,225\times(0.8\times1.0+0.2\times1.1)\text{元/吨}=1\,250\text{元/吨}$$

生产货物甲的项目建设期为2年,各年投资比为1∶1,社会折现率为12%,换算为生产期初的固定资产投资为

$$\left[\frac{1\,250}{2}(1+0.12)+\frac{1\,250}{2}\right]\text{元/吨}=1\,325\text{元/吨}$$

(2) 计算资金回收费用。生产货物甲项目的生产期为20年,不考虑固定资产余值回收,查复利表知资金回收系数为0.133 88,计算年资金回收费用为

$$(1\,325\times0.133\,88+180\times0.12)\text{元/吨}=198.99\text{元/吨}$$

(3) 外购原料a为外贸货物,直接进口,到岸价35美元/吨,影子汇率为8.88元/美元,项目位于港口附近,贸易费率6%。该项费用调整为

$$35\times8.88\times1.25\times(1+6\%)\text{元/吨}=411.81\text{元/吨}$$

(4) 外购燃料c为非外贸货物,取影子价格144.8元/吨,贸易费率6%,该项费用调整为

$$144.8\times1.40\times(1+6\%)\text{元/吨}=214.88\text{元/吨}$$

(5) 外购燃料d为外贸货物,可以出口,出口离岸价扣减运费和贸易费用后为80美元/

吨，该项费用调整为

$$80\times8.88\times0.07\text{ 元/吨}=49.73\text{ 元/吨}$$

(6) 生产货物甲的项目地处华东，电力影子价格取华东电网平均电力影子价格 0.238 9 元/度，该项费用调整为

$$0.238\,9\times0.33\times1\,000\text{ 元/吨}=78.84\text{ 元/吨}$$

(7) 铁路货运影子价格换算系数为 2.6，该项费用调整为

$$59.24\times2.6\text{ 元/吨}=154.02\text{ 元/吨}$$

(8) 汽车货运影子价格换算系数为 1.26，该项费用调整为

$$9.37\times1.26\text{ 元/吨}=11.81\text{ 元/吨}$$

(9) 原料 b 为非外贸货物，可通过老企业挖潜增加供应，按可变成本进行第二轮分解，分解过程各参数见表 10-2。分解步骤如下所述。

表 10-2　原料 b 分解过程各参数表

项目	耗用量	影子价格	换算系数	调整原价格
货物 e	0.01 吨	355.2 元/吨	1.06	3.77 元/吨
货物 f	1 吨	1.59 元/吨	1.65	2.62 元/吨
货物 g	0.06 吨	505 元/吨	1.06	32.12 元/吨
货物 h	0.12 吨	10.47 元/吨	1.06	1.33 元/吨
电力	1 000 度	0.218 1 元/度	0.06	13.09 元/吨
铁路货运		2.6 元/吨	0.16	0.42 元/吨
汽车货运		1.26 元/吨	0.08	0.10 元/吨
其他费用				8.57 元/吨
合计				62.02 元/吨

① e 为外贸货物，到岸价 40 美元/吨，贸易费率 6%，该项费用调整为

$$40\times8.88\times(1+6\%)\times0.01\text{ 元/吨}=3.77\text{ 元/吨}$$

② f 为非外贸货物，已知影子价格换算系数为 1.65(影子价格与财务价格之比)，该项费用调整为

$$1.59\times1.65\text{ 元/吨}=2.62\text{ 元/吨}$$

③ g 为非外贸货物，影子价格为 505 元/吨，该项费用调整为

$$505\times(1+6\%)\times0.06\text{ 元/吨}=32.12\text{ 元/吨}$$

④ h 为非外贸货物，影子价格为 10.47 元/吨，该项费用调整为

$$10.47\times(1+6\%)\times0.12\text{ 元/吨}=1.33\text{ 元/吨}$$

⑤ 生产原料 b 的老企业地处华北，电力影子价格取 0.218 1 元/度，该项费用调整为

$$0.218\,1\times0.06\times1\,000\text{ 元/吨}=13.09\text{ 元/吨}$$

⑥ 铁路货运费调整为

$$0.16\times2.60\text{ 元/吨}=0.42\text{ 元/吨}$$

⑦ 汽车货运费调整为

$$0.08 \times 1.26\ 元/吨 = 0.10\ 元/吨$$

⑧ 其他费用不予调整,为 8.57 元/吨。

⑨ 以上原料 b 分解可变成本为 62.02 元/吨,作为影子价格还应考虑 6%的贸易费用。

$$原料\ b\ 的影子价格 = 62.02 \times (1+6\%)\ 元/吨 = 65.74\ 元/吨$$

货物甲中原料 b 的费用调整为

$$65.74 \times 0.25\ 元/吨 = 16.43\ 元/吨$$

(10) 其他(如工资及福利费、修理费、其他费用等)不予调整。

综合以上各项,将货物甲的成本分解计算情况列表,见表10-3。

表 10-3 货物甲每吨产品成本分解计算表

项　　目	单 位	耗用量	财务成本/(元/吨)	分解成本/(元/吨)
一、外购原材料、燃料和动力			667.30	1 031.83
原料 a	吨	1.25	344.50	411.81
原料 b	吨	0.25	21.64	16.43
燃料 c	吨	1.40	65.82	214.88
燃料 d	吨	0.07	43.68	49.73
电力	千度	0.33	28.74	78.84
其他			94.31	94.31
铁路货运			59.24	154.02
汽车货运			9.37	11.81
二、工资及福利			43.81	43.81
三、折旧费			58.20	—
四、修理费			23.24	23.24
五、利息支出			7.24	—
六、其他费用			26.48	26.48
七、资金回收费用				198.99
单位成本			826.27	1324.35

货物甲的出厂影子价格,其成本分解计算结果为 1 324.35 元/吨,作为拟建项目投入物的影子价格(到厂价)时,还应加影子运费和贸易费用。

3. 特殊投入物影子价格的计算

资源的使用往往是排他的,建设项目耗用某一资源后,该资源就不能用作其他用途,从而不得不放弃其他使用机会,在放弃的资源效益中,最大者就是该资源的机会成本。在确定土地、劳动力、资金等的影子价格时,常常采用机会成本的概念测算。

1) 影子工资

劳动力的影子工资反映该劳动力用于拟建项目而使社会为此放弃的原有效益,由劳动力的边际产出和劳动力就业或转移而引起的社会资源消耗构成。

影子工资包含在调整为经济价值的经营成本之中。影子工资可用财务评价时工资与福利

费之和乘以影子工资换算系数求得。该系数由国家统一测定发布,其系数通常为1,但建设期内大量使用民工的项目,工资换算系数为0.5,对于占用大量短缺的专业技术人员的项目,换算系数可大于1。

2) 影子汇率

影子汇率指外汇的影子价格,实际上是外汇的机会成本,反映项目投入或产出所导致的外汇减少或增加给国民经济带来的损失或收益,体现从国家角度对外汇价值的估量,是外币与本国货币的真实比价。同时也是经济换汇成本或经济节汇成本的判断依据。

影子汇率作为项目国民经济评价的重要参数,影响项目投资决策。特别是对涉及大量进出口货物的项目,影子汇率的高低将决定项目方案取舍。若影子汇率较高,不利于引进的项目,也不利于那些主要投入物为外贸货物的项目。

影子汇率和国家外汇牌价在数值上的关系可以用影子汇率换算系数来表示。影子汇率换算系数等于影子汇率除以国家外汇牌价。根据我国现阶段的外汇供求情况、进出口结构、换汇成本,其值一般为1.08。

在项目的国民经济分析中,为了进行收益和费用的比较,需把外币全部折算为本国货币,这种折算只能使用影子汇率。影子汇率可通过国家外汇牌价乘以影子汇率换算系数求得。其计算公式为

$$SER = OER \times r \tag{10-11}$$

式中:SER——影子汇率;

OER——挂牌汇率;

r——影子汇率换算系数。

影子汇率是国家的统一指标,由国家适时公布。我国首次于1987年公布了当时的影子汇率为4.0元/美元。

在过去一段时间我国一直采用双重汇率,即国家统一规定的外汇牌价和外汇调剂中心的外汇调剂价格双重汇率。1994年1月1日,国家对外汇管理制度进行了重大改革,实现国家外汇牌价与调剂外汇价格并轨,实行以市场为基础的、单一的、有管理的浮动汇率制度。结束了多年的双重汇率制度,向由市场决定汇率的时代迈进了一步。并轨以来,美元与人民币的兑换率由1美元换8.7元人民币下降到8.2元人民币左右。人民币汇率稳中有降,外汇体制改革取得了初步成功。

3) 社会折现率

社会折现率反映国家对资金时间价值的估价,是计算经济净现值、经济换汇成本等指标采用的重要参数。此外,应用分解成本法计算非外贸货物的影子价格时,需使用社会折现率计算生产成本中包含的投资费用。

对以优化资源配置为目的的国民经济分析来说,社会折现率是从整个国民经济角度对资金边际投资的内部收益率的估值。凡是经济内部收益率小于社会折现率的项目将被拒绝,这样就能保证所选择的项目都优于被拒绝的边际项目,使社会用于扩大再生产的资源得到优化配置和有效利用。

资金的机会成本又称为资金的影子价格。单位资金的影子价格称为影子利率。因此,国民经济分析中所用的社会折现率就是资金的影子利率。

社会折现率是一个重要的通用参数,由国家根据在一定时期的投资收益水平、资金机会成

本、供求状况、合理的投资规模等因素统一测定发布。2006年以后我国社会折现率调整为8%。

4)土地的影子费用

从国民经济角度分析,土地的影子费用应能反映该土地用于拟建项目而使社会为此放弃的效益,以及社会为此增加的资源消耗(如居民搬迁费等)。若项目占用的土地是没有开发过的荒山野岭,其机会成本可视为零。若项目占用农业土地,其机会成本为原来农作物最佳净收益,并应按此计算该土地在整个占用期间的净效益现值。新增资源消耗费主要有拆迁费、养老保险费、剩余劳动力安置费等。因此有

土地影子费用=土地机会成本+新增资源消耗费用

国民经济评价对土地费用有两种具体处理方式:一种是把占用土地在整个占用期间逐年效益的现值之和作为土地费用计入项目建设投资中;二是将逐年净效益的现值之和换算为年等值效益,作为项目每年的投入。一般采取第一种方式,计算公式为

$$OC = NB(1+j)^{l+1}\frac{1-(1+j)^{n}(1+i_{s})^{-n}}{i_{s}-j} \tag{10-12}$$

式中:OC——土地的机会成本;

NB——土地基年年初单位净效益;

j——年净效益增长率;

n——土地总使用年限;

l——基年距项目开工的时间(年);

其他符号含义同前。

第四节　国民经济评价的步骤

国民经济评价分为在财务评价基础上进行和不经财务评价而直接进行两种情况。

一、在财务评价基础上进行国民经济评价

在财务评价基础上进行国民经济评价按如下步骤进行:

首先,调整国民经济评价的效益和费用,剔除国民经济内部转移支付部分;

其次,识别和计算项目的间接费用和效益,不能量化的作定性分析;

最后,按投入物和产出物的影子价格(根据影子汇率、影子工资率、社会折现率等换算)代替相关的财务价格及费用,对有关经济数据进行调整,计算国民经济评价指标。

1. 固定资产投资的调整

对固定资产投资进行如下调整。

(1) 剔除设备和材料的进口关税和增值税等转移支付,用影子汇率、影子运费与贸易费对引进设备价值进行调整;对国内设备价值(购置费、安装费和其他费用)按影子价格、影子运费和贸易费用进行调整。

(2) 根据建筑工程消耗的人工、三材和其他大宗材料、电力等,分别用影子工资、货物和电力的影子价格进行调整,或通过建筑工程影子价格换算系数调整建设工程费用。

（3）按项目占用土地的机会成本重新计算土地费用。

（4）剔除涨价预备费，调整其他费用。

2. 流动资金的调整

剔除作为转移支付的部分，以调整后的经营成本、销售收入等为基础，调整由于流动资金估算基础的变动引起的流动资金占用量的变动。

3. 经营费用的调整

按财务评价的经营成本进行分解，分别调整可变成本和固定成本。

（1）可变成本部分可按原材料、燃料、动力的影子价格重新计算。

（2）固定成本部分应剔除折旧费和流动资金利息，用固定资产和流动资金的资金回收费用来取代，并对维修费和工资进行调整，其他费用不予调整。维修费可按调整后的固定资产原值（扣除国内借款的建设期利息和投资方向调节税）和维修费率重新计算。而工资部分则根据工资换算系数计算影子工资。

4. 销售收入的调整

根据项目产品的货物类型，按规定的不同定价原则进行产品影子价格测算，计算出产品的销售收入。

5. 固定资产残值和流动资金回收额的调整

固定资产残值和流动资金的回收额应按照调整后的固定资产原值和流动资金为基础进行计算。

6. 外汇收支的调整

涉及外汇收支时，用影子汇率计算外汇收支本金与利息的数额。

7. 有关国民经济分析评价报表的编制

这部分内容将在本章第五节中介绍。

二、直接进行国民经济评价

由于这种方式的评价只是省略了财务评价，进行的步骤和方法与第一种情况没有大的区别，故从略。

第五节 国民经济盈利能力分析

国民经济评价包括国民经济盈利能力分析和外汇效果分析，以经济内部收益率为主要评价指标。根据项目特点和实际需要，也可计算经济净现值等指标。产品出口创汇及替代进口节汇的项目要计算经济外汇净现值、经济换汇成本和经济节汇成本等指标。此外，还可对难以量化的外部效果进行定性分析。

通过对这些指标的分析，把全部投资国民经济评价的结果与国内投资国民经济评价的结果进行比较，可以确定该项目是全部利用国内资金进行建设还是部分利用外资进行建设更为有利。

一、编制项目的国民经济效益费用表

根据以上调整的数据编制项目投资经济费用效益流量表，它以全部投资作为计算基础，计

算全部投资经济内部收益率和经济净现值。对使用国外贷款的项目,还应编制项目投资经济费用效益流量表(国内投资),它以国内投资作为计算的基础,将国外借款利息和本金的偿付作为费用流出,计算国内投资经济内部收益率和经济净现值。

报表的式样可参见参考报表1(表10-4)和参考报表2(表10-5)。

表10-4 参考报表1:项目投资经济费用效益流量表 单位:万元

序号	年份 项目	建设期		投产期		达到设计能力生产期							
1	效益流量												
1.1	销售收入												
1.2	回收固定资产余值												
1.3	回收流动资金												
1.4	项目间接效益												
2	费用流量												
2.1	固定资产投资												
2.2	流动资金												
2.3	经营费用												
2.4	项目间接费用												
3	净效益流量												
4	累计净效益流量												
5	累计折现净效益流量												

计算指标:

经济内部收益率

经济净现值(社会折现率 $i_s=8\%$)

投资回收期(静态)

投资回收期(动态)

表10-5 参考报表2:项目投资经济费用效益流量表(国内投资) 单位:万元

序号	年份 项目	建设期			投产期		达到设计能力生产期						
1	效益流量												
1.1	销售收入												
1.2	回收固定资产余值												
1.3	回收流动资金												
1.4	项目间接效益												
2	费用流量												

续表

序号	年份 项目	建设期			投产期		达到设计能力生产期						
2.1	固定资产投资[①]												
2.2	流动资金[②]												
2.3	经营费用												
2.4	流至国外的资金												
2.4.1	国外借款本金偿还												
2.4.2	国外借款利息支付												
2.4.3	其他												
2.5	项目间接费用												
3	净效益流量												
4	累计净效益流量												
5	累计折现净效益流量												

计算指标：

经济内部收益率

经济净现值(社会折现率 $i_s=8\%$)

投资回收期(静态)

投资回收期(动态)

① 固定资产投资指国内资金。

② 流动资金指国内资金。

二、国民经济盈利能力分析

国民经济盈利能力的评价指标主要包括经济内部收益率和经济净现值等。

1. 经济内部收益率(*EIRR*)

该指标是反映项目对国民经济净贡献的相对指标，是项目在计算期内各年经济净效益流量的现值累计值等于零时的折现率。其表达式为

$$\sum_{t=1}^{n}(B-C)_t(1+EIRR)^{-t}=0 \tag{10-13}$$

式中：B——效益流入量；

C——费用流出量；

$(B-C)_t$——第 t 年的净效益流量；

n——计算期。

经济内部收益率等于或大于社会折现率，表明项目对国民经济净贡献达到或超过了要求的水平，项目可行；否则，项目不可行。

2. 经济净现值(*ENPV*)

经济净现值是反映项目对国民经济净贡献的绝对指标，是用社会折现率将项目计算期内

各年的净效益流量折算到建设期初之和。其表达式为

$$ENPV = \sum_{t=1}^{n}(B-C)_t(1+i_s)^{-t} \tag{10-14}$$

经济净现值等于或大于零,表示国家为拟建项目付出代价后,可以得到符合社会折现率的社会盈余或以现值计算的超额社会盈余,项目可行;否则,项目不可行。

3. 经济外汇分析

对于产出物出口(含部分出口)或替代进口(含部分替代进口)的项目,要编制经济外汇流量表、国内资源流量表,计算经济外汇净现值、经济换汇成本或经济节汇成本。

涉及产品出口创汇及替代进口节汇项目要进行外汇效果分析。

外汇效果分析的评价指标有经济外汇净现值、经济换汇成本、经济节汇成本等。

1) 经济外汇净现值($ENPV_F$)

经济外汇净现值是反映项目实施后对国家外汇收支有直接或间接影响的重要指标,用以衡量项目对国家外汇真正的净贡献(创汇)或净消耗(用汇)。经济外汇净现值可通过经济外汇流量表计算求得,其表达式为

$$ENPV_F = \sum_{t=1}^{n}(FI-FO)_t(1+i_s)^{-t} \tag{10-15}$$

式中:FI——外汇流入量;

FO——外汇流出量;

$(FI-FO)_t$——第 t 年的净外汇流量。

当有产品替代进口时,可按净外汇效果计算经济外汇净现值。

经济外汇净现值大于零表示为国家创了汇,若小于零则表示消耗了国家的外汇。

本章所涉及的各种表格还可参见《建设项目经济评价方法与参数》。

2) 经济换汇成本

当有产品直接出口时,应计算经济换汇成本。它是用货物影子价格、影子工资和社会折现率计算的为生产出口产品而投入的国内资源现值(以人民币表示)与生产出口产品的经济外汇净现值(以美元表示)之比,即换取1美元外汇所需要的人民币金额。该指标是分析评价项目实施后在国际上的竞争力,进而判断其产品应否出口的指标。其表达式为

$$\text{经济换汇成本} = \frac{\sum_{t=1}^{n}DR_t(1+i_s)^{-t}}{\sum_{t=1}^{n}(FI'-FO')_t(1+i_s)^{-t}} \tag{10-16}$$

式中:DR_t——项目在第 t 年出口产品投入的国内资源(包括投资、原材料、工资、其他投入和贸易费用),单位为元;

FI'——生产出口产品的外汇流入,单位为美元;

FO'——生产出口产品的外汇流出(包括应由出口产品分摊的固定资产投资及经营费用中的外汇流出),单位为美元;

n——计算期。

3) 经济节汇成本

当有产品替代进口时,应计算经济节汇成本,它等于项目计算期生产替代进口产品所投入

的国内资源的现值与生产替代进口产品的经济外汇净现值之比，即节约1美元外汇所需的人民币金额。其表达式为

$$经济节汇成本 = \frac{\sum_{t=1}^{n} DR''_t (1+i_s)^{-t}}{\sum_{t=1}^{n} (FI'' - FO'')_t (1+i_s)^{-t}} \tag{10-17}$$

式中：DR''_t——项目在第 t 年为生产替代进口产品投入的国内资源（包括投资、原材料、工资、其他投入和贸易费用），单位为元；

FI''——生产替代进口产品所节约的外汇，单位为美元；

FO''——生产替代产品的外汇流出（包括应由替代进口产品分摊的固定资产及经营费用中的外汇流出），单位为美元。

经济换汇成本或经济节汇成本小于或等于影子汇率，表明该项目产品出口或替代进口是有利的。

三、国民经济评价对项目决策的影响

财务评价结论和国民经济评价结论都可行的项目，无疑可以通过；都不可行的项目，应予否决。国民经济评价结论不可行的项目，一般应予否定。对某些国计民生急需的项目，虽国民经济评价结论好，但财务评价不可行，应重新考虑，必要时可向国家提出采取经济优惠措施的建议，如免税、减息等，使项目具有财务生存能力。

练习题

1. 为什么要进行项目国民经济评价？国民经济评价与财务评价有何区别？如何进行项目的国民经济评价？

2. 什么叫直接转移支付？它包括哪些内容？它是否包括保险费、折旧费？为什么？

3. 解释消费者剩余。在什么情况下用到该概念？举例说明。

4. 在国民经济评价中，如何区分效益和费用？

5. 什么叫外部效果、无形效果？分别举一些例子。

6. 什么叫影子价格？影子价格有哪几类？解释外贸货物及非外贸货物的概念。

7. 在什么情况下采用全部成本分解法计算资源的影子价格？如何进行？

8. 特殊投入物包括哪些？简述确定它们影子价格的原则。

9. 什么是国民经济效益费用流量表（全部投资、国内投资）？各自的作用是什么？

10. 怎样进行经济换汇成本和经济节汇成本的计算？如何用指标来衡量项目的优劣？

11. 某地稻谷出口，距口岸500公里，离岸价200美元/吨，影子汇率为7.88元/美元，铁路运费25元/吨，换算系数1.08，贸易费率6%。计算产地稻谷的影子价格。

12. 项目占用水稻耕地4 000亩（1亩=666.67平方米），占用前每亩平均产量0.5吨/年，每吨收购价1 500元，建设期3年，生产期17年，估计该地区水稻年产量以2%的速度递增。稻谷的生产成本为收购价的40%。试计算土地的机会成本。（社会折现率取12%）

第十一章　不确定性分析

在工程实践中，由于影响项目经济效果的因素具有或然性，并且经济、技术、环境、资源等方面条件往往多变，再加上预测方法和工作条件的局限，项目经济评价的结果不可避免地会存在误差，这就给项目的承担者带来某些风险。因此，在完成项目的经济评价后，还需要深入进行不确定性分析，研究项目在经济上的可靠性，以便对项目的风险及时防范，提出对策。

不确定性分析是指在项目财务评价和国民经济评价的基础上，以研究各种不确定因素变化及其对项目经济效益影响程度为目的的分析方法。不确定性分析包括盈亏平衡分析、敏感性分析和概率分析三部分。盈亏平衡分析只用于财务评价，是一种静态分析；敏感性分析和概率分析可同时用于财务评价和国民经济评价，一般为动态分析。

第一节　盈亏平衡分析

一、盈亏平衡概念

盈亏平衡分析是从经营保本的角度来预测投资项目风险性的一种方法。通过确定项目的产量盈亏平衡点，分析预测产品产量（或生产能力利用率）对项目盈亏的影响。任何项目都存在盈亏平衡点，在这一点上，销售收入等于总成本，项目刚好保本。盈亏平衡分析的目的就是找出这种临界值，判断投资项目对不确定因素变化的承受能力，为决策提供依据。盈亏平衡点越低，项目盈利的可能性就越大，亏损的可能性就越小。

盈亏平衡点的表达形式有多种。它可以用产量、单位产品售价、单位产品的可变成本以及年固定成本费用价值等绝对指标表示，也可以用生产能力利用率等比率型指标表示。其中以产量和生产能力利用率表示的盈亏平衡点应用最为广泛。

根据总成本费用、销售收入与产量（销售量）之间是否呈线性关系，可把盈亏平衡分析分为线性盈亏平衡分析和非线性盈亏平衡分析。本章主要研究线性盈亏平衡分析。

线性盈亏平衡分析要满足下面四个假定条件：

(1) 产量等于销售量，且固定成本不变；

(2) 产量变化，单位可变成本不变，从而总成本费用是产量的线性函数；

(3) 产量变化，销售单价不变，从而销售收入是销售量的线性函数；

(4) 项目有多种产品时，产品结构稳定，可以换算为单一产品计算。

二、盈亏平衡点的各种表示方法

1. 以产量表示的盈亏平衡点

通过分析产品产量、产品价格、单位可变成本、固定成本等方面的变化对盈利与亏损的影响，计算盈亏平衡时的产量，分析项目的风险情况。

在满足上述假定条件的情况下，产品价格不随该项目的销售量变化而变化，则销售收入可用下式表示：

$$I = PQ \tag{11-1}$$

式中：I——销售收入；

P——单位产品价格(含销售税金及附加)；

Q——产品销售量。

生产总成本 C 由固定成本与可变成本两部分构成，表示为

$$C = C_f + VC = C_f + C_v Q \tag{11-2}$$

式中：C_f——固定成本；

VC——可变成本；

C_v——单位可变成本。

图 11-1 中，纵轴表示销售收入与产品成本，横轴表示产品销售量即产量。销售收入线与总成本线的交点为平衡点(简称 BEP)，也就是项目盈利与亏损的临界点。

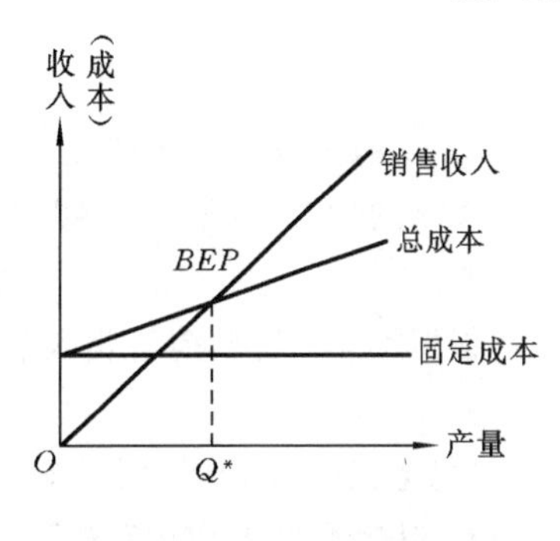

图 11-1　盈亏平衡图

联立解式(11-1)、式(11-2)，求得交点横坐标为

$$Q^* = \frac{C_f}{P - C_v} \tag{11-3}$$

Q^* 即为盈亏平衡时的产量。

固定成本与产量的变化无关。可变成本的特点是：当产品产量变化时，可变成本与产品产量的变化呈正比例关系，可变成本随产品产量增大而增大。可变成本的计算式为

$$VC = C_v Q \tag{11-4}$$

在 BEP 左边，总成本大于销售收入，项目亏损；在 BEP 的右边，销售收入大于总成本，项目盈利；在 BEP 点，项目不亏不盈。

评估时须注意，还有一部分可变成本的变化与产品产量不呈正比例关系，如与批量生产有关的某些消耗性材料费用，工具和夹具、模具、量具费，运输费用及财务费用等，这部分成本变化随产量变动规律一般是呈梯形曲线，通常称其为部分变动成本或半可变成本。由于半可变成本通常在总成本中所占的比重不大，一般归入可变成本。

式(11-3)中，若扣除销售税金及附加(T_x)，则有

$$Q^* = \frac{C_f}{P - C_v - T_x} \tag{11-5}$$

式(11-5)中的分母称为单位边际利润，用 L_f 表示有

$$L_f = P - C_v - T_x \tag{11-6}$$

达到目标利润的产量为

$$Q_R = \frac{C_f + L_m}{P - C_v - T_x} \tag{11-7}$$

式中：Q_R——达到目标利润时的产量；

L_m——需要实现的目标利润。

例 11-1　某项目设计能力为年产 10 000 吨产品，销售价格为每吨 450 元(含税)，销售税金及附加占售价的 10%，固定成本为 100 万元，单位可变成本为每吨 155 元，试求盈亏平衡产量、单位边际利润、达产时利润总额及目标利润为 100 万元时的产量。

【解】 根据式(11-5),盈亏平衡时产量为

$$Q^* = \frac{1\,000\,000}{450 \times (1-0.1) - 155} \text{吨} = 4\,000 \text{吨}$$

单位边际利润为

$$L_f = (450 - 155 - 450 \times 0.1) \text{元/吨} = 250 \text{元/吨}$$

达产时利润总额等于从 Q^* 到设计能力时的产量乘单位边际利润,即

$$L = (10\,000 - 4\,000) \times 250 \text{元} = 150 \text{万元}$$

目标利润为 100 万元时的年产量为:

$$Q_R = \frac{1\,000\,000 + 1\,000\,000}{450 - 155 - 45} \text{吨} = 8\,000 \text{吨}$$

2. 以销售收入表示的盈亏平衡点

该点的含义为项目保本时的最低销售收入,用 I^* 表示。

$$I^* = Q^* P \tag{11-8}$$

根据例 11-1,以销售收入表示的盈亏平衡点为

$$I^* = 4\,000 \times 450 \text{元} = 180 \text{万元}$$

(思考:这 180 万元用于支付哪几项费用?)

3. 以生产能力利用率表示的盈亏平衡点

该点表示当项目设计能力为 Q_d 时,在某一开工率时所达到的保本点。用 F^* 表示盈亏平衡时的生产能力利用率:

$$F^* = \frac{Q^*}{Q_d} \times 100\% \tag{11-9}$$

在例 11-1 中,盈亏平衡时生产能力利用率为

$$F^* = \frac{4\,000}{10\,000} \times 100\% = 40\%$$

4. 以固定成本表示的盈亏平衡点

如果其他不确定因素保持不变,固定成本越高,盈亏平衡产量就越大,项目承担风险就越大;反之,项目承担的风险就越小。

在设计的生产能力下,达到盈亏平衡的固定成本为项目可以接受的最高固定成本;销售税金及附加税费比率不变,视为必要的固定支出。其公式为

$$C_f^* = (P - C_v - T_x) Q_d \tag{11-10}$$

按例 11-1 的条件有

$$C_f^* = (450 - 155 - 45) \times 10\,000 \text{元} = 250 \text{万元}$$

只要固定成本不超过 250 万元,项目就可以盈利。

5. 以产品销售价格表示的盈亏平衡点

若按设计能力进行产品生产和销售,所允许的最低保本销售价格即盈亏平衡时的销售价格。表达式为

$$P^* = \frac{I_d}{Q_d} = \frac{C_v Q_d + C_f}{Q_d} = C_v + \frac{C_f}{Q_d} \tag{11-11}$$

单位产品销售价格是影响项目盈亏的重要因素。如果其他不确定因素保持不变,提高产品销售价格,在图 11-2 中,收入曲线 $I = PQ$ 就越陡,与成本曲线 $C = C_f + C_v Q$ 的交点(即 BEP

点)就离原点越近,提高产品销售价格使盈亏平衡产量降低;反之,降低产品销售价格,收入曲线就越平缓,与成本曲线的交点就离原点越远,使盈亏平衡产量增高。

在例 11-1 中有

$$P^* = \left(155 + \frac{1\,000\,000}{10\,000}\right) \text{元/吨} = 255 \text{ 元/吨}$$

若考虑税金,则应加上 T_x。本案例 $P^* = 300$ 元/吨。

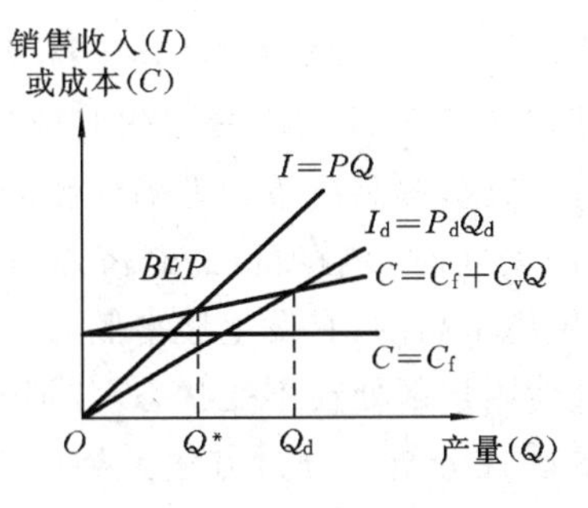

图 11-2　销售价格对盈亏平衡的影响

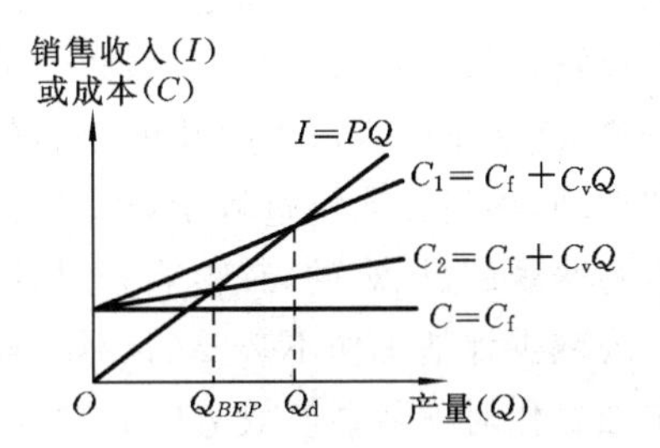

图 11-3　可变成本对盈亏平衡的影响

6. 以单位产品可变成本表示的盈亏平衡点

可变成本越大,成本曲线越陡,与收入曲线的交点越高,盈亏平衡的产量就越大;反之,曲线越平缓,与收入曲线的交点越低,盈亏平衡的产量就越小(见图 11-3)。若按设计能力进行产品生产和销售,并且销售价格固定,则有

$$(P - T_x)Q_d = C_v Q_d + C_f$$

则盈亏平衡的单位产品可变成本为

$$C_v^* = P - T_x - \frac{C_f}{Q_d} \tag{11-12}$$

在例 11-1 中有

$$C_v^* = \left(450 - 45 - \frac{1\,000\,000}{10\,000}\right) \text{元/吨} = 305 \text{ 元/吨}$$

因此,产品的单位可变成本在不高于 305 元/吨的情况下,项目可以盈利。

三、盈亏平衡分析的优缺点

盈亏平衡分析有以下优点:

(1) 盈亏平衡分析简单、明了,通过对项目的产量、销售价格和成本等因素分析,可以了解项目可能承担风险的程度;

(2) 盈亏平衡分析有助于确定项目的合理生产规模;

(3) 通过对项目各种盈亏平衡点的分析,可以为项目决策提供有用的信息。

盈亏平衡分析有以下缺点:

(1) 它是一种静态分析,没有考虑资金的时间价值因素;

(2) 它建立在一些理想化的基本假设条件下,用盈亏平衡分析法难以得出一个全面的结论。

第二节 敏感性分析

敏感性分析是针对潜在的风险性,研究项目各种不确定因素变化一定幅度时其主要经济指标变化率及敏感程度的一种方法。

项目一般所涉及的不确定因素主要有产品产量、产品售价、经营成本、主要原材料价格、固定资产投资、建设期及汇率等。敏感性分析可以使决策者了解不确定因素变化对项目经济指标的影响,确定不确定因素变化的临界值,以便采取防范措施,提高决策的准确性和可靠性。

按常理,项目在实施过程中,可能有多种不确定性因素同时影响项目的经济效益,并且这些因素有悲观的、乐观的,有影响大的、影响小的,有发生概率高的、有发生概率低的,情况非常复杂。为减少评估工作不必要的麻烦,通常每次假定其他因素都处在不变状态,分别计算某一因素单独变化对项目经济效益的影响,称之为单因素敏感性分析。分析方法上类似于数学上多元函数的偏微分。

进行敏感性分析,一般是分析项目的内部收益率随不确定因素变化的情况。从中找出对项目影响较大的因素,然后绘出敏感性分析图,分析敏感度,最后求出项目由可行变为不可行时,不确定因素变化的临界值,即最大允许的变化范围。

用不确定性因素的某一变化率计算的经济指标相对变化率 γ 的表达式为

$$\gamma = \left| \frac{IRR - IRR_i}{IRR} \right| \times 100\% \tag{11-13}$$

式中:IRR_i——某因素的第 i 个变化率求得的内部收益率。

一、敏感性分析步骤

敏感性分析步骤如下。

(1) 选定不确定因素,并设定这些因素的变动范围。可根据下面两条原则选择不确定因素:第一,预计在可能的变动范围内,该因素的变动会较大程度地影响项目经济效果;第二,该因素发生的可能性大,并且对项目将是不利的因素。

(2) 确定分析指标。《建设项目经济评价方法与参数》中要求分析全部投资内部收益率指标在不确定性因素变化情况下的敏感程度,但也可以将净现值等动态指标设定为被影响的经济指标。

(3) 进行敏感性分析。以全部投资现金流量表为基础,计算各种不确定因素在可能变动的范围内发生变化时,导致的项目经济效果指标的变化情况,建立起一一对应的数量关系,用图或表的形式表示出来。

(4) 绘制敏感性分析图。敏感性分析图的绘法是:以不确定性因素变化率为横坐标,以某个评价指标,如项目内部收益为纵坐标作图,计算每个不确定性因素变化而得到的内部收益,并把它们画在曲线图上。在敏感性分析图中,曲线越陡,该影响因素越敏感;反之,影响因素越不敏感。

(5) 确定变化的临界点。将每条曲线延长与基准收益线或净现值等于零的线相交,其交点就是每种不确定性因素变化的临界值,即该不确定性因素允许变动的极限。不确定性因素

的变化值如果超过了这个极限，项目由可行变为不可行。将这个极限与估计可能发生的变化范围进行比较，若前者小于后者，则说明该不确定因素对经济效益的影响敏感，项目承担的风险大。

例 11-2　某家用电器生产投资项目，其投资额、年销售收入、年经营成本等数据如表 11-1 所示。由于影响未来经济效益的某些因素存在不确定性，投资额、经营成本和产品价格均有可能在±20%的范围内变化。设基准折现率为 10%。试分别就上述三种不确定因素对净现值的影响作敏感性分析。

表 11-1　家电项目现金流量表　　单位：万元

年　份	0	1～10	11
投资(K')	15 000		
流动资金(L)	3 000		
销售收入(I)		22 000	22 000
经营成本(C)		15 000	15 000
销售税金(T_x)		2 200	2 200
期末资产残值(K_s)			2 000
期末流动资金(L_v)			3 000
净现金流量	−18 000	4 800	9 800

【解】　用净现值指标评价经济效果，令 $K=K'+L$，$K'_s=K_s+L_v$，依公式有

$$NPV=-K+(I-C-T_x)(P/A,10\%,11)+K_s(P/F,10\%,11)$$
$$=(-18\ 000+4\ 800\times 6.495\ 1+5\ 000\times 0.350\ 5)\text{万元}=14\ 929\text{万元}$$

分别就投资额、产品价格和经营成本不确定因素的变化对净现值影响作敏感性分析。

设投资额变动 x，分析投资额变动对方案净现值影响的计算公式为

$$NPV=-K(1\pm x)+(I-C-T_x)(P/A,10\%,11)+K_s(1\pm x)(P/F,10\%,11)$$

设经营成本变动 x，分析经营成本变动对方案净现值影响的计算公式为

$$NPV=-K+[I-T_x-C(1\pm x)](P/A,10\%,11)+K_s(P/F,10\%,11)$$

设产品价格变动 x，产品价格变动将导致销售收入和销售税金变动，两者与产品价格变动的比例基本相同，故产品价格变动对方案净现值影响的计算公式可写为

$$NPV=-K+[(I-T_x)(1\pm x)-C](P/A,10\%,11)+K_s(P/F,10\%,11)$$

按照上述三个公式和表 11-1 的数据，不确定因素各自在 x 范围内变动。计算结果如表 11-2 所示。根据表中数据可以绘出敏感性分析图(见图 11-4)。

由表 11-2 可以看出，在同样的变化率下，产品价格的变动对项目净现值的影响最大，经营成本变动的影响次之，投资额变动的影响最小。

表 11-2　不确定因素的变动对净现值的影响　　单位:万元

变化率	−20%	−15%	−10%	−5%	0	+5%	+10%	+15%	+20%
投资额	14 400	15 300	16 200	17 100	18 000	18 900	19 800	20 700	21 600
净现值	18 178	17 366	16 554	15 742	14 929	14 118	13 305	12 493	11 681
经营成本	12 000	12 750	13 500	14 250	15 000	15 750	16 500	17 250	18 000
净现值	34 414	29 543	24 672	19 800	14 929	10 058	5 186	315	−4 556
产品价格	15 840	16 830	17 820	18 810	19 800	20 790	21 780	22 770	23 760
净现值	−10 792	−4 362	−2 069	8 499	14 929	21 359	27 790	34 220	40 650

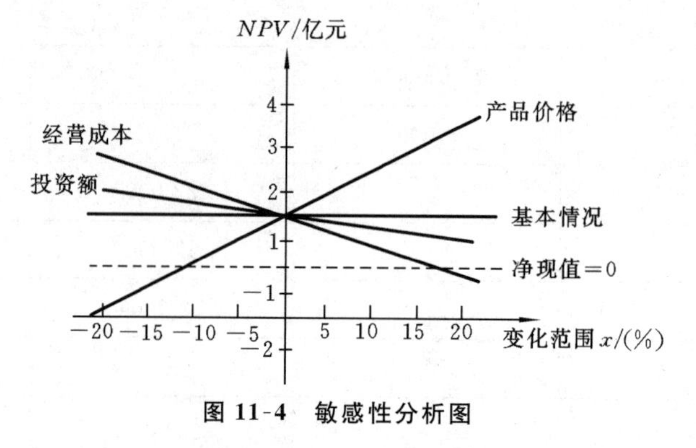

图 11-4　敏感性分析图

从图 11-4 中可以看出,产品价格和经营成本线都比较陡,依据式(11-13),当两因素变化率为 20%时,可得到各净现值相对变化率为 172%、131%,都对项目净现值的影响较大,而投资额线比较平坦,其变化对项目净现值的影响不大。同时,还可得出当产品价格低于预期 9.2%时,经营成本高于预期 15.3%,净现值小于零,方案将变得不可接受。

既然产品销售价格对项目风险性影响较大,就应该在生产中加强管理,提高产品质量,控制经营成本,达到规模经济水平,使产品有较强的竞争及抗风险能力。

二、敏感性分析的优缺点

敏感性分析就各种不确定因素的变化对项目经济效果的影响作了定量分析,并且找出了最敏感的不确定性因素,求出了不确定性因素影响的临界值,有助于决策者了解项目的风险情况,确定在决策过程中及项目实施过程中需要重点研究与控制的因素。但敏感性分析没有考虑各种不确定因素在未来发生变动的概率。在生产中可能有这样的情况:通过敏感性分析得出的某个最敏感的不利因素对项目影响十分严重,但在项目实施时发生的可能性很小,也就是说实际的风险并不大;而不敏感的因素在未来发生不利变化的可能性却很大,它给项目经济效益所带来的风险就比那个最敏感因素更大。对于这种问题使用敏感性分析是无法解决的。

第三节　概率分析

不确定因素是投资项目风险的主要源头,其变动情况对项目经济效益影响具有或然性。概率分析是根据不确定性因素在一定范围内的随机变动,分析并确定这种变动的概率分布,从

而计算出其期望值及标准偏差，为项目的风险决策提供依据的一种分析方法。概率分析能弥补敏感性分析的不足，能描述项目同时在多种不确定性因素影响下的经济效益评价值，并通过连续概率分布情况，判断项目可能发生的损益或风险，从而在项目评估时尽可能作出科学、可靠的决策和应对措施。

概率分析方法有许多种，较常用的有期望值法和模拟法两种。本章主要介绍期望值法。

期望值法的基本原理是：假设各参数是服从某种概率分布的相互独立的随机变量，根据经验对各参数作出主观概率估计，以此为基础计算项目的经济效益，通过对经济效益期望值、累计概率、标准差及偏差系数的计算分析，定量地反映项目风险和不确定性程度。

所谓主观概率，它是以人为预测和估计为基础的概率，是根据经验设定在有限的各种情况下发生的概率。确定主观概率要结合专家的经验，慎重考虑，否则分析结果将发生偏差。

一、概率分析的步骤

概率分析的步骤如下。

(1) 列出各种要考虑的不确定因素，并设定各不确定因素可能发生变化的几种情况。

(2) 分别确定每种情况出现的概率，确定概率值时应结合专家的经验。

(3) 分别求出各种情况下的净现值，并计算出加权净现值，求代数和，得出净现值的期望值。

(4) 求出净现值大于或等于零的累计概率，并绘制累计概率分析图。如果风险较大，需进一步计算标准偏差。

二、经济效益期望值的计算

期望值是指在大量随机事件中，随机变量各种可能取值的平均值，也是最大可能值。在项目评估中，期望值是指在参数值不确定的情况下，项目经济效益可能达到的平均水平。其一般计算公式为

$$E(X)=\sum_{i=1}^{n}X_iP_i=X_1P_1+X_2P_2+\cdots+X_nP_n \tag{11-14}$$

式中：$E(X)$——随机变量 X 的期望值；

X_i——随机变量 X 的各种可能取值；

P_i——随机变量 X_i 的概率值。

项目评估中通常将净现值作为随机变量，用 $E(NPV)$ 表示净现值期望值。

三、经济效益累计概率的计算

在不确定性分析中，当净现值期望值相对较低时，要进一步了解项目经济效益发生在某一区间的可能性有多大，则应计算这个区间内所有可能取值的概率之和，即累计概率，用 $P(NPV\geqslant m)$ 表示。具体计算步骤如下：

(1) 计算项目在不同情况下的净现值，并将计算的净现值由小到大排序，注上各种情况发生的概率；

(2) 计算项目净现值累计概率，列于表中；

(3) 按数据表中的数据作净现值累计概率图；

(4) 根据净现值累计概率图，对项目进行风险性及不确定性分析。

四、经济效益标准差的计算

标准差是一个表示随机变量实际发生值对其期望值离散程度的重要指标。在项目经济效益分析中,标准差说明经济效益实际发生值对其期望值的偏离程度。这种偏离程度也可作为度量项目风险与不确定性的一种尺度。一般来讲,概率分布越窄,实际值越接近于期望值,风险越小。反之,概率分布越宽,实际值偏离期望值的可能性就越大,风险也越大。在两个经济效益期望值相同的项目中,标准差大意味着经济效益存在较大的风险。

标准差的计算公式为

$$\sigma(X) = \sqrt{D(X)} = \sqrt{\sum_{j=1}^{n} P_j (X_j - E)^2} \tag{11-15}$$

式中:$\sigma(X)$——变量 X 的标准差;

$D(X)$——变量 X 的方差;

X_j——变量 X 的第 j 个值;

P_j——X_j 的概率;

E——变量 X 的期望值。

例 11-3 已知某项目年初投资 140 万元,1 年建成,经营期 9 年,基准折现率 10%。预测项目投产后年收入 80 万元的概率为0.5,而收入增加和减少 20%的概率分别为0.3、0.2;年经营成本为 50 万元的概率为 0.5,而成本增加和减少 20%的概率分别为 0.3、0.2。忽略其他影响因素,试计算该项目净现值期望值、净现值大于或等于零的累计概率及标准差。

【解】 (1) 计算净现值期望值。

先计算正常情况下项目的净现值 NPV_5:

$$NPV_5 = [-140 + (80-50)(P/A,10\%,9)(P/F,10\%,1)] \text{万元}$$
$$= (-140 + 30 \times 5.759 \times 0.9091) \text{万元} = 17.08 \text{万元}$$

再计算加权净现值:

$$Q_5 = NPV_5 \times P_5 = 17.08 \times 0.25 \text{万元} = 4.27 \text{万元}$$

同理,可求得其他状态下净现值及加权净现值,如图 11-5 所示。

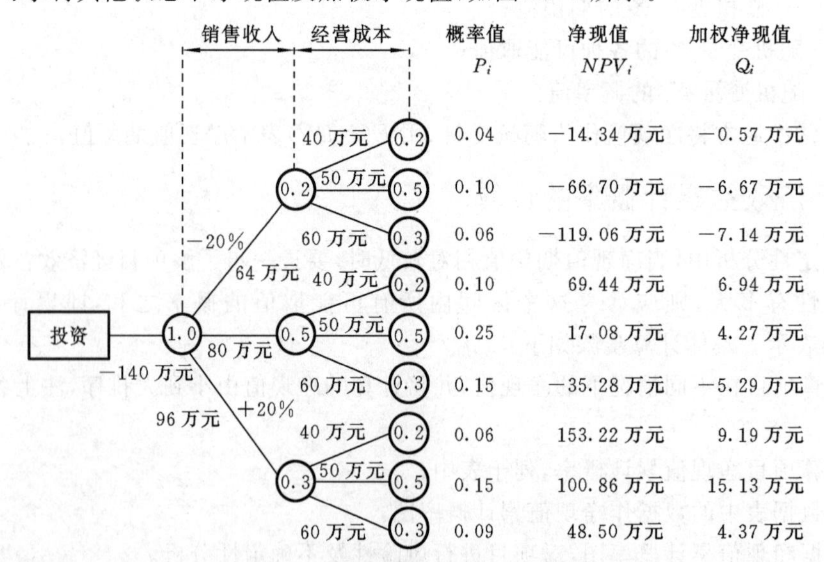

图 11-5 净现值期望值计算示意图

随后，根据式(11-14)求得净现值期望值 $E(NPV)=20.22$ 万元。

(2) 计算净现值大于或等于零的累计概率。

将例 11-3 计算的净现值由小到大排序，注上相应的概率，计算得到累计概率如表 11-3 所示，并根据表中数据作净现值累计概率图，如图 11-6 所示。图表结合可以看出项目净现值小于零的累计概率为0.42，则有

$$P(NPV \geqslant 0) = 1 - P(NPV < 0) = 1 - 0.42 = 0.58$$

表示项目可行的概率为 58%。

表 11-3 净现值和组合概率表

净现值/万元	组 合 概 率	累 计 概 率
−119.06	0.06	0.06
−66.70	0.10	0.16
−35.28	0.15	0.31
−14.34	0.04	0.35
17.08	0.25	0.60
48.50	0.09	0.69
69.44	0.10	0.79
100.86	0.15	0.94
153.22	0.06	1.00

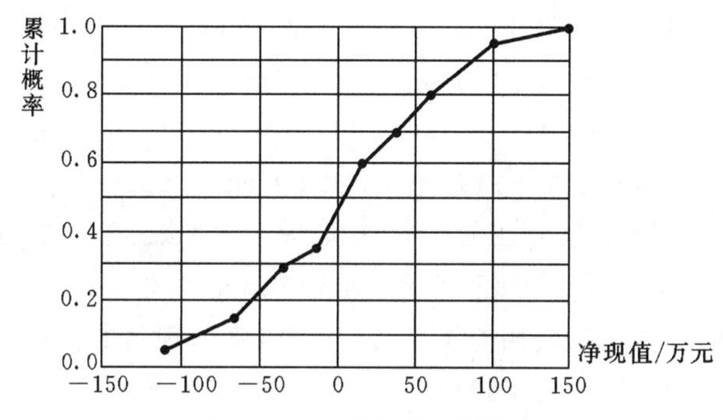

图 11-6 净现值累计概率图

从图 11-6 还可知：项目净现值在 0～70 万元的概率约 30%；超过 100 万元的可能性不到 6%。这些数字反映了项目有一定的风险和不确定程度，应计算项目经济效益标准差。

(3) 计算标准差。

根据式(11-15)，计算标准差 $\sigma(NPV)$ 有

$$\begin{aligned}\sigma(NPV) &= \sqrt{D(NPV)} = [(-119.06-20.22)^2 \times 0.06 + (-66.70-20.22)^2 \\ &\quad \times 0.10 + \cdots + (153.22-20.22)^2 \times 0.06]^{\frac{1}{2}} \text{万元} \\ &= \sqrt{4781.89} \text{万元} = 69.15 \text{ 万元}\end{aligned}$$

五、偏差系数

由标准差计算公式可知，标准差与变量及期望值的大小有关。项目相比较时，若某一项目

的期望值及标准差均比其他项目大,不能简单地认为标准差大的项目风险就一定大,还应进一步用两者的相对指标进行分析和比较。该相对指标叫偏差系数,它是标准差与期望值之比,用它来反映项目经济效益的风险和不确定性比标准差更好。其计算公式为

$$\lambda=\frac{\sigma(X)}{E(X)} \tag{11-16}$$

显然,标准差越小,期望值越大,偏差系数 λ 就越小,项目风险也越低,应优先考虑。

例 11-4 方案 A、B、C 净现值的可能取值及其概率如表 11-4 所示,计算方案的经济效益期望值及标准差,作方案风险和不确定性比较,并选择方案。

表 11-4 净现值及其概率

方案 A		方案 B		方案 C	
净现值/万元	概率	净现值/万元	概率	净现值/万元	概率
3 000	0.10	2 000	0.10	2 000	0.12
3 500	0.20	3 000	0.25	3 000	0.20
4 000	0.40	4 000	0.30	4 500	0.36
4 500	0.20	5 000	0.25	6 000	0.20
5 000	0.10	6 000	0.10	7 000	0.12

【解】 方案 A、B、C 的净现值期望值分别为

$$E_{\mathrm{A}}(NPV)=(3\,000\times0.1+3\,500\times0.2+4\,000\times0.4+4\,500\times0.2+5\,000\times0.1)\text{万元}=4\,000\text{ 万元}$$

$$E_{\mathrm{B}}(NPV)=(2\,000\times0.1+3\,000\times0.25+4\,000\times0.3+5\,000\times0.25+6\,000\times0.1)\text{万元}=4\,000\text{ 万元}$$

$$E_{\mathrm{C}}(NPV)=(2\,000\times0.12+3\,000\times0.2+4\,500\times0.36+6\,000\times0.2+7\,000\times0.12)\text{万元}=4\,500\text{ 万元}$$

因各方案净现值期望值相等或相差不大,需计算方案净现值的标准差。

$$\begin{aligned}\sigma_{\mathrm{A}}(NPV)=&[(3\,000-4\,000)^2\times0.1+(3\,500-4\,000)^2\times0.2\\&+(4\,000-4\,000)^2\times0.4+(4\,500-4\,000)^2\times0.2\\&+(5\,000-4\,000)^2\times0.1]^{\frac{1}{2}}\text{万元}\\=&547.72\text{ 万元}\end{aligned}$$

$$\begin{aligned}\sigma_{\mathrm{B}}(NPV)=&[(2\,000-4\,000)^2\times0.1+(3\,000-4\,000)^2\times0.25\\&+(4\,000-4\,000)^2\times0.3+(5\,000-4\,000)^2\times0.25\\&+(6\,000-4\,000)^2\times0.1]^{\frac{1}{2}}\text{万元}\\=&1\,140.18\text{ 万元}\end{aligned}$$

因方案 A、B 净现值期望值相等,应结合 $\sigma(NPV)$ 比较,方案 A 的标准差远小于方案 B,方案 A 风险小,舍去方案 B。

至于方案 C,尽管 $E_{\mathrm{C}}(NPV)>E_{\mathrm{A}}(NPV)$,但并不明显,需进一步计算方案 C 的标准差,结合偏差系数来比较。

$$\sigma_C(NPV)=[(2\ 000-4\ 500)^2\times0.12+(3\ 000-4\ 500)^2\times0.2$$
$$+(4\ 500-4\ 500)^2\times0.36+(6\ 000-4\ 500)^2\times0.2$$
$$+(7\ 000-4\ 500)^2\times0.12]^{\frac{1}{2}}\text{万元}$$
$$=1\ 549.2\text{万元}$$

$$\lambda_A=\frac{\sigma_A(NPV)}{E_A(NPV)}=\frac{547.72}{4\ 000}=0.167$$

$$\lambda_C=\frac{\sigma_C(NPV)}{E_C(NPV)}=\frac{1\ 549.2}{4\ 500}=0.344$$

因 $\lambda_A<\lambda_C$，方案 A 的风险远小于方案 C 的风险，选取方案 A。

练习题

1. 不确定性分析包括哪几部分？为什么要进行不确定性分析？

2. 什么是盈亏平衡分析、敏感性分析、概率分析？如何进行这些分析？

3. 一套石油深加工的装置，其设计能力为 3.5 万吨/年，产品单价为 3 500 元，税费占 10%，年生产成本为 8 500 万元，其中固定成本为 3 200 万元，可变成本与产量呈正比例关系。求以产量、生产能力利用率、销售价格、单位产品可变成本表示的盈亏平衡点，并分析经营安全状况。

4. 某化工厂生产一种复合肥，设计生产能力为 8 000 吨/年，不含税产品售价为 1 500 元/吨，年成本为 960 万元，单位产品可变成本为 800 元/吨。试分别画出固定成本、年可变成本、单位产品固定成本、单位产品可变成本与年产量的关系曲线，并求单位边际利润和目标利润为 100 万元时的产量。

5. 生产某种产品有两种备选设备。若选用设备 A，初始投资为 20 万元，加工每件产品的费用为 80 元；若选用设备 B，初始投资为 30 万元，加工每件产品的费用为 60 元。若不计设备的残值，请回答下列问题。（提示：按互斥方案解方程，求临界点）

(1) 若设备使用年限为 8 年，基准折现率为 10%，年产量为多少时选用设备 A 比较有利？

(2) 若设备使用年限为 8 年，年产量 1 300 件，基准折现率在什么范围内选用设备 A 比较有利？

(3) 若年产量 1 500 件，基准折现率为 10%，使用年限多长时选用设备 A 比较有利？

6. 某电子产品项目不确定性因素对内部收益率的影响结果如题表 11-1 所示。

题表 11-1　各因素变化程度对内部收益率的影响

内部收益率 / 变化参数 / 变动因素	变化率					相对变化率%	敏感程度
	+20%	+10%	0	−10%	−20%		
产品产量/件	26.40	22.98	19.50	16.00	12.60		
产品售价/(元/件)	29.88	24.65	19.50	14.60	9.50		
经营成本/元	11.55	15.68	19.50	23.40	27.20		
投资/元	13.50	16.45	19.50	22.43	25.38		
建设期/月	16.50	17.95	19.50	21.00	22.54		

要求:(1) 当不确定性因素变动量为20%时,补充表中空缺部分;

(2) 绘制敏感性分析图(基准收益率为15%);

(3) 找出各因素变动的临界变化值。

7. 某企业进行旧房改造,初始投资为1 200万元,当年完工,次年启用,使用期为10年,每年可节省租赁及维护费用330万元,若基准折现率为8%。试作如下分析:

就初始投资和费用节省额变动±5%、±10%、±15%、±20%及使用年限变动±10%、±20%,对该方案的净现值作单因素敏感性分析,画出敏感性分析图,指出最敏感因素及各因素临界点。

8. 对某实用新型专利项目进行投资,需20万元,实施期1年。根据市场调查预测,项目投产后净现金流量为5万元、10万元、12.5万元的概率分别为0.3、0.5、0.2。在各种市场变化情况下,生产期为2年、3年、4年、5年的概率分别为0.2、0.2、0.5、0.1。若折现率为10%,求该项目净现值期望值、净现值大于或等于零的累计概率。

9. 某工程有三个互斥方案供选择,预测日后的经济效益有三种可能,具体情况见题表11-2。试选择风险最低的方案。

题表11-2 不同状态下各方案效益预测

状态	概率	净现值/万元		
		A方案	B方案	C方案
最理想	0.30	200	180	220
较可靠	0.45	170	140	170
较悲观	0.25	100	110	50

第十二章　改扩建项目的经济评价

第一节　改扩建项目概述

一、改扩建项目的含义

本章所讨论的改扩建项目，同时也包括更新（技术）改造项目，统称为改扩建与更新（技术）改造项目，简称为改扩建项目。改扩建项目定义为现有企业单位在已有基础上，对原有设施、工艺条件进行扩充性建设或大规模改造，因而增加产品生产能力或经济效益的项目；更新（技术）改造项目定义为原有企业进行设备更新或技术改造的项目。而新建项目是指从无到有、新开始建设的项目。

利用原有企业进行改扩建与建设同样规模的新项目相比，可以充分利用原有的技术装备、技术力量、人力和物力资源，节省投资，节省原材料，缩短建设周期，达到见效快、效益好的目的。

二、改扩建项目的特点

改扩建项目是在原有项目的基础上进行建设的，它与新建项目相比具有以下特点：

（1）是按一定的设计（计划）在原有的基础上进行建设的项目；

（2）除总体改造外，一般其改造范围不涉及整个企业；

（3）不同程度利用了原有资产和资源，以增量调动存量，以较小的新增投入取得较大的新增效益；

（4）建设期内，建设与生产基本同步进行；

（5）项目与原有企业之间存在既相互独立又相互依存的特定关系。

改扩建项目与新建项目区别较大，评估不仅复杂而且难度大。表现在以下几点：原有企业条件的好坏涉及新增投资的多少及效益的高低；原有装置设施会或多或少介入技术改造后的生产过程，难以区分；改造后，原有的一些设备会退出生产过程，从而给投资、成本等带来影响；此外，改造后的工程改变了原来的生产格局，使产量、质量、成本和收入等方面可能发生明显的变化。因此，改扩建项目的经济评价除应遵循一般新建项目经济评价的原则和基本方法外，还必须针对以上特点，在具体评价方法上做一些特殊的规定。

第二节　改扩建项目的经济评价方法

一、总量效果评价法和增量效果评价法

改扩建项目的经济评价是分析进行改扩建和不进行改扩建两种情况下不同的费用和收

益,计算其经济效果,为是否进行改扩建作决策提供依据。从理论上分析,改扩建项目的经济评价方法有两种:总量效果评价法(简称总量法)和增量效果评价法(简称增量法)。

总量效果评价法需将企业原有的资产和新投入的资金结合在一起进行计算。要将原有资产视为投资,就需要对原有资产进行评估,但资产评估是较复杂和费时的工作,工作量和难度有时超过项目评估本身;另外,总量法不能显示用于改扩建的专项投资可达到的收益水平,因而只能对进行改扩建与不进行改扩建两种方案的相对优劣作出判断,无法说明当存在有其他投资机会时,进行改扩建的这笔投资是否是最优的选择。因此,总量法并不是改扩建项目评估的理想方法。

增量效果评价法是根据改扩建项目产生的增量收益和增量费用,计算出增量现金流量,然后据此进行增量效果指标计算,从而作出进行改扩建或不进行改扩建决策的评价方法,是一种较为简便合理的方法。

不难证明,在若干个互斥方案中,如果前一方案通过了绝对效果检验,后一方案与前一方案比较又通过了相对效果检验,那么后一方案一定也能通过绝对效果检验。因此,在改扩建项目评估中,若满足下列条件之一就可行:

其一,不进行改扩建时能通过总量效果评价,进行改扩建时能通过增量效果评价;

其二,进行改扩建能同时通过总量效果和增量效果评价。

这样,仍至少要做一次总量效果评价,与希望回避资产估价的愿望不符。为此,我们来作进一步的分析,看可否尽量不用或少用总量效果评价的方法。

根据排列组合原理,对增量效果、不进行改扩建及进行改扩建的总量效果三个方面进行排列组合,共有八种情况,见表 12-1。其中"+"表示能通过评价标准,"-"表示不能通过评价标准。

第一,按实际情况,"+"、"+"、"-"和"-"、"-"、"+"的可能性是不存在的,因此(4)和(8)的情况不用考虑。

第二,在(5)、(6)、(7)三种情况下,不能通过增量效果评价,不应进行改扩建。

表 12-1 增量效果和总量效果的可能性排列

效果 / 类别 / 序号	增量效果 ①	总量效果		按增量效果应作的决策 ④
		不进行改扩建 ②	进行改扩建 ③	
(1)	+	+	+	改扩建
(2)	+	-	+	同上
(3)	+	-	-	可以考虑
(4)	+	+	-	不可能
(5)	-	+	+	不进行改扩建
(6)	-	+	-	同上
(7)	-	-	-	同上
(8)	-	-	+	不可能

第三，在(1)、(2)情况下，增量效果和改扩建后的总量效果方向一致，用增量效果进行决策不会发生错误。

第四，在(3)情况下，无论改扩建与否，项目总量效果均不好，但项目通过了增量效果评价，并且改扩建后企业情况有较大好转，因而有必要进行改扩建，而不是放弃项目。

根据以上分析可以得出结论：在改扩建项目评估时，为了简化起见，一般只需要进行增量效果评价就行了；只有当现有企业亏损时，才需附带作总量效果评价。

现结合一个实际例子来说明总量法和增量法的应用。

例 12-1　某化工厂现有固定资产 700 万元，流动资金 300 万元。若进行改扩建，须投资 160 万元，改造当年见效益。改造与不改造的每年收入、支出如表 12-2 所示。假定改造、不改造的寿命期均为 7 年，基准折现率 $i_c=10\%$。问该企业改造项目是否应当进行？

【解】　初步判断企业情况很差，先用总量法进行计算。选择不进行改造或进行改造实际上就是对两个互相排斥的方案进行决策，分别计算两种情况下的净现值：

$NPV_1=[-1\,000+130(P/A,10\%,6)+500(P/F,10\%,7)]$万元$=-177.2$ 万元

$NPV_2=[-1\,160+190(P/A,10\%,6)+570(P/F,10\%,7)]$万元$=-40.0$ 万元

表 12-2　某工厂改造与不改造的情况预测

方　案	不　改　造			改　　造		
年份	0	1～6	7	0	1～6	7
投资	−1 000			−1 160		
销售收入		980	980		1 000	1 000
资产回收			370			380
支出		850	850		810	810
年净现金流量	−1 000	130	500	−1 160	190	570

此时，NPV_2 好于 NPV_1，相对来讲，进行改造比不进行改造的效益好。但是，二者都不能通过绝对效果检验，都不可行。是否应抹杀该项目，还须进一步分析。

用增量法进行计算。由于进行改扩建与不进行改扩建都有相同的原有资产，在进行增量现金流计算时互相抵消，就不必进行原有资产的估价。按照经济评价的原理，计算增量效果指标，若 $NPV_d>0$，或 $IRR_d>i_c$，则应进行改扩建；否则，就不进行改扩建。该案例增量净现值为

$$NPV_d=[-160+(190-130)(P/A,0.10,6)+(570-500)(P/F,0.10,7)]\text{万元}=137.2\text{ 万元}$$

$NPV_d=137.2>0$，并且效果显著，企业应当进行改造。

二、增量现金流的计算

增量现金流的计算是增量法的关键步骤。常见的计算增量现金流的方法是将进行改扩建和技改后(简称"项目后")的现金流减去改扩建和技改前(简称"项目前")的对应现金流，这种方法称为"前后比较法"，或"前后法"。我们知道，对方案中的现金流进行比较必须具有时间上的可比性，即必须用同一时间的现金流相减。前后法用项目后的量减项目前的量，实际上存在

着一个假设:若不上项目,现金流将保持项目前的水平不变。当实际情况不符合这一假设时,就将产生误差。因此,前后法是一种不正确的方法。计算增量现金流的正确方法是“有无法”,即对项目进行改扩建(称为“有项目”)和不进行改扩建(称为“无项目”)这两种方案在未来同一时间点(按项目寿命期或计算期)的费用和效益的现金流进行预测和分析,将它们的差额作为增量费用和增量效益进行比较,以衡量项目改扩建的必要性及其在经济上的合理性。有无法是国际上普遍采用的比较理想的对改扩建项目进行盈利能力分析的一种方法。

有无法不作无项目时现金流保持项目前水平不变的假设,而要求分别对有、无项目未来可能发生的情况进行预测。

按前后法计算增量现金流,可能在以下几种情况下发生错误(见图 12-1)。

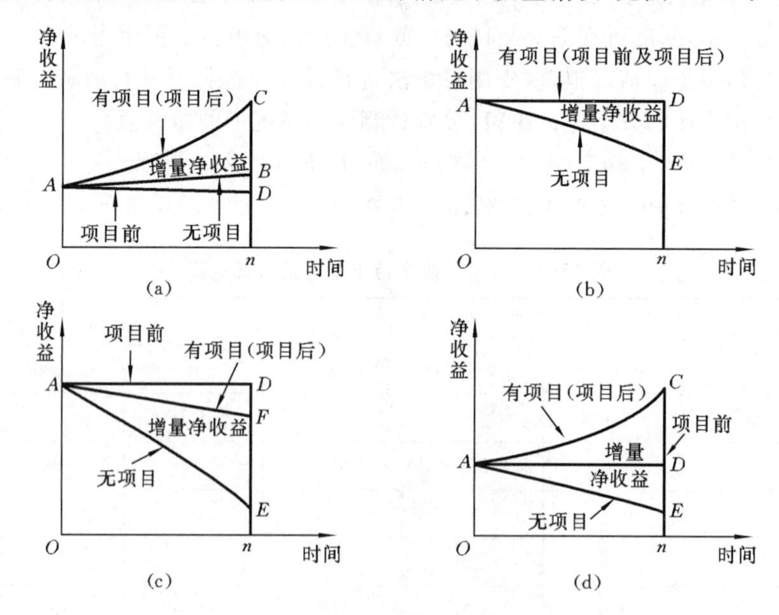

图 12-1 增量净收益比较图

(1) 市场需求旺盛或企业自身有潜力,在没有项目的条件下也能通过生产经营使企业净收益逐年增加;有了项目则会使净收益增加更多。如果按前后法计算,则会把本属于靠挖掘潜力增加的收入归入有项目的收入,即高估了增量效果。如图 12-1(a)所示,按有无法计算的增量净收益为 ABC,而按前后法计算的增量净收益为 ADC,前后法多算了 ADB。

(2) 由于种种原因若不进行改扩建,企业净收益将逐年下降,有项目则可保持原来的净收入水平。此时按前后法计算,增量效果为零或为负值,而按有无法计算则增量效果为正值。如图 12-1(b)所示,前后法的增量净收益为零,有无法的增量净收益为 AED,前后法少算了净收益 AED。

(3) 在图 12-1(c)中,前后法的增量净收益为负,有无法的增量净收益为 AEF,前后法少算了净收益 AED。

(4) 无项目时企业净收益逐年下降,有项目时净收益逐年上升,按前后法计算也会低估增量效果。如图 12-1(d)所示,前后法的增量净收益为 ADC,有无法的增量净收益为 AEC,前后法少算了净收益 AED。

很明显,当无项目的未来净收益保持项目前的水平不变时,有无法和前后法的结果相同。

因此前后法仅是有无法的一种特例。

三、改扩建项目的净效益与有关数据

1. 改扩建项目的效益与费用

改扩建项目的目标不同，实施方法也不同。其效益可能表现在增加产量、扩大品种、提高质量、降低能耗、合理利用资源、提高技术装备水平、改善劳动条件或减轻劳动强度、保护环境和提高综合利用等一个方面或几个方面。其费用不仅包括新增投资、新增经营费用，还包括由项目建设可能带来的停产或减产损失和原有固定资产的拆除费等。

改扩建项目的所有效益和费用均应反映在项目的经济评价中。对于难以定量计算的效益和费用应作定性描述。

2. 改扩建项目效益与费用的计算范围

改扩建项目虽然与原有企业关系密切，但除企业进行总体改造外，一般改扩建项目并不涉及整个企业。在经济评价中，为了减少数据收集和计算的工作量，在不影响评价结论的情况下应该将计算范围尽可能缩小，即项目范围的界定应以能说明项目的效益和费用为原则，但要注意有项目与无项目计算范围的一致性。

3. 改扩建项目效益与费用的几种数据

改扩建项目效益与费用的数据可以分为以下几种。

(1) 现状数据。它反映项目实施前的效益和费用现状，是单一的状态值。具体计算时，一般可用实施前一年的数值，当该年数值不具有代表性时，可以选用有代表性年份的数值或近几年数据的平均值。

(2) 无项目数据。它是指不实施项目时，在现状基础上预测计算期内效益和费用变化趋势所得出的数值序列。

(3) 有项目数据。它是指对实施项目后的总量效益和费用进行预测得出的数值序列。

(4) 新增数据。它是把有项目的效益和费用分别减去现状效益和费用得到的差额。但是，有些数据是先有新值，再计算出有项目数值的。例如先估算出新增投资，再计算出有项目时的总量投资。

(5) 增量数据。它是把同一时间点的有项目效益和费用分别减去无项目效益和费用得到的差额，即"有无对比"数据。

以上五种数据的关系可用下列表达式说明：

新增数据＝有项目数据－现状数据

增量数据＝有项目数据－无项目数据

从以上表达式可以看出，新增数据不等于增量数据。只有在无项目数据与现状数据相等时，增量数据与新增数据才相等。

第三节　改扩建项目的增量效益与增量费用

一、增量费用及计算

增量费用是指改扩建项目与不改扩建项目相比所增加的费用，将改扩建、不改扩建两种情况下同一时间点的费用相减,得到的就是增量费用。

1. 沉没成本

沉没成本是指企业以前已投入的固定资产投资成本,它包括过去预留发展的设施、停建项目的已建设施、利用旧有设施的潜在能力、用于新项目的已折旧完了的资产等,这些费用与现行的项目无关,不需再计入项目的增量投资中。因此,在项目评估中计算费用时,要特别注意识别属于企业范围内的沉没成本部分。

2. 增量投资的计算

1) 原有固定资产投资的计算

在不涉及产权转移时,原有固定资产价值采用账面值(原值或净值)计算。

2) 原有固定资产投资重估的计算方法

在改扩建项目经济评价中,如需要对原有固定资产价值进行重估,可参照国资委对国有资产主体变动或国家资产经营、使用主体变动的项目所规定的几种评价办法执行。

3) 增量固定资产投资的计算

增量固定资产投资是有项目与无项目的固定资产投资的差额。

(1) 估算新增固定资产投资。改扩建项目需要单独估算新增固定资产投资,包括固定资产投资、建设期利息和固定资产投资方向调节税、工程预备费和涨价预备费。估算新增固定资产投资时应包括扩建新增部分、老装置改造部分、为满足改扩建需要对原有设施的填平补齐部分的费用以及因改扩建必须拆除的原有固定资产的拆除费用和必须重建的建筑物的重建费用等。

(2) 估算有项目固定资产投资。有项目固定资产投资为新增固定资产投资和原有固定资产价值之和。按现行规定,在不涉及产权转移时,原有固定资产价值一般采用原值或净值计算。改扩建时,项目范围内的固定资产可能被继续利用,也可能不再利用。计算有项目固定资产投资时,原有固定资产无论利用与否,均与新增投资一起计入投资费用。不再利用的固定资产如果变卖,其价值按变卖值和变卖时间另行计入现金流入和资金来源栏目,不采取冲减新增投资的做法。

(3) 分析无项目固定资产投资。无项目固定资产投资不仅包括原有固定资产价值,还包括为维持项目继续经营下去时(改扩建期初)所需花费的投资。

无论是在有项目还是无项目的情况下,计算期内各年的设备更新费用都不包括在固定资产投资额中,而应作为各年的费用直接计入各年的现金流量表中。

增量折旧是指有项目折旧与现状折旧的差额,它等于新增固定资产的折旧减去不再利用的原有固定资产本来应该计提的折旧。只有在原有固定资产全部利用的情况下,差额才为零。

在清偿能力分析中用到增量折旧数值时,如果不再利用的原有固定资产的价值较小,为简化计算,也可直接采用增量固定资产的折旧。

4) 增量流动资金的估算

改扩建项目需单独估算新增流动资金。新增流动资金与原有流动资金之和构成有项目流动资金,无项目流动资金一般可按等同于原有流动资金计算,除非在预测无项目情况时发生了较大的变化。有项目与无项目流动资金的差额才视为增量流动资金。

3. 增量经营成本

增量经营成本是有项目与无项目经营成本的差额。但要注意识别属于企业范围内的沉没

成本或生产成本中的固定部分，这部分费用不计入增量费用和新增费用。

4. 停产或减产损失

当改扩建项目与生产同时进行时，其停产或减产造成的损失，反映在有项目改造期内各年的销售收入和经营费用中，因此不需单独列项计算。如果直接计算增量效益和增量费用，则可将停产或减产造成的损失列为项目的费用。

二、增量效益及计算

1. 增量效益

增量效益是指改扩建项目和不改扩建项目相比所增加的效益，即将改扩建、不改扩建两种情况下同一时间点的收益相减，得到的就是增量净效益。

增量效益包括有形效益和无形效益：

(1) 有形增量效益通常表现为扩大产量、提高产品质量(即提高产品价值)、降低成本和减少损失等方面的增量效益以及它们产生的综合经济效益；

(2) 无形增量效益有收入分配、地区发展、就业、教育、健康、环保、国防及社会安定等方面进步的效果，通常难以用货币估价和衡量，可进行定性描述。

2. 增量效益的计算内容

增量效益可根据不同的目标计算。

(1) 单纯增加产量的项目，其增量效益就是新增产量的销售收入。

(2) 单纯增加品种(原有品种的产量不变)的项目，其增量效益就是新增品种的销售收入。

(3) 改变产品结构(增加新产品，取消某些老产品)的项目，其增量效益就是新老产品结构改变后的总销售收入之差额。

(4) 提高产品质量(不增加产量)的项目，其增量效益就是产品随质量提高而增加的销售收入，即销售价格提高前后的销售收入差额。

(5) 单纯降低经营成本的项目，其增量效益就是经营成本的节约额。

(6) 改善劳动条件和环境保护的项目，其增量效益主要表现为增进职工健康、减少医疗费、提高劳动出勤率、保护劳动力资源等无形效果，可进行定性描述。

(7) 中途停建又再建的项目，其增量效益与新建项目效益相同。

(8) 为实现多种目标的综合改扩建项目，有时各种目标同时存在，应采用有无法计算总效益。

3. 增量效益的计算方法

增量效益的计算方法有以下两种：

(1) 增量效益能与现有企业的效益分开计算的，可采用直接划分法用增量效益指标直接计算有项目的新增效益；

(2) 增量效益与现有企业的效益难以分开计算的，则需用有无法分别计算有项目与无项目时的总效益，两者之差额即为项目的新增效益。

三、对不同寿命期费用和效益的计算

对改扩建项目采用有无法进行经济评价时，两种情况的寿命期一般不等，不进行改造(无项目)的项目寿命期要比进行改造(有项目)的项目寿命期短。为使计算期具有可比性，应以有

项目的计算期为准,可根据具体情况对无项目的计算期进行调整:

(1) 一般情况下,可通过追加投资(局部更新或全部更新)来维持无项目时的生产经营,把寿命延长到与有项目的计算期相同,或使净现金流处于项目前的情况(原企业走下坡时),并在计算期末将固定资产余值回收;

(2) 在某些情况下,通过追加投资延长无项目寿命期,在技术上不可靠或经济上明显不合理时,应使无项目的生产经营适时终止,其后各年的现金流量为零。

例 12-2 某企业为提高竞争能力而进行改扩建。原有固定资产重估值为 600 万元,改造前年销售收入为 1 000 万元,年经营费用 700 万元,生产尚能维持 6 年,但预计每年的收入将下降 3%,费用上升 2%;若进行改造,需投入 800 万元,当年改造完成,年收入将达到 2 000 万元,年经营费用 1 300 万元,寿命期 10 年,基准收益率12%。若通过追加投资,可使项目寿命期达到 10 年并维持效益在项目前的水平。分析项目是否有必要进行改造。

【解】 本题可通过分析基础数据解答。

(1) 现状数据。

原始投资 600 万元,寿命期 6 年。

(2) 无项目数据。

各年现金流入 CI_t=1 000 万元×$(1-3\%)^t$。

各年现金流出 CO_t=700 万元×$(1+2\%)^t$,寿命期 6 年。

追加投资 50 万元,无项目的数据变为固定资产 650 万元,寿命期 10 年,现金流入 CI_t=1 000 万元×$(1+0)^t$,现金流出 CO_t=700 万元×$(1+0)^t$。

(3) 有项目数据。

固定资产投资 K=(800+600)万元=1 400 万元,寿命期 10 年。

现金流入 CI_t=2 000 万元,现金流出 CO_t=1 300 万元。

(4) 新增数据。

新增投资=(1 400-600)万元=800 万元。

(5) 增量数据。

增量投资=有项目投资-无项目投资=(1 400-650)万元=750 万元。

各年增量收入=(2 000-1 000)万元=1 000 万元。

各年增量费用=(1 300-700)万元=600 万元。

因此,增量净效益=(1 000-600)万元=400 万元。

若所得税为 130 万元,增量净现值 NPV_d=[$-750+270(P/A,12\%,10)$]万元=775.5 万元。

项目增量净现值指标大于零,有必要进行改造。此外,也可计算出增量的内部收益率为 34%。

第四节　改扩建项目的经济评价

一、改扩建项目的经济评价

改扩建项目的经济评价分为财务评价和国民经济评价两部分。两者都进行盈利能力分

析、清偿能力分析，对涉及外汇收支的项目还应进行外汇平衡分析。

在遵循一般新建项目经济评价的原则和基本方法的同时，改扩建项目的经济评价还必须依据自身特点，在具体方法上做一些特殊的规定。

(1) 盈利能力分析应采用有无法，通过差额分析以增量指标作为判断项目财务可行性和经济合理性的主要依据。盈利能力分析的结论对项目决策起主导作用。

(2) 清偿能力分析是在现状的基础上对项目实施后的财务状况作出评价，判断清偿能力和财务风险。计算固定资产投资借款偿还期时，分析范围原则上是整个企业而不仅仅是项目本身。偿还借款资金来源不仅包括项目新增的可用于还款的资金，还包括原有企业所能提供的还款资金。

二、基础数据和辅助报表

1. 基础数据

改扩建项目的经济评价首先要收集、整理和预测基础数据，包括新增固定资产投资、流动资金、固定资产折旧费、无形资产和递延资产摊销费、总成本费用、销售收入、销售税金及附加等数据。改扩建项目基础数据的收集、整理和预测与新建项目既有相同之处又有不同之处。相同之处可参照第八、九、十章的内容。不同之处即增量效益或增量费用的计算，可以先分别计算有项目和无项目两种情况下的效益和费用，然后将计算期内同一时间点的效益和费用对应相减，其差额即为增量效益或增量费用，最后根据增量效益和增量费用来计算有关的经济评价指标。

2. 辅助报表

一般改扩建项目用于财务评价的基础数据辅助报表有新增固定资产投资估算表，流动资金估算表，投资计划与资金筹措表，固定资产折旧费估算表，无形资产和递延资产摊销费估算表，总成本费用估算表，销售收入、销售税金及附加估算表，在建工程估算表及贷款还本付息估算表等。用于国民经济评价的基础数据辅助报表有增量投资调整表、增量经营费用调整表和增量销售收入调整表等。现就与新建项目评估不同之处作如下说明。

1) 基础数据主要辅助报表的编制

基础数据主要辅助报表的编制应注意以下两点。

(1) 当企业进行整体改扩建或企业虽进行局部改扩建但界定的有项目范围为企业整体时，基础数据的辅助报表应分别设置有项目和无项目两种辅助报表。这既能满足编制增量投资现金流量表的需要，也能满足为评估企业改扩建后整体财务状况而编制损益表、资金来源与运用表和资产负债表的需要。

(2) 当界定的有项目范围与企业整体范围不一致时，除编制项目范围内有项目和无项目基础数据辅助报表，以满足编制增量现金流量表的需要之外，还应增设项目范围外(即企业不进行改扩建部分)的基础数据主要辅助报表(这部分辅助报表应根据项目评估人员的需求，由企业负责提供)。然后将项目范围内和项目范围外两张辅助报表对应栏目的数据相加，编制企业改扩建后的总量基础数据的辅助报表。只有这样才能满足为评估企业扩建后整体财务状况而编制的损益表、资金来源与运用表和资产负债表的需要。

2) 固定资产折旧费估算表的编制

固定资产折旧费估算表是为编制总成本费用表、资金来源与运用表和资产负债表而设置

的辅助报表,在栏目设置上应考虑四方面问题:

(1) 表中应设置新增固定资产的原值、折旧额及其净值的栏目;

(2) 表中应设置项目范围内利用原有固定资产原值、折旧额及其净值的栏目;

(3) 对项目范围与企业整体范围不一致的项目,还要设置项目范围外固定资产原值、折旧额及其净值的栏目;

(4) 当项目利用原有固定资产使用寿命比新增固定资产使用寿命短时,还应设置为维持利用固定资产使用寿命进行局部更新或全部更新而追加的固定资产的原值、折旧额及其净值的栏目。

3) 借款还本付息计算表的编制

借款还本付息计算表是为编制总成本费用表、资金来源与运用表而设置的辅助报表。借款还本付息计算表与新建项目无区别。

4) 在建工程估算表的编制

改扩建项目与新建项目不同,要设置在建工程估算表。在建工程估算表是为编制资产负债表而设置的辅助报表,其设置应考虑两方面问题:

(1) 表中应设置改扩建项目新增在建工程费用的栏目;

(2) 表中还应设置计算改扩建项目范围内和项目范围外企业原有在建工程费用的栏目。

三、改扩建项目的财务评价

1. 改扩建项目财务评价的主要步骤

改扩建项目财务评价有以下主要步骤:

(1) 分析企业进行改扩建的必要性,明确改扩建项目的目标;

(2) 确定改扩建项目和企业的关系,判断是整体还是局部改扩建,以界定项目效益和费用的范围;

(3) 制定改扩建项目的方案,包括产品方案、技术方案、实施方案;

(4) 通过企业近三年的损益表、资产负债表和财务状况变动表分析企业财务状况和经营状况;

(5) 制定项目资金筹措方案;

(6) 预测企业无项目的效益和费用;

(7) 预测企业有项目的效益和费用,包括项目范围(或企业范围)内的总投资、成本及费用、销售收入等,编制各种基础数据辅助报表和过渡性辅助报表;

(8) 编制损益表,计算项目的增量投资利润率和增量投资利税率等指标,进行静态盈利能力分析;

(9) 编制现金流量表,计算增量投资财务净现值和增量投资内部收益率等指标,进行动态盈利能力分析;

(10) 编制资金来源与运用表和资产负债表,计算资产负债率、流动比率、速动比率等财务指标,进行清偿能力分析;

(11) 进行不确定性分析和风险分析。

2. 静态盈利能力分析

静态盈利能力分析包括增量投资利润率分析和增量投资利税率分析。其计算方法与新建项目的相同。

3. 现金流量表的编制

改扩建项目的经济评价在现金流量表的编制上与新建项目不同，首先要编制有项目全部投资（或自有资金）现金流量表和无项目全部投资（或自有资金）现金流量表，然后把这两张过渡性辅助报表对应栏目的数据相减，为编制增量投资现金流量表提供数据。这类报表与新建项目的同类报表形式上没有本质区别。

4. 动态盈利能力分析

动态盈利能力分析包括：① 增量全部投资财务内部收益率、增量自有资金财务内部收益率分析；② 增量全部投资财务净现值、增量自有资金财务净现值分析；③ 增量投资回收期分析；④ 增量固定资产投资借款偿还期。计算方法与新建项目的相同。

5. 清偿能力分析

清偿能力分析涉及财务状况变动表、资金来源与运用表、资产负债表。资产负债表反映了项目的财务状况，说明企业拥有的各种资产和资源及企业的偿债能力，显示了企业所负担的长短期债务的数量和偿还期限的长短，表明了企业的投资者对本企业特有的权益。改扩建项目的资产负债表可参考第八章中的有关内容。

通常，清偿能力分析包括资产负债率分析、流动比率分析、速动比率分析。计算方法详见第八章，不再重述。

6. 外汇平衡分析

涉及外汇收支的项目应进行外汇平衡分析，考查各年外汇余缺程度。对外汇不能平衡的项目，应提出具体的解决办法。

四、改扩建项目的国民经济评价

改扩建项目国民经济评价的方法依据第十章各要点进行，其基本报表有国民经济效益费用流量表（增量全部投资）、国民经济效益费用流量表（增量国内投资）和经济外汇流量表（增量投资）。

改扩建项目国民经济评价的指标包括增量全部投资经济净现值、增量国内投资经济净现值、增量投资经济外汇净现值、增量投资经济换汇（节汇）成本等。其计算方法与全投资经济净现值、国内投资经济净现值、投资经济外汇净现值和基本建设项目中投资经济换汇（节汇）成本相似，不再重述。

练习题

1. 简述技术改造项目的特点。
2. 技改项目与新建项目的经济评价有何不同？
3. 什么是总量效果评价法？该方案难点何在？
4. 什么是增量效果评价法？如何进行计算？
5. 什么叫“前后法”和“有无法”？评价项目的增量现金流应采用哪种方法？为什么？
6. 在技改项目中如何进行增量效益和增量费用的计算？
7. 为什么在改扩建项目中通常用增量效果法对项目进行决策？

8. 某企业一台锅炉及配套设施重置净价150万元,在目前状况下产蒸汽每月创收25万元,经营成本20万元,还能运行24个月,但蒸汽产量将每月下降1.5%,经营费用将上升1.2%。若现以10万元的追加投资投入,可以维持生产不再下降(现状),并达到延长使用寿命1年的目的。如果进行改造,需投入30万元,当月改造投产,使月创收入30万元,经营成本23.5万元,可运行36个月。年基准折现率24%。评价项目是否有必要进行改造。

第十三章 利用外资项目的评估

改革开放近30年以来，我国利用外资项目的资金年增长百分比保持在两位数，取得了很好的经济效益，达到了双赢的效果。利用外资项目类型主要有补偿贸易、中外合营及外商独资项目。本章对前两类有影响的项目类型的评估方法进行介绍，并对合营企业中、外方收益进行对比分析。

第一节 补偿贸易项目的评估

一、补偿贸易的种类

补偿贸易是某种类型的国际、境外贸易方式的总称，一般是引进国利用国(境)外的先进设备技术作为投资，在本国进行生产，然后以直接产品或间接产品来偿还外商投资的一种利用外资方式。补偿贸易主要有产品返销、商品换购及其他补偿贸易方式。

1. 产品返销

产品返销又称直接补偿，是用直接工业产品去进行补偿的贸易方式。所以，产品返销的直接产品是抵偿国外设备、技术投资的资金来源。所谓直接产品，则是指补偿贸易中用引进的设备、技术所生产的产品。例如，一个生产笔记本电脑的企业，从国外引进一套先进的生产设备和技术，投产后其先进技术、设备生产的产品作为补偿产品来偿付该设备和技术的价款，该企业所采用的补偿贸易方式，就是产品返销。

国际上一般称产品返销这种补偿贸易方式为“工业补偿”，我国把它叫做直接补偿。产品返销与补偿贸易的过程因补偿贸易的规模不同而有所不同。

引进设备和技术的金额较小，则补偿贸易过程较简单，过程如下：

(1) 设备、技术进出口方签订设备、技术交易合同，规定相应的设备、技术价款及支付办法；

(2) 双方签订另外一个合同，规定定时购买一定数量的直接产品；

(3) 设备或技术运出以后，进口方暂不付款。待生产出产品以后再开始偿还延期付款期间的利息，连同设备、技术价款，一次或分次出口直接产品偿还，直到还清为止。

进口设备和技术的金额较大，偿还产品的金额也较大。偿还时间较长时，则要使用银行贷款，其产品返销过程较复杂，过程如下：

(1) 双方签订设备、技术进口合同和补偿产品出口合同；

(2) 银行向设备、技术进口的一方提供一笔贷款；

(3) 设备、技术进口方用银行贷款支付设备技术价款；

(4) 设备、技术进口方向对方出口直接产品；

(5) 设备、技术出口方用现汇支付补偿产品价款；

(6) 补偿产品出口方用所得外汇收入，偿还银行贷款和利息。

产品返销方式对设备、技术进口方较为便利，是我国目前采用的主要补偿贸易方式。

2. 商品换购

商品换购简称换购或回购。这种补偿贸易方式不是以直接产品而是以间接产品作为补偿产品来抵偿设备、技术的投资。所谓间接产品，是指那些不由补偿贸易中引进的设备、技术直接生产的产品。由于这种补偿产品常通过商业渠道购得，所以商品换购在国外也称商业性补偿贸易，我国称为间接补偿贸易。商品换购这种补偿贸易方式比较灵活，缺点是牵涉面比较多，在各个环节的衔接上容易出现矛盾。

商品换购分为银行介入和非银行介入两种情况。

当商品换购规模较小时，则可不必银行介入，其过程为：

(1) 双方签订购买设备、技术和进行换购的协议；

(2) 出口设备、技术方向对方运交设备、技术；

(3) 进口设备、技术方向对方出口间接产品，以抵偿设备、技术价款。

当商品换购规模较大时，则需有银行协助。其具体过程与产品返销类似。

3. 其他补偿贸易方式

(1) 多边补偿(转手补偿)。指补偿贸易产品由第三方提供的补偿贸易形式。此时参加补偿贸易的就不是双边国家而是多边国家了。

当本国无合适补偿产品，而从第三国可以提供合适的补偿产品时，可以采用这种方式。

(2) 前期补偿。指出口补偿产品在先，然后用所得外汇购买设备、技术的补偿贸易方式。

(3)部分补偿。在补偿贸易过程中只是以部分产品进行返销或换购，其余设备、技术贷款用现汇补足。

(4) 混合补偿。指部分用直接产品进行补偿，另一部分用间接产品进行补偿的方式。

在所有这些补偿贸易方式中，直接补偿方式是最典型的、也是我国最主要采用的方式。

评估方法以直接补偿贸易方式为基础。

二、补偿贸易引进技术、设备费用的确定

这是补偿贸易项目进行经济效益分析的第一步。

1. 总费用的计算

如果补偿贸易通过银行介入，则引进设备技术的总费用为

$$C=\text{引进设备、技术价款}+\text{利息}$$

C 表示引进这些设备、技术的总代价，由以后生产的直接产品或间接产品偿还。正确地确定这笔总费用，对于补偿贸易项目来说是至关重要的。下面分别介绍总费用中的引进设备、技术价款和利息。

2. 引进设备、技术价款的确定

该费用一般参照预期交货时的国际市场价格来确定，并在签约时予以明确，但是由于银行介入的方式不同，价款确定也是有所不同的。

1) 采用卖方信贷时的设备、技术价款

卖方信贷是银行将资金贷给设备、技术的卖方，即出口方，以支持其出口的信用方式。出口设备、技术方(卖方)按补偿贸易合同向买方(进口方)交付设备后，凭进口方证据，从出口方银行取得相应贷款，以维持资金周转。待转售掉补偿产品后，再用所得的资金归还从银行得到

的贷款。按照国际惯例，这种贷款除要计算利息外，还应计算管理费、承诺费、保险费等财政性费用。向银行借用贷款的卖方为了防止风险损失，往往将这些利息和费用加在设备价格上，因此，采用卖方信贷进行补偿贸易时，其设备、技术的报价一般要比现汇交易价格高。从买方来看，虽然增加了费用，却避免了银行贷款的复杂手续，降低了风险。

2）采用买方信贷时的设备、技术价款

买方信贷是设备、技术出口方银行向设备、技术进口方（买方）提供的信贷形式。出口方银行直接向进口设备、技术方提供外汇贷款。进口方用这笔外汇贷款支付进口设备、技术的价款，待项目投产后，出口设备、技术方以现汇购买回销产品。进口设备、技术方用所得外汇去偿还银行的贷款。

在采用买方信贷的情况下，由于买方承担了贷款风险，并且对引进设备、技术的价款用现汇支付，故设备、技术价款中没有包含卖方信贷中所包含的那些财政性费用与利息。可见，在买方信贷情况下，设备、技术的价款比卖方信贷时要低，是正常的国际市场价格。但是，在采用买方信贷时，买方仍要向银行支付利息与财政性费用，这与设备、技术的价款无关。

3. 利息数额的确定

采用买方信贷或卖方信贷，利息的高低涉及引进设备、技术总费用的高低，而还本付息的方式不同，其利息亦不同。补偿贸易中还本付息的安排方式及其本利和计算主要有以下四种。

（1）一次还本，分期付息（单利）的本利和为

$$\text{本利和} = \text{本金} \times (1 + \text{年利率} \times n) \tag{13-1}$$

其中 n 为融资（贷款）年限。

（2）本息一次还清（复利）的本利和为

$$\text{本利和} = \text{本金} \times (1 + \text{年利率})^n \tag{13-2}$$

（3）分期等额偿还本金，即每半年或一年偿还等额的本金，利息随着本金的减少而逐年减少。其本利和（利息照付）为

$$\text{本利和} = \frac{\text{本金} + \text{每年偿还额}}{2} \times \text{年利率} \times n + \text{本金} \tag{13-3}$$

（4）分期等额还本付息，到期付清的本利和为

$$\text{本利和} = \text{本金} \times \text{资金回收系数} \times n \tag{13-4}$$

以上各式中的本金，即引进设备、技术价款，本利和就是引进设备、技术的总费用。

下面举例介绍以上公式的应用。

例 13-1　某补偿贸易项目，其引进设备和技术的国际市场现汇支付价格为1 000万美元，年利率 8%，外汇偿付期为 5 年，试确定以上四种方式下该项目引进设备、技术总费用。

【解】（1）假定本金在第 5 年年末一次还清，5 年中每年付息一次，则

$$\begin{aligned}\text{本利和} &= \text{本金} \times (1 + \text{年利率} \times n) \\ &= 1\,000 \times (1 + 8\% \times 5)\ \text{万美元} = 1\,400\ \text{万美元}\end{aligned}$$

（2）如果该项目于第 5 年末一次还清本息（复利），则

$$\begin{aligned}\text{本利和} &= \text{本金} \times (1 + \text{年利率})^n \\ &= 1\,000 \times (1 + 8\%)^5\ \text{万美元} = 1\,469.3\ \text{万美元}\end{aligned}$$

（3）如果该项目每年还本 200 万美元，利息照付，则

$$\text{本利和} = \frac{\text{本金} + \text{每年偿还额}}{2} \times \text{年利率} \times n + \text{本金}$$

$$=\left(\frac{1\ 000+200}{2}\times 8\%\times 5+1\ 000\right)\text{万美元}=1\ 240\ \text{万美元}$$

(4) 如果分期等额还本付息,到期付清,则

本利和 = 本金 × 资金回收系数 × n = 1 000 × (A/P,8%,5) × 5 万美元 = 1 252.5 万美元

方式(3)、(4)各年利息支付额,可参考第六章表 6-2 方案三、四。

三、补偿贸易项目产品成本的确定

补偿贸易项目产品成本的计算与一般工业项目产品成本的计算有所不同,要分别按回销产品和内销产品来计算成本。

1. 回销产品年外汇成本

所谓回销产品年外汇成本,是指出口产品每年所要花费的折合为外汇的产品成本,表达式为

$$\text{回销产品年外汇成本}=\frac{\text{回销产品单位出口成本(人民币)}}{\text{市场汇率}}\times\text{年出口量} \tag{13-5}$$

分母中市场汇率按在签约时的国际市场汇率确定。回销产品单位出口产品成本包括工厂生产成本、税金及贸易费用。其中,计算工厂生产成本过程中,在考虑折旧费时,固定资产净残值率取 10%;贸易费用包括产品的经手、储存、再包装、短途倒运、装卸、保险、检验等所有流通环节上的费用,按价值的 6%考虑。

2. 内销产品年外汇成本

该项内容指内销产品折算为外币的成本情况。其目的是与以外币表示的销售收入进行比较,表达式为

$$\text{内销产品年外汇成本}=C_1Q_1\frac{P_2}{P_1} \tag{13-6}$$

式中:C_1——以人民币表示的单位产品成本;

Q_1——年内销产品量;

P_2——以人民币表示的产品国内市场价格;

P_1——以外币表示的产品国际市场价格。

可以把产品成本由人民币折算为外币,由于价格主要是按照产品成本确定的,公式中的产品国际市场价格与产品国内市场价格之比,实际上也反映了成本之比。

3. 补偿贸易产品年总成本

补偿贸易产品年总成本应当包括外销产品成本和内销产品成本,即

$$C=C_1Q_1+C_2Q_2 \tag{13-7}$$

式中:C——补偿贸易产品年总成本;

C_2——回销产品单位成本;

Q_2——年补偿产品返销量;

其他符号含义同前。

式(13-7)中的成本价格均以外币来表示。

四、补偿贸易产品销售收入的确定

补偿贸易项目销售收入是计算其经济效益指标的重要依据。项目产品销售收入包括返销

(换购)产品销售收入和内销产品销售收入。

1. 补偿贸易产品定价及销售收入

1）补偿产品定价

补偿贸易中返销或换购产品的价格，涉及国际市场同类产品的价格，一般不事先固定，往往商定以交货时的国际市场产品价格为基准价格。而国际市场产品价格是不断变动的。因此，价格的涨跌对项目的经济效益有很大影响。值得注意的是，补偿贸易中产品技术含量往往较高，存在功能性贬值，未来的价格一般呈跌势。因而加强对国际市场价格的调查研究，正确地确定补偿产品的价格，对评估项目经济效益有十分重要的意义。

评估人员要熟悉产品的市场分析，在做好市场调查的基础上，把握住产品的价格走势，关键是预测其价格年变化率，计算出年平均外销价格，以此作为计算销售收入的价格。年平均外销价表达式为

$$P_j = J_0 \frac{(1+\kappa)^{n+1}-1-\kappa}{\kappa n} \tag{13-8}$$

式中：J_0——基准价格；

κ——还款期产品价格的涨跌率；

n——还款期限。

例 13-2　补偿贸易项目中，合同商定某型号笔记本电脑一台基准价格为1 500美元，还款期 5 年，预测还款期产品价格的涨跌率为－8%，试确定年平均外销价格。

【解】　根据式(13-8)，将已知数据代入有

$$P_j = 1\ 500 \times \frac{(1-8\%)^6-1+0.08}{-8\% \times 5}\text{美元} = 1\ 500 \times 0.784\ 1\text{美元} = 1\ 176\text{美元}$$

2）补偿产品年外销收入

补偿产品年外销收入是补偿产品离开本国口岸的离岸价与出口量的乘积，表达式为

$$I = P_j Q_2 \tag{13-9}$$

式中：P_j——补偿产品外销价，以离岸价表示；

Q_2——补偿产品年出口量。

如果补偿产品外销收入以到岸价表示，则在式(13-9)的基础上，扣除海运费及保险费。补偿产品的外销收入，均用外币表示。

2. 内销产品销售收入

补偿贸易项目的产品不一定全部以外销方式补偿，往往会有补偿贸易产品内销的问题。例如用部分外销、部分内销的方式进行补偿贸易，或引进技术、设备的全部费用以外销产品抵偿完后，费用仍不够，则以间接产品补偿。在这些情况下会有内销产品的销售收入问题。补偿贸易项目收入的内销公式为

$$I_1 = P_{1j} Q_1 \tag{13-10}$$

式中符号含义与前相同，而下标 1 表示内销情况。

上面计算出来的内销收入以人民币表示，也可根据国际市场汇率转换为以外币表示。内销产品的销售收入加外销产品销售收入，即为补偿贸易项目总的销售收入。

五、补偿贸易财务效益评价

补偿贸易财务效益可用以下指标进行分析。

1. 外资偿还能力

外资偿还能力是补偿贸易中的重要指标,反映从事补偿贸易的企业对外资还本付息的能力。偿还能力可从偿还期和偿还率两方面考虑。

1) 补偿贸易偿还期

补偿贸易偿还期指需要多长时间以项目的外汇纯收入偿清引进设备、技术的总费用。表达式为

$$\text{偿还期}=\frac{\text{外资总费用}}{\text{年外汇收入}-\text{年外汇成本}} \tag{13-11}$$

式(13-11)表明补偿贸易项目外汇纯收入越大,则偿还期越短。式中外资总费用包括进口设备、技术的货款或贷款,货款延期或贷款期间的利息,有时还包括贷款利息以外的其他财政性费用。

年外汇收入指补偿贸易项目出口及内销产品(折合成外汇)的毛收入即销售收入。年外汇成本即项目折算为外币的年产品成本,同样包括外销产品成本和内销产品成本。由于补偿贸易中产品返销的情况不尽相同,因此在确定年外汇年成本时有以下几种情况:

(1) 如果年产品全部用以出口返销,则项目实际发生的产品成本即为全部成本,将其折算为外币即可;

(2) 若产品中有部分在国内销售,则这部分收入便可以支付一些实际费用,在年成本中可以减去这部分收入,余下的产品费用作为成本,再折算为外币;

(3) 若国内销售的收入大于或等于成本费用,成本相抵以后,此时外汇毛收入可作为外汇纯收入看待。

如果项目的年收入各年不同,波动大,在这种情况下最好逐年列出偿还表,其计算结果才比较合理。

2) 补偿贸易偿还率

补偿贸易偿还率表示补偿贸易企业用于偿还外资部分的收入占项目全部纯收入的比重。表达式为

$$\begin{aligned}\text{偿还率}&=\frac{\text{外资总费用}}{\text{使用外资所得全部纯收入}}\times 100\%\\&=\frac{\text{外资总费用}}{(\text{年外汇收入}-\text{年外汇成本})\times\text{年数}}\times 100\%\\&=\frac{\text{偿还期}}{\text{年数}}\times 100\%\end{aligned} \tag{13-12}$$

公式中的年数指引进设备、技术有效使用年份(经济寿命期)。因此,偿还率最后还可以归结为是偿还期与设备经济寿命期的比率。偿还率越低,则表明我方的收益率越大,反之说明我方收益率越小。

2. 补偿贸易换汇率

所谓补偿贸易换汇率就是衡量每单位国内资金所带来的外汇收入多少的指标。补偿贸易项目不但使用国外资金,而且也要使用国内资金,因此补偿贸易项目的外汇收益,既有外资的作用,也有内资的作用。国内资金作用的大小,可以通过换汇率来衡量。表达式为

$$\text{换汇率}=\frac{\text{外汇收入}}{\text{国内资金投入额}}\times 100\% \tag{13-13}$$

公式中的外汇收入可使用毛收入(销售收入),如果补偿贸易项目有部分产品系在国内销售,则国内资金投入额可作相应扣除。换汇率越高的项目,其经济效益越好。

3. 补偿贸易利润率

补偿贸易利润率表示补偿贸易中每单位投资所带来的利润量。与企业财务评价中的投资利润率一样,也是以一个正常年份的收入作为测算依据的。表达式为

$$利润率=\frac{年总收入-年产品成本}{项目总投资成本}\times 100\% \tag{13-14}$$

公式中年总收入即销售收入;年产品成本包括外销产品成本和内销产品成本;项目总投资成本包括引进设备、技术总费用和国内投资费用。以上收入和成本,若以外币表示,均按规定汇率折算为人民币进行计算。

计算得到的补偿贸易利润率,可与国内其他同类型项目进行对比,以判断项目得失。

4. 补偿贸易项目净现值及内部收益率

补偿贸易项目除进行静态分析外,还必须进行动态分析。其步骤如下所述。

(1) 以外币计算出引进设备、技术总费用,方法如前述。

(2) 根据补偿贸易合同要求算出每年偿还金额(外币),每年偿还金额的大小取决于偿还年限、偿还方法、偿还能力等。具体计算可根据前面提到的某种利息计算方式。

(3) 计算年平均回销产品量为

$$年平均回销产品量=\frac{年偿还金额}{产品国际市场平均价格}\times 100\% \tag{13-15}$$

(4) 算出年内销产品量为

$$年内销产品量=年总产量-年平均回销产品量$$

(5) 计算销售收入与产品成本。分补偿期内及补偿期后两种情况。

① 补偿期内年内销产品销售收入及产品成本为

$$年内销产品销售收入=年内销产品量\times内销价格$$

$$年产品成本=年补偿产品成本+年内销产品成本$$

② 补偿期后年销售收入和年产品成本会有几种不同的安排。如果补偿完后产品全部在国内销售,则其销售收入与产品成本均同国内其他项目一样计算;如果补偿完后仍有部分产品外销,则可按国际市场的价格计算销售收入和产品成本,以市场汇率将外汇收入折算为人民币作为销售收入。产品年成本为年外销产品成本加年内销产品成本。

(6) 根据以上数据,计算国内投资的现金流量。现金流入包括销售收入、回收流动资金。现金流出包括国内基建投资、流动资金、年产品成本、销售税金。

补偿贸易项目的现金流量关系与国内一般工业企业的现金流量关系不同。现金流入中不考虑回收固定资产余值,因为全部固定资产价值都以补偿产品抵付了,没有余值。现金流出中的外资投资及其利息也都没有,因为这个现金流量只反映国内资金的流量关系,不包括国外资金的流量关系。此外,现金流出中的销售税金一项,若从国民经济角度分析,也不应作为流出。

(7) 计算净现值和内部收益率。根据上述现金流量,即可算出净现金流量,并进一步算出净现值和内部收益率。将算出的内部收益率与国内其他项目的内部收益率进行比较,作为评价项目的依据。也可根据计算出的净现值或内部收益率判断项目是否可行。

有关补偿贸易项目财务评价与国民经济评价方面的案例与国内普通项目大同小异,不再列举。

第二节　中外合营项目的评估

中外合营是我国利用外资的重要形式,在国民经济中占有较重要的地位。中外合营也叫中外合资经营,是指中国与外商资本方共同出资建立企业,生产出口的或我国急需的产品,提高我国技术与经济管理水平的一种生产经营方式。中外合营项目有以下两种方式。

(1) 合资经营。这是一种股权式的经营方式,合营的各方按一定比例出资,共同经营,其所获利润按出资比例分配。

(2) 合作经营。这是一种契约式的经营方式,合作经营企业的投资构成、经营管理、利益分配等,都由双方协商决定,无固定的比例关系。

两种方式并无本质的区别,合资经营是最常见的方式。对中外合营企业的评价,在投资与成本、收入及分配、评价指标的计算等方面,都不同于一般工业项目。

一、投资费用的确定

1. 注册资本与投资总额

1) 注册资本

在我国境内开办的合营企业必须向我国工商行政管理部门进行登记。注册资本就是合营企业在我国工商行政管理部门登记的资本总额。注册资本应当是合营各方认缴的出资额之和。至于合营各方各占多大比例,可由合营者协商决定。我国规定外国合营者的投资比例一般不低于25%,对其最高限未作出规定。但中方为了保持其控股地位,一般使对方投资比例不超过49%。如果全部是国外投资,称为外资独资企业,则另当别论。

合营企业在合营期内不得减少其注册资本。

2) 投资总额

合营企业的注册资本是该企业自有资本,并不就是该企业所需的投资总额。合营企业的投资总额是指按照合营企业合同、章程所规定的生产规模,所需要投入的基本建设资金和生产流动资金的总和。

合营企业各方出资额之和(注册资本)如达不到投资总额,可以用合营企业的名义向银行申请贷款解决。因此,合营企业投资总额包括自有资金(注册资本)和银行贷款两大部分,并以自有资金为主。国家政策优惠合营企业在投资总额内,以其资金进口的机器设备、零部件和其他物料免纳进口关税和增值税。

2. 出资金额

中外双方都可以用货币(人民币或外币)出资,也可用土地、建筑物、厂房、机器设备或其他物料、工业产权、专有技术等作价出资。其作价由合营各方按照公平合理的原则协商确定,或聘请合营各方同意的资产评估单位评定。

外商合营者出资的外币,按缴款当日我国外汇市场的外汇牌价折算成人民币或套算成约定的外币。

合营企业作为外商合营者出资的机器设备、零部件和其他安装等所需物料,免纳进口关税和增值税。

3. 场地使用权及其费用

场地使用权的费用又称场地使用费。场地使用权作为中方出资时，应将其作价计入合营企业总投资内，作价金额应与取得同类土地使用权所应缴纳的使用费相同。场地使用权一般由土地使用费和土地开发费两部分组成。土地使用费应按项目所在地主管部门制定的收费标准计算；土地开发费的计算，应包括征用土地的补偿费用，原有建筑物的拆迁费用，人员安置费用以及为恢复项目直接配套的道路、管线等公共设施的投资费用。

场地使用权作为中方合营者投资的一部分，其中土地开发费一次预收计算。而土地使用费在合同中规定了经营期限的，按合同规定的合营期一次预收计算；在合同中未规定经营期限的，按 15 年一次预收计算。

中方合营者也可仅以土地开发费或土地使用费作为出资。若以土地开发费作为出资，则合营企业每年还应按规定向中方缴纳土地使用费；若以土地使用费作为中方出资，则土地开发费由项目负担。在前一种情况下，若第一日历年用地时间超过半年的按半年计算，不足半年的免缴。

场地使用费在合营开始的 5 年内不调整，以后随经济的发展、供需情况的变化和地理环境条件的变化需调整时，其调整间隔时间不少于 3 年。在调整后，场地使用费应自调整的年度起按新的费用标准缴纳。但场地使用权的价值在该合同期限内不调整。

合营企业在生产期间逐年占用的场地，亦应按年缴纳场地使用费并计入生产成本。

4. 预备费用

预备费用包括基本预备费和价差预备费。前者指估算基建投资时因发生不可预见、漏项等原因必须预留的费用；后者指由于物价、汇率以及价值变动等因素，对基建投资估计一笔预备的费用，其数量可根据行业或部门的规定计算。

二、总成本费用的确定

合营企业总成本可按生产费用要素法确定，其构成包括生产成本、销售费用、管理费用等部分。该方法与通常的国内投资项目成本估算无大的差异。

1. 生产成本的确定

生产成本一般包括以下费用。

(1) 直接材料费用。包括原材料购买价、国内外运费、保险费、关税、增值税、外贸材料的贸易费等。有时也可以用原材料购买价作为直接材料费用，那么其余费用则归入制造费用。也可以用经验数据计算，即直接材料费用等于原材料购买价乘以经验系数。

(2) 制造费用。指企业的车间和工厂管理部门为组织和管理生产所发生的各项费用，包括工资、折旧费、修理费、物料消耗、低值易耗品摊销、劳动保护费、水电费、办公费、差旅费、运输费、保险费、租赁费、设计制图费、试验检验费和环境保护费等，其中大部分可按经验数据估算。

(3) 原材料、燃料、配套件等的购买费用。合营企业原材料、燃料、配套件等的购买，关系到合营企业的生产成本高低。我国规定合营企业所需物资可以在国外或在国内购买，但在同等条件下，应优先在国内购买。

在国外采购，可按国际市场价格计算其成本费用，合营企业如生产出口产品，可免征进口原材料等的关税和增值税。如在国内采购，则应按其不同情况分别计算其费用，与国内普通企业同等待遇,以人民币支付,具体情况参考有关文件。

(4) 工资费用。工资支出是合营企业重要的成本费用,我国有关中外合资经营的条例规定:① 允许合营企业职工工资水平高于所在地区同行业职工实得工资的20%以上;② 合营企业按照国内企业标准支付中方职工的劳动保险费、医疗费及国家对职工的各项补贴,并从合营企业中提取职工奖励基金和福利基金;③ 外籍高级职员和专家工资标准以略高于中国同级人员的水平确定;④ 合营企业正、副总经理,正、副总工程师,正、副总会计师,审计师等高级管理人员的工资待遇由合营企业董事会决定。

2. 销售费用的确定

销售费用包括合营企业在销售过程中产生的运输费、装卸费、包装费、保险费、差旅费、佣金、广告费以及专设销售机构的人员工资和其他经费等。

销售费用可根据经验数据估算。

3. 管理费用的确定

管理费用包括公司经费(由管理人员工资和其他经费构成)、工会经费、长期借款利息和流动资金借款利息的支出、董事会费、顾问费、交际应酬费、税金(包括城市房产税和车船使用牌照税等)、与生产无直接关系的固定资产折旧费、场地使用权费用、技术转让费、其他无形资产摊销、开办费摊销、职工培训费、研究发展费等。

其中工会经费、借款利息支出、无形资产摊销费及职工培训费等可单列,其余部分可根据经验数据估算。摊销费具体分为以下几种情况。

(1) 无形资产的摊销费。指作为投资的专有技术、专利权、商标扳、版权及场地使用权等费用的按年摊销,具体可按照第八章第三节介绍的内容估算。对于作价买进的无形资产,按实际支付的余额,从开始使用的年份起,分期摊销。若规定了使用期限的,应当按规定期限分期摊销;没有规定使用期限的,可分10年摊销。

(2) 开办费的摊销费。指合营企业在筹办期间所发生的费用,从产品投产开始,经营期分期摊销,但每年的摊销额不得超过20%。

(3) 技术转让费的摊销费。一般包括许可证入门费、技术提成费和外方提供的工程设计费。其费用可按三种方式支付。

① 一次支付。一次支付的技术转让费,计入项目总投资,项目投产后,作摊销处理,列入当期管理费用。

② 连续支付。即采取提成方式支付,按此方式支付时,提成率不得高于国际上通常的水平。提成率应按由该技术所生产产品的净销售额或双方协议的其他合理方式计算,并经双方共同商定。所谓净销售额,是指合资企业生产产品的总销售额中扣除下列费用后的余额:为生产许可证产品而进口材料和元器件的费用、包装费用、保险费用、各种税款、运费、产品使用地的安装费用、每年支付的技术提成费。

③ 一次支付和连续支付相结合的方式。即先付一笔入门费,然后再按提成办法连续支付使用费。前者计入总投资,作摊销处理,后者列入当期管理费用。

以上技术提成费若以提成方式支付,实际提成从技术发生效益时开始。提成期限的确定,应考虑引进技术的时效性,一般不超过10年。

企业管理费还包括工会经费与业务应酬费。前者按合资企业职工实际工资总额(包括计时工资、计件工资、奖金和津贴等)的2%提取;后者以不超过年度销售收入总额的0.3%或者

业务收入总额的1.0%为限。

4. 折旧的计算

合营企业的折旧，一般可采用直线折旧法，确有必要，采用加速折旧法。这两种方法与第八章介绍的方法并无实质的区别。据直线折旧法计算的年折旧费为

$$年折旧费=\frac{固定资产原值+清理费用-残值}{使用年限} \tag{13-16}$$

合营企业中提取折旧的固定资产，是指各方作为出资的资产，并以各方议定的作价为原价；合营企业购进的固定资产，按进价加运费、安装费和使用前所发生的有关费用作为原价；自制、自建的固定资产，以发生的实际费用作为原价。

公式中的固定资产清理费用，是指固定资产报废清理时发生的拆卸、搬运等费用；固定资产残值是指固定资产清理时拆下的一些残料的价值，一般可按固定资产原价的10%计算；固定资产提取折旧的年限，因固定资产类型而异，可参考有关固定资产折旧年限表。

固定资产提取折旧足额后仍可继续使用的，不再计算折旧，提前报废的固定资产不补记折旧。

5. 合营企业经营成本的确定

在确定了项目上述各项费用后，合营企业经营成本可参照第八章第三节的表达式计算，即

$$合营企业经营成本=总成本-借款利息支出-(折旧+摊销) \tag{13-17}$$

这个公式从现金流量表中还可确认。

6. 进口资源的国内费用

即通常所谓的“两税三费”，包括关税、增值税、手续费、运输费和保险费。

1）进口关税

合营企业产品如系国内销售，则其从国外进口的原材料、辅料、元器件、零部件和包装物料均要缴纳进口关税。进口关税等于进口货物的到岸价乘以关税税率。但合营企业为生产出口产品，从国外进口的上述物资则免征关税。

2）进口产品增值税

国务院颁发的增值税条例规定：从事外贸进口的纳税人，在货物进口后，根据进口货物所支付的金额，依率计税。具体有以下两种情况。

(1) 凡列举征税的工业产品，按组成计税价格依率征税，即

$$增值税=\frac{到岸价格+关税}{1-增值税率}\times增值税率 \tag{13-18}$$

(2) 凡列举征税的农业产品，按照到岸价格计算纳税，即

$$增值税=到岸价格\times增值税率 \tag{13-19}$$

合营企业为生产出口产品，从国外进口的上述物资则免征增值税。

3）采购农产品的增值税

合营企业在农产品采购环节应缴纳增值税，即

$$增值税=采购金额\times增值税率 \tag{13-20}$$

上述计算方法是国家税务总局对各省、自治区、直辖市税务局，各计划单列市税务局，海洋石油税务管理局各分局文件中，根据《国务院关于外商投资企业和外国企业适用增值税、消费税、营业税等税收暂行条例有关问题的通知》的精神确定的。同时，对外商投资企业由原来的

工商统一税改征增值税、消费税后,如果比原来按工商统一税计征多缴纳了税款,要求予以退费。

三、合营企业收入与分配的确定

合营企业在收入与分配方面比普通企业复杂,更多涉及国家关于税收政策、各项基金提取及各方的利益平衡,因此,要多熟悉这方面业务。

1. 合营企业销售收入

合营企业的出口产品价格由合营企业自行决定,报企业主管部门和物价管理部门备案。一般可参照当时国际市场价格确定,其外汇销售收入可按市场汇率折算为人民币。

合营企业生产的出口产品,除国家限制出口的以外,经国家财政部或国家税务总局批准,可以免征销售税金。

合营企业在中国国内销售的产品,经物价管理部门批准参照市场定价确定,必要时应召开听证会,执行国家规定价格,实行按质论价,收取人民币。

合营企业生产的内销产品,在开办初期纳税有困难的,可以申请在一定时期内减征或免征销售税金。

2. 合营企业的销售税金和出口关税

合营企业销售税金的评估原则同样按《国务院关于外商投资企业和外国企业适用增值税、消费税、营业税等税收暂行条例有关问题的通知》进行。

1) 销售税金

增值税、城市维护建设税、教育费附加的计算与国内的投资项目计算方法无差异,可参考本书第八章第四节的内容。

2) 出口关税

除了国家限制出口的产品外,合营企业出口产品免征出口关税。对于应纳关税的产品,其税额计算式为

$$出口关税=\frac{售与境外的产品离岸价格}{1+出口税率}\times 税率 \tag{13-21}$$

我国自加入 WTO 之后,关税税率近年有较大的变化,故在计算时应随时依据国家税务部门公布的有关税率标准。

3. 合营企业所得税的计算

合营企业在我国从事生产、经营所得和其他所得,如出租或转让财产、专利权、专有技术等所得,均要按照《中华人民共和国中外合资经营企业所得税法》缴纳所得税。

1) 合资企业所得税

合资企业缴纳的所得税数额以合资企业毛利润为基数,即应纳税所得额乘以所得税税率。应纳税所得额表达式为

$$\begin{aligned}应纳税所得额=&销售收入-销售税金-(直接材料+工资及附加\\&+制造费用)-(销售费用+管理费用)\end{aligned} \tag{13-22}$$

合资企业的所得税税率为30%。

对于合资企业所得税,我国另有一些减免规定:

(1) 对于新办的合资企业,合营期在10年以上的,经企业申请,税务部门批准,从开始获

利的年度起，第一、二年免征所得税，第三年至第五年减半征收所得税；

(2) 对农业、林业等利润较低的合资企业和在经济不发达的边远地区开办的合营企业，按前款规定免税、减税期满后，经财政部批准，还可以在以后的10年中继续减征所得税15%～30%；

(3) 对于港澳同胞和华侨投资的合资企业，创办初期的减免税时间可延长至6年，6年至15年内可减税20%～40%。

2) 合资企业地方所得税

合资企业除所得税外，还要向当地政府缴纳地方所得税。地方所得税根据应纳所得税额的10%附征。

因此合资企业应纳所得税额加上地方所得税额后，是应纳税所得额即毛利润的33%。

地方所得税经地方政府批准，可以减征或者免征。我国加强吸收外资工作以来，许多地方政府均已宣布了地方所得税的优惠政策。

3) 合作企业的所得税

中外合作经营企业的所得税，按照《外国企业所得税法》执行。根据该法规定，合作企业所得税，按应纳税的所得额超额累进计算，税率根据上述文件执行，最高不超过40%。

合作企业计算所得税公式为：

$$所得税额 = 应纳所得税额 \times 超额累进税率 \tag{13-23}$$

我国对合作经营企业所得税有优惠条款：

(1) 从事农业、林业、牧业等利润率低的合作企业，经营期在10年以上的，经企业申请，税务部门批准，从开始获利年度起，第一年免征所得税，第二年和第三年减半征收所得税；

(2) 按前款规定免税的企业，减税期满后，经有关部门批准，还可以在以后的10年内继续减征15%～30%的所得税。

4) 合作企业的地方所得税

合作企业在缴纳所得税的同时，要按应纳税所得额缴纳10%的地方所得税，这与合资企业地方所得税按应纳所得税额附征10%是不同的。如果合作企业应纳税所得税原累进税率为25%，则合作企业应纳所得税额加上地方所得税额的总额是应纳税所得额的35%，而不是27.5%。

4. 合营企业利润的确定及其分配

1) 合营企业利润

我国合资法规定，合营企业获得的毛利润，按中华人民共和国税法规定缴纳合营企业所得税后，再扣除三项基金，即合营企业章程规定的储备基金、职工奖励及福利基金、企业发展基金，然后根据合营双方注册资本的比例进行分配。

毛利润即应纳税所得额。毛利润减应纳所得税额为净利润，净利润减三项基金为待分配利润。不过合营企业若有借款本金需偿还时，则需将待分配利润扣除偿还借款本金后，其剩余部分才可作为合资各方分配的股利。

2) 三项基金及用途

企业储备基金、职工奖励及福利基金、企业发展基金三项基金从税后利润中提取。其提取比例由合营企业董事会决定，其总额一般相当于净利润的10%，最高不超过15%。

企业储备基金除用于垫补合资企业亏损外，经审批机关批准，也可以用于本企业增加资本,扩大生产;企业发展基金可用于购买固定资产,增加流动资金,扩大企业的生产经营;职工奖励及福利基金只能用于支付职工奖金和职工集体福利,三项基金中此项可视为现金流出。

合营企业提取的储备基金和发展基金,须待合营企业结业清算或终止时,才能把企业余留的这两部分基金按出资比例或合同规定的分配比例进行分配。

3) 合资企业股利分配

合资企业股利一般按下式分配:

$$合资某方分得股利 = 待分配股利 \times 某方出资比例 \tag{13-24}$$

4) 合作企业股利分配

企业中的合作各方是契约关系,分配按合同规定的比例执行,不一定按出资比例分配。合作企业股利分配表达式为

$$合作某方分得股利 = 待分配股利 \times 某方按合同规定的分配比例 \tag{13-25}$$

四、合营企业财务效益评估

合营企业的财务效益分析,涉及静态效益指标与动态效益指标。静态指标如投资利润率、投资回收期、外汇遣返比等在财务分析中均已介绍。下面主要介绍合营企业效益的动态分析方法。由于合营企业不只是一家经营,存在合营企业总的经济效益与各方经济效益的对比问题,因此一般要从三个角度去进行评估,即整个合营企业的效益、外方效益和中方效益。此外,合营企业外汇平衡分析也是评估的重要内容。

1. 合营企业财务现金流量分析

合营企业效益分析分别以合营企业的全部投资、自有资金(注册资金)为基础建立财务现金流量表,根据计算的动态财务现金流量指标来分析企业的效益。

1) 全部投资财务现金流量分析

现金流入包括销售收入、固定资产回收和无形资产折余价值和残值、流动资金回收及其他现金流入;现金流出包括固定资产投资(全部投资中的注册资本和银行贷款及其他外来资金,它们均不含利息)、流动资金、经营成本、销售税金、所得税、职工奖励及福利基金及其他现金流出。

2) 自有资金财务现金流量分析

该项分析是从合营企业注册资本的角度分析自有资金的经济效益。其现金流入包括销售收入、固定资产回收和无形资产折余价值和残值、流动资金回收的自有部分及其他现金流入;现金流出包括建设投资中的自有资金、流动资金中的自有资金、经营成本、借款本金偿还、流动资金借款本金偿还、借款利息偿还、销售税金、所得税、职工奖励及福利基金及其他现金流出。

从上述两个现金流量分析中可计算出各自的财务净现值、财务内部收益率。

2. 合营各方财务现金流量分析

为参与合营的各方分别建立现金流量表,并计算动态指标。

1) 中方现金流量分析

中方合营者的现金流入:分得股利、资产清理分配(指企业固定资产回收和无形资产余值、还款借款回收后余留折旧和摊销、流动资金回收中的中方出资、余留储备基金和发展基金回收)、租赁费收入、技术转让收入和其他现金流入。

现金流出:建设投资(中方)、流动资金(自有部分)、租赁给合资企业的固定资产(指作为投

资的设备及其他物料、作为投资的场地使用权、出租的设备和厂房、前期工作费用、上交政府的场地使用费）及其他现金流出。

2）外方财务现金流量分析

外方合营者的现金流入：分得股利、转让技术收入、资产清理分配（指企业固定资产回收和无形资产余值、还款借款回收后余留折旧和摊销、流动资金回收中的外方出资、余留储备基金和发展基金回收）及其他现金流入。

现金流出：建设投资（外方）、流动资金、其他所得税（包括股利汇出税、预提税等）及其他现金流出。其中股利汇出税按股利汇出额的10％扣缴。

3. 现金流量分析中对折旧和三项基金的处理

1）对折旧的处理

根据规定，合资企业固定资产中属于注册资本部分的固定资产，其所提取的折旧应留在本企业使用，不得按股份分配作为股东投资回收。用贷款购建的固定资产，其按规定所取得的折旧，在不影响企业固定资产更新和正常生产经营活动的情况下，可用于归还贷款。还清贷款后所提的折旧可留在本企业用于设备的更新改造。根据以上规定，在评估项目的投资效益时，每年按规定提取的折旧应作为项目的现金流入部分，但在评估合资各方的投资效益时，却不能按各自的投资比例记入各自的现金流入。合资各方只能在合营终止时，按其投资比例或合同规定的方式取得企业累计的折旧余额，记入终止年合资各方的现金流入。

2）三项基金的处理

在评估合营项目的投资效益时，按规定提取的储备基金和发展基金留在本企业使用，而职工奖励及福利基金归职工使用，应作为项目全部投资现金流量分析中的现金流出。

在评估合营各方的投资效益时，三项基金均应按各自投资比例归入各自的现金流出。在合营终止时，按其投资比例或合同规定的方式分得企业余留的储备基金和发展基金，记入合营终止年份合资各方的现金流入。

4. 项目的外汇平衡分析

合营项目一般应有外汇平衡能力。项目的外汇平衡能力指建设期和生产期内企业以其外汇收入抵消外汇支出的能力。该项指标通常是反映项目是否可行的重要条件。

合营项目主要外汇收入有：

(1) 按产品外销最低比例确定的外销收入；

(2) 经申请批准，外汇来源落实前进口替代的收入；

(3) 项目审批机关同意的调剂的外汇；

(4) 基建投资借款（包括长期借款和短期借款）的外汇部分；

(5) 流动资金借款的外汇部分；

(6) 自有资金的外汇部分；

(7) 包括外汇存款利息在内的其他合理的外汇收入。

合营项目主要的外汇支出有：

(1) 基建投资和更新投资的外汇支出；

(2) 进口原材料、零件和购买中国出口商品的外汇支出；

(3) 净增流动资金的外汇部分；

(4) 偿还外汇借款的本金和利息；

(5) 支付的技术转让费;

(6) 支付的外资方股利;

(7) 合资企业中方人员出国培训、考查的费用;

(8) 外籍人员的工资、福利费、旅费;

(9) 外方母公司的支持费;

(10) 合营终止外方清算的收入;

(11) 其他外汇支出。

根据上述内容,可以按年编制外汇平衡能力计算表。

第三节　合营企业中、外方收益对比分析

一、中、外方主要经济指标分析及收益对比

在对整个合营企业的各方收益进行了计算以后,即可将它们主要的经济指标进行对比,以便判断合营项目对我方的有利程度。

1. 中、外合营者主要经济指标分析

合营项目各方主要经济指标可参考表 13-1 所列各项。

表 13-1　中外合营企业及各方主要经济指标分析

项　目	固定资产投资		项目总利润		投资偿还期/年	投资收益比/(%)	投资收益率/(%)
	金额/万元	所占比重/(%)	金额/万元	所占比重/(%)			
1. 合营企业							
2. 中方合营企业							
3. 外资合营企业							

表中项目总利润可采用扣除企业所得税以前的毛利润,投资收益比是指中方合营者与外资方合营者的投资收益各占总投资收益的比重。

2. 中、外方收益情况对比(中方国家角度)

为进一步了解合营企业中、外方收益情况,可从中方国家角度进行考查,完成表 13-2,进行评估。

表 13-2　中、外方收益情况对比(中方国家角度)

项　目	金额/万元	投资偿还期/年
1. 中方收益		
(1) 土地使用费		
(2) 保险费		
(3) 销售税金		

续表

项　目	金额/万元	投资偿还期/年
(4) 企业所得税		
(5) 利息		
(6) 中方股利		
(7) 中方其他收益		
2. 外方收益		
(1) 外资股利		
(2) 外资其他收益		

二、合营各方收益率分析

合营企业合营各方收益率的高低,关系到合营能否成立。不能正确认识这个问题,可能导致合营企业合营计划告吹,或我方吃亏过多,给自己带来损失。要避免这两种情况,关键在于正确了解合营各方收益率的高低。

1. 合营各方收益不等的情况

1) 各种情况下的不同收益率

(1) 假定有一个项目,基建投资为 1 000 万元(不考虑建设期),以后每年企业净收益为 300 万元(未扣投资),项目经营年限可以不断延续,为无穷大。在此情况下,可计算出项目的内部收益率为 30%。

(2) 若上述项目投资资金全由外资提供,年收益中外资得 200 万元,中方得 100 万元,n 仍为无穷,在此情况下可知外方内部收益率为 20%,中方内部收益率为∞。

(3) 若本国投资机会成本为 15%,以此收益率为基准折现率,则在上述条件下,可证明项目净现值为 1 000 万元,其中外资方净现值 333 万元,中方净现值 667 万元。

这可以通过本金化率公式($P=A/i$)予以证明。此时 $P=300/15\%$万元$=2\ 000$ 万元,项目净现值=(2 000−1 000) 万元=1 000 万元。

当外方 $A=200$ 万元时,外方净现值=[(200/15%)−1 000]万元=333 万元。

当中方 $A=100$ 万元时,中方净现值=(100/15%−0)万元=667 万元。

由于中方未投资,其收益率为无穷大。

2) 双方得失分析

(1) 外方收益率 20%,中方无本获利,但对方得到了高于我方机会成本的收益率。

(2) 由于外方的参与,其中的净现值被分去了 1/3。这是本国在资源利用上的损失,如果全部采用国内投资,项目的净收益按国内投资机会成本,则 1 000 万元全归中方。

(3) 如果改变项目的收益分配比例,外资得 150 万元,本国也得 150 万元,这样外资内部收益率为 15%,本国内部收益率仍然为∞,但实际所得却提高 50%。

(4) 由于本国没有投入资本,所以任何数量的净收益额,都会造成其收益率的无穷大量。因此,这种收益率不能反映实际得益情况。

根据以上分析可以得到两点认识:一是仅凭本国收益率的高低不能充分说明合营项目对本国是否有利;二是当外方收益率高于本国投资机会成本时,意味着本国收益受到了损失。

2. 合营双方收益率相等的情况

为了简便起见,假定某合营项目需要投资 W,不考虑建设期,经营期为一年,年净收益为 $W+Q$(生产期),则项目寿命期净收益为 Q,即一年就可收回投资并获利 Q。在这种情况下可得出项目内部收益率为 Q/W,并假设该百分比高于我国该行业投资的机会成本。

若在 W 投资中,外资提供 2/3,中方提供 1/3,各方收益率相等,均为 Q/W,此时项目收益在各方的分配为

$$外方:(W+Q)\times 2/3 \qquad 中方:(W+Q)\times 1/3$$

而净收益的分配为

$$外方:2Q/3 \qquad 中方:Q/3$$

从上面分析来看,各方收益率相等,似乎很公平。但由于该项目内部收益率高于我国投资资本的机会成本,说明该项目有额外收益,其额外收益本应为我国所得,现在却被外资占有一部分,因而外资占了便宜。

若再改变一下收益分配比率,使外资收益率等于国内资本的机会成本,显然,这时外方净现值为零,国内投资的净现值将提高,这种情况下本国利益没有遭受损失。那么,从项目评估的角度看,外资收益率等于本国资本机会成本时,中方能不能接受呢?一般讲仍是不能接受的,因为考虑到经营风险的因素,在此情况下本国的利益仍有吃亏的风险。

针对上面种种情况,世界银行专家倾向于认为,在评价合营项目是否有利于本国经济时,既要看项目的内部收益率,还要看各方对净现值的占有。首先看整个项目的内部收益率,能达到和超过本国投资机会成本,则表明该项目获利能力是好的。在这个基础上,再用净现值法计算合营各方所得净现值,同时计算合营各方的内部收益率,再作出进一步的决策。其基本原则是外资方内部收益率应小于或等于国内投资机会成本。

以上分析,实际上是给出了一个评估合营项目内部收益率的上限,在很多情况下往往还需要有下限,可以参考以下三条原则。

(1) 外资方收益率略高于其本国或国际资本市场资金收益率。否则,外资方是不会到我国来投资该项目的。

(2) 中方企业收益率不低于国内同类企业资金收益率。否则,中方企业利益要受到损害。

(3) 中方国家收益率不低于国内同类企业国民收益率。否则,中方国家利益要受到损害。

练习题

1. 何谓补偿贸易项目?简述它的几种贸易方式。

2. 补偿贸易引进技术、设备的费用是如何确定的?

3. 补偿贸易的主要财务指标有哪些?各自的表达方式如何?

4. 中外合营项目有哪几种方式?叙述各自的概念。

5. 中外合营项目有哪些投资费用?若注册资本达不到投资总额的确定该如何办?解释场地使用权。

6. 某补偿贸易项目,其引进设备和技术的国际市场现汇支付价格为 5 000 万美元,年利率 6%,外汇偿付期为 6 年,采用分期等额还本付息,到期付清方式,试确定该项目引进设备和技术总费用。

7. 补偿贸易产品 MP4 以人民币表示的产品成本 35 元/个，外销产品国际市场价格 6.5 美元/个，以人民币表示的产品国内市场价格 85 元/个，年内销产品量 150 万个。汇率 1 美元折合 6.3 元人民币。计算内销产品年外汇成本。

8. 承上题，补偿贸易年外销产品量 100 万个，外资总费用 198 万美元，项目经济寿命期 4.5 年，计算补偿贸易偿还率。

9. 补偿贸易项目中，合同商定某型号不锈钢每吨基准价格为 4 000 美元，还款期 4 年，预测还款期产品价格的年涨跌率为 5%，试确定年平均外销价格。

10. 中外合作项目，基建投资为 600 万美元（不考虑建设期），每年企业净收益为 200 万美元，若项目资金全由外资提供，中、外方按 3∶7 利润分成，项目经营年限为永久。在此情况下，计算外资方的内部收益率。若本国投资机会成本为 16%，计算中、外各方净现值，并分析该项目对本国是否有利。

第十四章　风险投资项目的评估

高新技术产业项目最大的特征是项目的风险性。风险投资活动中项目的可行性分析及高新技术风险企业的评估定价很重要，也很复杂，尤其是在以公司形式运行的风险投资项目中，对作为出资的科技成果进行评估就更是复杂。由于技术成果所处的风险投资阶段不同、工业产权本身的技术特性各异以及市场风险的存在，这些技术成果以及知识产权的项目评估具有相当大的不确定性。为此，需要在结合中国风险投资运行实践的基础上，合理参考借鉴国外的经验，深入研究并构建适合于中国风险投资的评估方法体系。

第一节　风险投资项目概述

风险投资业的一个重要理念就是选择一个好项目比管理项目更重要。目前我国对高新技术企业或项目进行评估，无论是在理论依据还是实际操作方法上，都显得有些落后和不成熟。目前的评估活动或采用传统的针对工业企业的评估方法，已不适用于高新技术企业；或照搬西方国家成型的评估方法，但不适合于中国的实际情况；或注重前沿理论探讨和模型设计，但缺乏适用性。因此，如何对风险项目进行评估，以取得一批好的项目进而降低投资风险，是摆在风险投资公司面前的实际问题。

一、风险投资的内涵

国内对风险投资概念的定义较多，其中比较权威的当属成思危的观点，他认为："所谓风险投资，是指把资金投向蕴藏着失败风险很高的高新技术及其产品的研究开发领域，以期成功后取得高资本收益的一种商业投资行为。"

风险投资是金融业的一种变革和创新。作为一种高新技术与金融相结合的投资，风险投资是以高风险为代价来追求高收益为特征的资本投资形式，它与以传统产业为投资对象的常规投资相比有许多差别，具体见表 14-1。

表 14-1　风险投资与常规投资差别比较

<table>
<tr><th colspan="2">类　别</th><th colspan="2">风险投资</th><th colspan="2">常规投资</th></tr>
<tr><td rowspan="3">风　险</td><td>技术上</td><td>创新型</td><td rowspan="3">风险大</td><td>成熟型</td><td rowspan="3">风险小</td></tr>
<tr><td>市场上</td><td>潜在市场</td><td>现时市场</td></tr>
<tr><td>管理上</td><td>变化大</td><td>变化小</td></tr>
<tr><td rowspan="2">资　产</td><td>无形资产</td><td>大</td><td rowspan="2">无法抵押</td><td>小</td><td rowspan="2">可以抵押</td></tr>
<tr><td>有形资产</td><td>小</td><td>大</td></tr>
<tr><td>信　誉</td><td>历史记录</td><td>无</td><td>无人担保</td><td>有</td><td>有人担保</td></tr>
</table>

表 14-1 所示风险投资的特征，从我国在深交所创业版上市的公司中可大量体现出来，这类公司都是经过艰辛创业，脱颖而出的成功型企业。

风险投资项目与银行贷款、财政拨款等常规投资项目相比较，具有以下特征。

1. 高风险性

风险投资有别于常规投资的首要特征是高风险性，其高风险性是与风险投资的对象相联系的。传统投资的对象往往是成熟的产品，具有较高的社会地位和信誉，因而风险很小。而风险投资对象通常是没有经营史的新企业，一般投资者不能像在股市上那样依据企业经营业绩来评价企业，这就决定了风险投资的高风险性，这些风险主要来自于企业，而企业风险来自于市场、财务、人事、生产、环境等方面。而且，风险投资主要面向高技术中小企业的技术创新活动，它看中的是投资对象潜在的技术能力和市场潜力，但这些往往具有很大的不确定性，即风险性。因而就表现出一着不慎，满盘皆输的高风险性。

2. 高收益性

风险投资虽然风险大，但蕴藏着极高的收益。高收益、低风险的项目是微乎其微的；低收益、高风险的项目根本不会有人涉足。风险投资者和风险企业家顺应科技发展的规律，适应时代发展的潮流，将风险投资投向发展潜力巨大的高新技术企业。风险投资是冒着九死一生的巨大风险进行技术创新投资的，虽然失败的可能性远大于成功的可能性，但是技术创新一旦成功，由于此时市场上鲜有竞争对手，便可以获得超额垄断利润，收益率是惊人的。风险投资者所追求的正是这种潜在的高收益，依靠它从总体上弥补失败项目的损失。

3. 风险投资大都投向高技术领域

传统的产业，无论是劳动密集型的轻纺工业，还是资金密集型的重化工业，由于其技术、工艺的成熟和产品、市场的相对稳定，是常规资本大量聚集的领域。而高技术产业，由于其风险大、产品附加值高，收益也高，符合风险投资的特点，因而也就当然地成为风险投资的绿洲。据统计，1999 年美国风险投资约 37%用于计算机领域，12%用于通信领域，11%用于医疗技术，12%用于电子工业，8%用于生物技术，只有约 10%用于低技术领域。

4. 运作专家化

风险投资不仅要投入资金，还需要投入管理，这种投资方式与传统工业信贷不同。传统工业信贷只是提供资金而不介入企业或项目的管理；风险投资者在向高技术企业投入资金的同时，也要参加企业或项目的经营管理，因而表现出很强的参与性。风险投资者一旦将资金投入高技术风险企业，它就与风险企业结成了风险同担、利益共享的共同体。这种一荣俱荣、一损俱损的关系，要求风险投资者参与风险企业全过程的管理。也就是说，风险资本家完全把宝押在风险企业的成功上，没有保险和 100%的抵押。这就要求他在风险企业创建过程中，从开发到商业化生产，从机构组建到经理人的确定，从产品的上市到产品的市场开拓以及企业形象的策划等，都要与风险企业患难与共。

5. 额度大，周期长

风险投资的对象大都集中于高技术产业，而这些产业需要的投资额都很大，因此，风险投资有“吞金产业”之称。风险投资家投入的资本一般占被投资企业资本总额的 1/3，有时更多。公司产品和市场的开发周期较长，加上法律关于这类投资转让有限制，会将投资者“锁住”一段时期。因此，相对债权资本而言，风险资本是在相对不流动中寻求增长，最终目的是在撤出时取得丰厚利润。风险资本在风险企业中滞留的时间平均为 5 到 7 年。早期规模较小的风险投资,其风险资本作为“勇敢和有耐心的资本”,表现得最为明显。

6. 风险资本的再循环性

与传统投资银行贷款的一次性投入(包括分期支付)不同,风险投资是以“投入—回报—再投入”的资金运行方式为特征的,而不是以时断时续的间断方式进行投资。而且,风险投资的投入一般分几轮进行,风险资本家在初始投资获取回报之前,尚需再投入几轮资金。

风险投资者在风险企业的创业阶段投入资金,一旦创业成功,他们即在风险市场上转让股权或抛售股票,收回资金并获得高额利润。也就是说,风险投资者的兴趣主要集中在风险企业的开拓阶段,而较少注意成熟阶段,达到最终目的时退出获利,而非控制企业。在投资回报上,不以股息为主要收益来源,而是以转让增值的股权获利,所以一旦创业成功,风险投资者便会在资本市场上出售股权,收回资本,同时获取超额利润。这时由于创业初期的高风险已过,一般投资者能较清晰地看到企业良好的市场前景而纷纷携资进入到这些高技术企业,此时风险资本可算完成使命。风险资本退出风险企业后,并不会就此罢休,而是带着更大的投资能力和更大的雄心去寻求新的风险投资机会,扶持新的高新技术企业。再循环是风险投资的一大特色,也是它完成使命的必要运作形式。正是由于风险资本的不断循环运作,高技术企业不断涌现,从而推进高技术产业化的进程,带来经济的繁荣。

二、风险投资的财务特征

风险投资评估的主要内容及方法在于通过建立财务评估指标体系及构建有关数理模型,来分析评估投资项目的收益性及风险性,据以判断项目的优劣,决定方案的取舍、合作的方式以及资本退出的时间。因此,保证风险投资评估科学性和可靠性的前提,是首先对风险投资的财务特性有透彻全面的了解。其财务特征有如下几点。

1. 前期科研开发和创新费用高

高科技项目必须以大量的科研开发投入作为物质保证。在技术转化过程中,研究开发的后续活动经费往往比研究开发本身的费用要高得多。一般情况下,研究开发费用占5%～10%,而其他创新活动费用占90%以上。如果把一项科研成果商品化,所需经费是前期的10倍左右。

2. 成本结构复杂及不确定性

与一般投资项目相比,风险投资项目的成本结构较为复杂。以技术转让为例,在技术转让总成本中,一般要考虑以下三种成本的影响:转让成本、沉没成本和机会成本。转让成本指转让过程中发生的直接成本(不包括技术本身的成本),这部分成本没有固定的标准,其大小受谈判过程、项目复杂程度及合同执行时间长短等多种因素的影响。沉没成本指项目过去的成本,对项目未来无关或影响较小而不予考虑的成本,其计算和分解往往十分困难,对多数企业而言,往往难以获得准确、完整的费用记录,又难以在同时开发的几项新产品或新技术之间分摊。机会成本是指投资该项目而放弃原来项目所付出的代价,一般通过各种替代值估算确定,很难做到准确。另外,由于风险投资企业是知识和技术密集型企业,科研成果的开发和转化最主要靠科研人员、金融投资家和企业家,目前会计只能对可用货币价值给予计量的物质资源和财务资源进行计价和管理,而对科技人员的能力、企业家的组织才能、职工的技能和经验等则只能靠判断,无法定量计算。

3. 收益的未知性

风险投资收益未知性主要是其不确定性，具体表现在以下两方面。

(1) 销售量难以确定。在高新技术产品市场，潜在的消费者往往并不了解产品的技术性能、用途和寿命，企业难以确定市场是否会最终建立有关产品的技术标准，也难以预测一项高新技术的扩散速度和程度以及消费者接受高新技术产品的速度。此外，反映新产品、新技术实际运行的经验数据十分有限，加大了销售量预测的难度。

(2) 定价难以准确。对于开发和研制的新产品来说，影响其价格高低的因素涉及产品的定价目标、产品成本、产品质量、广告投入、运输条件等企业内部因素和市场对产品的供求情况、同行业竞争情况、消费者的熟悉程度及承受能力、消费者的购买习惯等企业外部因素。另外，新产品的定价还必须考虑与其具有一定关系的替代品的定价。因此，定价具有不确定性。

由于高新技术企业的销售量、定价、成本等都带有极大的不确定性，因此，风险投资的收益也具有很大的不确定性。

4. 成本与收益的低相关性

成本与收益之间没有什么关联性，主要表现在以下两方面。

(1) 科技成果商品化或产业化的高投入或高成本是即时发生的，而技术转化为收益的实现则是滞后的，成本发生与效益产出之间存在着一个较长的时间间隔。

(2) 成本发生是必然的，而收益的产生则是非必然的。没有成本发生，科技成果的商品化、产业化就无法启动、发展和完成。然而，科技成果转化过程的启动并非必然能产生效益。风险投资的高收益可能要高投入，而高投入却未必有高收益。

风险投资的成本、收益都带有极大的不确定性，而成本与收益的低相关性也是这种不确定性的结果。

5. 财务杠杆率低

一项技术创新从最初的构想开始到形成产业，一般需要 3 至 5 年的时间。在前期发展阶段，持续时间较长，资金需求量不断增大，在其实现产业化、形成产品并完成销售之前，企业自身无法产生现金流入。另一方面，由于企业失败风险非常高，企业很难获得银行贷款的支持，也很难获得出资者的投资，其资金来源除了企业积累、风险投资家和企业家的原始投入之外，别无途径。因此，在企业财务报表上，风险企业的资产负债率通常比较低，其财务杠杆作用很低。

6. 资金需求的强变动性

风险企业对资金需求的变动性体现在以下几个方面。首先，风险企业在不同的发展阶段所需资金量的变化非常大。根据统计，研究与开发所需资金的比例是 1∶10，开发与试制所需资金的比例也是 1∶10，某些企业实际数据的比率变化程度可能更大。其次，由于高新技术研究与开发进展的时间难以预测，资金需求的节奏很难把握，资金投入过早会造成资金闲置的风险，投入过晚则会造成资金短缺的风险。第三，高新技术领域的竞争很大程度上体现为速度的竞争，快节奏的研究开发是争取竞争胜利的关键，同时也是利润的来源。风险投资权威部门的管理专家曾做过计算，产品开发时间每缩短一天可增加 0.3% 的商业利润，缩短 5 天可增加 1.6%，缩短 10 天便可增加 3.5%。为取得竞争的胜利，尽快实现产业化，要求资金必须及时到位。

7. 财务的渐趋成熟性

从定性的角度可以很容易地说明风险企业在不同发展阶段的资金需求、风险程度和回报水平,也可从统计的角度大致给出风险企业的相关平均指标,但对于某个特定的风险企业来说,其财务指标具有很大的不确定性。随着风险企业从最初的技术酝酿与发明阶段逐步向技术创新与产品试销、技术发展与生产扩大阶段发展,到最终实现工业化生产的阶段,其财务指标的稳定性和可预测性都将有不同程度的提高,这种不确定性随着企业逐步走向成功而不断降低。

三、风险投资评估与传统项目评估的比较

1. 指导思想不同

由于评估的角度不同,传统项目评估与风险投资评估具有迥异的指导思想。可以从以下几个方面体现。

(1) 传统项目评估注重项目本身的经济性,风险投资评估注重的是企业的潜在价值。也就是说,传统项目评估考查的是项目整个生命周期的经济性,而风险投资评估考查的是企业变现时的出售价格。

(2) 传统项目评估以长期稳定的经济增长为目标,以整体的经济效益为尺度。风险投资评估以企业的阶段性价值为核心,以较高的退出价格为目标,评价项目的潜在价值和收益。出于阶段性的投资目标考虑,风险投资评估一般不关注企业变现以后的经济性,也不评价项目社会效益。

(3) 传统项目评估除了经济效益之外,还在乎权益资本的控制问题。对于风险投资来说,投入的是权益资本,投资目的不是获得企业控制权,而是获得丰厚利益和显赫影响后从风险企业退出。所以,风险投资不是通过持有所投资企业的股份来获取红利收入,而是通过出售企业的股权来获取增值收入。

(4) 传统项目评估考查的现金流量周期比较长,而风险投资情况不同,评估注重考查项目本身的成长性。不注重项目成长性,则日后投资退出时就难以保证较高的收益。风险投资家在承担确定风险的基础上,采取分段投资、管理咨询、合同制约和变现方式调整等手段管理企业,为看好的项目提供股权投资和增值服务,培育企业快速成长,以便尽快功成身退。

2. 评估侧重点不同

传统项目评估比较注重项目的安全性,风险投资评估则更加注重项目的成长性。由于传统项目评估主要应用于技术、市场相对成熟的传统产业,因此要求比较稳定的收益率和较高的成功率,把风险严格限制在较小的范围内。而风险投资项目没有这样苛刻的限制,侧重点是如何面对风险大、收益高的项目进行组合投资,使总风险降低,评估其成长性。

3. 评估的产业范围不同

风险投资评估主要适用于新兴的高新技术产业项目和高速成长的项目,传统项目评估比较适用于传统产业,特别是基础设施项目。对于传统产业来说,产品和市场都相对稳定,项目生命周期比较长,投资风险相对较小,投资和收益的规律性比较强,这比较符合一般投资人的投资理念。高新技术项目高风险、高收益特征迎合了风险投资的“本性”,因而成为风险投资家的“乐园”。风险投资真正投资的是高成长、高增值、高风险、高预期回报的产业,并非以科技含量为唯一标准,因此也会投资于如快餐、饮食等连锁经营企业和特许经营企业。风险投资在弥

补了传统项目投资方式不足的同时，也已成为高新技术产业发展的推进器。

4. 考查重点不同

传统项目评估更注重项目本身，考查的是项目的经济性；风险投资评估注重管理团队的总体素质。传统项目评估采用相应方法和指标，针对项目本身的经济性来考查，对于项目的经营管理人员基本不做考查。经济评价是传统项目评估的核心，是项目抉择的主要依据。传统项目评估主要通过考查项目市场条件、厂址条件、环境保护、建设规模、工艺技术以及相应的投入产出等技术经济因素，运用多种方法进行研究、分析和比较，从财务效益和国民经济效益两方面进行评价。风险投资评估要求对项目的管理团队进行严格的考查，管理层的素质通常是投资者考虑是否投资的最重要因素，在评估中给管理团队的素质赋予很大的权重，以确保企业具有高水平的管理团队。

5. 评估参与程度不同

传统项目的出资人（包括银行）一般不直接参与企业的经营管理，而是通过委托-代理机制确定一个满意的职业经理人来负责企业的日常经营。因此，传统项目投资人只是在投资前参与项目评估工作，而在投资期内不干涉项目经营情况。传统投资方式使得投资人与经营管理者相互脱节，造成信息不对称，投资人不能及时、全面了解企业真实的经营状况，有时会出现经营管理者为了自身的利益而发生内部人控制和道德风险问题，使投资人的利益受损。风险投资是一种资金与管理相结合的投资，具有很强的参与性。风险投资人自始至终都在参与风险企业的评估及管理，并以此作为发掘项目潜在价值的途径。

6. 评价指标和方法不同

经过 20 多年的发展，传统项目评估已经具备了一整套比较完善的方法和评价指标，如宏观与微观评估结合、动态与静态分析结合、定性与定量分析结合、全部与局部评估结合的理论及方法。具体指标有净现值、内部收益率、投资回收期、投资利润率、盈亏平衡点、效益期望值、敏感性临界点等。而风险投资项目的评估由于起步较晚，至今还没有统一的评估方法。各个不同的风险投资公司有各自独特的做法，这些方法各有其独特性。在选用评估方法时，都强调项目的具体情况，没有规范性的要求。一般来说，风险投资评估多采用带权重的模糊评判方法，对项目各个影响因素进行赋值，然后加权处理。

传统项目评估和风险投资评估各有其优势和不足之处。风险投资值得借鉴的理论思想有三个方面：在投资方式上，采用组合投资和联合投资的方式以分散单个项目的风险；在评估对象上，重视考查被投资企业的管理团队水平与精神；在项目管理上，采用积极介入企业管理和分期给付投资资金等方法以控制风险。而传统项目评估对项目经济性完整、全面的认识以及对项目社会效益的重视，对风险投资评估来说也是值得借鉴和吸收的。

第二节　风险投资项目评估

高新技术产业化风险投资评估是指在资金、信息及资源约束条件下，通过对影响高新技术产业风险投资成败的多种因素的突变扰动进行全面分析和认识，正确衡量实施产业化方案可能受到的内在风险和外在影响的不确定性。

一、风险投资项目评估概述

经过初步筛选,风险项目接下来就要进入项目评价阶段,这个阶段的目的是决定是否投资。如果分析结果是肯定的,这个阶段还将提供以何种方式投资和投资多少的信息。

前面已提到,风险项目的评价是一项非常复杂又费时的工作,风险投资机构在进行项目评价时经常会使用一组变量作为判定是否接受某一投资项目的评价指标,这些指标的选择是否能真实、充分地反映出风险项目的收益和风险状况是风险投资成败的关键之一。目前,各国风险投资机构并未采用统一的评价标准,有的甚至还在自觉地使用着视情况而定的评估框架。从使用角度看,这种方法有一定的合理性,但随机性太大,而且过于主观。如何才能找出一套有代表性的指标体系供大多数风险投资机构在项目评价时作为参照,是许多理论研究者和风险投资职业人士共同追求的目标。在实际操作过程中,风险投资家的注意力经常集中在几个方面上,其中最为重要的是经营计划书的可行性、经营团体的背景与能力、市场规模与潜力、产品与技术实力以及财务计划与投资报酬等。

下面介绍这些通常需要予以重视的问题。

1. 经营计划书的可行性

主要是评价该经营计划书是否翔实、合理、具体可行,是否显现出吸引投资的诱因,是否完整地说明了经营状况、营运规划以及未来的发展战略。通常风险投资公司会根据一份经营计划书撰写的质量与翔实程度,来判断创业家对企业经营的认真态度,因为这与投资项目的可信程度密切相关。

2. 经营团体的背景与能力

风险资本家一向认为经营团体的好坏决定企业未来的命运,因此常说:"投资于二流技术、一流经营人才的公司将要胜于投资于一流技术、二流经营人才的公司。"风险投资公司对于创业家的诚信、过去的经营表现等会有高标准的要求,同时对于经营团体间的合作与共识程度也会相当关注。因此,在评估管理水平与管理团队建设时考查的重点是:

(1) 企业家自身是否具有支撑其继续奋斗的禀赋;

(2) 企业家及核心管理层对目标市场、行业是否非常熟悉;

(3) 管理团队对产品的了解、对核心技术的掌握、融资与财务能力、领导管理能力等要素是否具备;

(4) 员工队伍的结构和素质及企业文化水准;

(5) 分配机制和用人机制及公司结构是否符合规范运作的要求。

具体的指标可分解为:

(1) 公司的历史,包括公司过去的组织结构、股东结构、产品和市场的发展演变过程;

(2) 目前的组织,包括机构、业务部门、上下关系、子公司情况;

(3) 管理团队,包括主要管理人员的背景、学历、年龄、经验、素质及在公司中的位置和股权情况;

(4) 员工状况,包括人员结构(员工年龄、学历、经验等)、劳资关系、人事政策、人员流动率等;

(5) 内部管理程序、制度、流程和财务工作的规范程度。

3. 市场规模与潜力

市场分析是产品、技术、财务评价的基础，任何一个投资项目都必须有足够的市场规模与客户需求潜力，才可能维持企业的生存与发展。风险投资公司虽然不会对风险项目作正式的市场研究，但会利用书面资料、其他次级资料以及专业人士访谈来判断市场规模、需求潜力和竞争状况。市场分析包括现有市场与竞争及潜在市场与竞争分析两个方面，并侧重于后者。这一类指标评估的目的在于判断是否具有可观的市场增长前景。具体调查内容大致包括十点：

(1) 现有主要客户(10 家以上)描述，包括客户名单、所属行业及行业分布和行业地位、产品(服务)在各主要客户的销售明细、产品及服务对客户的渗透程度；

(2) 主要客户对产品服务的依赖和需要程度、需求目的、最终消费者、市场发展的动力、产品的需求弹性；

(3) 收入来源构成、经常性收入的构成、经常性收入占总收入的比例；

(4) 现有市场规模，已占到的市场份额及市场定位与细分；

(5) 市场潜力和增长空间分析预测，估算在一定时期内可以占到的市场份额；

(6) 竞争对手名单、产品及其份额估计；

(7) 公司在生产、技术、价格、营销及其他方面与竞争对手的比较；

(8) 营销方面包括营销策略、营销机构、营销队伍及营销渠道与过程描述、评价；

(9) 产品的季节性和周期性；

(10) 现行营销策略及实施的问题、风险与机会。

4. 产品与技术实力

产品与技术实力是投资项目竞争力与获利的主要依据，它包括现有产品与技术及产品与技术的纵向、横向延伸空间和创新开发能力。风险投资公司会全面了解有关技术来源、核心技术能力、研发风险、产品功能特性、生产制造计划、周边产业配套、专利与知识产权问题等。为此，风险资本家经常会咨询相关专家与研究机构，着重考查评估产品与技术的独特性、技术含量、边际利润、竞争保护及持续创新的可能性。具体调查内容包括：

(1) 主要产品的清单、技术特征、技术水平、竞争优势及技术壁垒；

(2) 产品技术的来源、研发过程、专利及商标情况、知识产权保护情况；

(3) 产品更新周期，技术发展的方向，研究发展的重点，正在进行的新技术、新产品研究情况；

(4) 收购新产品、新技术的机会；

(5) 研究开发能力，包括研发的人力资源情况，经费的来源渠道和金额，研究开发工作的组织、计划管理与控制；

(6) 产品生产能力、设施、过程控制、工艺技术要求、各种支撑条件。

5. 财务计划与投资报酬

风险投资公司主要评价风险企业过去的财务记录、目前的股东结构、未来财务计划的合理性、申请投资金额的合理性、回收年限与投资报酬的实现可能性等。风险投资公司根据风险企业提供的财务分析资料，来判断可能实现的投资报酬、投资项目的市场价值以及可能产生的风险概率。

1) 财务分析

(1) 历史财务报表分析与考查。内容包括利润表、现金流量表、资产负债表、合并的财务报表以及主要合同摘要等。

其中利润表分析的重点是:① 了解营业收入的构成、确认、部门与地区分布情况;② 利润构成;③ 成本构成;④ 管理费用、财务费用、销售费用、间接费用及分配政策;⑤ 公司主要会计政策计提说明。

现金流量表分析的重点是:① 现金收入及构成;② 支出及构成;③ 折旧与摊销费;④ 资本支出与营运资金支出;⑤ 自由现金流量与融资。

资产负债表分析的重点是:① 现金及现金等价物余额与本期变动情况;② 存货明细及存货管理;③ 应收账款明细及管理;④ 固定资产、长期投资的明细及管理政策与办法;⑤ 银行借款与应付债券明细和其他负债说明;⑥ 资产负债表外的资产(合资、投资、风险投资等)与负债说明。

(2) 未来 5 年财务预测。对于风险投资项目,要预测未来 5 年财务状况,虽有较大的不确定性,但能提供概略的数据,主要包括:① 业务计划、主要客户摘要;② 从销售出发预测的利润表;③ 预测现金流量表,重点考查投资资本需求、资本支出维持水平、计划资本支出、计划折旧与摊销费时间表、账面和课税资产寿命、融资需求、净现金产生能力;④ 资产负债表的预测,主要考查各主要科目的变动情况及其合理性,与销售和损益的对照。

2) 投资收益与风险评估

风险投资机构使用的评价指标虽然名目各异,但目标只有一个,就是判定投资收益和风险。风险投资家对投资项目的评价可概括为下面的公式:

$$V = P \times S \times E \tag{14-1}$$

式中:V——对投资项目的评价;

P——解决问题或机会的大小;

S——解决的程度;

E——创业家的素质。

这个公式的含义是,创新能够解决社会或产业中现存的一个重大缺陷,其解决方法具有不易被模仿的独到之处,而且创业家又有能力保持这种技术优势并将其转化为商业利润,那么,风险投资家将对这项投资给予很高的评价。假设 P、S、E 的取值都是 0 到 3,则风险投资家对每个项目的评价 V 最低是 0,最高是 27。只有当评价达到一定标准(通常达到 15)以上时,风险投资家才愿意提供资金去分担投资风险和分享投资收益。该三项指标只要有任一项指标被评为 0 或 1,则意味着投资被取消。

不同组织形式的风险投资机构,其风险评价指标的选择存在着一定的差异。独立风险投资机构与非独立风险投资机构在评价指标的选择上也存在着差异。二者的主要区别在于:子公司风险投资机构更重视投资对象是否适合母公司的发展战略,子公司并不要求创业家有出色的领导才能,而独立风险投资机构对这一点却相当重视。原因很明显,子公司的战略利益指标与创业家的领导才能相关性不高,它们比独立风险投资机构更能容忍由一个缺乏领导才能的创业家去领导一个新企业。

二、企业不同阶段的投资评价考查因素

由于企业不同阶段的风险项目,其特性、目标与所面对的风险均不同,在市场营销、内部管

理、产品技术开发、财务计划等方面也有很大差别，因此在不同企业阶段，风险投资公司在进行投资评价时，评价重点也会随之而调整。以下分别说明企业不同阶段投资评价考虑衡量的主要重点。

1. 种子、创建阶段的风险项目评估

由于这类风险项目的企业尚未成立或成立不久，风险投资公司很难从经营计划书评价其企业性质与营运绩效，再加上所面对的市场风险与技术风险远比其他阶段高，因此，风险投资公司通常采取全方位的评价与分析。

筛选项目时，风险投资公司会要求产业性质与其投资专业领域密切相关，同时地点也必须较为邻近，目的是希望能通过积极的辅助经营降低投资风险。

在评价阶段，较偏重创业家的经历、背景、人格特性、经营专长与管理能力、技术能力与来源、市场潜力等方面的分析，对于经营计划书有无呈现竞争优势及投资利益也很关注。在财务计划方面，因各项数字多属预测性，仅能从规划的合理程度来判断，但许多风险投资项目能否成功与主要股东间的合作是否密切相关。一般而言，早期阶段风险项目的评价工作较为困难，许多决策都必须基于经验判断，因此，风险投资公司必须对早期技术市场演变相当熟悉。

2. 成长、扩张阶段的风险项目评估

处在成长期与扩张期的企业，由于产品已被市场接受，且市场需求也比较明确，企业组织又渐具规模，此时筹资的主要目的是在既有的基础上，继续研究开发新产品并扩大生产规模，以建立竞争优势，扩大市场占有率。由于这类项目风险较低且获利稳定，因此是风险投资公司的主要投资对象。通常风险投资公司会通过产业调查或市场分析，主动寻找投资对象，并收集信息，再作出最有利的投资决策。风险投资公司对这类项目所考虑的，主要是投资对象的企业性质以及未来继续成长获利的机会。因此，评价的重点放在风险企业过去与现在的财务状况、经营机构的经营理念与管理能力、市场目前的竞争态势、市场增长的潜量以及在产品技术开发上的能力与具有的优势等方面。另外，资金回收年限、方式以及可能遭到的风险，尤其是未来是否具备公开上市机会，也是影响投资决策的重要评价与衡量指标。一般而言，成长、扩张期充分的信息收集与完善的评价过程，都能达到降低投资风险的效果。

3. 成熟阶段的风险项目评估

成熟阶段的风险项目在市场或技术上的风险都比较低，经营组织的管理能力也可以从过去的经营成就与财务资料中发掘，因此投资公司评价重点主要在财务状况、市场竞争优势以及资金的回收年限、方式与风险等方面，目的是为了衡量股票上市的时机与市场价值。另外，经营组织团体观念与风险投资公司的匹配性也是评价所依据的重要因素。一般而言，成熟阶段风险项目投资回收年限较短，回收风险较低，评价工作并不复杂，更多的是将较多的时间投放于双方的协议谈判上。

三、风险分析

项目和企业所处阶段及其他情况不同，项目所具有的风险也各异，包括产品开发风险、生产制造风险、市场风险、财务与融资风险、管理风险、法律风险、道德风险、退出变现风险、宏观经济环境中的风险等等。其中某一类风险又可能是多方面的，如市场风险可能是市场发育、成长和周期变动的风险，竞争者进入的风险，产品本身生命周期的风险，营销策略的风险等等。处在种子期的项目风险最大，最难把握。处在成熟期只做上市前美化包装的项目，风险小得多,当然,相应购得的股权与成本之比也小得多。风险分析必须全面、客观。此外,在风险分析中还需注意在最后的合同条款中有无保护投资者权利的财务条款及财产保全措施。

对于某个具体项目的评估考查,涉及的指标和因素方方面面。这些指标的取舍及分解依风险投资公司本身的优势、劣势、偏好、投资策略和具体项目的特点的不同,会有很大的差别,以上列出的只是一些主要方面。

在第十一章不确定性分析中所介绍的基本方法相对于风险投资项目而言就显得很受限制了,这些方法只适用于与经济财务有关方面分析,项目的其他风险分析往往靠定性方面的分析来描述。因此,许多有经验的风险家,都会将评价的最终焦点放在创业家与经营团体身上。他们认为经营环境与市场的变化是不可知的,也是无法控制的,唯有经营者的强烈愿望与意志力才能克服这些困难和挑战,并确保风险企业的最后成功。所以他们凭借多年的识人经验,选择具有创业精神与专业能力的经营团体,作为主要投资对象。识人经验在风险项目评价中确实扮演着十分重要的角色,但客观的数据资料与科学的实证分析,对于投资决策也有不可替代的效果。尤其是随着高科技创新时代的来临,许多企业所处的经营环境以及所依据的核心专长能力,与过去相比已有极大的差异。因此,过去的经验并无法有效延伸至未来的环境,投资风险的降低将更依赖于事前充分的信息收集与审慎的研究评价。更何况风险资本家每年面对数百件投资申请项目,如果没有一套完整有效的投资评价程序与评价方法,就难以作出适当的投资决策。

风险投资在本质上就是一种高风险的投资行为,无论采用多么严谨的评价程序,都无法完全免除失败的风险,对此投资者必须要有心理准备。

第三节　风险投资项目价值评价模型

风险投资项目价值评价,实质是对企业资产定价,目的是评价创业家为获得风险资本所提供的股权或风险投资家进行一项投资时所要求的股权份额。对风险企业的定价直接决定着风险企业的股权结构。在求得风险企业的初始股权价值后,如已知风险投资家的初始投资额,即可根据其与股权价值的比值确定风险投资家在风险投资企业中所应占的股份,这也就是风险投资的价格,从而就可以以此为基础决定风险企业的股权结构。

这里介绍三种定价模型,即市盈率模型(期末价值贴现模型)、现金流折现模型、经济附加值(EVA)模型,下边分别叙述。

一、市盈率模型

简单地说,市盈率就是股价对会计收益的倍数。在使用市盈率投资的时候,一般采用两种定义,即历史市盈率和未来市盈率。历史市盈率是现时每股价格与最近年度每股收益之比,而未来市盈率则是现时股价与未来会计收益的比值。运用市盈率模型对被投资企业进行评价,则是要在预测被投资企业未来收益的基础上,根据一定的市盈率来确定被投资企业的市值,从而确定风险投资人的投资额或收购方的收购价。用市盈率模型对被投资企业进行评价通常应该包括以下步骤:

(1) 核查被投资企业最近几年的利润业绩,并在现有管理层水平及一定经营假设的基础

上预测其未来业绩；

（2）确定在风险投资人或收购方管理被投资企业的情况下，影响收益和成本的因素；

（3）在上述两步的基础上，按照一定的假设再次预测被投资企业的未来收益，此为关键；

（4）选择一个标准市盈率，并根据被投资企业存在的风险因素，在标准市盈率基础上确定投资或收购所能接受的市盈率，也可以将证券市场同类企业平均市盈率作为其市盈率；

（5）在盈利预测和确定市盈率基础上确定被投资企业价值，确定风险投资额或收购底价。

该模型的表达式为

$$V_0 = \frac{V_n}{(1+i)^n} \tag{14-2}$$

式中：V_0——投资期初风险企业的股权价值；

V_n——投资期末风险企业的股权价值；

n——风险企业的投资时间；

i——风险企业的折现率。

例 14-1　在某创业板挂牌的风险投资企业总股本为 1 亿股，已知风险投资人的初始投资额为 9 000 万元，企业预期周期寿命为 8 年，企业在过去 4 年中的每股净收益分别为 0.30 元、0.39 元、0.52 元、0.66 元，投资者所能接受股票的市盈率为 25 倍，折现率取 35%。试确定现在的风险投资人的股权比率及收购底价。

【解】　根据已知收益情况，可以知道风险投资企业的年增长率为 30%，以此预测未来第 8 年的净收益为 1.88 元/股。则股权价值为

$$V_n = 1.88 \times 25 \times 10\ 000 \text{ 万元} = 470\ 000 \text{ 万元}$$

折算为期初的价值为

$$V_0 = \frac{470\ 000}{(1+35\%)^8} \text{ 万元} = 42\ 602 \text{ 万元}$$

风险投资家的股权比率应为 9 000/42 602=0.211 3，即 21.13%，股份为2 113万股。

第 4 年末退出时收购底价为

$$P = 0.66 \times 25 \times 2\ 113 \text{ 万元} = 35\ 030 \text{ 万元}$$

由此可知，一个成功的风险投资项目，其风险投资人在中途（第 4 年年末）退出时，实现了近 4 倍的投资回报，年递增率为 40.5%。

二、现金流折现模型

该模型的基本思路是：运用资本资产定价模型来调整折现率，企业未来的现金流则通过肯定当量系数折减，来反映现金流的不确定性。因此，模型可以表达为

$$V_0 = \frac{C_1}{1+i} + \frac{C_2}{(1+i)^2} + \cdots + \frac{C_n}{(1+i)^n} + \frac{V_n}{(1+i)^n} \tag{14-3}$$

式中：C_t——第 t 年的营业现金流；

其他符号含义同前。

由于营业现金流不确定，需通过对风险折现率的调整，即采用资本资产定价模型确定资产的预期回报率替代风险企业的折现率：

$$E(R) = R_f + [E(R_m) - R_f]\beta \tag{14-4}$$

式中:$E(R)$——资产的预期回报率;

R_f——无风险报酬率;

$E(R_m)$——风险企业的组合市场率;

β——风险系数。

当很难确定资本市场平均风险系数β时,可以通过肯定当量法来评价企业价值。由于企业未来营业现金流有很大的不确定性,通过引入肯定当量a_t(此为小于1的序列数据),将现金流的不确定性予以修正,这时折现率考虑用安全回报率。那么式(14-3)可以改写为

$$V_0=\frac{a_1C_1}{(1+k)}+\frac{a_2C_2}{(1+k)^2}+\cdots+\frac{a_nC_n}{(1+k)^n}+\frac{a_NV_n}{(1+k)^n} \tag{14-5}$$

式中:a_t——第t年未来营业现金流的肯定当量系数;

a_N——投资期末风险企业股权价值的肯定当量系数;

k——安全回报率。

肯定当量系数可以根据其与变化系数的关系查表求得,由于肯定当量系数的引入,这时式(14-5)中的折现系数可以采用资本市场的无风险利率。下面用案例说明。

例 14-2 某风险投资企业总股本10 000万股,将在创业板市场挂牌上市,为IPO需评估企业目前价值,专家预测未来6年的现金流量分别为1 600万元、2 600万元、3 600万元、5 000万元、7 000万元、9 000万元,估计期末资产价值为30 000万元,肯定当量系数分别为0.9、0.85、0.80、0.75、0.70、0.65,投资期末资产肯定当量系数a_N为0.80,期望的市场预期回报率14%,安全回报率10%,风险系数β为1.5。求企业的价值。

【解】 (1) 如果预测的未来现金流量可信度较高,则资产的预期回报率为

$$E(R)=10\%+(14\%-10\%)\times1.5=16\%$$

代入式(14-3),则

$$\begin{aligned}V_0&=\left[\frac{1\,600}{(1+16\%)}+\frac{2\,600}{(1+16\%)^2}+\cdots+\frac{9\,000}{(1+16\%)^6}+\frac{30\,000}{(1+16\%)^6}\right]\text{万元}\\&=28\,029\text{ 万元}\end{aligned}$$

(2) 如果预测的未来现金流量变数较大,用肯定当量法评价资产价格。

将已知数据代入式(14-5)有

$$\begin{aligned}V_0&=\left[\frac{a_1C_1}{(1+10\%)}+\frac{a_2C_2}{(1+10\%)^2}+\cdots+\frac{a_nC_n}{(1+10\%)^6}+\frac{a_NV_n}{(1+10\%)^6}\right.\\&=\left.\frac{0.9\times1\,600}{(1+10\%)}+\frac{0.85\times2\,600}{(1+10\%)^2}+\cdots+\frac{0.65\times9\,000}{(1+10\%)^6}+\frac{0.8\times30\,000}{(1+10\%)^6}\right]\text{万元}\\&=27\,753\text{ 万元}\end{aligned}$$

取两者的算术平均值,目前的资产价值为27 891万元,折合每股价值2.79元,新股发行价以此为参考。

三、经济附加值模型

经济附加值(*EVA*)模型最早于20世纪20年代由美国通用汽车公司引入,之后长期未得到应用,直到80年代才被总部设在纽约的STERN STEWART公司重新引入,以取代传统的风险项目评价方法。该方法目前由STERN STEWART咨询公司注册。

经济附加值可通过以下公式理解:

权益价值＝公司价值－债务价值

公司价值＝初始投资资本＋预期 *EVA* 现值

预期 *EVA* 现值＝明确的预测期期间的 *EVA* 现值＋明确的预测期之后的 *EVA* 现值

经济附加值(*EVA*)＝税后营业利润－加权平均综合资金成本率×投入资本

明确的预测期之后的 *EVA* 现值＝连续价值/加权平均资金成本

连续价值＝明确的预测期之后的第一年的 *EVA* 现值/加权平均资金成本

其中，税后营业净利润应在会计数据基础上做出调整，使之大体接近用于再投资或分配给资本提供者的税后现金；投入资本必须反映资本实际投入量，包括投入到经营单位的营运资金和固定资产；加权平均资金成本是权益资金成本和债务资金成本的加权平均。

四、美国第一个风险投资评估模型

在定性阐述评价准则的基础上，1984 年 Tyebjce 和 Bruno 最先运用问卷调查和因素分析法得出美国风险项目评价模型。数据基础是从电话调研的 46 位风险投资家和问卷调查的 156 个风险投资公司中选出的 90 个经审慎评估的风险投资案例。他们请风险投资家根据案例对已选好的 23 个准则评分，标准是 4 分(优秀)、3 分(良好)、2 分(一般)、1 分(差)，此外还分别评出各个项目的总体预期收益和风险。这样得到一组数据后，经因素分析和线性拟合，得出评估基本指标，划分为四个范畴，并根据各范畴指标对预期收益和预期风险的影响，模拟出风险投资的评价模型。美国第一个风险投资评估模型见图 14-1。

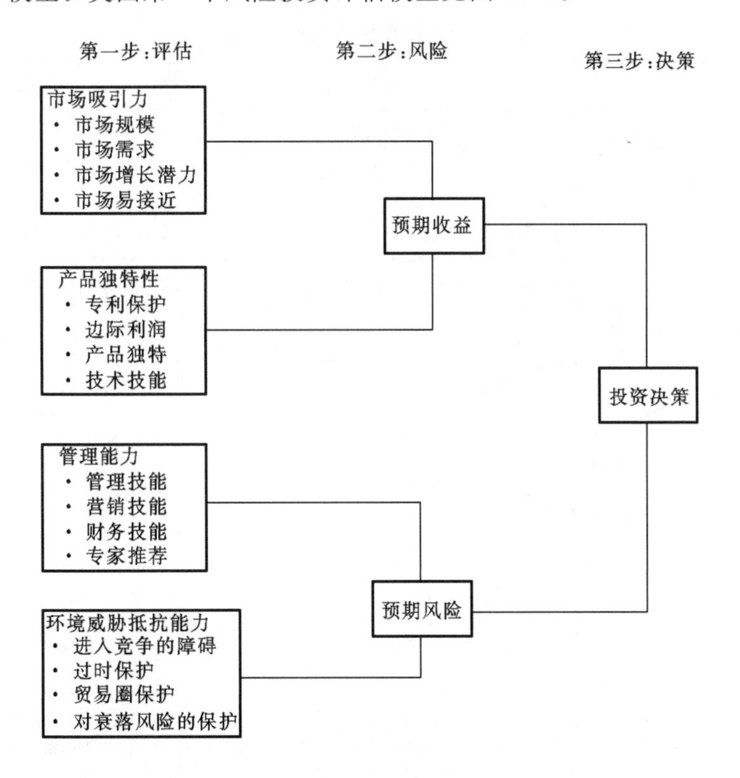

图 14-1　美国第一个风险投资评估模型

该方法认为对预期收益影响最大的是市场吸引力，其次是产品独特性，而管理能力和环境威胁抵抗能力也对预期风险产生影响。

MacMillan、Sicgel 和 Subbanarasimha 利用信函方式，通过格式化问卷，调查了风险投资家评估投资潜力时所采用的评价标准，并对各标准的重要性进行打分。他们还对风险投资的评估指标做了一个类似的统计调查。后来，Sandberg、Schwerger 和 Hofercf 对其经济统计进行了评价和修正。

几年后，Rah 和 Ran Turpin 分别分析了新加坡和日本的情况，创业家的人格及经验被认为是重要的评价依据，而财务因素则是风险投资中最不重要的方面。

第四节　国内外风险投资评价指标体系的对比

一、美国的风险投资评价指标体系

在风险投资过程中，风险投资者采用一定评估指标来判定投资的收益和风险。许多研究机构对评价指标作了大量深入细致的研究。关于投资决策评估指标选择的调查结果表明，管理层素质是风险投资决策的首要指标，接下来依次是企业家素质、投资回报率、投资面临的风险、投资的流动性、风险企业的市场增长前景、风险企业的经营记录、风险企业的财产保全措施等。表 14-2 是美国的几位学者对风险投资项目评价指标的研究。

表 14-2　风险投资机构评估指标

Wells		Poindexter	Tyebjee 和 Bruno	
因　素	平均权重/(%)	按重要性顺序排列的投资指标	因　素	频数/(%)
管理层的承诺	10.0	1. 管理层素质	1. 管理者技能和历史	89
产品	8.8	2. 期望收益率	2. 市场规模/增长	50
市场	8.3	3. 期望风险	3. 回报率	46
营销技能	8.2	4. 权益比例	4. 市场位置	20
工程技能	7.4	5. 管理层在企业中的利害关系	5. 财务历史	11
营销计划	7.2	6. 保护投资者权利的财务条款	6. 企业所在地	11
财务技能	6.4	7. 企业发展阶段	7. 增长潜力	11
制造技能	6.2	8. 限制性内容	8. 进入壁垒	11
参考	5.9	9. 利率或红利率	9. 投资规模	9
其他交易参与者	5.0	10. 现有资本	10. 行业/经验	7
行业/技术	4.2	11. 投资者的控制	11. 企业阶段	4
变现方法	2.3	12. 税收考虑	12. 企业家利害关系	4

纽约大学企业研究中心(New York University's Center for Entrepreneurial Studies)对

100家专业风险投资公司投资评估决策所作的调查结果表明：经归纳分析以上24个因素，首选因素是"企业家自身具有支撑其持续奋斗的禀赋"，其次是"企业家对本企业目标市场非常熟悉"，第三和第四分别是"证明企业家过去具有很强的领导能力"和"在5到10年内至少能获得10倍回报"。调查再次表明，管理层素质、产品市场及投资回报等构成风险者进行投资评估决策的几项主要因素。表14-3列示了该调查揭示的前十项评估决策考虑因素。

表14-3　前十项投资评估考虑因素

投资评估的考虑因素（按重要性顺序排列）	被调查者反复提到的次数（最多100）
1. 企业家自身具有支撑其持续奋斗的禀赋	64
2. 企业家对本企业目标市场非常熟悉	62
3. 证明企业家过去具有很强的领导能力	50
4. 在5到10年内至少能获得10倍的回报	50
5. 对风险的评估反映良好	48
6. 投资具有流动性	44
7. 可观的市场增长前景	43
8. 与风险企业有关的历史记录良好	37
9. 对企业的表述清楚明了	31
10. 具有财产保全措施	29

可以看到，风险投资家把管理能力放在第一位，产品或技术的独特性、产品市场大小、回报率放在前几位，另外财务管理、权益比例、企业发展阶段也在考虑重点之中。这些构成了评估指标体系的主要组成部分。

二、美国20世纪90年代的评估标准和评估方式

美国的Vanceh Fried和Robert D. Hisrich(1994)两位教授联合做了有关调查。他们在硅谷、波士顿和美国西北地区三个地区各选择6位著名风险投资者，采访其投资项目决策的具体过程。为保证数据准确，所选取的案例是真实、最新的。这18个案例分别是电子等行业的不同发展时期、投资额在5万美元至600万美元之间的项目。

实证调研分两步进行。首先，得出15个"基本评估标准"，分战略思想、管理风格和收益三方面。战略思想包括成长潜力、经营思想、竞争力、资本需求的合理性；管理能力包括个人的正直、经历、控制风险能力、勤奋、灵活性、经济观念、管理风格、团队结构；收益包括投资回收期、收益率、绝对收益。其次，建立起一个决策程序模型。模型描述贯穿从寻找项目到选择出正确方案的六步流程，同时总结出风险投资家在评估过程中采取的多种评估手段。风险投资家所采用的评估方式及采用频率如表14-4所示。

表 14-4 风险投资家所采用的评估方式及采用频率

评估方式	采用频率	评估方式	采用频率
与管理队伍所有人员面谈	100%	询问与其合作过的银行家	62%
参观企业	100%	征求本公司其他投资家的意见	56%
询问创业者的前商业合作者	96%	询问供应商	53%
询问创业现有投资者	96%	征求其他风险公司的意见	52%
询问当前用户	93%	询问会计师	47%
询问潜在用户	90%	询问律师	44%
调查其竞争对手的市场价值	86%	进行深入的文献调研	40%
与专家对产品性能进行非正式讨论	84%	利用正式的产品技术评估	36%
深入调研创业企业前阶段的财务报表	84%	利用正式的市场调研	31%
询问其竞争对手	71%		

Edward B. Roberts 对两个风险投资公司 Atlantic Capital 公司和 Boston Investors 公司进行了深入调查。这两个公司从事高科技行业的风险投资有十几年历史,都使用多阶段的评估选择投资项目,但是在评估准则和决策过程方面有自己的特点。Edward B. Roberts 详细介绍了两个公司评估风险项目的准则,比较它们之间的共同点和差异;同时分析 20 个已经过审慎评估的项目,提出了创业家如何撰写商业计划书。

此外,还有一些相关研究:Joshua Lerner 提出了风险投资家如何利用联合管理来降低风险;Robert D. Hisrich 提出了风险家的个人素质要求、能力要求,认为对风险企业的投资价值不仅包括资金,还有管理、信息等管理服务;Robert Polk 等人设计了一个具有 58 个变量的指标体系,通过工业新产品的案例统计分析发现,单独进行技术风险评价对预测高科技新产品的成败十分重要。

这类评价标准和方式,虽然已历时 20 年,但实践证明至今仍很有实用价值。

三、我国台湾地区的评估标准概况

我国台湾地区的创业投资事业一直蓬勃发展,并且他们在大陆地区的投资十分庞大,从 1993 年颁布“创业投资事业管理规则”以来,至 2013 年已成立了超过一百家创业投资公司。香港中文大学决策科学与企业经济系研究人员在创投公会的帮助下,对台湾地区创业投资事业的发展现状作了调查和统计,总结出台湾地区创业投资事业的特点、经营形态和投资策略,同时总结出创业投资决策程序和评估准则。决策程序包括投资方案取得阶段、投资方案筛选阶段、投资方案评估阶段、投资方案协议阶段,各阶段评估重点不同。评估准则主要归纳为商业计划书、经营机构、市场营销、产品与技术、财务计划与投资报酬等五个方面的 20 个重要准则,见表 14-5。

表 14-5　台湾地区创业投资评估准则

评估准则	子准则	评估准则	子准则
商业计划书	明显的竞争优势和投资利益	产品与技术	技术来源
	商业计划书的整体逻辑合理程度		技术人才与研发能力
经营机构	创业者或经营者的经历和背景		专利与知识产权
	创业家的人格特点		产品附加价值与独特性
	经营团体的专长能力和管理能力		生产制造计划可行性与周边产业配套情况
	经营团体的经营理念	财务计划与投资报酬	创业公司的财务状况
	经营团体对营运计划的掌握程度		创业公司的股东结构
市场营销	市场规模		创业公司财务计划的合理性
	市场竞争优势		资金需求规划的合理性
	营销策略规划		预期投资报酬率

调查认为，台湾风险投资家最关注财务和商业因素、具体评价等。风险投资家希望看到的好项目是合适的企业在合适的时候拥有合适的技术，并存在或能够创造出合适的市场，最终带来丰厚的回报。这就对投资项目的评估提出了很高的要求。

第五节　我国风险投资评估的现状分析

一、现状

目前，风险投资在我国引起了广泛的重视，我国一些著名高校已开展了有关的课题研究，许多专家就如何发展我国的风险投资开展了热烈的探讨，主要涉及的内容有：

(1) 风险投资概念及特征分析；

(2) 国外风险投资的成功经验和模式；

(3) 风险投资的运行模式和机制；

(4) 我国风险投资发展的障碍及存在的问题；

(5) 风险投资公司的运作；

(6) 风险投资的资本市场；

(7) 风险投资的法律环境；

(8) 风险投资的创业投资体系等。

还有学者对我国风险投资项目的评估指标及投资风险进行了有益的探索，有学者提出将风险投资的各个因素赋予权重，将能够量化的投资报酬率分等级进行评价，给出了参考报表，见表 14-6。

表 14-6 投资报酬率评价表

评价	区 间	等级	等级点	分 值
极好	IRR>40%	A	45%	90 分以上
较好	30%<IRR≤40%	B	35%	80～89 分
一般	20%<IRR≤30%	C	25%	70～79 分
较差	10%<IRR≤20%	D	15%	60～69 分
很差	IRR≤10%	E	5%	60 分以下

结合投资报酬率评价表用权重和概率相结合的方法对模型的评估标准作出量化，对我国风险投资评估的量化分析作了有效的探索。但是修改的数学模型中还存在一些问题：如决定预期收益的预期风险权重系数如何确定；当预期收益和预期风险的数值计算出来后，应该如何确定一定的数值范围，以决定在这个范围内是否投资该风险项目等。这些问题在一定程度上影响了模型的实用性和使用范围。

二、我国风险投资项目评估的缺陷

总体来说，国内对风险投资评估的研究还处于初步探索阶段，尽管现有研究有助于了解在我国现实条件下风险投资的运营特点，但目前的研究对微观层面的问题涉及不多，且更多集中在风险投资的"为什么"而不是"怎么做"上。实践中，国内的风险投资还处于起步阶段，目前的主力是政府主导的风险投资公司，存在的问题是在项目选择评估中比较侧重于项目的技术先进性，忽视了其市场前景和产业发展性，缺乏"通才"式的风险投资专业人才。大多数投资公司基本上是站在促进科学成果转化的角度来评估项目，进行项目投资，对风险投资项目评估缺乏深入的量化研究。在评价过程中，有必要为其建立一个科学的模型。中国还缺乏实际的案例对各个评价指标的重要性进行验证，各因素的权重以及综合评价的指标值以多少作为能否投资的临界值，也无法设定一个准确的分值标准，等等。这些问题都有待在今后的验证分析中进一步完善。我国与国外风险评估相比还存在较大的差距，尤其体现在以下四点上。

1. 学科研究滞后，风险投资评估学理论体系尚待建立

目前，我国还没有系统的风险投资评估科学理论。在实践中，大多数投资公司都采用一般项目投资评估的理论和方法，这远远不能适应风险投资的需要。由于缺乏系统的科学理论基础，评估中实践界对某些概念和内涵的理解不一致，对一些评估方法混淆不清，运用有误。目前，风险投资评估理论研究的滞后已严重制约了风险投资的发展，风险投资实践的发展呼吁着风险投资理论的指导。

2. 风险投资项目评估有较大的局限性

目前，我国进行的项目评估着眼点大多仅仅是项目本身的预期经济效益。进行市场调查，查阅有关资料，都是为了证明项目所采用的技术是否先进、适用，以及产品需求如何，销售量可能多大，目前及以后年度的销售价格怎样等，从而测算出项目预期经济效益有多大，并以此作为十分重要的项目取舍标准。

我国是一个发展中国家，经济是一种短缺型经济，一个重要特征是供给方面的经济性短缺。基于供给短缺的现状，几乎大多数投资项目都是需要的。项目评估往往表明它们都是具

有一定经济效益的。但是，仅从项目自身要素出发，以单纯的效益标准来衡量投资是否可行，其条件并不十分充分。项目预期效益好，仅能说明项目是可行的，其投资就不一定可行。因为，投资最终总是要落实到一定区域的某个特定行业的企业上。当投资项目估价不准确或被投资企业的素质低下，没有足够的能力实现其预期的经济效益时，经济效益标准也就失去了存在的前提和基础。因此，其结论的准确性自然也值得怀疑。

3. 缺乏对风险投资项目投资环境的评估

投资环境为投资者提供与投资活动有关的各种条件，它影响着投资者的投资活动。优越的投资环境是投资顺利进行和发展的保证，有利于项目经济效益的实现；恶劣的投资环境会阻碍投资活动的顺利进行，影响项目的经济效益。

4. 缺乏专业的风险投资评估机构和中介组织

目前，我国有 3 000 多家评估机构，大多数挂靠在政府部门或会计事务所等，因缺乏行业眼光和专业经验，加上评估方法单一、评估手段落后，对风险投资项目或企业的价值估计往往误差太大，评估结果可信度较差。

练习题

1. 简述风险投资的内涵，它的基本特征及财务特征有哪些？

2. 描述风险投资评估与传统项目评估的区别。

3. 对风险投资项目评估应该从哪些方面去考查，你认为重点应以哪些为主？为什么？

4. 某风险投资企业总股本为 2 亿股，已知风险投资人的初始投资额为 13 000 万元，企业预期周期寿命为 10 年，企业在过去 5 年中的每股净收益分别为 0.20 元、0.25 元、0.31 元、0.39 元、0.49 元，该股票的合适市盈率为 25 倍，折现率取 30%。确定现在的风险投资人的股权比率及收购底价。

5. 某风险投资企业总股本 25 000 万股，为了融资而评估企业目前价值，专家预测未来 5 年的现金流量分别为 3 600 万元、4 600 万元、5 000 万元、7 000 万元、9 000万元，估计期末资产价值为 70 000 万元。肯定当量分别为 0.80、0.75、0.70、0.65、0.60，投资期末资产肯定当量系数 $a_N=0.85$，期望的市场预期回报率 15%，安全回报率 10%，风险系数 β 为 1.2。求企业的价值。

附录A 工业项目可行性研究的内容

1. 总论

1) 概述

A. 项目名称、承办单位及负责人。

B. 可行性编制的依据和原则。

C. 项目提出的背景(改扩建项目要说明企业现有情况),投资的必要性和经济意义。

D. 可行性研究的工作范围及主要过程。

2) 研究结论

A. 研究的简要结论。

B. 存在的主要问题和建议(附主要技术经济指标表)。

2. 需求预测

1) 国内、外需求情况的预测

A. 产品的现状及产品的用途。

B. 国内外相同或同类产品近几年的生产能力、产量情况和变化趋势。

C. 产品进出口情况。

D. 国内外近期、远期需要量的预测。

E. 产品的销售预测、竞争能力和进入国际市场的前景。

2) 产品价格的分析

A. 国内外产品价格的现状。

B. 产品价格的稳定性及变化趋势预测。

C. 产品价格确定的原则和意见。

3. 产品方案及生产规模

1) 项目的构成范围(包括的主要单项工程)

2) 产品方案及生产规模的选择

3) 产品及副产品(辅助产品)的品种、规格和质量指标

4. 工艺技术方案

1) 工艺技术方案的选择

A. 国内外工艺技术概况。

B. 工艺或原料路线确定的原则和依据。

C. 推荐工艺技术方案的说明。

D. 工艺或生产流程及生产控制方案说明(附工艺或生产流程图)。

E. 引进技术的内容、范围及引进的理由,说明可能引进技术的国家与公司。

F. 引进技术消化、吸收的建议。

2）物料平衡或物料流程与消耗定额

A. 车间(装置)和全厂物料平衡或物料流程方案。

B. 车间(装置)原材料、辅助材料和燃料动力消耗定额及国内外先进水平比较。

C. 单位产品能耗和国内外先进水平比较。

3）主要设备的选择

A. 车间(装置)主要设备或生产线应做基本计算,根据工艺技术方案的需要,说明几个可供选择的设备方案比较和选用的理由。

B. 提出大型超限设备名称、重量、尺寸。

C. 如需引进技术,应提出设备的国内外分交方案或与外商合作制造的设想。对有关部门协作配套件供应的要求。

D. 车间(装置)设备表(设备名称、规格、材质、数量及重量)。

4）标准化

A. 工艺、设备拟采用标准化的情况。

B. 对技术引进和设备进口拟采用标准化的说明。

5. 资源、原材料、燃料及公用设施情况

A. 经过储量委员会正式批准的资源储量、品位、成分以及开采、利用条件的评述。

B. 主要原料、辅助材料、燃料的种类、规格、年需用量、来源、运输条件和供应的可靠性。

C. 所需公用设施供应的水、电、气和其他动力的数量、供应方式和供应条件,并说明自用、外供、供外数量和情况。

6. 建厂条件和厂址方案

1）建厂条件

A. 建厂的地理位置、气象条件。

B. 社会经济现状和城镇、地区规划情况。

C. 交通运输(铁路、公路、水运、码头)现状和发展趋势。

D. 地形、地貌、工程地质、水文地质、地震等级及目前厂地使用情况。

E. 水源、水质、给排水工程、防洪等情况。

F. 电源、供电、电信等情况。

G. 供热工程情况。

H. 当地施工和协作条件。

I. 与城镇、地区规划的关系和生活福利区的条件。

J. 厂区占地面积、需征土地情况等。

2）厂址方案

A. 扼要归纳各厂址方案的优缺点,综合分析论证。

B. 厂址比较与选择意见,并提出其推荐的理由。(附厂址方案示意图)

7. 公用工程和辅助设施方案

改扩建项目要说明对原有固定资产的利用情况。

1）总图运输

A. 全厂总平面布置原则和方案。(附总平面图)

B. 竖向布置原则及土建工程量估算。

C. 全厂运输量。

D. 厂内外交通运输方案、方式,运输工具、装卸设施的比较和初步选择(包括种类、数量)。

2) 给排水

A. 水源及输水工程方案比较和选择。

B. 厂区给水工程(包括净化水部分)方案比较和选择。

C. 全厂排水方案的选择,生产污水、生活污水、清洁下水等排放量。

3) 供电及电信

A. 全厂用电负荷及负荷等级。

B. 电源选择及可靠性。

C. 全厂供电方案选择及原则确定。

D. 全厂电信设施方案、组成及包括的范围。

4) 热电车间(或锅炉房)

A. 热电车间(或锅炉房)技术方案的比较和选择。

B. 各种蒸汽参数的汽量要求。

C. 软化水方案及主要设备的选择、流程简要说明。

5) 贮运设施

A. 全厂性贮运设施的内容及管理体制。

B. 各种物料贮存天数、贮存量的确定。

C. 物料集中区(库区、罐区)及辅助设施方案的选择。

D. 全厂性仓库面积及结构形式。

6) 维修设施

A. 维修设施内容的阐述:机、电、仪、土建、防腐等维修项目。

B. 全厂维修体制及设置原则。

C. 维修设施规模的确定。

7) 土建和人防

A. 土建工程方案的选择。

B. 土建工程及三大材料用量的估算。(附主要建筑物和构筑物一览表)

C. 对地区特殊性问题(如地震、大孔土等)采取处理措施的说明。

D. 全厂人防方案的确定。

8) 生活福利设施

A. 全厂生活福利设施规划方案。

B. 建筑面积及单位造价。

8. 节约能源

1) 能耗指标及分析

A. 项目能耗指标及计算:列出分品种实物能耗总量、综合能耗总量;单位产品(产值)综合能耗、可比能耗,按单一能源品种考核的实物能耗、主要工序单耗。

B. 能耗分析:单位产品能耗,主要工序能耗指标国际、国内对比分析,设计指标应达到同行业国内先进水平,有条件的重点产品应达到国际先进水平。

2）节能措施综述

A. 主要工艺流程应采取节能新技术、新工艺。

B. 一律不得选用已公布淘汰的机电产品以及国家产业政策限制内的产业序列和规模容量。

C. 余热、余压、放空可燃气体回收利用。

D. 炉窑、热力管网系统保温。

E. 单台容量10吨/时及以上、年运行4 000小时及以上的工业锅炉应采用热电联产。

3）单项节能工程(略)

9. 环境保护及安全、工业卫生

环境保护：主要内容为调查环境现状，预测项目对环境的影响，提出环境保护和三废治理的初步方案。

1）建设地点环境现状

A. 建设地区环境现状及项目可能对环境造成的影响。

B. 对于改扩建工程须说明原有工厂或车间生产情况、污染物排放情况。

C. 污染物种类(包括废气、废水、废渣、粉尘、噪声、振动、辐射等)，外排物有害成分，排放量和排放浓度。

D. 排放方式和去向。

2）三废治理措施

A. 三废治理的原则和要求。

B. 治理措施或回收综合利用方案的比较及选择。

C. 预计达到的效果。

3）安全和工业卫生

A. 安全和工业卫生防护的原则与要求。

B. 安全和工业卫生防护的措施。

10. 企业组织、劳动定员和人员培训

1）工厂体制及组织机构

A. 工厂体制及管理机构的设置和确定原则。

B. 生产和辅助生产车间(装置)的组织机构。

2）生产班制及定员

A. 全厂的生产和辅助生产车间(装置)及行政管理部门的班制划分。

B. 全厂总定员和各类人员的比例。

3）人员的来源和培训

A. 概述工人、技术人员和管理人员的来源。

B. 人员培训计划(如需出国培训，要单独列出)。

11. 项目实施进度的建议

1）项目建设周期的规划

2）各阶段设施进度规划及正式投产时间

3）编制项目实施规划横线进度表(甘特图)或实施规划网络图

12. 投资估算和资金筹措

1）总投资估算

A. 建设投资估算。

a. 投资估算编制的原则和依据。

b. 单项工程(按车间或装置)的投资估算。

c. 建设总投资估算。

d. 外汇资金项目总用汇额估算。

e. 投资估算分析。

B. 流动资金估算。

C. 计算建设期贷款利息。

D. 老厂改、扩建和更新改造项目要列出可利用的固定资产原值与净值情况。

2) 资金筹措

A. 资金来源。

a. 外汇资金来源(国家外汇、地方留成外汇、中国银行贷款、政府和国际金融组织的贷款、出口信贷、商业信贷等)。

b. 人民币资金来源(国家拨贷、银行贷款、社会集资、国内合资、自筹资金等)。

c. 贷款利率、管理费、承诺费等情况。

B. 资金筹措的方式说明。

C. 贷款偿付方式

D. 工程项目逐年(或半年)资金筹措数额和使用情况。

E. 说明建设资金是否已列入部门、地方固定资产投资规模计划内。

13. 财务评价、经济评价及社会效益评价

1) 产品成本的估算

A. 产品成本估算的依据和说明。

B. 成本的估算。

a. 车间(装置)产品单位成本的估算(现行价格、影子价格)。

b. 逐年生产总成本的估算(按现行价格估算,必要时采用影子价格估算)。

c. 生产成本分析。

2) 财务评价

A. 财务评价的依据和说明。

B. 基本计算报表分析:以全部投资现金流量表、自有资金现金流量表、损益表、资产来源与运用表、资产负债表、财务外汇平衡表为分析对象。

C. 辅助计算报表分析:主要有固定资产投资估算表、流动资金估算表、投资计划与资金筹措表、单位产品成本估算表、总产品估算表、借款还本付息估算表等十余个表的分析。

D. 评价主要指标。

a. 静态指标:投资利润率、投资利税率、投资收益率、投资回收期、资本金利润率、产值能耗等指标。

b. 动态指标:财务内部收益率、财务净现值、净现值率、财务外汇净现值、投资回收期、财务换汇成本和财务节汇成本等指标。

c. 清偿能力分析:分析借款偿还期、资产负债率、流动比率、速动比率。

E. 不确定性分析:盈亏平衡分析、敏感性分析、概率分析。

F. 方案比较指标与分析。

a. 静态指标:差额投资收益率、差额投资回收期。

b. 动态指标:差额净现值、差额投资内部收益率、费用现值、年费用等。

G. 改、扩建项目与更新改造项目的评价。

3) 国民经济评价

A. 国民经济评价的依据和说明。

B. 基本计算报表分析:国民经济效益费用流量表(全部投资、国内投资)、经济外汇流量表。

C. 评价主要指标:经济内部收益率(全部投资、国内投资)、经济净现值(全部投资、国内投资)、经济外汇净现值、经济换汇成本、经济节汇成本。

D. 不确定性分析:敏感性分析、概率分析。

4) 社会效益分析

可以根据项目特点及具体情况确定评价的内容和方法。有的可以用数字量化表示,有的则只能定性说明。总的来说,包括以下方面的内容。

A. 对节能的影响。

B. 对环境保护和生态平衡的影响。

C. 对减少进口、节约外汇和增加出口、创收外汇的影响。

D. 对提高国家、地区和部门科学技术水平的影响。

E. 提高产品质量对产品用户的影响。

F. 对节约及合理利用国家资源的影响。

G. 对远景发展的影响。

H. 对节约劳动力或提供就业机会的影响。

I. 对提高人民物质文化生活及社会福利的影响。

J. 对国防和工业配置的影响等。

14. 结论

1) 综合论述

A. 综述项目研究过程中主要方案的选择和推荐意见。

B. 综述项目实施方案的经济效益和社会效益,以及不确定性因素对经济效益的影响,提出项目承担风险的程度,提出可以减少风险的措施。

2) 研究报告的结论

A. 综合以上分析,对工程项目建设方案从市场、技术与经济方面,包括宏观经济效益与微观经济效益作出结论。

B. 存在的问题:对项目实施过程中可能出现的问题事先预测,尽可能详尽列出。

C. 对项目的建议及实施条件进行分析。

附录B 投资项目财务分析案例

一、总投资估算

1. 营业规模及方案

本工程归属某大城市旅游性投资类别,项目拟实现以婚礼、观光收入为主,餐饮游娱为辅的多种经营模式,达到年吸引40万游客及1万对新婚夫妇参加婚典及游乐的规模效果。项目主体工程设计方案以通过建造反映异国风情的中小型建筑物、塑造世界主要民族婚俗雕塑模型的方式,来体现世界各民族源远流长的婚俗。项目选地为该市尚未开发的某湖附近。

2. 实施进度及营运率

项目计划分两期建设。第一期按两年考虑,主要是建造结婚礼堂、各种娱乐景点及园内的山水园林工程。其中第一年完成工程建设进度的60%,其余部分在第二年完成。考虑到项目不存在复杂的工艺技术问题及操作难点,项目计划营运第一年按设计要求的90%考虑,以后两年各增加5%,第三年达到设计规模要求。对部分营业量(如观光收入),根据调查的情况,可作递减预测,三年后稳定在设计的营业量。此外,依据项目固定资产投资特点,营运期按12年考虑,加建设期2年,项目经济寿命期共14年。

3. 总投资估算及资金来源

1) 总投资估算

项目总投资28 638万元,其中固定资产投资27 338万元,建设期利息1 300万元,流动资金630万元。为体现风险共担的原则,按国际惯例,长期投资贷款按不超过固定资产投资的70%考虑,计划为17 500万元,借款利率加权平均为6%。用款计划为第一年用款70%,第二年用款30%。

固定资产投资说明:① 界区内工程费用19 388万元;② 其他费用4 800万元;③ 预备费用3 050万元;④ 投资方向调节税按100万元考虑。

以上详见附表B-1。

附表B-1 固定资产投资估算表 单位:万元

序号	工程或费用名称	估算价值				
		建筑工程	设备购置	安装工程	其他费用	总值
1	固定资产投资					
1.1	第一部分费用					
1.1.1	主要设施	9 900	1 240	200		11 340
1.1.2	辅助设施	600	700	60		1 360
1.1.3	公用工程	600	900	100		1 600
1.1.4	服务性工程	1 200	300	20		1 520

续表

序号	工程或费用名称	估算价值				
		建筑工程	设备购置	安装工程	其他费用	总值
1.1.5	生活福利工程	1 100	100	10		1 210
1.1.6	场地外工程	700	80	10		790
1.1.7	环境保护工程	1 400	150	18		1 568
	小　计	15 500	3 470	418		19 388
1.2	第二部分费用					
1.2.1	城市建设配套费				1 150	1 150
1.2.2	开办费等				1 600	1 600
1.2.3	设计费、培训费				550	550
1.2.4	其他递延资产				1 500	1 500
	小　计				4 800	4 800
	第一、二部分合计	15 500	3 470	418	4 800	24 188
1.3	预备费用					
1.3.1	基本预备费				2 200	2 200
1.3.2	价差预备费				850	850
2	投资方向调节税				100	100
3	建设期利息				1 300	1 300
	合计(1+2+3)	15 500	3 470	418	9 250	28 638

投资估算做到既充分考虑，同时又留有余地，安排了占建设投资 11%的预备费用(基本预备费和价差预备费)。对各项主体工程投资费用估算采取逐项估算原则，误差控制在 10%范围内。其材料价格标准以现行市价为准，主要设备采用重置成本法估算。为尽量控制投资规模，减少风险，便于发挥项目经济效益，土地采用经营性租赁方式，不将其费用计入投资总额。

流动资金估算方面，由于旅游项目和工业项目特点的不同，流动资金中相当部分多为现金往来，故应收账款和存货相对较少，周转过程中现金较多，以此估算正常营业年份的流动资金为 630 万元，详见附表 B-2。

附表 B-2　流动资金估算表　　单位:万元

序号	项目	周转次数	试营运期		达到设计能力营运期				
			3	4	5	6	7	8～13	14
1	流动资产		675	712.5	750	750	750	750	750
1.1	应收账款		64.8	68.4	72	72	72	72	72
1.2	存货		250.2	264.1	278	278	278	278	278

续表

序号	项目	周转次数	试营运期		达到设计能力营运期				
			3	4	5	6	7	8～13	14
1.2.1	原材料		72	76	80	80	80	80	80
1.2.2	燃料		81	85.5	90	90	90	90	90
1.2.3	在产品		16.2	17.1	18	18	18	18	18
1.2.4	产成品		45	47.5	50	50	50	50	50
1.2.5	其他存货		36	38	40	40	40	40	40
1.3	现金		360	380	400	400	400	400	400
2	流动负债		108	114	120	120	120	120	120
2.1	应付账款		108	114	120	120	120	120	120
3	流动资金		567	598.5	630	630	630	630	630
4	流动资金年增额			31.5	31.5	0	0	0	0

2) 资金来源

一期工程所需的资金计划按以下方式筹措：

(1) 自有资金,由项目主办单位及合营单位联合出资(必要时可考虑发行股票),占建设投资的30%;

(2) 银行贷款、发行债券及政府贷款,按建设投资的70%考虑。

二、折旧及其他资产摊销费估算

1. 折旧

折旧采用分类直线折旧法,固定资产残值率取原值的3%。主要设施折旧以固定资产原值23 838万元为基数,按12年考虑;公用工程按10年折旧,折旧原值2 000万元;其他固定设施按15年折旧,折旧原值7 918万元。由此计算出年总折旧费为1 888万元,详见附表B-3。

附表B-3　固定资产折旧估算表　　单位:万元

项目	折旧年限	试营运期		达到设计能力营运期									
		3	4	5	6	7	8	9	10	11	12	13	14
固定资产合计	12	19 388											
原值		23 838											
折旧费		1 888	1 888	1 888	1 888	1 888	1 888	1 888	1 888	1 888	1 688	1 688	1 688
净值		21 950	20 062	18 174	16 286	14 398	12 510	10 622	8 734	6 846	4 958	3 270	1 582
主要设施	12	11 340											
原值		13 920											
折旧费		1 160	1 160	1 160	1 160	1 160	1 160	1 160	1 160	1 160	1 160	1 160	1 160

续表

项目	折旧年限	试营运期		达到设计能力营运期									
		3	4	5	6	7	8	9	10	11	12	13	14
净值		12 760	11 600	10 440	9 280	8 120	6 960	5 800	4 640	3 480	2 320	1 160	
公用工程	10	1 600											
原值		2 000											
折旧费		200	200	200	200	200	200	200	200	200	200		
净值		1 800	1 600	1 400	1 200	1 000	800	600	400	200			
其他固定资产	15	6 448											
原值		7 918											
折旧费		528	528	528	528	528	528	528	528	528	528	528	528
净值		7 390	6 862	6 334	5 806	5 228	4 750	4 222	3 694	3 166	2 638	2 110	1 582

2. 摊销费

以无形资产和其他资产合计 4 800 万元为摊销基数，摊销按 5～10 年考虑，由此计算年摊销费用为 595 万元，详见附表 B-4。

附表 B-4　无形资产及其他资产摊销费用估算表　　单位：万元

项　目	摊销年限	原值	试营运期		达到设计能力营运期							
			3	4	5	6	7	8	9	10	11	12
无形资产小计		800										
设计及科研费	10	500										
摊销			50	50	50	50	50	50	50	50	50	50
净值			450	400	350	300	250	200	150	100	50	
专有技术	5	100										
摊销			20	20	20	20	20					
净值			80	60	40	20						
其他无形资产	8	200										
摊销			25	25	25	25	25	25	25	25		
净值			175	150	125	100	75	50	25			
开办费等递延资产		4 000										
摊销	8		500	500	500	500	500	500	500	500		
净值			3 500	3 000	2 500	2 000	1 500	1 000	500			
无形及其他资产合计		4 800										
摊销			595	595	595	595	595	575	575	575	50	50
净值			4 205	3 610	3 015	2 420	1 825	1 250	675	100	50	

三、总成本

考虑旅游项目特点,可变成本比重低,项目主要外购原材料及燃料动力费合计估算为 420 万元,管理费用和其他费用 1 800 万元,其中土地使用费按每年 1 000 万元摊入成本。项目财务费用主要为长期投资借款利息及流动资金借款利息,项目在还贷期由于偿还贷款的原因,其利息逐年递减。另外还考虑将少量汇兑损益计入财务费用。项目各类工作人员合计按 300 人考虑,人均年工资及福利费按 15 000 元估算,年总计费用为 450 万元。项目达到设计能力时(以下均以此为准,称 T 年),总成本为 6 377 万元,其中固定成本 4 937 万元,可变成本 1 440 万元。详见附表 B-5。

四、营业收入

项目各营业品种价格估算主要依据国内同类旅游景点情况,结合所在地城镇居民及整个地区收入水平,尽可能考虑中等收入者的承受能力制定,各项收入均以 T 年估算为参考值,包括:

(1) 门票观光收入每人次 80 元,全年 32 万人,合计 2 560 万元;

(2) 婚礼、婚纱摄影收入以每对新婚夫妇 3 000 元计,全年预计 10 000 对,合计3 000 万元;

(3) 餐饮收入 3 500 万元(包括宾馆餐厅、酒吧、快餐、食品收入等);

(4) 客房收入 800 万元(包括影视基地出租收入等);

(5) 纪念品收入 1 200 万元;

(6) 游艺娱乐收入 640 万元。

合计为 11 700 万元。

营业税按营业收入的 5%计算,城市建设维护税根据大型城市条件,按缴纳营业税的 6%计算,教育税附加按营业税的 3%计算。营业税金及附加合计为 638 万元。详见附表 B-6。

五、项目盈利及偿还能力估算

1. 利润总额估算

利润总额等于营业收入减总成本减营业税金及附加,T 年项目税前年利润总额为 4 685 万元,扣除 33%的所得税 1 546 万元,税后利润 3 138 万元,寿命期内税后利润平均为 3 538 万元,详见附表 B-7。

2. 偿还能力分析

根据规定,偿还贷款来源包括:未分配利润、折旧费及摊销费。其中未分配利润在还贷期由于不提取盈余公积金,即为税后利润,偿还贷款后年提取 10%的税后利润作为盈余公积金。贷款偿还方式按常见的等额偿还原则,计划每年偿还4 700万元,4 年归还全部借款,见附表 B-8。4 年后尚可结余 3 141 万元盈余资金,整个寿命期内,累计资金盈余可达 25 066 万元,详见附表 B-9。

从资产负债表看,项目投入营运后所有者权益增加很快,偿付能力高,盈利能力也很乐观。而资产负债率迅速下降,远低于 50%的安全负债率。从流动比率和速动比率看,前者反映流动资产占有率低,其偿债能力强,后者反映其快速偿债能力十分理想,详见附表 B-10。

附表 B-5　总成本估算表

单位:万元

序号	项目 \ 年份		试营运期		达到设计能力营运期									
			3	4	5	6	7	8	9	10	11	12	13	14
1	外购原材料		378	399	420	420	420	420	420	420	420	420	420	420
1.1	其中	主要材料	225	237.5	250	250	250	250	250	250	250	250	250	250
1.2		辅助材料	153	161.5	170	170	170	170	170	170	170	170	170	170
2	外购燃料及动力		387	408.5	430	430	430	430	430	430	430	430	430	430
2.1	燃料		135	142.5	150	150	150	150	150	150	150	150	150	150
2.2	动力		252	266	280	280	280	280	280	280	280	280	280	280
3	工资及福利费		450	450	450	450	450	450	450	450	450	450	450	450
4	修理费		150	150	150	150	150	150	150	150	150	150	150	150
5	折旧费		1 888	1 888	1 888	1 888	1 888	1 888	1 888	1 888	1 888	1 888	1 688	1 688
6	摊销费		595	595	595	595	595	575	575	575	50	50		
7	财务费用		1 234	926	644	362	26	26	26	26	26	26	26	26
	其中:利息支出		1 154	872	590	308	26	26	26	26	26	26	26	26
8	其他费用		1 800	1 800	1 800	1 800	1 800	1 800	1 800	1 800	1 800	1 800	1 800	1 800
	其中:土地使用费		1 000	1 000	1 000	1 000	1 000	1 000	1 000	1 000	1 000	1 000	1 000	1 000
9	总成本费用		6 882	6 616.5	6 377	6 095	5 759	5 739	5 739	5 739	5 214	5 214	4 964	4 964
	其中	固定成本	4 963	4 937	4 937	4 937	4 883	4 863	4 863	4 863	4 338	4 338	4 088	4 088
		可变成本	1 919	1 679.5	1 440	1 158	876	876	876	876	876	876	876	876
10	经营成本		3 245	3 261.5	3 304	3 304	3 250	3 250	3 250	3 250	3 250	3 250	3 250	3 250

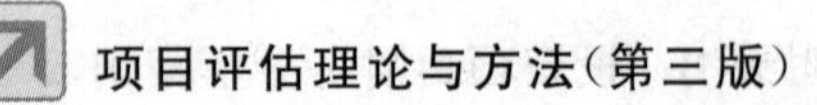

附表 B-6　营业收入、营业税金及附加估算表　　单位:万元

序号	项　　目	单位/(元/人)	营业负荷 90%		营业负荷 95%		营业负荷 100%	
			营业量/次	营业收入	营业量/次	营业收入	营业量/次	营业收入
1	门票观光收入	80	400 000	3 200	360 000	2 880	320 000	2 560
2	婚礼、婚纱摄影收入	3 000	9 000	2 700	9 500	2 850	10 000	3 000
3	餐饮收入			3 150		3 325		3 500
4	客房收入			720		760		800
5	纪念品收入			1 080		1 140		1 200
6	游艺娱乐收入			800		720		640
	小　计			11 650		11 675		11 700
7	营业税金及附加			635		636		638
7.1	营业税			583		584		585
7.2	城市维护建设税			35		35		35
7.3	教育费附加			17		18		18

附表 B-7　利润及利润分配表　　单位:万元

序号	项目 \ 年份	试营运期		达到设计能力营运期									
		3	4	5	6	7	8	9	10	11	12	13	14
1	营业收入	11 650	11 675	11 700	11 700	11 700	11 700	11 700	11 700	11 700	11 700	11 700	11 700
2	营业税金及附加	635	636	638	638	638	638	638	638	638	638	638	638
3	总成本费用	6 882	6 617	6 377	6 095	5 759	5 739	5 739	5 739	5 214	5 214	4 964	4 964
4	利润总额	4 133	4 423	4 685	4 967	5 303	5 323	5 323	5 323	5 848	5 848	6 098	6 098
5	所得税	1 363	1 459	1 546	1 639	1 750	1 757	1 757	1 757	1 930	1 930	2 012	2 012
6	税后利润	2 769	2 963	3 138	3 327	3 553	3 566	3 566	3 566	3 918	3 918	4 085	4 085
7	可供分配利润	2 769	2 963	3 138	3 327	3 553	3 566	3 566	3 566	3 918	3 918	4 085	4 085
7.1	盈余公积金	0	0	0	0	355	357	357	357	392	392	409	409
	累计盈余公积金	0	0	0	0	355	712	1 069	1 425	1 817	2 209	2 617	3 026
7.2	应付利润					3 198	3 209	3 209	3 209	3 526	3 526	3 677	3 677
7.3	未分配利润	2 769	2 963	3 138	3 327								
8	累计未分配利润	2 769	5 732	8 870	12 197	12 197	12 197	12 197	12 197	12 197	12 197	12 197	12 197

附表 B-8　人民币借款偿还表

单位:万元

序号	项　　目	利率/(%)	建设期		营业期					
			1	2	3	4	5	6	7	8
1	人民币借款	6								
1.1	年初借款本息累计			12 926.5	18 800.59	14 100.59	9 400.59	4 700.59	0.59	
1.1.1	本金			12 550	17 500	14 100.59	9 400.59	4 700.59	0.59	
1.1.2	建设期利息			376.5	1 300.59					
1.2	本年借款		12 550	4 950						
1.3	本年应计利息		376.5	924.09	1 128.035	846.035 4	564.035 4	282.035 4	0.035 4	
1.4	本年偿还本金				4 700	4 700	4 700	4 700		
1.5	本年支付利息				1 128.035	846.035 4	564.035 4	282.035 4	0.035 4	
2	偿还本金来源合计				5 242	5 436	5 611	5 800		
2.1	未分配利润				2 769	2 963	3 138	3 327		
2.2	折旧费				1 888	1 888	1 888	1 888		
2.3	摊销费				585	585	585	585		

附表 B-9　资金来源表

单位:万元

序号	项目 \ 年份	建设期		投产期		达到设计能力营运期									
		1	2	3	4	5	6	7	8	9	10	11	12	13	14
1	资金来源	15 377	13 262	7 046	6 917	7 168	7 450	7 786	7 786	7 786	7 786	7 786	7 786	7 786	9 998
1.1	利润总额			4 133	4 423	4 685	4 967	5 303	5 323	5 323	5 323	5 848	5 848	6 098	6 098
1.2	折旧费			1 888	1 888	1 888	1 888	1 888	1 888	1 888	1 888	1 888	1 888	1 688	1 688
1.3	摊销费			595	595	595	595	595	575	575	575	50	50	0	0
1.4	长期借款	12 926	5 875										0	0	0
1.5	流动资金借款			430	11										
1.6	其他短期借款														
1.7	自有资金	2 451	7 387												
1.8	回收固定资产余值														1 582
1.9	回收流动资金														630
2	资金运用	15 377	13 262	6 630	6 191	6 277	6 339	4 948	4 966	4 966	4 966	5 456	5 456	5 689	6 130
2.1	固定资产投资	15 000	12 338												
2.2	建设期利息	376.5	924.1												
2.3	流动资金			567	32	31									
2.4	所得税			1 363	1 459	1 546	1 639	1 750	1 757	1 757	1 757	1 930	1 930	2 012	2 012
2.5	应付利润							3 198	3 209	3 209	3 209	3 526	3 526	3 677	3 677
2.6	长期借款本金偿还			4 700	4 700	4 700	4 700								
2.7	流动资金借款偿还														441
2.8	其他短期借款偿还														
3	盈余资金			416	725.1	891	1 111	2 838	2 820	2 820	2 820	2 330	2 330	2 097	3 868
4	累计盈余资金			416	1 141	2 032	3 143	5 981	8 801	11 621	14 441	16 771	19 101	21 198	25 066

附表 B-10　资产负债表

单位：万元

序号	项目＼年份	建设期		试营运期		达到设计能力营运期									
		1	2	3	4	5	6	7	8	9	10	11	12	13	14
1	资产	15 376	28 638	27 246	25 526	23 971	22 599	22 954	23 311	23 668	24 025	24 417	24 809	25 218	27 398
1.1	流动资产总额			1 091	1 854	2 782	3 893	6 731	9 551	12 371	15 191	17 521	19 851	21 948	25 816
1.1.1	应收账款			65	69	72	72	72	72	72	72	72	72	72	72
1.1.2	存货			250	264	278	278	278	278	278	278	278	278	278	278
1.1.3	现金			360	380	400	400	400	400	400	400	400	400	400	400
1.1.4	累计盈余资金			416	1 141	2 032	3 143	5 981	8 801	11 621	14 441	16 771	19 101	21 198	25 066
1.2	在建工程	15 376	28 638												
1.3	固定资产净值			21 950	20 062	18 174	16 286	14 398	12 510	10 622	8 734	6 846	4 958	3 270	1 582
1.4	无形资产净值			705	610	515	420	325	250	175	100	50	0		
1.5	递延资产净值			3 500	3 000	2 500	2 000	1 500	1 000	500					
2	负债及所有者权益	15 376	28 638	27 246	25 526	23 969	22 596	22 951	23 308	23 665	24 021	24 413	24 805	25 213	25 622
2.1	流动负债总额			538	555	561	561	561	561	561	561	561	561	561	561
2.1.1	应付账款			108	114	120	120	120	120	120	120	120	120	120	120
2.1.2	流动资金借款额			430	441	441	441	441	441	441	441	441	441	441	441
2.1.3	其他短期借款														
2.2	长期借款	12 926	18 800	14 101	9 401	4 700									
	负债小计	12 926	18 800	14 639	9 956	5 261	561	561	561	561	561	561	561	561	561
2.3	所有者权益	2 450	9 838	12 607	15 570	18 708	22 035	22 390	22 747	23 104	23 460	23 852	24 244	24 652	25 061
2.3.1	资本金	2 450	9 838	9 838	9 838	9 838	9 838	9 838	9 838	9 838	9 838	9 838	9 838	9 838	9 838
2.3.2	资本公积金														
2.3.3	累计盈余公积金			0	0	0	0	355.3	711.9	1 069	1 425	1 817	2 209	2 617	3 026
2.3.4	累计未分配利润			2 769	5 732	8 870	12 197	12 197	12 197	12 197	12 197	12 197	12 197	12 197	12 197
计算指标	资产负债率/(%)	84.07	65.65	53.73	39	21.95	2.483	2.444	2.407	2.371	2.335	2.298	2.262	2.225	2.19
	流动比率/(%)			202.8	334.1	495.9	693.9	1 200	1 703	2 205	2 708	3 123	3 539	3 921	4 602
	速动比率/(%)			156.3	286.5	446.4	644.4	1 150	1 653	2 156	2 658	3 074	3 489	3 863	4 552

六、项目主要财务指标

根据现金流量表,计算出全部投资的财务内部收益率:所得税前为22.91%,所得税后为16.92%。折现率为10%时,项目税前净现值为20 153万元,税后净现值为10 703万元。投资回收期税前为6.98年,税后为8.75年(均包括建设期)。详见附表B-11。自有资金的财务指标反映了作为业主的出资者盈利状况,其现金流量表给出了相应的财务分析指标,表明其效益亦很理想,详见附表B-12。

项目静态指标虽然是一种局部指标,没有反映资金的时间价值,但这类指标简单、直观,便于行业比较,有一定的参考意义。经计算,项目投资利润率为17.49%(每100万元总投资获利近18万元利润),投资利税率19.69%,投资收益率高达28.27%(正常年利润加折旧加摊销加利息除以固定资产投资),全员劳动生产率39万元/(人·年),这些指标在国民经济各行业中均处于较理想的水平。

七、项目风险分析

风险分析是指项目在不确定性条件下,不利因素所导致的项目经济损失。本项目从求盈亏平衡点角度及敏感性分析方面进行了分析预测,探讨了最低要求及对项目影响最大的不确定性因素,并提出预防措施。

1. 盈亏平衡点的确定

由于旅游项目没有有形的产品,不便用产量计算盈亏平衡点,但通过计算实际营业率(负荷率)来估算,是较可行而直观的方法。盈亏平衡点的计算公式为

$$\text{盈亏平衡点}=\frac{\text{年固定成本}}{\text{设计营业规模}\times(\text{营业单价}-\text{可变成本}-\text{税金})}$$

代入相应参数,计算其保本负荷率为47.43%(见附图B-1)。该指标若与一般工业项目相比较,略显偏高,但由于旅游属资金密集型项目,其固定成本一般较高,故盈亏平衡点亦较高,只要不在图的右上方位置,仍属较低风险范围。为尽可能降低风险,建议项目应力争控制投资,提高人员工作效率,在人力资源开发利用方面下工夫。

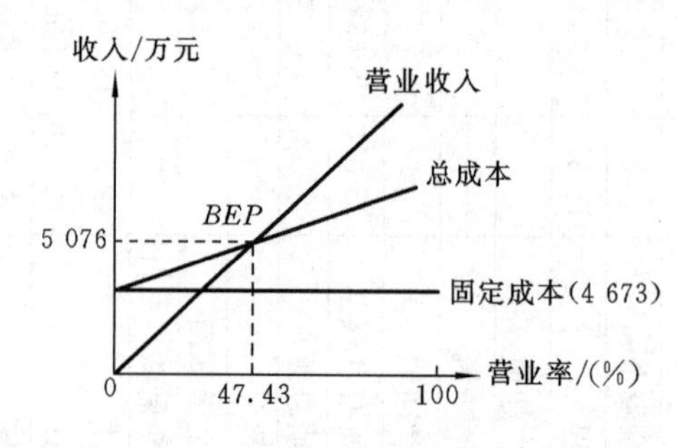

附图 B-1 盈亏平衡图

2. 敏感性分析

敏感性分析可反映项目在实施过程中是否遭遇各种不确定性因素冲击,判断其经济指标是否偏离预测值。当某种不利因素影响到一定程度时,项目将处于不可行境地。本分析设想

附表 B-11　项目投资现金流量表

单位:万元

序号	年份 项目	建设期		试营运期		达到设计能力营业期									
		1	2	3	4	5	6	7	8	9	10	11	12	13	14
1	现金流入			11 650	11 675	11 700	11 700	11 700	11 700	11 700	11 700	11 700	11 700	11 700	13 912
1.1	销售收入			11 650	11 675	11 700	11 700	11 700	11 700	11 700	11 700	11 700	11 700	11 700	11 700
1.2	回收固定资产余值														1 582
1.3	回收流动资金														630
2	现金流出	15 000	12 338	5 810	5 389	5 519	5 581	5 638	5 645	5 645	5 645	5 818	5 818	5 900	5 900
2.1	固定资产投资	15 000	12 338												
2.2	流动资金			567	32	31									
2.3	经营成本			3 245	3 262	3 304	3 304	3 250	3 250	3 250	3 250	3 250	3 250	3 250	3 250
2.4	销售税金及附加			635	636	638	638	638	638	638	638	638	638	638	638
2.5	所得税			1 363	1 459	1 546	1 639	1 750	1 757	1 757	1 757	1 930	1 930	2 012	2 012
3	税后净现金流量	−15 000	−12 338	5 840	6 286	6 181	6 119	6 062	6 055	6 055	6 055	5 882	5 882	5 800	8 012
4	税后累计净现金流量	−15 000	−27 338	−21 498	−15 212	−9 031	−2 912	3 150	9 205	15 260	21 315	27 197	33 079	38 879	46 891
5	税后折现净现金流量	−13 636	−10 197	4 387.7	4 293.4	3 837.9	3 454	3 110.8	2 824.7	2 567.9	2 334.5	2 061.6	1 874.2	1 680.1	2 109.8
6	税后累计折现净现金	−13 636	−23 833	−19 445	−15 152	−11 314	−7 860	−4 749	−1 925	643.35	2 977.8	5 039.4	6 913.6	8 593.7	10 703
7	税前净现金流量	−15 000	−12 338	7 203	7 745	7 727	7 758	7 812	7 812	7 812	7 812	7 812	7 812	7 812	10 024
8	税前累计净现金流量	−15 000	−27 338	−20 135	−12 390	−4 663	3 095	10 907	18 719	26 531	34 343	42 155	49 967	57 779	67 803
9	税前折现净现金流量	−13 636	−10 197	5 411.7	5 289.9	4 797.9	4 379.2	4 008.8	3 644.4	3 313.1	3 011.9	2 738.1	2 489.1	2 262.9	2 639.6
10	税前累计折现净现金	−13 636	−23 833	−18 421	−13 131	−8 334	−3 954	54.441	3 698.8	7 011.8	10 024	12 762	15 251	17 514	20 153

计算指标:	所得税后	所得税前
财务内部收益率:	16.92%	22.91%
财务净现值　(i=10%)	10 703 万元	20 153 万元
静态投资回收期(包括建设期)	6.48 年	5.60 年

附表 B-12　项目资本金现金流量表

单位:万元

序号	项目　年份	建设期		投产期		达到设计能力营运期									
		1	2	3	4	5	6	7	8	9	10	11	12	13	14
1	现金流入	0	0	11 650	11 675	11 700	11 700	11 700	11 700	11 700	11 700	11 700	11 700	11 700	13 912
1.1	销售收入	0	0	11 650	11 675	11 700	11 700	11 700	11 700	11 700	11 700	11 700	11 700	11 700	11 700
1.2	回收固定资产余值														1 582
1.3	回收流动资金														630
2	现金流出	2 451	7 387	11 071	10 903	10 752	10 563	5 638	5 645	5 645	5 645	5 818	5 818	5 900	5 900
2.1	自有资金	2 451	7 387												
2.2	借款本金偿还			4 700	4 700	4 700	4 700								
2.3	借款利息支付			1 128	846	564	282								
2.4	经营成本			3 245	3 262	3 304	3 304	3 250	3 250	3 250	3 250	3 250	3 250	3 250	3 250
2.5	销售税金及附加			635	636	638	638	638	638	638	638	638	638	638	638
2.6	所得税			1 363	1 459	1 546	1 639	1 750	1 757	1 757	1 757	1 930	1 930	2 012	2 012
3	税后净现金流量	−2 451	−7 387	579	772.5	948	1 137	6 062	6 055	6 055	6 055	5 882	5 882	5 800	8 012
4	税后累计净现金流量	−2 451	−9 838	−9 259	−8 486	−7 538	−6 401	−339	5 716	11 771	17 826	23 708	29 590	35 390	43 402
5	税后折现净现金流量	−2 228	−6 105	435	527.6	588.6	641.8	3 111	2 825	2 568	2 334	2 062	1 874	1 680	2 110
6	税后累计折现净现金	−2 228	−8 333	−7 898	−7 370	−6 782	−6 140	−3 092	−204	2 364	4 698	6 760	8 634	10 314	12 424
7	税前净现金流量	−2 451	−7 387	1 942	2 231	2 494	2 776	7 812	7 812	7 812	7 812	7 812	7 812	7 812	10 024
8	税前累计净现金流量	−2 451	−9 838	−7 896	−5 664	−3 170	−394	7 418	15 230	23 042	30 854	38 666	46 478	54 290	64 314
9	税前折现净现金流量	−2 228	−6 105	1 459	1 524	1 549	1 567	4 009	3 644	3 313	3 012	2 738	2 489	2 263	2 640
10	税前累计折现净现金	−2 228	−8 333	−6 874	−5 350	−3 801	−2 234	1 775	5 419	8 732	11 744	14 482	16 971	19 234	21 874

计算指标:	所得税后	所得税前
财务内部收益率	24.51%	34.95%
财务净现值	12 424 万元	21 874 万元
静态投资回收期(包括建设期)	7.06 年	6.05 年

了五种较可能的不确定性因素对项目净现值的影响。计算后的图表显示(附表 B-13、附图 B-2),可确认本项目实施后,最敏感的影响因素是营业率。当营业率下降 20%时,项目净现值只有 1 543 万元,下降幅度为 86%;当营业率下降 23.4%,即营业率为 76.6%,项目不可行。作为旅游项目,这种营业率下降的概率是可能发生的。为此,作为项目的业主,为应变风险,应不断提高服务质量,改善环境状况,丰富园内景点和旅游内容,及时变换广告内容和宣传方式,甚至降低收费标准等。

附表 B-13 敏感性分析表 单位:万元

项目 \ 变化率	−20%	−15%	−10%	−5%	0	5%	10%	15%	20%
	净现值(所得税后)								
投资额	15 470	14 276	13 090	11 895	10 703	9 512	8 320	7 125	5 936
营业单价	2 597	4 624	6 650	8 677	10 703	12 730	14 766	16 783	18 809
经营成本	13 680	12 935	12 192	11 447	10 703	9 959	9 210	8 470	7 725
营业率	1 543	3 833	6 125	8 415	10 703	12 993	15 283	17 573	19 865
施工期	12 176	11 808	11 440	11 072	10 703	10 200	9 708	9 230	8 740

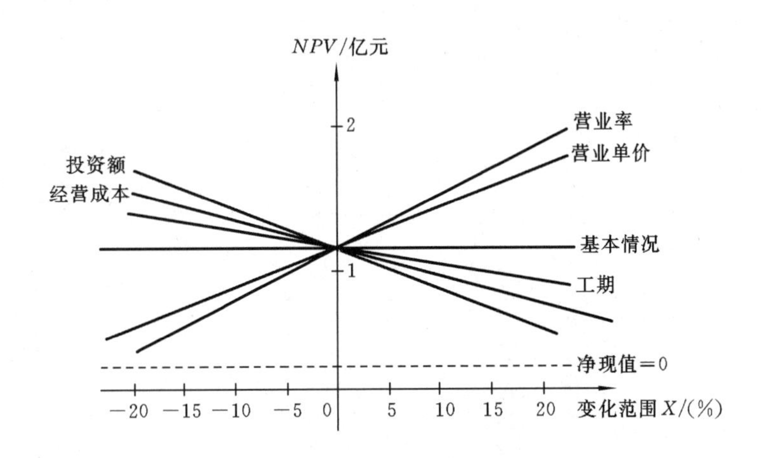

附图 B-2 敏感性分析图

3. 项目间接效益分析

除了上述直接效益外,项目还有一部分不可忽视的外部效果,称之为间接效益。本项目最主要地表现在带动房地产的开发方面。一方面,附近大量未开垦的土地及湖面,发展和利用价值是其他地方无法比拟的,土地升值潜力十分巨大。初步估计,周边地产按 2 000 亩旱地附加 1 000 亩湖面考虑,增加的利用(销售)价值将超过 5 亿元人民币;另一方面,附近的房产业也将带动起来,幽雅而清新的环境,因该旅游项目启动形成的繁荣局面,将使得项目所在地一带的房产变得抢手,增加的额外收入将达 43 亿元人民币,计算依据如下:

2 000 亩土地建蔽系数按 50%考虑,可利用面积为 2 000×667×0.5 平方米=667 000平方米,平均按八层设计建房,其建筑面积为 533 万平方米。若销售价格比目前价格新增 800 元/平方米,即新增销售收入 42.6 亿元,扣除土地升值费 4 亿元及其他费用,估计可实现税前利润 32 亿元。

项目的间接效益还体现在发展商业、改善就业、促进交通运输业及弘扬文化等其他许多方面。这些都可以做定量和定性描述。

八、研究结论及建议

从以上分析及论证过程看,项目具有很好的经济效益,无论从动态还是从静态角度,各种计算指标及参数都很理性,反映为项目有较强的偿还能力及抗风险性。开发旅游资源良好的经济效益和显著的社会效益,将促进周边产业发展和环境的改观。建议项目尽快决策,及早实施,以便早建成,早见效,为发展本市的旅游业、为社会多作贡献。

附表一 复利系数表

1%

n	F/P,i,n	P/F,i,n	F/A,i,n	A/F,i,n	P/A,i,n	A/P,i,n	A/G,i,n
1	1.010	0.990 1	1.000	1.000 0	0.990 1	1.010 0	0.000 0
2	1.020	0.980 3	2.010	0.497 5	1.970 4	0.507 5	0.497 5
3	1.030	0.970 6	3.030	0.330 0	2.941 0	0.340 0	0.993 4
4	1.041	0.960 1	4.060	0.246 3	3.902 0	0.256 3	1.487 6
5	1.051	0.951 5	5.101	0.196 0	4.853 4	0.206 0	1.980 1
6	1.062	0.942 1	6.152	0.162 6	5.795 5	0.172 6	2.471 0
7	1.072	0.932 7	7.214	0.138 6	6.728 2	0.148 6	2.960 2
8	1.083	0.923 5	8.286	0.120 7	7.651 7	0.130 7	3.447 8
9	1.094	0.914 3	9.369	0.106 8	8.566 0	0.116 8	3.933 7
10	1.105	0.905 3	10.462	0.095 6	9.471 3	0.105 6	4.417 9
11	1.116	0.896 3	11.567	0.086 5	10.367 6	0.096 5	4.900 5
12	1.127	0.887 5	12.683	0.078 9	11.255 1	0.088 9	5.381 5
13	1.138	0.878 7	13.809	0.072 4	12.133 8	0.082 4	5.860 7
14	1.149	0.870 0	14.947	0.066 9	13.003 7	0.076 9	6.338 4
15	1.161	0.861 4	16.097	0.062 1	13.865 1	0.072 1	6.814 3
16	1.173	0.852 8	17.258	0.058 0	14.717 9	0.068 0	7.288 7
17	1.184	0.844 4	18.430	0.054 3	15.562 3	0.064 3	7.761 3
18	1.196	0.836 0	19.615	0.051 0	16.398 3	0.061 0	8.232 3
19	1.208	0.827 7	20.811	0.048 1	17.226 0	0.058 1	8.701 7
20	1.220	0.819 6	22.019	0.045 4	18.045 6	0.055 4	9.169 4
21	1.232	0.811 4	23.239	0.043 0	18.857 0	0.053 0	9.635 4
22	1.245	0.803 4	24.472	0.040 9	19.660 4	0.050 9	10.099 8
23	1.257	0.795 5	25.716	0.038 9	20.455 8	0.048 9	10.562 6
24	1.270	0.787 6	26.973	0.037 1	21.243 4	0.047 1	11.023 7
25	1.282	0.779 8	28.243	0.035 4	22.023 2	0.045 4	11.483 1
26	1.295	0.772 1	29.526	0.033 9	22.795 2	0.043 9	11.940 9
27	1.308	0.764 4	30.821	0.032 5	23.559 6	0.042 5	12.397 1
28	1.321	0.756 8	32.129	0.031 1	24.316 5	0.041 1	12.851 6
29	1.335	0.749 4	33.450	0.029 9	25.065 8	0.039 9	13.304 5
30	1.348	0.741 9	34.785	0.028 8	25.807 7	0.038 8	13.755 7

5%

n	F/P,i,n	P/F,i,n	F/A,i,n	A/F,i,n	P/A,i,n	A/P,i,n	A/G,i,n
1	1.050	0.952 4	1.000	1.000 0	0.952 4	1.050 0	0.000 0
2	1.103	0.907 0	2.050	0.487 8	1.859 4	0.537 8	0.487 8
3	1.158	0.863 8	3.153	0.317 2	2.723 3	0.367 2	0.967 5
4	1.216	0.822 7	4.310	0.232 0	3.546 0	0.282 0	1.439 1
5	1.276	0.783 5	5.526	0.181 0	4.329 5	0.231 0	1.902 5
6	1.340	0.746 2	6.802	0.147 0	5.075 7	0.197 0	2.357 9
7	1.407	0.710 7	8.142	0.122 8	5.786 4	0.172 8	2.805 2
8	1.477	0.676 8	9.549	0.104 7	6.463 2	0.154 7	3.244 5
9	1.551	0.644 6	11.027	0.090 7	7.107 8	0.140 7	3.675 8
10	1.629	0.613 9	12.587	0.079 5	7.721 7	0.129 5	4.099 1
11	1.710	0.584 7	14.207	0.070 4	8.306 4	0.120 4	4.514 5
12	1.796	0.556 8	15.917	0.062 8	8.863 3	0.112 8	4.921 9
13	1.866	0.530 3	17.713	0.056 5	9.393 6	0.106 5	5.321 5
14	1.980	0.505 1	19.599	0.051 0	9.898 7	0.101 0	5.713 3
15	2.079	0.481 0	21.579	0.046 4	10.379 7	0.096 4	6.097 3
16	2.183	0.458 1	23.658	0.042 3	10.837 8	0.092 3	6.473 6
17	2.292	0.436 3	25.840	0.038 7	11.274 1	0.088 7	6.842 3
18	2.407	0.415 5	28.132	0.035 6	11.689 6	0.085 6	7.203 4
19	2.527	0.395 7	30.539	0.032 8	12.085 3	0.082 8	7.556 9
20	2.653	0.376 9	33.066	0.030 3	12.462 2	0.080 3	7.903 0
21	2.786	0.359 0	35.719	0.028 0	12.821 2	0.078 0	8.241 6
22	2.925	0.341 9	38.505	0.026 0	13.163 0	0.076 0	8.573 0
23	3.072	0.325 6	41.430	0.024 1	13.488 6	0.074 1	8.897 1
24	3.225	0.310 1	44.502	0.022 5	13.798 7	0.072 5	9.214 0
25	3.386	0.295 3	47.727	0.021 0	14.094 0	0.071 0	9.523 8
26	3.556	0.281 3	51.113	0.019 6	14.375 2	0.069 6	9.826 6
27	3.733	0.267 9	54.669	0.018 3	14.643 0	0.068 3	10.122 4
28	3.920	0.250 1	58.403	0.017 1	14.898 1	0.067 1	10.411 4
29	4.116	0.243 0	62.323	0.016 1	15.141 1	0.066 1	10.693 6
30	4.322	0.231 4	66.439	0.015 1	15.372 5	0.065 1	10.969 1

6%

n	F/P,i,n	P/F,i,n	F/A,i,n	A/F,i,n	P/A,i,n	A/P,i,n	A/G,i,n
1	1.060	0.943 4	1.000	1.000 0	0.943 4	1.060 0	0.000 0
2	1.124	0.890 0	2.060	0.485 4	1.833 4	0.545 4	0.485 4
3	1.191	0.839 6	3.184	0.314 1	2.673 0	0.374 1	0.961 2
4	1.262	0.792 1	4.375	0.228 6	3.465 1	0.288 6	1.427 2
5	1.338	0.747 3	5.637	0.177 4	4.212 4	0.237 4	1.883 6
6	1.419	0.705 0	6.975	0.143 4	4.917 3	0.203 4	2.330 4
7	1.504	0.665 1	8.394	0.119 1	5.582 4	0.179 1	2.767 6
8	1.594	0.627 4	9.897	0.101 0	6.209 8	0.161 0	3.195 2
9	1.689	0.591 9	11.491	0.087 0	6.801 7	0.147 0	3.613 3
10	1.791	0.558 4	13.181	0.075 9	7.360 1	0.135 9	4.022 0
11	1.898	0.526 8	14.972	0.066 8	7.886 9	0.126 8	4.421 3
12	2.012	0.497 0	16.870	0.059 3	8.383 9	0.119 3	4.811 3
13	2.133	0.468 8	18.882	0.053 0	8.852 7	0.113 0	5.192 0
14	2.261	0.442 3	21.015	0.047 6	9.295 0	0.107 6	5.563 5
15	2.397	0.417 3	23.276	0.043 0	9.712 3	0.103 0	5.926 0
16	2.540	0.393 7	25.673	0.039 0	10.105 9	0.099 0	6.279 4
17	2.693	0.371 4	28.213	0.035 5	10.477 3	0.095 5	6.624 0
18	2.854	0.350 4	30.906	0.032 4	10.827 6	0.092 4	6.959 7
19	3.026	0.330 5	33.760	0.029 6	11.158 1	0.089 6	7.286 7
20	3.207	0.311 8	36.786	0.027 2	11.469 9	0.087 2	7.605 2
21	3.400	0.294 2	39.993	0.025 0	11.764 1	0.085 0	7.915 1
22	3.604	0.277 5	43.392	0.023 1	12.041 6	0.083 1	8.216 6
23	3.820	0.261 8	46.996	0.021 3	12.303 4	0.081 3	8.509 9
24	4.049	0.247 0	50.816	0.019 7	12.550 4	0.079 7	8.795 1
25	4.292	0.233 0	54.865	0.018 2	12.783 4	0.078 2	9.072 2
26	4.549	0.219 8	59.156	0.016 9	13.003 2	0.076 9	9.341 5
27	4.822	0.207 4	63.706	0.015 7	13.210 5	0.075 7	9.603 0
28	5.112	0.195 6	68.528	0.014 6	13.406 2	0.074 6	9.856 8
29	5.418	0.184 6	73.640	0.013 6	13.590 7	0.073 6	10.103 2
30	5.744	0.174 1	79.058	0.012 7	13.764 8	0.072 7	10.342 2

8%

n	$F/P,i,n$	$P/F,i,n$	$F/A,i,n$	$A/F,i,n$	$P/A,i,n$	$A/P,i,n$	$A/G,i,n$
1	1.080	0.925 9	1.000	1.000 0	0.925 9	1.080 0	0.000 0
2	1.166	0.857 3	2.080	0.480 8	1.783 3	0.560 8	0.480 8
3	1.260	0.793 8	3.246	0.308 0	2.577 1	0.388 0	0.948 8
4	1.360	0.735 0	4.506	0.221 9	3.312 1	0.301 9	1.404 0
5	1.469	0.680 6	5.867	0.170 5	3.992 7	0.250 5	1.846 5
6	1.587	0.630 2	7.336	0.136 3	4.622 9	0.216 3	2.276 4
7	1.714	0.583 5	8.923	0.112 1	5.206 4	0.192 1	2.693 7
8	1.851	0.540 3	10.637	0.094 0	5.746 6	0.174 0	3.098 5
9	1.999	0.500 3	12.488	0.080 1	6.246 9	0.160 1	3.491 0
10	2.159	0.463 2	14.487	0.069 0	6.710 1	0.149 0	3.871 3
11	2.332	0.428 9	16.645	0.060 1	7.139 0	0.140 1	4.239 5
12	2.518	0.397 1	18.977	0.052 7	7.536 1	0.132 7	4.595 8
13	2.720	0.367 7	21.495	0.046 5	7.903 8	0.126 5	4.940 2
14	2.937	0.340 5	24.215	0.041 3	8.244 2	0.121 3	5.273 1
15	3.172	0.315 3	27.152	0.036 8	8.559 5	0.116 8	5.594 5
16	3.426	0.291 9	30.324	0.033 0	8.851 4	0.113 0	5.904 6
17	3.700	0.270 3	33.750	0.029 6	9.121 6	0.109 6	6.203 8
18	3.996	0.250 3	37.450	0.026 7	9.371 9	0.106 7	6.492 0
19	4.316	0.231 7	41.446	0.024 1	9.603 6	0.104 1	6.769 7
20	4.661	0.214 6	45.762	0.021 9	9.818 2	0.101 9	7.037 0
21	5.034	0.198 7	50.423	0.019 8	10.016 8	0.099 8	7.294 0
22	5.437	0.184 0	55.457	0.018 0	10.200 8	0.098 0	7.541 2
23	5.871	0.170 3	60.893	0.016 4	10.371 1	0.096 4	7.778 6
24	6.341	0.157 7	66.765	0.015 0	10.528 8	0.095 0	8.006 6
25	6.848	0.146 0	73.106	0.013 7	10.674 8	0.093 7	8.225 4
26	7.396	0.135 2	79.954	0.012 5	10.810 0	0.092 5	8.435 2
27	7.988	0.125 2	87.351	0.011 5	10.935 2	0.091 5	8.636 3
28	8.627	0.115 9	95.339	0.010 5	11.051 1	0.090 5	8.828 9
29	9.317	0.107 3	103.966	0.009 6	11.158 4	0.089 6	9.013 3
30	10.063	0.099 4	113.283	0.008 8	11.257 8	0.088 8	9.189 7

10%

n	$F/P,i,n$	$P/F,i,n$	$F/A,i,n$	$A/F,i,n$	$P/A,i,n$	$A/P,i,n$	$A/G,i,n$
1	1.100	0.909 1	1.000	1.000 0	0.909 1	1.100 0	0.000 0
2	1.210	0.826 5	2.100	0.476 2	1.735 5	0.576 2	0.476 2
3	1.331	0.751 3	3.310	0.302 1	2.486 9	0.402 1	0.936 6
4	1.464	0.683 0	4.641	0.215 5	3.169 9	0.315 5	1.381 2
5	1.611	0.620 9	6.105	0.163 8	3.790 8	0.263 8	1.810 1
6	1.772	0.564 5	7.716	0.129 6	4.355 3	0.229 6	2.223 6
7	1.949	0.513 2	9.487	0.105 4	4.868 4	0.205 4	2.621 6
8	2.144	0.466 5	11.436	0.087 5	5.334 9	0.187 5	3.004 5
9	2.358	0.424 1	13.579	0.073 7	5.759 0	0.173 7	3.372 4
10	2.594	0.385 6	15.937	0.062 8	6.144 6	0.162 8	3.725 5
11	2.853	0.350 5	18.531	0.054 0	6.495 1	0.154 0	4.064 1
12	3.138	0.318 6	21.384	0.046 8	6.813 7	0.146 8	4.388 4
13	3.452	0.289 7	24.523	0.040 8	7.103 4	0.140 8	4.698 8
14	3.798	0.263 3	27.975	0.035 8	7.366 7	0.135 8	4.995 5
15	4.177	0.239 4	31.772	0.031 5	7.606 1	0.131 5	5.278 9
16	4.595	0.217 6	35.950	0.027 8	7.823 7	0.127 8	5.549 3
17	5.054	0.197 9	40.545	0.024 7	8.021 6	0.124 7	5.807 1
18	5.560	0.179 9	45.599	0.021 9	8.201 4	0.121 9	6.052 6
19	6.116	0.163 5	51.159	0.019 6	8.364 9	0.119 6	6.286 1
20	6.728	0.148 7	57.275	0.017 5	8.513 6	0.117 5	6.508 1
21	7.400	0.135 1	64.003	0.015 6	8.648 7	0.115 6	6.718 9
22	8.140	0.122 9	71.403	0.014 0	8.771 6	0.114 0	6.918 9
23	8.953	0.111 7	79.543	0.012 6	8.883 2	0.112 6	7.108 5
24	9.850	0.101 5	88.497	0.011 3	8.984 8	0.111 3	7.288 1
25	10.835	0.092 3	98.347	0.010 2	9.077 1	0.110 2	7.458 0
26	11.918	0.083 9	109.182	0.009 2	9.161 0	0.109 2	7.618 7
27	13.110	0.076 3	121.100	0.008 3	9.237 2	0.108 3	7.770 4
28	14.421	0.069 4	134.210	0.007 5	9.306 6	0.107 5	7.913 7
29	15.863	0.063 0	148.631	0.006 7	9.369 6	0.106 7	8.048 9
30	17.449	0.057 3	164.494	0.006 1	9.426 9	0.106 1	8.176 2

12%

n	$F/P,i,n$	$P/F,i,n$	$F/A,i,n$	$A/F,i,n$	$P/A,i,n$	$A/P,i,n$	$A/G,i,n$
1	1.120	0.892 9	1.000	1.000 0	0.892 9	1.120 0	0.000 0
2	1.254	0.797 2	2.120	0.471 7	1.690 1	0.591 7	0.471 7
3	1.405	0.711 8	3.374	0.296 4	2.401 8	0.416 4	0.924 6
4	1.574	0.635 5	4.779	0.209 2	3.037 4	0.329 2	1.358 9
5	1.762	0.567 4	6.353	0.157 4	3.604 8	0.277 4	1.774 6
6	1.974	0.506 6	8.115	0.123 2	4.111 4	0.243 2	2.172 1
7	2.211	0.452 4	10.089	0.099 1	4.563 8	0.219 1	2.551 5
8	2.476	0.403 9	12.300	0.081 3	4.967 6	0.201 3	2.913 2
9	2.773	0.360 6	14.776	0.067 7	5.328 3	0.187 7	3.257 4
10	3.106	0.322 0	17.549	0.057 0	5.650 2	0.177 0	3.584 7
11	3.479	0.287 5	20.655	0.048 4	5.937 7	0.168 4	3.895 3
12	3.896	0.256 7	24.133	0.041 4	6.194 4	0.161 4	4.189 7
13	4.364	0.229 2	28.029	0.035 7	6.423 6	0.155 7	4.468 3
14	4.887	0.204 6	32.393	0.030 9	6.628 2	0.150 9	4.731 7
15	5.474	0.182 7	37.280	0.026 8	6.810 9	0.146 8	4.980 3
16	6.130	0.163 1	42.753	0.023 4	6.974 0	0.143 4	5.214 7
17	6.866	0.145 7	48.884	0.020 5	7.119 6	0.140 5	5.435 3
18	7.690	0.130 0	55.750	0.017 9	7.249 7	0.137 9	5.642 7
19	8.613	0.116 1	63.440	0.015 8	7.365 8	0.135 8	5.837 5
20	9.646	0.103 7	72.052	0.013 9	7.469 5	0.133 9	6.020 2
21	10.804	0.092 6	81.699	0.012 3	7.562 0	0.132 3	6.191 3
22	12.100	0.082 7	92.503	0.010 8	7.644 7	0.130 8	6.351 4
23	13.552	0.073 8	104.603	0.009 6	7.718 4	0.129 6	6.501 0
24	15.179	0.065 9	118.155	0.008 5	7.784 3	0.128 5	6.640 7
25	17.000	0.058 8	133.334	0.007 5	7.843 1	0.127 5	6.770 8
26	19.040	0.052 5	150.334	0.006 7	7.895 7	0.126 7	6.892 1
27	21.325	0.046 9	169.374	0.005 9	7.942 6	0.125 9	7.004 9
28	23.884	0.041 9	190.699	0.005 3	7.984 4	0.125 3	7.109 8
29	26.750	0.037 4	214.583	0.004 7	8.021 8	0.124 7	7.207 1
30	29.960	0.033 4	241.333	0.004 2	8.055 2	0.124 2	7.297 4

14%

n	F/P,i,n	P/F,i,n	F/A,i,n	A/F,i,n	P/A,i,n	A/P,i,n	A/G,i,n
1	1.140	0.877 2	1.000	1.000 0	0.877 2	1.140 0	0.000 0
2	1.300	0.769 5	2.140	0.467 3	1.646 7	0.607 3	0.467 3
3	1.482	0.675 0	3.440	0.290 7	2.321 6	0.430 7	0.912 9
4	1.689	0.592 1	4.921	0.203 2	2.913 8	0.343 2	1.337 1
5	1.925	0.519 4	6.610	0.151 3	3.433 1	0.291 3	1.740 0
6	2.195	0.455 6	8.536	0.117 2	3.888 6	0.257 2	2.121 7
7	2.502	0.399 6	10.730	0.093 2	4.288 3	0.233 2	2.483 4
8	2.853	0.350 6	13.233	0.075 6	4.638 9	0.215 6	2.824 6
9	3.252	0.307 5	16.085	0.062 2	4.946 3	0.202 2	3.146 2
10	3.707	0.269 7	19.337	0.051 7	5.216 2	0.191 7	3.449 3
11	4.226	0.236 6	23.045	0.043 4	5.452 9	0.183 4	3.733 6
12	4.818	0.207 6	27.271	0.036 7	5.660 3	0.176 7	3.999 7
13	5.492	0.182 1	32.089	0.031 2	5.842 5	0.171 2	4.249 4
14	6.261	0.159 7	37.581	0.026 6	6.002 0	0.166 6	4.481 9
15	7.138	0.140 1	43.842	0.022 8	6.142 1	0.162 8	4.698 9
16	8.137	0.122 9	50.980	0.019 6	6.264 9	0.159 6	4.900 6
17	9.277	0.107 8	59.118	0.016 9	6.372 7	0.156 9	5.088 3
18	10.575	0.094 6	68.394	0.014 6	6.467 5	0.154 6	5.263 1
19	12.056	0.082 9	78.969	0.012 7	6.550 5	0.152 7	5.424 7
20	13.744	0.072 8	91.025	0.011 0	6.623 0	0.151 0	5.572 9
21	15.668	0.063 8	104.768	0.009 5	6.687 2	0.149 5	5.711 9
22	17.861	0.056 0	120.436	0.008 3	6.743 1	0.148 3	5.838 6
23	20.362	0.049 1	138.297	0.007 2	6.792 1	0.147 2	5.955 1
24	23.212	0.043 1	158.659	0.006 3	6.835 3	0.146 3	6.062 9
25	26.462	0.037 8	181.871	0.005 5	6.872 9	0.145 5	6.160 7
26	30.167	0.033 1	208.333	0.004 8	6.906 1	0.144 8	6.251 4
27	34.390	0.029 1	238.499	0.004 2	6.935 3	0.144 2	6.334 8
28	39.205	0.025 5	272.889	0.003 7	6.960 9	0.143 7	6.410 9
29	44.693	0.022 4	312.094	0.003 2	6.983 2	0.143 2	6.480 0
30	50.950	0.019 6	356.787	0.002 8	7.002 8	0.142 8	6.542 9

15%

n	F/P,i,n	P/F,i,n	F/A,i,n	A/F,i,n	P/A,i,n	A/P,i,n	A/G,i,n
1	1.150	0.869 6	1.000	1.000 0	0.869 6	1.150 0	0.000 0
2	1.323	0.756 2	2.150	0.465 1	1.625 7	0.615 1	0.465 1
3	1.521	0.657 5	3.473	0.288 0	2.283 2	0.438 0	0.907 1
4	1.749	0.571 8	4.993	0.200 3	2.855 0	0.350 3	1.326 3
5	2.011	0.497 2	6.742	0.148 3	3.352 2	0.298 3	1.722 8
6	2.313	0.432 3	8.754	0.114 2	3.784 5	0.264 2	2.097 2
7	2.660	0.375 9	11.067	0.090 4	4.160 4	0.240 4	2.449 9
8	3.059	0.326 9	13.727	0.072 9	4.487 3	0.222 9	2.781 3
9	3.518	0.284 3	16.786	0.059 6	4.771 6	0.209 6	3.092 2
10	4.046	0.247 2	20.304	0.049 3	5.018 8	0.199 3	3.383 2
11	4.652	0.215 0	24.349	0.041 1	5.233 7	0.191 1	3.655 0
12	5.350	0.186 9	29.002	0.034 5	5.420 6	0.184 5	3.908 2
13	6.153	0.162 5	34.352	0.029 1	5.583 2	0.179 1	4.143 8
14	7.076	0.141 3	40.505	0.024 7	5.724 5	0.174 7	4.362 4
15	8.137	0.122 9	47.580	0.021 0	5.847 4	0.171 0	4.565 0
16	9.358	0.106 9	55.717	0.018 0	5.954 2	0.168 0	4.752 3
17	10.761	0.092 9	65.075	0.015 4	6.047 2	0.165 4	4.925 1
18	12.375	0.080 8	75.836	0.013 2	6.128 0	0.163 2	5.084 3
19	14.232	0.070 3	88.212	0.011 3	6.198 2	0.161 3	5.230 7
20	16.367	0.061 1	102.444	0.009 8	6.259 3	0.159 8	5.365 1
21	18.822	0.053 1	118.810	0.008 4	6.312 5	0.158 4	5.488 3
22	21.645	0.046 2	137.632	0.007 3	6.358 7	0.157 3	5.601 0
23	24.891	0.040 2	159.276	0.006 3	6.398 8	0.156 3	5.704 0
24	28.625	0.034 9	184.168	0.005 4	6.433 8	0.155 4	5.797 9
25	32.919	0.030 4	212.793	0.004 7	6.464 2	0.154 7	5.883 4
26	37.857	0.026 4	245.712	0.004 1	6.490 6	0.154 1	5.961 2
27	43.535	0.023 0	283.569	0.003 5	6.513 5	0.153 5	6.031 9
28	50.066	0.020 0	327.104	0.003 1	6.533 5	0.153 1	6.096 0
29	57.575	0.017 4	377.170	0.002 7	6.550 9	0.152 7	6.154 1
30	66.212	0.015 1	434.745	0.002 3	6.566 0	0.152 3	6.206 6

20%

n	$F/P,i,n$	$P/F,i,n$	$F/A,i,n$	$A/F,i,n$	$P/A,i,n$	$A/P,i,n$	$A/G,i,n$
1	1.200	0.833 3	1.000	1.000 0	0.833 3	1.200 0	0.000 0
2	1.440	0.694 5	2.200	0.454 6	1.527 8	0.654 6	0.454 6
3	1.728	0.578 7	3.640	0.274 7	2.106 5	0.474 7	0.879 1
4	2.074	0.482 3	5.368	0.186 3	2.588 7	0.386 3	1.274 2
5	2.488	0.401 9	7.442	0.134 4	2.990 6	0.334 4	1.640 5
6	2.986	0.334 9	9.930	0.100 7	3.325 5	0.300 7	1.978 8
7	3.583	0.279 1	12.916	0.077 4	3.604 6	0.277 4	2.290 2
8	4.300	0.232 6	16.499	0.060 6	3.837 2	0.260 6	2.575 6
9	5.160	0.193 8	20.799	0.048 1	4.031 0	0.248 1	2.836 4
10	6.192	0.161 5	25.959	0.038 5	4.192 5	0.238 5	3.073 9
11	7.430	0.134 6	32.150	0.031 1	4.327 1	0.231 1	3.289 3
12	8.916	0.112 2	39.581	0.025 3	4.439 2	0.225 3	3.484 1
13	10.699	0.093 5	48.497	0.020 6	4.532 7	0.220 6	3.659 7
14	12.839	0.077 9	59.196	0.016 9	4.610 6	0.216 9	3.817 5
15	15.407	0.064 9	72.035	0.013 9	4.675 5	0.213 9	3.958 9
16	18.488	0.054 1	87.442	0.011 4	4.729 6	0.211 4	4.085 1
17	22.186	0.045 1	105.931	0.009 5	4.774 6	0.209 5	4.197 6
18	26.623	0.037 6	128.117	0.007 8	4.812 2	0.207 8	4.297 5
19	31.948	0.031 3	154.740	0.006 5	4.843 5	0.206 5	4.386 1
20	38.338	0.026 1	186.688	0.005 4	4.869 6	0.205 4	4.464 4
21	46.005	0.021 7	225.026	0.004 5	4.891 3	0.204 5	4.533 4
22	55.206	0.018 1	271.031	0.003 7	4.909 4	0.203 7	4.594 2
23	66.247	0.015 1	326.237	0.003 1	4.924 5	0.203 1	4.647 5
24	79.497	0.012 6	392.484	0.002 6	4.937 1	0.202 6	4.694 3
25	95.396	0.010 5	471.981	0.002 1	4.947 6	0.202 1	4.735 2
26	114.475	0.008 7	567.377	0.001 8	4.956 3	0.201 8	4.770 9
27	137.371	0.007 3	681.853	0.001 5	4.963 6	0.201 5	4.802 0
28	164.845	0.006 1	819.223	0.001 2	4.969 7	0.201 2	4.829 1
29	197.814	0.005 1	984.068	0.001 0	4.974 7	0.201 0	4.852 7
30	237.376	0.004 2	1181.882	0.000 9	4.978 9	0.200 9	4.873 1

25%

n	F/P,i,n	P/F,i,n	F/A,i,n	A/F,i,n	P/A,i,n	A/P,i,n	A/G,i,n
1	1.250	0.800 0	1.000	1.000 0	0.800 0	1.250 0	0.000 0
2	1.563	0.640 0	2.250	0.444 5	1.440 0	0.694 5	0.444 5
3	1.953	0.512 0	3.813	0.262 3	1.952 0	0.512 3	0.852 5
4	2.441	0.409 6	5.766	0.173 5	2.361 6	0.423 5	1.224 9
5	3.052	0.327 7	8.207	0.121 9	2.689 3	0.371 9	1.563 1
6	3.815	0.262 2	11.259	0.088 8	2.951 4	0.338 8	1.868 3
7	4.768	0.209 7	15.073	0.066 4	3.161 1	0.316 4	2.142 4
8	5.960	0.167 8	19.842	0.050 4	3.328 9	0.300 4	2.387 3
9	7.451	0.134 2	25.802	0.038 8	3.463 1	0.288 8	2.604 8
10	9.313	0.107 4	33.253	0.030 1	3.570 5	0.280 1	2.797 1
11	11.642	0.085 9	42.566	0.023 5	3.656 4	0.273 5	2.966 3
12	14.552	0.068 7	54.208	0.018 5	3.725 1	0.268 5	3.114 5
13	18.190	0.055 0	68.760	0.014 6	3.780 1	0.264 6	3.243 8
14	22.737	0.044 0	86.949	0.011 5	3.824 1	0.261 5	3.356 0
15	28.422	0.035 2	109.687	0.009 1	3.859 3	0.259 1	3.453 0
16	35.527	0.028 2	138.109	0.007 3	3.887 4	0.257 3	3.536 6
17	44.409	0.022 5	173.636	0.005 8	3.909 9	0.255 8	3.608 4
18	55.511	0.018 0	218.045	0.004 6	3.928 0	0.254 6	3.669 8
19	69.389	0.014 4	273.556	0.003 7	3.942 4	0.253 7	3.722 2
20	86.736	0.011 5	342.945	0.002 9	3.953 9	0.252 9	3.766 7
21	108.420	0.009 2	429.681	0.002 3	3.963 1	0.252 3	3.804 5
22	135.525	0.007 4	538.101	0.001 9	3.970 5	0.251 9	3.836 5
23	169.407	0.005 9	673.626	0.001 5	3.976 4	0.251 5	3.863 4
24	211.758	0.004 7	843.033	0.001 2	3.981 1	0.251 2	3.886 1
25	264.698	0.003 8	1054.791	0.001 0	3.984 9	0.251 0	3.905 2
26	330.872	0.003 0	1319.489	0.000 8	3.987 9	0.250 8	3.921 2
27	413.590	0.002 4	1650.361	0.000 6	3.990 3	0.250 6	3.934 6
28	516.988	0.001 9	2063.952	0.000 5	3.992 3	0.250 5	3.945 7
29	646.235	0.001 6	2580.939	0.000 4	3.993 8	0.250 4	3.955 1
30	807.794	0.001 2	3227.174	0.000 3	3.995 1	0.250 3	3.962 8

30%

n	$F/P,i,n$	$P/F,i,n$	$F/A,i,n$	$A/F,i,n$	$P/A,i,n$	$A/P,i,n$	$A/G,i,n$
1	1.300	0.769 2	1.000	1.000 0	0.769 2	1.300 0	0.000 0
2	1.690	0.591 7	2.300	0.434 8	1.361 0	0.734 8	0.434 8
3	2.197	0.455 2	3.990	0.250 6	1.816 1	0.550 6	0.827 1
4	2.856	0.350 1	6.187	0.161 6	2.166 3	0.461 6	1.178 3
5	3.713	0.269 3	9.043	0.110 6	2.435 6	0.410 6	1.490 3
6	4.827	0.207 2	12.756	0.078 4	2.642 8	0.378 4	1.765 5
7	6.275	0.159 4	17.583	0.056 9	2.802 1	0.356 9	2.006 3
8	8.157	0.122 6	23.858	0.041 9	2.924 7	0.341 9	2.215 6
9	10.605	0.094 3	32.015	0.031 2	1.019 0	0.331 2	2.396 3
10	13.786	0.072 5	42.620	0.023 5	3.091 5	0.323 5	2.551 2
11	17.922	0.055 8	56.405	0.0177	3.147 3	0.317 7	2.683 3
12	23.298	0.042 9	74.327	0.013 5	3.190 3	0.313 5	2.795 2
13	30.288	0.033 0	97.625	0.010 3	3.223 3	0.310 3	2.889 5
14	39.374	0.025 4	127.913	0.007 8	3.248 7	0.307 8	2.968 5
15	51.186	0.019 5	167.286	0.006 0	3.268 2	0.306 0	3.034 5
16	66.542	0.015 0	218.472	0.004 6	3.283 2	0.304 6	3.089 2
17	86.504	0.011 6	285.014	0.003 5	3.294 8	0.303 5	3.134 5
18	112.455	0.008 9	371.518	0.002 7	3.303 7	0.302 7	3.171 8
19	146.192	0.006 9	483.973	0.002 1	3.310 5	0.302 1	3.202 5
20	190.050	0.005 3	630.165	0.001 6	3.315 8	0.301 6	3.227 6
21	247.065	0.004 1	820.215	0.001 2	3.319 9	0.301 2	3.248 0
22	321.184	0.003 1	1067.280	0.000 9	3.323 0	0.300 9	3.264 6
23	417.539	0.002 4	1388.464	0.000 7	3.325 4	0.300 7	3.278 1
24	542.801	0.001 9	1806.003	0.000 6	3.327 2	0.300 6	3.289 0
25	705.641	0.001 4	2348.803	0.000 4	3.328 6	0.300 4	3.297 9
26	917.333	0.001 1	3054.444	0.000 3	3.329 7	0.300 3	3.305 0
27	1192.533	0.000 8	3971.778	0.000 3	3.330 5	0.300 3	3.310 7
28	1550.293	0.000 7	5164.311	0.000 2	3.331 2	0.300 2	3.315 3
29	2015.381	0.000 5	6714.604	0.000 2	3.331 7	0.300 2	3.318 9
30	2619.996	0.000 4	8729.985	0.000 1	3.332 1	0.300 1	3.321 9

附表二　相关系数临界值表

n \ α	0.10	0.05	0.02	0.01	0.001
1	0.987 69	0.996 92	0.999 507	0.999 877	0.999 998 8
2	0.900 00	0.950 00	0.980 00	0.990 00	0.999 00
3	0.805 4	0.878 3	0.934 33	0.958 73	0.991 16
4	0.729 3	0.811 4	0.882 2	0.917 20	0.974 06
5	0.669 4	0.754 5	0.832 9	0.834 5	0.950 74
6	0.621 5	0.706 7	0.788 7	0.874 3	0.924 93
7	0.582 2	0.666 4	0.749 8	0.797 7	0.898 2
8	0.549 4	0.631 9	0.715 5	0.764 6	0.372 1
9	0.521 4	0.602 1	0.685 1	0.734 8	0.847 1
10	0.493 3	0.576 0	0.658 1	0.707 9	0.823 3
11	0.476 2	0.552 9	0.633 9	0.683 5	0.801 0
12	0.457 5	0.532 4	0.612 0	0.667 4	0.780 0
13	0.440 9	0.513 9	0.592 3	0.641 1	0.760 3
14	0.425 9	0.497 3	0.574 2	0.622 6	0.742 0
15	0.412 4	0.482 1	0.557 7	0.605 5	0.724 6
16	0.400 0	0.468 3	0.542 5	0.589 7	0.708 4
17	0.388 7	0.455 5	0.528 5	0.575 1	0.693 2
18	0.378 3	0.443 8	0.515 5	0.561 4	0.673 7
19	0.368 7	0.432 9	0.503 4	0.548 7	0.665 2
20	0.359 8	0.422 7	0.492 1	0.536 8	0.652 4
25	0.323 3	0.380 9	0.445 1	0.486 9	0.597 4
30	0.296 0	0.349 4	0.409 3	0.448 7	0.554 1
35	0.274 6	0.324 6	0.381 0	0.418 2	0.518 9
40	0.257 3	0.304 4	0.357 8	0.393 2	0.489 6
45	0.242 8	0.287 5	0.338 4	0.372 1	0.464 8
50	0.230 6	0.273 2	0.321 8	0.354 1	0.443 3
60	0.210 8	0.250 0	0.294 8	0.324 8	0.407 8
70	0.195 4	0.231 9	0.273 7	0.301 7	0.379 9
80	0.182 9	0.217 2	0.256 5	0.283 0	0.356 8
99	0.172 6	0.205 0	0.242 2	0.267 3	0.337 5
100	0.163 8	0.194 6	0.230 1	0.254 0	0.321 1

辅 助 习 题

一、填空题

1. 项目评估学作为一门学科,它是________的分支。

2. 在项目评估的每一个阶段,________能力是重要和必需的。

3. 建设项目从设想到建成投产划分为三个时期,即________、________、________。

4. 项目评估程序可扼要地归纳为五个步骤,即________、________、________、________、________。

5. 项目评估的首要环节、项目建设必要性和前提条件是________,也是确定项目生产规模的依据。

6. 市场预测的内容主要有________,其基本预测方法主要归纳为________四类。而特尔菲法、移动平均法分别归属于________、________。

7. 采用回归分析预测法时,变量之间的关系可以分为两大类,即________、________。

8. 确定项目厂址有时采用分级评分法,其基本要点是确定____________、____________。

9. 资金时间价值的基本形式是________。

10. 一年内计算利息的次数越多,实际利率与名义利率之间的差距就________。

11. 间断复利与连续复利的区别在于________。

12. 资金的等值包括三个因素,即________、________、________,其中________是关键的因素。

13. 绘制现金流量图时,一般规定投资发生在________,销售收入、经营成本、税金等费用发生在________。

14. 利用国家预算内基建拨款、自筹资金、国内外基本建设贷款以及其他专项资金进行的,以扩大生产能力为主要目的的新建、扩建工程项目,称之为________。

15. 按照我国现行规定,建设项目总投资由三部分构成,即________、________、________。

16. 固定资产投资按其构成分为三部分,即__________、__________、________。

17. 流动资金从会计学角度来说是指________可以转化为现金的资金,它的基本表达式是________。

18. 投资的估算方法可分为估算法(或概算指标法)、概算定额法和预算造价法,分别用于________、________、________中的投资计算。

19. 流动资金的来源由企业自筹________作为铺底,其他由工商银行贷给,按一年期贷款利率全年计算利息,其成本计入________。

20. 资本溢价是指在资金筹集过程中,投资者________。

21. 项目建设期显著的特点是______,确定项目的建设期应当以______为依据。

22. 项目从投产到产品生产能力达到设计能力所经历的时间,称为________。

23. 通常净残值率按固定资产原值的__________考虑,中外合资企业按________估算。

24. 对摊销费的计算,分别以________、________为基数。

25. 设备固定资产原值为1 000万元,残值率5%,折旧年限10年,用年数总和法计算第1年、第3年折旧额分别为________、________。

26. 经营成本的表达式为________。

27. 税收缺一不可的三特征是________、________、________。

28. 销售税金及附加是指________,它与所得税的区别是________。

29. 税后利润的表达式是________。

30. 用于偿还借款的资金应该是________。

31. 根据文件规定盈余公积金为可供分配利润的________%,还贷期间不提取,还贷后再考虑,并支付应付利润。

32. 从现金流的角度分析,净收益包括项目的税后利润及__________、__________、__________。

33. 某投资方案的年营业收入为100万元,年营业支出及附加税为60万元,其中折旧为10万元,所得税率为15%。财务分析时,该方案年净现金流量为________。

34. 投资回收期反映了投资回收速度,但忽略了项目的________。

35. 投资回收期是兼顾________和________的投资决策指标。

36. 差额内部收益率是相对经济效益指标,是两方案________相等时的折现率,当________选投资大的方案。

37. 若两个方案寿命期不相等,而它们各年的收入相同,要比较方案的优劣,适合采用______指标进行比较;若它们各年的收入也不相同,适合采用________指标进行比较。

38. 方案A与方案B净现值函数曲线的交点,其在横轴上的位置表明________,其在纵轴上的位置表明________。

39. 净现值率指标适合于________选用。

40. 净年值给出的参考值是计算期内________。

41. 当差额净现值小于零时,应选________方案;当差额费用现值大于零时,应选________方案。

42. 国民经济评价是从______立场出发,以______为原则,以______为目标的盈利性分析。

43. 项目为社会作出的贡献,而项目本身未受益,称之为________;社会为项目付出的代价,而项目本身未支付费用,称之为________。

44. 经济价格是真正合理的价格,必须满足两个条件:其一,能反映这种资源或产品的________;其二,能反映这种资源或产品的________。

45. 系统内部发生费用和效益的相互转移,而并不发生实际的资源消耗或增加,称之为________。

46. 不能在市场上出售,没有市场价格的一种效果,称之为________。

47. 经济净现值等于或大于零,表示国家为拟建项目付出代价后,可以得到________。

48. 表明项目产品出口或替代进口是有利,则经济换汇成本或经济节汇成本应该________。

49. 盈亏平衡分析是从________角度来预测投资项目风险性的一种方法。如果盈亏平衡点越低,则说明________。

50. 盈亏平衡分析的主要缺点是________。

51. 敏感性分析最明显的缺陷是________。

52. 概率分析能弥补敏感性分析的不足,能描述项目________的经济效益评价值。

53. 期望值是指在大量随机事件中,随机变量________。

54. 增量法的关键是________,通常采用________来计算。

55. 在现状基础上预测计算期内效益和费用变化趋势所得出的数值序列,称之为________。

56. 把同一时间点的有项目效益和费用分别减去无项目效益和费用得到的差额称为________。

57. 改扩建项目净效益的识别采用________,而这类项目的评价方法主要采用________。

58. 无项目时预测计算期内净效益现值为－100万元,接近破产。若对项目进行改造,预测其净效益现值为－10万元,你认为该项目________改造,你的依据是________。

59. 用引进的设备技术所生产的产品抵偿国外的设备技术投资的资金来源,称之为________,而主要的方式是________。

60. 本国无合适补偿产品,补偿贸易产品由第三国提供的补偿贸易形式,称之为________。

61. 设备技术出口方单行向设备技术进口方提供的信贷形式,称之为________。

62. 合营的各方按一定比例出资,共同经营,其所获利润按出资比例分配,称之为________。

63. 合作经营与合资经营最根本的区别在于________。

64. 资金投向蕴藏着失败风险很高的高新技术及其产品的研究开发领域,以期成功后取得高资本收益的一种商业投资行为,称之为________。

二、单选题

1. 无权对项目进行评估的主体是(　　)。

A. 银行　　B. 政府部门　　C. 项目业主　　D. 咨询公司

2. 对项目评估主要是针对(　　)进行。

A. 投资项目　　B. 项目建议书

C. 企业　　D. 可行性研究报告

3. 对若干个厂址进行选择,实际上是选择(　　)过程。

A. 混合型方案　　B. 独立型方案

C. 互斥型方案　　D. 兼容型方案

4. 某公司向银行借款100万元,借款期限2年,借款利率6%,每半年付息1次,该笔借款的实际利率为(　　)。

A. 6.09%　　B. 6%　　C. 6.21%　　D. 5.8%

5. 某企业每年年初在银行中存入30万元。若年利率为10%,则5年后该项基金的本利和将为(　　)万元。

A. 150　　B. 183.153　　C. 189.561　　D. 201.468

6. 一项投资的利率为10%,期限7年,其资金回收系数为(　　)。

A. 0.513　　B. 4.868　　C. 0.21　　D. 1.61

7. 某债券面值100元,票面利率为10%,期限为3年,当市场利率为10%时,该债券的价格为(　　)元。

A. 80　　B. 90　　C. 100　　D. 110

8. 不属于工程建设其他费用(第二部分费用)的是(　　)。

A. 出国考查费　　B. 工程建设监理费

C. 开办费　　D. 生产职工培训费

E. 设备购置费　　F. 建设单位管理费

G. 施工机械转移费

9. 计算国外贷款建设期利息时,借款100万美元,建设期1年,年利率6%,每季计息,则利息额为(　　)万美元。

A. 3　　B. 6　　C. 3.179　　D. 6.136　　E. 3.068

10. 试生产过程中产品的单位成本高于达产时的单位成本,最主要的原因是(　　)。

A. 技术特点不熟悉　　B. 单位可变成本高

C. 单位固定成本较高　　D. 市场销售情况不清楚

E. 管理水平差

11. 某项目投资1 000万元,其中无形资产及递延资产100万元,固定资产残值率5%,折旧年限10年,按直线折旧法,其年折旧额为(　　)万元。

A. 85　　B. 90　　C. 95　　D. 85.5

12. 不应包括在制造费用中的是(　　)。

A. 管理人员工资　　B. 修理维护费　　C. 房屋建筑物折旧费

D. 燃料动力费　　E. 职工福利费　　F. 机器设备折旧费

13. 在总成本的结构中,属于可变成本的是(　　)。

A. 推销费　　B. 折旧费　　C. 原材料费

D. 工资及附加费　　E. 维修费

14. 经营成本中属于其他费用的是(　　)。

A. 维简费　　B. 利息支出　　C. 维修费

D. 折旧费　　E. 摊销费

15. 固定资产余值在现金流量表中位置是在(　　)。

A. 费用栏　　B. 现金流入栏

C. 现金流入期末年份栏　　D. 现金流出栏

16. 项目寿命期10年,期初固定资产投资500万元,流动资金100万元,投产后每年收入1 000万元,经营成本600万元,销售税金60万元,年折旧费60万元。那么,第10年末的财务净现金流量为(　　)万元。

A. −260　　B. 500　　C. 340　　D. 440

17. 某项目达产时年总成本由下述费用构成:原辅材料150万元,燃料动力费30万元,工资及附加 20 万元，修理费 20 万元，折旧及摊销 40 万元，利息 20 万元，其他费用 20 万元。则项目的经营成本为(　　)万元。

A. 280　　B. 260　　C. 300　　D. 240

18. 承第 17 题，若达产年年产 1 000 吨 A 产品，扣税后售价为 4 000 元/吨，项目总投资 720 万元，其静态投资回收期应该为(　　)。

A. 7.2 年　B. 5.143 年　C. 4.5 年　D. 6.0 年　E. 5.25 年

19. 某企业准备上马一个固定资产投资项目，无残值，总共投资 120 万元。在使用期内每年净利 20 万元，年折旧额 30 万元。该项目的投资回收期为(　　)。

A. 4 年　　B. 6 年　　C. 2.4 年　　D. 3 年

20. (　　)属于绝对经济效益指标，并且是静态指标。

A. 净现值　　B. 差额净现值　　C. 差额内部收益率

D. 净现值率　　E. 投资收益率

21. 动态投资回收期通常(　　)静态投资回收期。

A. 小于　　B. 大于　　C. 等于　　D. 略小于

22. 在互斥型方案比选时，已知 a 方案投资大于 b 方案。若判明 a 方案优于 b 方案，则式(　　)一定成立。(R 为投资收益率，E 为投资利润率)

A. $IRR_a > IRR_b$　　B. $R_a > R_b$

C. $E_a > E_b$　　D. $NPV_a > NPV_b$

23. 项目净现值率为 0.5(行业基准收益率 10%)，表明项目能满足行业基准收益率要求外，每元(　　)。

A. 投资还可得到 0.5 元收益现值

B. 投资现值还可得到 0.5 元收益

C. 投资现值还可得到 0.5 元收益现值

D. 投资现值还可得到 0.4 元收益现值

24. 将货物从武汉运往宜昌，有铁路、公路、水路三种方案。在评价时，较合适的量化指标是(　　)。

A. 净现值　　B. 净年值　　C. 费用现值　　D. 费用年值

25. 在河流的某一处决策一种过江方案，各方案的使用寿命不一致，若不考虑社会效果，较合适的评价指标是(　　)。

A. 净现值　　B. 净年值　　C. 费用现值　　D. 费用年值

26. 某投资者以有限的资金投资于一个项目，该项目可能是开饮食店，或百货店，或网吧，在决策前对方案进行分类，应该属于(　　)。

A. 独立型方案　　B. 互斥型方案

C. 混合型方案　　D. 项目群方案

27. 产品销售价格为 1 000 元/吨，其中每吨税金 100 元、补贴 50 元、利息 70 元、保险费 20 元，经调整后其影子价格为(　　)元。

A. 880　　B. 780　　C. 760　　D. 830

28. 下列货物中，(　　)有必要用可变成本分解来确定影子价格。

A. 外贸货物　　B. 特殊投入物

C. 挖潜的投入物　　　　　　　　　　　　D. 供求平衡投入物

29. 承17题,若达产年年产1 000吨A产品,扣税后售价为4 000元/吨,则盈亏平衡时的收入为(　　)万元。(利息视为变动成本)

A. 160　　B. 200　　C. 400　　D. 180　　E. 250

30. 在敏感性分析中,以不确定性因素变动幅度为横坐标,内部收益率为纵坐标,那么产品售价及经营成本曲线方向走势(　　)。

A. 都是西南↗↙东北方向

B. 都是西北↖↘东南方向

C. 前者西北↘东南方向,后者西南↗东北方向

D. 前者西南↗东北方向,后者西北↘东南方向

31. 一般来讲,概率分布越窄,实际值越接近于期望值,那么(　　)是正确的。

A. 风险越大　　　　　　　　　　　　B. 实际值越偏离期望值

C. 标准差越大　　　　　　　　　　　D. 风险越小

32. 甲、乙、丙、丁为互斥方案,净现值期望值分别为1 500万元、1 550万元、1 600万元、1 700万元,标准偏差分别为800万元、700万元、600万元、620万元,对于稳妥型投资者,在决策时应选(　　)。

A. 丁方案　　B. 丙方案　　C. 乙方案　　D. 甲方案

33. 在采用买方信贷的情况下,由(　　)承担了贷款风险。

A. 卖方　　　　　　　　　　　　B. 买方

C. 出口方银行　　　　　　　　　D. 进口方银行

34. 风险投资家采用$V=P\times S\times E$方式评价项目,他愿意提供资金去分担投资风险和分享投资收益的前提是(　　)。

A. 其中P、S、E不为零　　　　　　B. 其中P、S、E至少大于1

C. 其中P、S、E大于2　　　　　　D. 其中P、S、E大于或等于2

三、多选题

1. 项目评估与可行性研究都是(　　　)。

A. 为投资决策服务　　　　　　　　B. 理论基础及要求基本是一致的

C. 由建设单位完成　　　　　　　　D. 相互有着密切的联系

2. 以下属于市场调查的作用与功能的有(　　　)。

A. 发掘新产品　　　　　　　　　　B. 寻找现有产品的新用途

C. 分析产品未来价格　　　　　　　D. 明确在什么地方有多大的市场

E. 发现顾客和竞争者的动向

3. 属于项目技术评价的主要内容有(　　　)。

A. 设计方案分析　　　　　　　　　B. 设备选型

C. 工艺技术　　　　　　　　　　　D. "三废"治理等方案

F. 软技术转让的评价

4. 以下属于技术评价应注重的原则有(　　　)。

A. 可靠性　　　　　　　　　　　　B. 新颖性

C. 先进性　　D. 通用性

E. 合理(科学)性

5. 决定项目生产规模的因素主要有(　　)。

A. 技术条件　　B. 资金

C. 管理水平　　D. 市场需求

E. 资源条件

6. 生产规模不是越大越好,大到一定程度,经济效益反而下降,原因是(　　)。

A. 废品率提高　　B. 职工无积极性

C. 产成品积压严重　　D. 运输不畅通

E. 原材料来源困难　　F. 管理费用将增大

7. 按规模经济曲线图确定项目合理的经济规模,确切而具体地说其规模应选在(　　)。

A. 盈利区　　B. 规模经济区右端

C. 规模不经济区左端　　D. 盈亏平衡点附近

E. 大于盈亏平衡点的某一处

8. 项目所需资金的来源从性质上划分,(　　)可以归入。

A. 借贷资金　　B. 流动资金　　C. 赠款

D. 固定资金　　E. 自有资金

9. 以下行为可能导致资本溢价的是(　　)。

A. 借款　　B. 发行股票　　C. 赠款

D. 利润留成　　E. 配售新股

10. 以下属于资金在筹集过程发生的费用是(　　)。

A. 利息费　　B. 手续费　　C. 承诺费

D. 担保费　　E. 注册费　　F. 发行费

11. 采用制造成本法估算单位成本,它包括(　　)。

A. 制造费用　　B. 修理维护费

C. 原材料费　　D. 燃料动力费

E. 职工福利费　　F. 房屋建筑物及机器设备的折旧费

12. 属于总成本费用中的四项费用(不是要素)的是(　　)。

A. 管理费用　　B. 工资及附加费　　C. 财务费用

D. 销售费用　　E. 制造成本

13. 以下资金按规定可以用于偿还借款的是(　　)。

A. 销售收入　　B. 折旧费　　C. 财务费用

D. 摊销费　　E. 未分配利润

14. 全部投资现金流量表中投资可以理解为(　　)。

A. 投资方向调节税　　B. 建设期利息

C. 固定资产投资　　D. 流动资金

15. 属于固定资产余值或者可以回收的资金是(　　)。

A. 折余值　　B. 固定资产投资

C. 固定资产残值　　D. 流动资金

16. 采用动态指标判断收益型的类似方案优劣,(　　)的说法是正确的。

A. 内部收益率大为优　　B. 要结合差额内部收益率判断

C. 净现值大为优　　D. 差额费用现值小于零为优

17. (　　)既属于相对经济效益指标,又属于效率型指标。

A. 差额内部收益率　　B. 差额净现值　　C. 净现值率

D. 差额投资收益率　　E. 差额投资回收期　　F. 差额费用现值

18. 净现值指标很适合于(　　)的评价。

A. 资金限额的投资方案　　B. 招标投标

C. 寿命不同的方案　　D. 筛选方案

19. 财务分析中,属于现金流入项目的有(　　)。

A. 销售收入　　B. 折旧费

C. 摊销费　　D. 期末资产回收

20. 财务评价的局限性是由于(　　)。

A. 没有站在国家角度

B. 方法不科学

C. 折现率没有真实反映资源的经济性

D. 价格、成本失真

E. 税费、补贴都考虑了

21. 在全部投资现金流量表的分析中,属于现金流出的是(　　)。

A. 经营成本　　B. 增值税　　C. 利息

D. 固定资产投资　　E. 流动资金

22. 以下属于国民经济评价对象和目标的项目是(　　)。

A. 百货大楼工程项目　　B. 水利工程项目

C. 能源、交通等基础设施项目　　D. 世界银行贷款项目

E. 中外合资项目

23. 以下属于转移支付的内容是(　　)。

A. 补贴　　B. 国外贷款利息　　C. 税金

D. 国内贷款利息　　E. 保险费

24. 在对三峡工程的国民经济分析中,属于效益流量项目的有(　　)。

A. 销售收入　　B. 税收效益

C. 改善航运的效益　　D. 期末资产回收

25. 在国民经济评价中,以下内销产出品中,(　　)属于社会最终产品。

A. 合成橡胶　　B. 橘子　　C. 自行车

D. 电视机　　E. 车床

26. 建大型火力发电厂,导致出现(　　)情况,属于乘数效果。

A. 上游企业挖掘潜力　　B. 国家对煤矿补贴减少

C. 国家所得税增加　　D. 使煤矿固定成本下降

E. 使下游企业生产饱和

27. 以下属于无形效果的是(　　　)效果。

A. 解决就业　　B. 避免资源浪费　　C. 教育水平上升

D. 提高健康水平　　E. 社会安定

28. 某投资项目当其产品价格下降时,现金流量表中受到一定影响的参数是(　　　)。

A. 固定资产投资　　B. 销售税金及附加

C. 销售收入　　D. 所得税

29. 概率分析时以下情况中(　　　)属于主观概率。

A. 某病人动手术成功率 90%

B. 武汉地区常年主导风向为东南风

C. 飞机失事的可能为百万分之一人次

D. 明日股市上涨的可能为 80%

E. 国庆节这天北京 90%会是晴天

30. 以下情况中(　　　)属于总量效果评价法特点。

A. 能显示新增投资的收益水平

B. 将原有的资产和新投入资金结合计算效益

C. 显示方案绝对效果和相对效果的优点

D. 原有资产估价复杂而困难

31. 在对扩建项目评价时,会涉及一些评价的方法问题,以下说法中,(　　　)正确。

A. 企业亏损时要同时进行绝对效果和相对效果检验

B. 只有企业亏损时才需要作总量效果评价

C. 增量法所体现的仅仅是绝对效果

D. 绝对效果能解决方案能否达到规定的最低标准的问题

E. 相对效果只能解决方案之间的优劣问题

32. (　　　)属于增量效益的计算内容。

A. 取消某些老产品而减少成本　　B. 单纯增加品种的项目

C. 提高产品质量的项目　　D. 单纯增加产量的项目

E. 单纯降低经营成本的项目

33. (　　　)属于简单补偿贸易过程。

A. 设备技术进口方向对方出口直接产品

B. 银行向设备技术进口的一方提供一笔贷款

C. 双方签订合同,规定定时购买一定数量的直接产品

D. 进口设备技术方用银行贷款支付设备技术价款

E. 补偿产品出口方用所得外汇收入偿还银行贷款和利息

34. 风险投资财务特征体现在(　　　)。

A. 风险投资成本与收益的相关性低

B. 资金需求的强度大

C. 风险投资收益的未知性

D. 前期科研开发和创新费用高

部分习题答案

第 三 章

10. 应在未来第六个交易日见顶

11. 71.68元

12. 相关系数 $R=0.9944$，$y=28.41$ 亿元

13. 7.70元

14. 2 057.7元/台

15. 367.2万米

16. 282台,297台

第 四 章

7. 选B方案

第 五 章

7. 1 252万吨

第 六 章

5. 15.95万元,5.95%

6. 一次预收租金方案略好于按月收取租金方案

7. 第四年还本68.3万元,付息13.05万元;第五年还本72.4万元,付息8.95万元

11. 参照表6-2计算

12. 企业商誉的价值为168.63万元

13. 14.2年

14. 3.50万元

15. 22.68万元

16. 3.51万元,4.13万元

17. 各方法现值分别为87.11万元、76.42万元、80万元,选第①种成交方式较有利。

18. (2) 72.5万元;(3) 11.54万元

19. 选第二种方式,折合银行年利率为6.05%

第 七 章

10. 44 781万元

11. 9 644万元

12. 3 778万元

13. 11.23%

14. 5.695%

第 八 章

8. 所有者权益33 558万元,资产负债率17.61%,资产总额40 733万元

9. 直线法各年折旧额7.25万元;双倍余额递减法年折旧额分别为150万元、135万元、121.5万元;年数总和法年折旧额分别为138.1万元、131.2万元、124.3万元

10. 913.53万元

11. 5.18 年， 利息 1 549 万元、1 178 万元、807 万元、436、65 万元　还贷能力一般

第 九 章

6. (1) P_t=3.38 年， P_d=3.82 年， NPV=1433 万元， $NPVR$=1.072，
NAV=275 万元， IRR=31.89%
7. 选 C 方案
8. (1) $AC_{扩}$=4 120 万元，$AC_{新}$=3 622 万元；采用新建方案
(2) 当 i_c>48%时，管理层应改变决策
9. 用户应选第①种方法装机。当资金的月利率大于 1.513%时，用户将改变装机方法
10. (1) D 方案； (2) 15%≤i≤35%
11. 维 2-抗 4 组合

第 十 章

11. SP=1 575 元/吨
12. OC=2 585 万元

第 十 一 章

3. $BEP_{产量}$=19 563 吨， $BEP_{生产能力利用率}$=55.9%， $BEP_{销售价格}$=2 779 元/吨，
$BEP_{单位产品可变}$=2 236 元/吨
4. L_f=700 万元， Q_R=6 000 吨
5. (1) Q<937 件； (2) i>20%； (3) n<4.25 年
8. $E(NPV)$=2.98 万元， $P(NPV\geq 0)$=0.55

第 十 二 章

8. 增量净现值 18.25 万元，项目有必要进行改造

第 十 三 章

7. 10 897 万元或 1 730 万美元
8. 0.465
9. 4 526 美元/吨
10. $IRR_{外}$=23.33%； $NPV_{中}$=375 万美元，$NPV_{外}$=875 万美元，外方内部收益率高于中方机会成本，中方收益受损

第 十 四 章

4. 股权比率 23.90%，收购底价 5.85 亿元
5. 采用市盈利模型，V_0=47 540 万元， 采用现金流折现模型，V_0=51 050 万元，取其算术平均值 49 295 万元为企业的价值

主要参考文献

[1] 国家发展和改革委员会,住房和城乡建设部.建设项目经济评价方法与参数[M].3版.北京:中国计划出版社,2006.

[2] 国家计划委员会投资司,建设部标准定额研究所,可行性研究与项目评价学会.建设项目经济评价方法与参数参考资料[M].北京:中国统计出版社,1993.

[3] 国家环境保护总局环境评估中心.环境影响评价技术方法[M].北京:中国环境科学出版社,2008.

[4] 全国注册咨询工程师(投资)资格考试参考教材编写委员会.项目决策分析与评价[M].北京:中国计划出版社,2001.

[5] 《投资项目可行性研究指南》编写组.投资项目可行性研究指南[M].北京:中国电力出版社,2002.

[6] 中国国际工程咨询公司.中国投资项目社会评价指南[M].北京:中国计划出版社,2004.

[7] 联合国工业发展组织.工业可行性研究编制手册[M].修订增补版.刘国恒,等,译.北京:化学工业出版社,1992.

[8] 王景涛.新编风险投资学[M].大连:东北财经大学出版社,2005.

[9] 傅家骥,仝允桓.工业技术经济学[M].北京:清华大学出版社,1996.

[10] 俞自由等.风险投资理论与实践[M].上海:上海财经大学出版社,2001.

[11] Little, I M D, Mirrlees J A. Project Appraisal and Planning for the Developing Countries[M]. London:Heinemann Educational Books,1974.

[12] UNIDO. Guidelines for Project Evaluation[M]. New York:United Nations,1972.